RUSSIAN IN USE

An Interactive Approach to Advanced
Communicative Competence

RUSSIAN IN USE

An Interactive Approach to Advanced Communicative Competence

Sandra Freels Rosengrant
Portland State University

Yale University Press   New Haven and London

Publisher: Mary Jane Peluso
Manuscript Editor: Karen Hohner
Editorial Assistant: Brie Kluytenaar
Production Editor: Ann-Marie Imbornoni
Production Controller: Maureen Noonan
Marketing Manager: Timothy Shea
DVD Designer: Lynn Currey

Designed and illustrated by Joel Rice.

The Cyrillic II font used to print this work is available from Linguist's Software, Inc., PO Box 580, Edmonds, WA 98020-0580, USA; tel. (425) 775-1130; www.linguistsoftware.com.

Printed in the United States of America.

Library of Congress Cataloging-in-Publication Data

Rosengrant, Sandra F.
    Russian in use : an interactive approach to advanced communicative competence / Sandra Freels Rosengrant.
       p. cm.
    Includes index.
    ISBN-13: 978-0-300-10943-6 (pbk. : alk. paper)
    ISBN-10: 0-300-10943-1 (pbk.)
    1. Russian language—Textbooks for foreign speakers—English. 2. Russian language—Study and teaching (Higher)—United States. I. Title.

PG2129.E5R656 2006
491.782'421—dc22
2005058951

A catalogue record for this book is available from the British Library.

The paper in this book meets the guidelines for permanence and durability of the Committee on Production Guidelines for Book Longevity of the Council on Library Resources.

10 9 8 7 6 5 4 3

Contents

III. Образование

IV. Политика

V. Экология

VI. Америка чужими глазами

Appendices

Glossaries

Index

Credits

Preface

Russian in Use was developed for use by students of Advanced Russian at Portland State University. A number of considerations have gone into the construction of the book.

In order to move out of the intermediate range of communicative competence and into the advanced, students need the ability to converse intelligently on a wide range of non-academic topics of general interest. The topics selected for *Russian in Use* are **Geography, Education, Politics, Ecology**, and **America Through the Eyes of Others**. In addition, there is an introductory chapter on classroom issues, chiefly computer management and proofreading skills.

Each chapter begins with **preparatory exercises**, which help students to write and articulate their own ideas on each of the topics, as well as to read and understand written and oral treatments of those topics produced by native speakers. At the beginning of each chapter, there is a list of approximately 200 **vocabulary items** related to the theme of the chapter. Students moving into the range of advanced mastery need to know new words, but they also need to be able to vary their lexicon. In order to help them develop not only a larger but also a more varied vocabulary, each chapter includes **lexical studies**, a section that focuses on distinguishing among Russian synonyms—especially those that are difficult for native speakers of English because of English interference.

For most students at this level of study, issues of verbal aspect remain a challenge. Chapters 2–6 include a section on **verbs**, initially focusing on verbal aspect and later on motion verbs. These chapters also provide sections on syntax, called **expanding sentences**, that encourage students to begin varying their sentences structure. The preparatory exercises conclude with a section on **expressing relationships**, most often with prepositions. In order to help students be independent when they leave the classroom, each of the six chapters of *Russian in Use* also has a section on **resources** that students can use both for independent research and for writing projects and oral presentations.

More than anything else, students who are moving into the advanced range of communicative competence need to develop the ability to understand native speakers expressing their opinions on a variety of topics, and they need opportunities to debate and present their own opinions on the same topics. Chapters 2–6 contain **reading** passages related to the chapter theme. Whenever possible, these texts have been selected to present different or sometimes even opposing points of view. *Russian in Use* also has an accompanying **DVD** that contains unscripted **listening** passages for each of the topics. Support materials and exercises for these **listening** assignments are included in the chapters. Students develop their own **writing** and **speaking** skills as they work on **compositions**. Composition assignments are couched as a real-world projects and present opportunities for **group work, independent research**, and **oral presentations**.

At the end of each chapter there is a set of **activities** that give the students additional opportunities to use their skills in different but related settings and ways. In addition, Chapters 2–6 conclude with a set of **review exercises** taken directly from the reading and listening materials that the students have already covered. The purpose of the review exercises is either to review difficult areas, such as numerals, that are not covered in the book or, more often, to focus the students' attention on the ways in which native speakers use the vocabulary and structures that the students have just been studying.

In addition to its six chapters, *Russian in Use* contains three **appendices** and **Russian-English** and **English-Russian glossaries**. **Appendix A** contains **Aids to Grammar**: **Grammatical Terminology; Alternate Prepositional Endings; Formation of Past Passive Participles**; and **Formation of Ordinal Numbers**. **Appendix B** contains the originals of authentic texts used in exercises and activities. **Appendix C** contains a correction key to be used by students during the rewriting process. In the glossaries, all of the vocabulary of the six chapters is given in alphabetical order with complete grammatical reference information for each entry.

The **Instructor's Manual** that accompanies *Russian in Use* can be found at **www.yalebooks.com/russianinuse**. In addition to an answer key for the exercises in the textbook, the **Instructor's Manual** contains suggestions for approaching each of the chapters and a transcript of all of the listening passages.

Sandra Freels Rosengrant
Portland State University

Acknowledgments

Russian in Use is the work of many hands. First, I would like to thank my many predecessors in the areas of reference and instructional materials, especially Frank Miller and Terence Wade, whose works I have consulted repeatedly. In the same spirit, I also thank the wonderful new generation of Russian popular writers, especially Alexandra Marinina, whose works I have mined for examples of colloquial, contemporary usage.

This work would not exist without considerable help from a number of people at Yale University Press. I wish to thank my editor, Mary Jane Peluso, my production editor, Ann-Marie Imbornoni, and especially my manuscript editor Karen Hohner. Heartfelt thanks also go to the individuals who reviewed the manuscript: Michael Long (Baylor University); Mara Sukholutskaya (Eastern Oklahoma University); Donald Dyer (University of Mississippi); and Michael Gorham (University of Florida, Gainesville).

I am likewise indebted to my colleagues Martha Hickey and Nila Friedberg from Portland State University and Elena Lifschitz from the University of Texas, Austin, all of whom have piloted materials from this project.

I am particularly indebted to the many native speakers of Russian who permitted themselves to be videotaped while addressing my classes. Special thanks go to Olga Nosova, Head of the Department of Economic Theory of the National University of Internal Affairs in Kharkov, Ukraine; Aleksandr Kochetkov, Dean of the Department of Pre-University Training of the Nizhny Novgorod Linguistic University, Nizhny Novgorod, Russia; and Zhanna Zayonchkovskaya, Director of Migration Research at the Moscow Institute for Population Studies, Moscow, Russia, who permitted excerpts from their presentations to be converted into listening exercises. I am likewise grateful to the bright and talented students of the Translation Faculty of Nizhny Novgorod Linguistics University who so generously shared their time and opinions with this interviewer.

Thanks go to Katya Wooley, Larisa Garrett, Natasha Haunsperger, Alyona Suetina, and Lena Sukhina, all of whom worked on the manuscript at various times. Katya, Larisa, and Alyona transcribed the listening texts. Katya also reviewed and provided examples and exercises for early drafts of the manuscript; Natasha prepared a first draft of the glossaries; and Lena assisted with proofreading.

I owe a special debt of gratitude to Anna Lopatina, who has been intimately involved in this project from an early stage. Anna has piloted materials from the project. She has edited the manuscript, contributed exercises and examples, and made substantial suggestions for its improvement on many occasions.

On the technological front I wish to thank Lynn Currey of Instructional Research and Technology at Portland State University for creating the DVD that accompanies *Russian in Use*.

My best thanks, as always, go to Joel Rice, who provided databases, illustrations, and formatting for the present book.

Last but not least, I am grateful with all my heart to the wonderful students of Portland State University who have been my partners in every stage of the creation of this book.

I
Давайте начнём!

Подготовка

In your lifetime, you will almost certainly want to use Russian in many different ways—talking to friends and colleagues, reading for professional reasons and for pleasure, writing personal and business letters, and many more. During your career as a student of Russian you will almost certainly spend a fair amount of time writing compositions. In this introductory chapter you will acquire the tools that you need to talk about your compositions and to become a better proofreader of your own work.

Vocabulary

See the Glossary at the end of the book for an explanation of abbreviations and other conventions used in the citation of vocabulary.

реда́ктор editor
   те́кстовый ~ word processor
редакти́ровать (редакти́рую, редакти́руешь) to edit; **отредакти́ровать (отредакти́рую, отредакти́руешь)**
набро́сок (*р* **набро́ска**) outline
чернови́к (*р* **черновика́**) rough draft
ру́копись *ж* manuscript

статья́ (*р мн* **стате́й**) article[1]
сочине́ние essay, composition[1]
сочиня́ть I to compose; **сочини́ть** II
перево́д translation, interpretation
   досло́вный ~ literal translation
   у́стный ~ interpreting, interpretation
переводи́ть (перевожу́, перево́дишь) *с чего, на что?* to translate, interpret; **перевести́ (переведу́, переведёшь; перевёл, перевела́)**

значе́ние meaning
   прямо́е ~ literal meaning
   перено́сное ~ figurative meaning

загла́вие title
абза́ц paragraph
столбе́ц (*р* **столбца́**) column
стро́чка (*р мн* **стро́чек**) line
предложе́ние sentence
содержа́ние contents
спи́сок (*р* **спи́ска**) list
табли́ца table
гра́фик graph, chart, diagram
составля́ть I to compile; **соста́вить (соста́влю, соста́вишь)**

те́ма subject, topic
сюже́т subject, topic; plot
посвяща́ть I *кому, чему?* to dedicate, devote; **посвяти́ть (посвящу́, посвяти́шь)**[1]

рассма́тривать I to examine;
   рассмотре́ть (рассмотрю́,
   рассмо́тришь)
определя́ть I to define, determine;
   определи́ть II
определе́ние definition
обсужда́ть I to discuss; обсуди́ть
   (обсужу́, обсу́дишь)
обсужде́ние discussion
утвержда́ть I to affirm, assert, claim;
   утверди́ть (утвержу́,
   утверди́шь)
утвержде́ние assertion, claim
подде́рживать I to support;
   поддержа́ть (поддержу́,
   подде́ржишь)
дока́зывать I to prove; доказа́ть
   (докажу́, дока́жешь)
доказа́тельство proof
противоре́чить II *кому?* to contradict
противоре́чие contradiction

введе́ние introduction
заключе́ние conclusion[2]
   в ~ in conclusion
вы́вод conclusion[2]
   приходи́ть (прихожу́, прихо́дишь)
   к вы́воду to reach a conclusion;
   прийти́ (приду́, придёшь;
   пришёл, пришла́) к вы́воду
обобща́ть I to generalize, summarize;
   обобщи́ть II
обобще́ние generalization, general
   conclusion

исто́чник source
ссы́лка (*р мн* ссы́лок) reference
ссыла́ться I *на кого, на что?* to refer
   to, cite; сосла́ться (сошлю́сь,
   сошлёшься)
цита́та quotation
цити́ровать (цити́рую, цити́руешь)
   to quote; процити́ровать
   (процити́рую, процити́руешь)
отры́вок (*р отры́вка*) excerpt
плагиа́т plagiarism

бу́ква letter
   загла́вная ~ capital letter
правописа́ние spelling, orthography
орфогра́фия spelling, orthography
орфографи́ческий spelling,
   orthographical
писа́ться (пи́шется) to be spelled[3]
по́черк handwriting
подчёркивать I to underline, emphasize; подчеркну́ть (подчеркну́,
   подчеркнёшь)
вычёркивать I to cross out;
   вы́черкнуть (вы́черкну,
   вы́черкнешь)
сокраща́ть I to abbreviate; сократи́ть
   (сокращу́, сократи́шь)
сокраще́ние abbreviation
запа́с слов vocabulary

пунктуа́ция punctuation
знак препина́ния punctuation mark
   ста́вить (ста́влю, ста́вишь) ~ to
   punctuate; поста́вить (поста́влю,
   поста́вишь) ~
запята́я (*р запято́й*) comma
то́чка (*р мн* то́чек) period
то́чка с запято́й (*р мн* то́чек) semicolon
двоето́чие colon
вопроси́тельный знак question mark
восклица́тельный знак exclamation
   mark
тире́ *нескл* dash
дефи́с hyphen
кавы́чки (*р* кавы́чек) quotation marks
ско́бки (*р* ско́бок) parentheses

компью́тер computer
компью́терный computer
монито́р monitor
экра́н screen
жёсткий диск hard drive
диске́та disk
при́нтер printer
програ́мма program
файл file

па́пка (*р мн* па́пок) folder
загружа́ть I to load; загрузи́ть
    (загружу́, загру́зишь)
сохраня́ть I to save; сохрани́ть II
стира́ть I to erase; стере́ть (сотру́,
    сотрёшь; стёр, стёрла)

клавиату́ра keyboard
кла́виша key
кно́пка (*р мн* кно́пок) button
нажима́ть I to press; нажа́ть
    (нажму́, нажмёшь)
шрифт font
    жи́рный ~ boldface
курси́в italics
выбира́ть I to choose, select; вы́брать
    (вы́беру, вы́берешь)
печа́тать I to type; to print, publish;
    напеча́тать I
распеча́тывать I (на при́нтере) to
    print; распеча́тать I
распеча́тка (*р мн* распеча́ток)
    printout, hard copy

опеча́тка (*р мн* опеча́ток) typo-
    graphical error
электро́нная по́чта e-mail
приложе́ние *к чему?* attachment

быть (бу́ду, бу́дешь; был, была́) to be
побы́ть (побу́ду, побу́дешь; побы́л,
    побыла́) *сов* to be
быва́ть I to be
побыва́ть I *сов* to be
явля́ться I *кем, чем?* to be; яви́ться
    (явлю́сь, я́вишься)
представля́ть собо́й I to be
состоя́ть II *в чём?* to lie in; *из чего?*
    to consist of
состоя́ться II *сов* to take place
заключа́ться I *в чём?* to lie in
ока́зываться I *кем, чем?* to prove to
    be; оказа́ться (окажу́сь,
    ока́жешься)
остава́ться (остаю́сь, остаёшься) to
    remain; оста́ться (оста́нусь,
    оста́нешься)

Vocabulary Notes

[1] English speakers often say, "This article says . . ." In Russian, you may say that an article or an essay is about something, or you may say that something is said in the article: **в статье говорится** or **в этой статье пишется**. You can also say that the article is *devoted* to a topic.

> Как **пишется** в этой статье, в русский язык пришло много слов, связанных с компьютерной техникой.
> *As it says in this article, many words connected with computer technology have entered the Russian language.*

> Это сочинение **посвящено вопросам** вычислительной техники.
> *This essay is devoted to questions of computer technology.*

[2] **Заключение** may be used to refer to the concluding section or end of something as well as to an *inference* or *deduction*. **Вывод** means *inference* or *deduction* but is not used to refer to a concluding section.

В своей статье автор **приходит к выводу** о том, что содержание и форма одинаково важны для сочинения.
In his article the author comes to the conclusion that content and form are equally important for composition.

В заключение можно сказать, что содержание и форма одинаково важны для сочинения.
In conclusion it may be said that content and form are equally important for composition.

[3] To express how a word is spelled, use **с** + genitive case when speaking of the first letter in the word; use **с** + instrumental or **через** + accusative when speaking of any letter in the word.

Это слово **пишется с заглавной буквы**.
This word is written with a capital letter.

Моя фамилия пишется **с буквой** *т*.
Моя фамилия пишется **через** *т*.
My name is spelled with a t.

Lexical Studies

Ways of Expressing *to be*

The most common of the numerous ways of expressing *to be* in Russian and the one with which you are no doubt most comfortable is the familiar verb **быть**. It is the verb normally used for stating a fact of *being* or for speaking of *being* for any period of time.

Абзац **был** длинным.
The paragraph was long.

Я вчера весь день **была** в издательстве.
I was at the publisher's all day yesterday.

Быть and *есть*

The verb **быть** is not expressed in the present tense. Under very limited circumstances one may use **есть** to express a present tense of *to be*. Those circumstances include any situation where the speaker feels that the verb needs to be stressed (often preceded by **и**, which stresses the word that follows), in the familiar *there is/there are* construction, and in sentences in which the subject and the complement are identical.

Алексей Николаевич редактор.
Aleksey Nikolaevich is an editor. [**быть** not expressed]

Любить свою работу — это и **есть** настоящее счастье.
Loving one's work is true happiness.

Есть темы, которые для нас очень важны.
There are topics that are very important for us.

Я не знаю, кто **есть** кто.
I don't know who is who.

All of the above examples may be rendered in the past and future tenses with past- and future-tense forms of **быть**. When **быть** is in the past or the future tense and the predicate is a short-form adjective or a short-form participle, the predicate must be in the nominative case. When the predicate is a noun or a long-form adjective, however, the predicate may be either nominative or instrumental. As a general rule, use the nominative when speaking of an inherent condition and the instrumental when speaking of a temporary condition, although the use of the instrumental in this construction is favored in modern Russian.

Этот вывод был **важен**.
Этот вывод был **важный**.
Этот вывод был **важным**.
This conclusion was important.

География была **предметом** его увлечения с детства.
Geography had been a subject of interest for him since childhood.

Always use the instrumental of nouns and long-form adjectives after the infinitive **быть**, after its imperatives, and after the verbal adverb **будучи**.

Заключение должно **быть коротким**.
The conclusion should be brief.

Не **будь вредной**!
Don't be mean!

Даже **будучи школьником**, Миша хорошо пользовался компьютером.
Even as a schoolboy Misha used the computer well.

Using **быть** *with* это

Native speakers of English sometimes have difficulty deciding which form of **быть** to use in sentences formed with **это**. When **это** refers to a preceding statement, it is the subject of the sentence. The verb, which agrees with the subject, is neuter.

> Александра Петровича часто приглашали на международные конференции. Иногда он принимал приглашения, иногда отказывался. **Это** всегда **было** связано с необходимостью его присутствия в лаборатории.
> *Aleksandr Petrovich was frequently invited to international conferences. Sometimes he accepted the invitations, and sometimes he turned them down. It was always connected with the necessity of his presence in the laboratory.*

In sentences of the type *It [this] is my manuscript*, the words *it* and *manuscript* both refer to the same thing (the manuscript). These sentences begin with **это** rather than with a personal pronoun: **Это моя рукопись**. In the past and future tenses, however, the verb agrees with the noun (**рукопись**) rather than with **это**.

> Это **была** моя рукопись.
> *It was my manuscript.*

> Это **был** его черновик.
> *It was his rough draft.*

> Это **были** типичные опечатки.
> *They were typical typographical errors.*

The English constructions *It was X who . . .* and *X was the one who . . .* also use **это** in Russian, but they do not necessarily contain a form of *to be*. Instead, begin the sentence with **это**, follow with a grammatical subject, and finish with a verb that agrees with the subject.

> **Это Алексей Николаевич отредактировал** вашу рукопись.
> *It was Aleksey Nikolaevich who edited your manuscript.*
> *Aleksey Nikolaevich was the one who edited your manuscript.*

Бывать and *побывать*

The imperfective verb **бывать** is used to describe repeated *being*. Often adverbs (**часто, обычно, регулярно, ежедневно**, etc.) are used in the sentence to show that the action is repeated.

> В метро **было** прохладно.
> *It was cool in the subway.* [always? on this occasion?]

> В метро всегда **бывало** прохладно.
> *It was always cool in the subway.* [repeatedly]

In sentences formed with **бывать**, long-form adjectives and nouns used in the predicate are always instrumental.

> Результаты у него обычно бывают **хорошими**.
> *His results are usually good.*

Бывать is commonly used in impersonal sentences when speaking of conditions that repeatedly occur.

> **Иногда бывает трудно** придумать заглавие для статьи.
> *Sometimes it's hard to think up a title for an article.*

The infinitive **бывать** often occurs with verbs that require imperfective infinitives (see "Verbal Aspect in Infinitives and Imperatives" in Chapter 3).

> **Я люблю быть** в компьютерном зале.
> **Я люблю бывать** в компьютерном зале.
> *I like being in the computer lab.*

> Максим начал **бывать** у Зои.
> *Maxim began visiting Zoya.*

Sometimes, as in the above example, **бывать** is best translated as *to visit*. In other contexts it is synonymous with **случаться**, *to happen*.

> Люба часто **навещала** родителей.
> Люба часто **ходила** к родителям.
> Люба часто **бывала** у родителей.
> *Luba visited her folks a lot.*

> В жизни всякое **случается**.
> В жизни всякое **бывает**.
> *All sorts of things happen in life.*

Less familiar to you is the perfective verb **побывать**, which may also be translated as *to visit*. This verb is used in situations where the speaker wishes to focus on the perfective nature of the *being*. Compare the following examples:

> Ира была совсем взрослая. Она даже замужем **была**.
> *Ira was quite grown-up. She was even married.* [at the time]

> Ира была совсем взрослая. Она даже замужем **побывала**.
> *Ira was quite grown-up. She had even been married.* [previously]

Побывать is used to express a single act of *being*, but it may also be used to express an action that has been repeated a limited number of times (two or three).

Прошлым летом во время отпуска я **побывала** на Аляске.
Last summer during my vacation I visited Alaska. [single act]

Я **побывала** в Нижнем Новгороде уже **дважды**, но с удовольствием поеду ещё раз.
I've visited Nizhny Novgorod twice already, but I would love to go again.
[limited repetition]

The infinitive **побывать** is often used in contexts where one would normally use a perfective verb to express an intention.

В этом году я **хочу поехать** в Грецию.
В этом году я **хочу побывать** в Греции.
This year I want to visit Greece. [intent]

Побыть and *пробыть*

There are two other perfective verbs that also mean *to be*. The verb **побыть** sometimes is synonymous with **остаться**, in which case it is best translated *to stay* or *to remain*.

Побудь у нас ещё!
Stay a little longer!

Я хочу **побыть** в Новгороде ещё два-три дня.
I want to remain in Novgorod another two or three days.

Sometimes **побыть** conveys a sense that the time spent is limited or inadequate. This sense may be intensified with such adverbs as **лишь, всего, только,** and so forth.

Аня **побыла** у нас, к сожалению, только два дня.
Unfortunately, Anya stayed with us only two days.

Надя вполне может **побыть** дома одна до восьми часов.
Nadya is quite capable of staying home alone until eight o'clock.
[a short time from the speaker's point of the view]

Perhaps the most common use of **побыть** is in sentences that describe *being* under specific conditions. In such sentences one typically finds adverbs such as **вместе, наедине, вдвоём** or prepositional phrases (**в тишине, в одиночестве,** etc.) that describe the particular condition of being.

Саше нужно было **побыть одному**.
Sasha needed to be alone.

Дина просто хотела **побыть в одиночестве**, вдали от шумного города.
Dina simply wanted to be in solitude, far from the noisy town.

The perfective verb **пробыть** means *to spend* time and is synonymous with **провести**. Sentences with **пробыть** always state the amount of time that has been or will be expended. Questions beginning with the word **сколько** typically use this verb.

Я **пробуду** здесь **до следующего понедельника**.
I will stay here until next Monday.

Сколько времени вы **пробыли** в тундре?
How much time did you spend in the tundra?

The verb **пробыть** is often used when the speaker wants to express a subjective attitude toward the amount of time spent. Words like **весь** or **целый** may be used to indicate that the time seems like a lot to the speaker, or the speaker may use words like **только** or **всего** to indicate that the time seems inadequate. (**Побыть** may also be used when speaking about small amounts of time.)

Алёша **пробыл** в Петербурге **целых два месяца**.
Alyosha spent a whole two months in Petersburg.

Аня **пробыла** у нас, к сожалению, **только два дня**.
Unfortunately, Anya spent only two days with us.

1. Fill in the blanks with **быть** or **бывать**. Use **бывать** whenever possible.

   1. Всю неделю после конференции Зина мало _бывала_ дома.
   2. Сашин почерк иногда _бывает_ неразборчивым. *ILLEGIBLE* −*л*
   3. Александр Иванович _был_ моим первым учителем.
   4. Когда студенты заходили утром на кафедру, Вера Павловна уже _была_ в компьютерном зале.
   5. Где найти клавиатуру с русским шрифтом? Это _был_ первый вопрос.
   6. Иногда знаки препинания _бывает_ трудно объяснить. *PUNCTUATION MARKS*
   7. Веня любил _быть_ в лесу у реки. *или* _бывать_
   8. Необходимо _быть_ честным в таких вопросах.

2. Fill in the blanks with **бывать** or **побывать**. Use **побывать** whenever possible.

   1. Я отвыкла _бывать_ в таких больших городах. *неСВ! UNACCUSTOMED, out of HABIT*
   2. Если ты хочешь _побывать_ в Петербурге, мы это устроим.

3. Впервые я _____ в Хабаровске в прошлом году.
4. Я мечтаю _____ в Альпах.
5. В Русском музее ежегодно _____ тысячи посетителей.
6. В каких городах России вам удалось _____

3. Fill in the blanks with **побыть** or **пробыть**.

1. После собрания Володе хотелось _____ в тишине.
2. Давай сегодня _____ здесь.
3. Тётя Вера _____ на даче до вечера.
4. Никто не знает, сколько нам ещё придётся здесь _____
5. Всё лето Лена _____ в археологической экспедиции.
6. Вероника _____ у нас до конца каникул.
7. Алле тоже нужно _____ одной.
8. Лучше _____ вдвоём, чем одному дома сидеть.

4. Fill in the blanks with **быть, бывать, побывать, побыть**, or **пробыть**.

В прошлом году мне наконец-то удалось _____ в России. Сначала я _____
три недели в Петербурге, а потом поехал в Москву на шесть недель. Когда я
_____ в Москве, я часто ходил на концерты и _____ в театрах и музеях.
Иногда в конце дня мне хотелось _____ одному, но это редко _____, потому что я человек общительный и люблю _____ в хорошей компании. В
конце поездки один друг меня спросил, сколько дней я ещё _____ в Москве.
Он хотел уговорить меня _____ у них ещё, но я грустно ответил, что я у
них _____ всего только два дня, потому что к началу учебного года я обязательно должен _____ у себя дома.

Являться/явиться

There are, in addition to **быть** and verbs related to it, a number of other ways to express
to be. The most common of them, **являться/явиться**, is used as a synonym for **быть**
in those sentences in which the complement defines the subject. The complement is always instrumental.

> Все события, описанные в этом романе, **являются вымышленными**.
> *All of the events depicted in this novel are imaginary.*

In sentences formed with **являться/явиться**, the complement (**вымышленными** in
the above example) is always a general category while the subject (**события**) is a specific example of the same. In other words, if we use the words **Пушкин** and **великий
поэт**, we will make **Пушкин** (the person) the subject of the sentence and **великий
поэт** (the category), the complement: **Пушкин является великим поэтом**. Often

(but not always) the speaker may stress the grammatical subject by putting it at the end of the sentence: **Великим поэтом является Пушкин.**

Words that describe abstract general categories often are used as the complements of sentences formed with **являться/явиться**. They include **причина, проблема, результат, следствие,** and others.

> Инсульт **явился** причиной его смерти.
> *A stroke was the cause of his death.*

> Опечатки в статье **являются** результатом того, что я пользуюсь незнакомой клавиатурой.
> *The typos in this article are the result of my using an unfamiliar keyboard.*

Представлять собой

The expression **представлять собой**, which is synonymous with **являться**, is less frequently used. Questions that require a definition or explanation commonly begin with the phrase **Что собой представляет...** In some contexts, **представлять собой** is best translated as *represent* or *consist of*. Note that the complement in this construction is always accusative.

> **Что собой представляет** вычислительная техника?
> *What is computer technology?*

> Лица в этом рассказе **представляют собой несколько архетипов**.
> *The characters in this story represent several archetypes.*

> Архив моего дедушки **представляет собой черновики** и **рукописи**.
> *My grandfather's archive consists of rough drafts and manuscripts.*

> Техникумы **представляют собой образец** среднего специального учреждения, где готовят специалистов среднего звена для производства, авиации, медицины и других областей народного хозяйства.
> *Technicums are a type of specialized secondary school where they prepare mid-level specialists for industry, aviation, medicine, and other sectors of the national economy.*

Стать

The perfective verb **стать**, which means *to become*, is sometimes used as a synonym for **явиться** in the past tense. It too requires an instrumental complement.

> Эта статья **стала** итогом многолетних исследований.
> *This article is the result of many years of research.*

Состоять and *заключаться*

The verb **состоять** is used, for the most part in set phrases, to talk about serving in a given capacity in a given position (often work-related). The complement, if any, is instrumental.

> Григорий Михайлович **состоит на службе** в одном из крупнейших российских министерств.
> *Grigory Mikhailovich is in the employ of one of the largest Russian ministries.*

> Я уже два года **состою** помощником главного редактора.
> *I have been the assistant of the editor in chief for two years now.*

Состоять and its synonym **заключаться**, used with **в** and the prepositional case, are also both used to mean *to be* in the sense of *to lie in*.

> **В чём заключается** смысл вашей статьи?
> *What is the point of your article?*

Both **состоять** and **заключаться** are often found with subordinate clauses beginning with **что** or **чтобы** (see "Expanding Sentences with **что** and **чтобы**" in Chapter 5).

> Главное достоинство вашей статьи **состоит в том, что** вы рассматриваете все стороны вопроса.
> *The chief virtue of your article is that you examine all sides of the question.*

> Наша задача **заключается в том, чтобы** полностью определить тему.
> *Our task is to define the topic in its entirety.*

> Моя просьба **состоит в том, чтобы** вы мне помогли составить список возможных участников конференции.
> *My request is that you help me compile a list of possible conference participants.*

When the verb **состоять** is used with **из**, it means *to consist of.*

> Это слово **состоит** из пяти букв.
> *This word consists of five letters.*

Состояться

The verb **состояться**, which looks like **состоять** but is perfective, means *to be* in the sense of *to take place.*

> Презентация **состоится** завтра в пять часов.
> *The presentation will be tomorrow at five o'clock.*

Когда **состоится** рассмотрение этого вопроса?
When will the examination of this question take place?

Оказываться/оказаться

Оказываться/оказаться means *to be* in the sense of *to turn out to be*. The perfective **оказаться** is used quite frequently when the speaker wishes to emphasize that the result of the action is still in effect. This verb requires the instrumental of nouns and long-form adjectives.

Орфографический словарь **оказался** очень полезным.
The spelling dictionary turned out to be very useful.

Жёсткий диск **оказался** испорченным.
The hard drive was broken.

Больше всего на свете я хочу **оказаться** дома в тёплой постели.
More than anything else in the world I want to be at home in a warm bed.

Оставаться/остаться

The verb **оставаться/остаться** means *to be* in the sense of *to remain*. This verb also requires the instrumental of nouns and long-form adjectives.

Рита снова **осталась** одна.
Rita was alone again.

Это **останется** между нами.
This will be between us.

Я думаю, что вы **останетесь** довольны моей статьёй.
I think that you will be pleased by my article.

5. For each pair of words, form a sentence using a nominative subject, **являться**, and an instrumental complement. (Remember to decide which word is the generalization and which the concrete example before you start writing.) Then add details to your sentence to make it more interesting.

Образец: кошка, млекопитающее
Кошка является млекопитающим.
Кошка является самым симпатичным млекопитающим в мире.

1. Гитлер, диктатор
2. Институт Азии и Африки, высшее учебное заведение
3. атомная энергия, источник энергии

4. россиянин, гражданин России
5. токсичные выбросы, причина загрязнения окружающей среды

6. Fill in the blanks with present tense of **представлять собой** or **являться**.

1. СНГ _____ объединение республик бывшего Советского Союза.
2. Эта новость _____ причиной его плохого настроения.
3. Их переселение из Грузии в Россию _____ последствием дискриминации русского населения.
4. Его жизнь _____ длинную череду невероятных приключений.
5. Отсутствие хорошего принтера _____ для них большой проблемой.

7. Fill in the blanks with appropriate forms of **состоять** or **состояться**. Translate your sentences into English.

1. Никто из его друзей не _____ в Демократической партии России.
2. Фёдор Петрович _____ заведующим отдела корреспонденции в редакции журнала «Театр».
3. Министерство, в котором я работаю, _____ из десяти отделов.
4. Заседание редколлегии _____ завтра утром.
5. Следующая перепись населения в этом районе _____ через 5 лет.
6. Никто из них не понимает, в чём _____ опасность.
7. Их последняя встреча _____ в апреле прошлого года.

Verbs of Location and Position

A number of other verbs that describe location or position are also sometimes best translated as *to be*. They include **находиться, стоять, лежать,** and **сидеть**.

Почта **находится** на углу.
The post office is on the corner.

Компьютер **стоит** на столике.
The computer is on the computer stand.

It is possible to form perfective verbs from **стоять, лежать,** and **сидеть** either with the prefix **по-** or with the prefix **про-**. Verbs formed in this way function by analogy with the verbs **побыть** and **пробыть**. They generally occur in sentences that contain some reference to time (sometimes implicit). The verbs **постоять, полежать**, and **посидеть** mean *to stay*; they convey a sense that the time is limited. The verbs **простоять, пролежать,** and **просидеть** also refer to time, but they show that a period of time either has been or will have been expended. Note in the following examples that these verbs, although perfective, are used with the accusative of the time expression with no preposition (see "Expressing Temporal Relationships" in Chapter 3).

Володя **постоял** возле принтера, а потом сел за компьютер.
Volodya stood awhile by the printer and then sat down at the computer.

Я немного **полежал** в постели, потому что проснулся раньше обычного.
I lay in bed for a bit because I had awakened earlier than usual.

Я **посижу** у вас часа два, а потом уйду.
I'll stay at your place a couple of hours, and then I'll leave.

Чтобы составить полный список всех грамматических терминов, нужно **просидеть** не один час за этим занятием.
In order to compile a complete list of all grammatical terms, one must spend many hours at the task.

Максим **пролежал** всю ночь с открытыми глазами.
Maksim lay all night with eyes wide open.

In addition to literally describing location or position, all of these verbs sometimes mean *to be* in a more abstract sense. In particular, the verb **стоять** is commonly used when describing a state (especially of the weather).

Вокруг **стояла** тишина.
All around was quiet.

Стояла весна на дворе.
It was spring outside.

В Москве в этом году **стояла** невыносимая жара.
The heat in Moscow this year was unbearable.

8. Replace forms of **быть** with analogous forms of **стоять**, **лежать**, or **сидеть**.

Образец: Молодые люди пробыли ещё полчаса на тёплой кухне.
Молодые люди просидели ещё полчаса на тёплой кухне.

1. Рядом с метро есть летнее кафе, где можно побыть на свежем воздухе и поговорить. *[посидеть]*
2. В прошлом году папа пробыл несколько месяцев в больнице. *[пролежал]*
3. Если вы не хотите, чтобы я присутствовал при разговоре, я могу побыть в машине. *[посидеть]*
4. Наталья Петровна пробыла на работе до семи часов. *[просидела/простояла]*
5. Людмила немного побыла у главного входа, а потом решительно вошла. *[постояла]*

9. Complete the sentences. Translate your sentences into English.

1. Володя старался быть _____ .
2. Это был _____ .
3. Какими неправдоподобными бывают _*чем*_ !
4. Андрюша думал о том, чтобы побывать _____ .
5. Мне нужно побыть _____ .
6. Настоящим руководителем является _____ .
7. Главная ошибка состояла в том, _____ .
8. Задача оказалась _____ .

Avoiding Superfluous Words

In this section we will discuss several different constructions where students tend to add unneeded words to their Russian sentences because of interference from English. First, we will look at the way Russian uses adjectives and participles to identify abstract qualities and persons. Then, we will discuss generalizations (**обобщения**). Finally, we will consider impersonal sentences (**безличные предложения**) and the problems that they present for English-speaking students of Russian.

Identifying Things and People

In English, when speaking of an abstract quality, it is possible to use an adjective either alone or colloquially with the noun *thing(s)* to identify that quality. In Russian, one may use neuter adjectives and participles to the same effect. By the same token, the neuter singular **многое** means *many things*.

Пётр старался больше не думать о **плохом**.
Pyotr tried not to think about bad things anymore.

Дима так и не понял, что проблема заключалась в **другом**.
Dima never did understand that the problem lay in something different.

Рита долго думала об **услышанном**.
Rita thought for a long time about what she had heard.

Многое мне нравится в твоём наброске.
There's a lot that I like in your outline.

In the same way, masculine and feminine singular and plural adjectives and participles may be used in Russian to refer to people. Once again, English uses adjectives in the same way but often adds *one(s)* or a noun such as *person* or *people*. Russian present active participles that refer to persons often correspond to English nouns ending in *-er*. The plural **многие** means *many people.*

Счастливые часов не наблюдают.
Happy people don't count the hours.

Студенты обратили всё своё внимание на **вошедшего.**
The students turned their entire attention to the man who had entered the room.

В 1995 г. **голосовавшие** выбирали из 43 объединений.
In 1995 voters selected among 43 coalitions.

Во время скучной лекции **многие** засыпают.
During a boring lecture a lot of people fall asleep.

10. Complete the sentences using words from the following list. Remember to change case endings as needed.

весёлое	грустное	звонившие	остальные
главное	другие	многие	приятное
голодные	другое	многое	сытые

1. *Главное* (*The main thing*) для сочинения — это умение определить тему.
2. *Сытые* (*Sated people*) не думают о *голодных* (*hungry ones*).
3. Я теперь смотрю на *многое* (*a lot of things*) другими глазами.
4. Я знаю, что *многие* (*a lot of people*) относятся к компьютерам с подозрением, а *другие* (*others*) пользуются ими с удовольствием.
5. Давайте лучше поговорим о *другом* (*something else*).
6. Не надо писать о *грустном* (*sad things*), напиши лучше о *весёлом* (*happy ones*).
7. Секретарь передал декану список *звонивших* (*of people who had called*).
8. Давай помечтаем о *приятном* (*something pleasant*).
9. Классный руководитель поговорит с родителями учеников пятого класса, а я буду беседовать с *остальными* (*the remaining ones*). *оставшиеся*

Sentences without a Stated Subject

In this section we will discuss three types of sentences: generalized-personal (**обобщённо-личное**), indefinite-personal (**неопределённо-личное**), and impersonal (**безличное**). These constructions sometimes present problems for native speakers of English because they contain *no stated subject.*

Generalized-Personal Sentences

In Russian, as in English, it is possible to form generalizations using the second-person singular form of the verb. In Russian the subject of the verb (**ты**) is usually not stated.

This construction is called generalized-personal because it derives from the experience of the speaker, which is generalized to be true for others as well.

> Когда **изучаешь** иностранный язык, без словаря не **обойдёшься**.
> *When you study a foreign language, you can't get by without a dictionary.*

Generalizations formed in this way sometimes express the possibility or, if the verb is negated, the impossibility of something's being true. The verbs in these constructions are typically perfective.

> Новую программу **загрузишь** за пять минут.
> *You can load the new program in five minutes.* [potentially possible]

> Полный указатель тем за два дня не **составишь**.
> *You can't compile a complete index in two days.* [virtually impossible]

11. Change as in the model. Emphasize the impossibility of the action by putting the verb phrase at the end of the sentence.

> **Образец**: Нельзя отредактировать такую сырую рукопись.
>   *Такую сырую рукопись не отредактируешь.*

1. Без словаря нельзя составить список грамматических терминов.
2. Нельзя загрузить старую программу в новый компьютер.
3. Нельзя сохранить файлы на этой дискете. Не хватает памяти.
4. Здесь нельзя распечатать сочинение. Принтер давно сломался.
5. Некоторые заглавия нельзя перевести на английский язык.
6. Нельзя доказать свою точку зрения без хороших примеров.
7. Нельзя рассмотреть такое количество вопросов в одном абзаце.

Indefinite-Personal Sentences

It is also possible in Russian, as in English, to form generalizations using the third-person plural of the verb. In sentences of this type it is the action itself that is important and not the performer, who is unspecified or may even be unknown. In Russian the grammatical subject (**они**) is not stated.

> В издательстве **редактируют** рукописи и статьи.
> *In a publishing house they edit manuscripts and articles.*

Generalizations formed with the third-person plural of the verb are often used when speaking of customs and traditions, fashions, and so forth.

> В этом году **носят** длинные юбки.
> *This year they're wearing long skirts.*

The construction is also used to formulate general rules, to explain how things ought to be done, or to talk about the admissibility or inadmissibility of an action. In English, one often uses a passive construction or says *one* or *people* when making this kind of generalization.

Это слово **пишут** с двумя *н.*
This word is written with two n's.

В таких предложениях обычно **ставят** тире.
One usually puts a dash in such sentences.

Такие темы не **обсуждают**.
People don't discuss such topics.

One may use the third-person plural to refer to a single person, whom the speaker does not wish to name, or to a group of people.

Этот компьютер мне **подарили** на работе.
They gave me this computer at work.

In some situations it is possible to use both second-person singular generalizations and third-person plural generalizations. In the examples that follow, the second-person singular shows a generalization predicated on the experience of the speaker, while the third-person plural shows a generalization predicated on typical behavior.

В его черновиках всегда **находишь** много ошибок.
You always find a lot of mistakes in his rough drafts.

В его черновиках всегда **находят** много ошибок.
One always finds a lot of mistakes in his rough drafts.

Такую вещь не **бросишь**.
You can't throw a thing like that away.

Такую вещь не **бросают**.
People don't throw a thing like that away.

12. Rewrite as indefinite-personal sentences. *" HIDDEN „ОНИ "" GENERAL TRUTH*

Образец: Кто-то показал мне, как пользоваться этой программой.
Мне показали, как пользоваться этой программой.

1. Главного редактора кто-то ждёт на совещании.
2. Кто-то посвятил эту статью вопросам экономики.

3. Кто-то объяснил ученикам, как пользоваться указателем.
4. По радио кто-то объявил новый набор на факультет программирования.
5. Вам кто-то послал электронное сообщение.

13. Complete the sentences. Translate your sentences into English.

1. Когда редактируешь собственную работу, _____ .
2. Обычно приходят к такому выводу, когда _____ .
3. Распечатывают электронные сообщения _____ .
4. Будучи писателем, посвящаешь книги _____ .
5. Когда цитируешь чужие слова, _____ .
6. Обычно ставят двоеточие _____ .

Impersonal Sentences

Impersonal sentences are sentences that contain a predicate but no grammatical subject expressed in the nominative case. Impersonal sentences are generally formed either with a predicate adverb or with a conjugated verb. Because these sentences have no grammatical subject, the verb is invariably third-person singular neuter.

Вчера **было холодно**.
It was cold yesterday. [predicate adverb]

В лесу **темнело**.
It was getting dark in the woods. [conjugated verb]

When impersonal sentences are formed with predicate adverbs, the linking verb is most often a form of **быть**, but other linking verbs may sometimes be used as well: **бывать, становиться/стать, казаться/показаться, оказываться/оказаться** and others.

Утром в издательстве **бывает шумно**.
It can be noisy in the publishing house in the morning.

Без монитора на столе **казалось пусто**.
The desk seemed empty without the monitor.

В компьютерном зале **оказалось душно**.
It was stuffy in the computer lab.

Impersonal sentences may have an *implied agent* who experiences an involuntary sensation. The noun or pronoun denoting the agent appears in the dative case.

В компьютерном зале оказалось тепло, но **мне было холодно**.
It was warm in the computer lab, but I was cold.

Adverbs that comment on the quality of a situation (**плохо, хорошо, странно,** etc.) may be completed by a clause beginning with **что** (see "Expanding Sentences with **что** and **чтобы**" in Chapter 5). In other sentences the adverb may be followed by an infinitive.

Странно, что он не пришёл.
It's strange that he didn't come.

Бесполезно менять шрифт.
Changing fonts is useless.

In some impersonal sentences reflexive verbs are used to stress the involuntary, internal nature of a state or action. In these sentences the implied agent of the action is expressed in the dative case.

Вчера ночью **я не спал**.
I didn't sleep last night.

Вчера ночью **мне не спалось**.
I had trouble sleeping last night.

Сегодня **я не работала**.
I didn't work today.

Сегодня **мне не работалось**.
I didn't feel like working today.

14. Rewrite the personal sentences as impersonal sentences. Translate your sentences into English.

Образцы: Комната была чистая и уютная.
В комнате было чисто и уютно.
It was clean and comfortable in the room.

Весна на юге тёплая.
Весной на юге тепло.
In the spring it's warm in the south.

1. Утро было прохладное.
2. Вечер был тихий.
3. Студенческий вечер был весёлый.
4. Зима была холодная.
5. Наш город очень спокойный.
6. Лето было жаркое.
7. Этот лес красивый.

15. Complete the sentences. Translate your sentences into English.

1. Хорошо, что _____ .
2. Школьникам было весело _____ .
3. Известно, что _____ .
4. Для меня важно _____ .
5. Жаль, что _____ .
6. Странно, что _____ .
7. Страшно _____ .
8. Бесполезно _____ .

16. Replace the italicized verbs with impersonal ones. Replace the explanation with a new reason showing the involuntary, internal nature of the action.

Образец: Вчера ночью я не *спал*. Всю ночь я работал над черновиком.
         Вчера ночью мне не спалось. Я думал об экзаменах.

1. Я не *хочу* сегодня выходить из дому. Я работаю над заключением своей статьи.
2. Я никогда не *работала* с этим редактором. Он всегда был занят кем-то другим.
3. Сейчас я не *читаю*, потому что уже прочитал все нужные материалы.
4. Я не *верю*, что он сам написал это сочинение, потому что я видела то же сочинение у другого студента.
5. Моя жена не *сидит* дома, потому что нам деньги нужны.

Word Order

Word order in Russian, especially in comparison to English, is relatively free. There are, nevertheless, observable tendencies in the placement of words.

The rule of thumb in Russian is that the topic of the sentence (the *given* information) appears at the beginning of the sentence while the *new* information about that topic appears at the end.

В то время я работала в маленьком неизвестном издательстве. **Издательство** находилось на улице Плеханова. **На этой улице** жил один из моих бывших студентов.
At that time I was working at a small unknown publishing house. The publishing house was located on Plekhanov Street. One of my former students lived on that street.

Further refinements take place within this general system.

In Russian, as in English, the most common order (especially when answering the question *What happened?*) is subject + verb + object.

> (**Что делает** Иван?) Иван **печатает статью**.
> *(What is Ivan doing?) Ivan is typing an article.*

Changing the order of the elements to object + verb + subject (**Статью печатает Иван**) shifts the logical emphasis of the sentence from the activity (the verb) to the subject (*Who is typing the article?*). Notice that this inversion is only possible when the inflected forms of the words make their role in the sentence unambiguous.

> Отец любит сына.
> Сына любит отец.
> *The father loves his son.* [inversion possible, change in emphasis]

> Мать любит дочь.
> *The mother loves her daughter.* [no inversion possible]

Some sentences are indivisible. In other words, there is no established topic and *all* of the information is new. These sentences, which are statements of existence or fact, are always formed with intransitive verbs. Their normal word order is verb + subject.

> Идёт снег.
> *It's snowing.*

> Наступила зима.
> *Winter arrived.*

> Болит спина.
> *My back hurts.*

> Зазвонил будильник.
> *The alarm clock went off.*

Verbs commonly occur in first position in impersonal sentences using the word **нет** (**не было, не будет**), in generalized-personal sentences (**ты**), and in indefinite-personal sentences (**они**).

> **Нет** времени.
> *There's no time.*

Остановишься и смотришь в недоумении.
You stop and stare in amazement.

Привезли рукописи.
They've brought the manuscripts.

In questions introduced by a question word, the verb typically precedes the subject when the subject is expressed by a noun. The same order (verb + subject) is also typical of the words that report quotations.

— Где **работает Маша**? — **спросил Миша**.
"Where does Masha work?" Misha asked.

— Где **она работает**? — **заинтересовался он**.
"Where does she work?" he wanted to know.

In Russian the placement of adjectives and adverbs also tends to be generally similar to that of English. As a rule, adjectives precede the nouns that they modify, and adverbs precede adjectives and verbs. As in English, qualitative adjectives generally precede relative ones: **холодный февральский вечер**. If a number of adverbs or adverbial phrases precede a verb, they normally appear in the sequence 1) time, 2) place, 3) other (manner, cause etc.).

1	2	3

Каждый год в Сочи усиленно готовятся к кинофестивалю.
Every year in Sochi people frantically get ready for the film festival.

A change in the expected word order can add additional nuances to a sentence or even change its meaning. For example, an expected response to the question **Ты знаешь нового редактора?** (*Do you know the new editor?*) might be **Нет, я его не знаю** (*No, I don't know him*). A response of **Нет, его я не знаю** implies a different emphasis: *No I don't know him, but I do know his secretary.* This principle is most evident in the placement of **не**. If the action of the sentences is negated, **не** precedes the verb. Negating a different element of the sentences implies a continuation or explanation.

Всё это **не я покупал**. Друг привёз.
I wasn't the one who bought all of this. A friend brought it.

17. In this excerpt from «**Смерть ради смерти**» by **Александра Маринина**, three people (**врач, милиционер, Доценко**) are attempting to recall the contents of a note that they have seen but no longer have in their possession. Initally, they think that the note said «**Я не виноват**», but then they change their minds. Read the excerpt and answer the questions that follow in English.

Вдруг врач поднял голову.

— Нет, не было так, — обратился он к милиционеру. — Там было написано не «Я не виноват», а «Виноват не я». Я ещё, помню, тогда подумал: а кто же, если не ты.

— А какая разница? — недоуменно спросил милиционер.

— Разница есть, — пояснил Доценко. — Когда человек говорит: «Я не виноват», он оправдывается. Когда он говорит: «Виноват не я», он подразумевает, что виноват кто-то другой, и он знает, кто именно. Верно?

— Верно, — тут же согласился врач. — Мне так и показалось, когда я читал записку.

1. What change in word order does the doctor suggest?
2. What makes the doctor certain that his change is accurate?
3. How does Dotsenko explain the significance of the change?

18. In this excerpt from her memoir «**Дороги и судьбы**», **Наталья Ильина** describes her meeting with Moscow Art Theater actress **Екатерина Ивановна Корнакова**. **Корнакова** has agreed to direct a project at the secondary school where **Ильина** studies, and **Ильина** has been chosen to participate. Read the first sentence of the paragraph, given to you below, and then arrange the remaining sentences to complete the paragraph. Use word order to decide what the order should be. Underline the words that helped you make your decision. When finished, compare your version to the original in Appendix B.

На чём мы в тот день расстались, о чём договорились, тогда ли, позже ли узнала я о намерении Катерины Ивановны поставить с нами несколько одноактных пьесок — ничего не помню.

_____ Из пьесок запомнилась мне лишь та, в которой я сама играла.

_____ К портнихе приходит заказчица, к ней-то обращён монолог, а заказчице едва удаётся прорваться с несколькими репликами.

_____ Монолог произносит бывшая петербургская дама, ставшая в эмиграции портнихой.

_____ Это, впрочем, не пьеса была, а рассказ Теффи, состоявший почти сплошь из монолога.

Источники

Word Processing

No matter what use you plan to make of Russian in the future, you will need to be able to use a word processor (**текстовый редактор**). Some of you no doubt already have this capability at home, while others will need to adjust the equipment that you have at home or use your school's computer lab.

The latest Macintosh and Windows operating systems come equipped with Cyrillic capabilities. If you are using an older system, you should be able to download usable fonts and keyboard layouts from any number of Web sites, including that of the American Association of Teachers of Slavic and Eastern European Languages (**www.aatseel.org**).

When you decide to russify your computer, you will need to make a decision about keyboard layout. Normally, you will choose between the layout that is used in Russia and the homophonic QWERTY layout that is often used in American universities:

Russian National

QWERTY Layout (Variation)

If you expect to be doing most of your typing in Cyrillic, it will be worth the effort to learn the Russian layout. If, however, you expect to be doing most of your typing in a mixture of Latin and Cyrillic characters, you will find it easier and just as effective to choose the QWERTY layout. With few exceptions (**щ, ь, ъ,** for example) the letters are exactly where your fingers expect them to be.

E-Mail

Sending and receiving e-mail in Russian can be problematic. Cyrillic characters may be encoded differently during transmission. As a result, your recipient receives something quite different from what you originally typed. If you receive an unintelligible text that was originally typed in Cyrillic, you may attempt to address the problem by changing fonts within the e-mail message or by saving the message as a word-processing file and changing the fonts within the file. E-mail addresses are necessarily written with Latin characters. The symbol @ is «**собака**» in Russian, while *dot* is predictably «**точка**».

Dictionaries and Other Reference Books

Up until now you have probably relied on a single Russian-English dictionary. In order for you to use Russian effectively, however, you will need to be familiar with a variety of dictionaries. On the pages that follow, you will see excerpts from five fairly common dictionaries. First study the excerpts and make a tentative decision about the nature and purpose of each of them. Then proceed to the exercises below.

1. Look up the word **отвергать/отвергнуть** in each of the sample dictionaries. (It won't be in all of them.)

    1. Which of the dictionaries provide information about conjugation?
    2. Aspect?
    3. Case usage?
    4. English translation?
    5. Russian definition? (How does it compare to the English translation?)
    6. Examples?
    7. What kinds of information are provided in dictionaries 1 and 2?
    8. Under what circumstances would you use dictionary 3?
    9. Now look at the names of the dictionaries in Appendix B. Do they confirm your speculation about the purpose of each of the dictionaries?

Dictionary 1

ОСПС — 338 —

ОСПС* [о-эс-пэ-эс] — окружной совет профессиональных союзов.

ОСР и **оср** [о-эс-эр] — отдельная саперная рота.

ОСС [осс] — Организация сотрудничества социалистических стран в области электрической и почтовой связи.

ОСТ [ост], *м.* — общесоюзный стандарт (*1925—1940*).

ОСТ* [ост], (*м.*) — Общество художников-станковистов (*1925—1932*).

остехбюро*, *ср.* — особое техническое бюро.

ост. п. — железнодорожный остановочный пункт (*топ.*).

ОСУ [осу] — особое строительное управление.

ОСУЗ* [осуз], (*м.*) — организация учащихся средних учебных заведений.

ОСФРУМ* [осфрум], (*м.*) — Общество содействия физическому развитию учащейся молодежи (*дорев.*).

ОСХИ [осхи] — Одесский сельскохозяйственный институт.

ОСШ- [о-эс-ша] — опрыскиватель на самоходное шасси (*например:* ОСШ-8); опыливатель на самоходное шасси (*например:* ОСШ-10).

ОСЭН [осэн], (*м.*) — Организация стран — экспор-

ОТ [о-тэ] — отбой тревоги.

ОТ [о-тэ] — относительная топография (изобарических поверхностей).

ОТБ и **отб** [о-тэ-бэ] — отдельный танковый батальон.

ОТБ и **отб** [о-тэ-бэ] — отдельный транспортный батальон.

отв(ет). — ответственный.

отврук*, *м.* — ответственный руководитель.

отд. — отдел, отделение.

отд. — отдельный.

отд. свх. — отделение совхоза (*топ.*).

ОТЕН* [отэн] — Отделение технических наук (Академии наук СССР).

ОТЗ [о-тэ-зэ] — Онежский тракторный завод.

ОТЗ [о-тэ-зэ] — отдел труда и зарплаты.

ОТИ [оти] — отдел технической информации.

ОТК [о-тэ-ка] — общественный товарищеский контроль (*на предприятиях*).

ОТК [о-тэ-ка] — отдел технического контроля.

откомхоз*, *м.* — отдел коммунального хозяйства.

откормсовхоз, *м.* — откормочный совхоз.

ОТКР и **откр** [о-тэ-ка-эр] —отдельная тяжелокабельная рота.

ОТЛ- [о-тэ-эл] — опыли-

Dictionary 2

рлинским соглашением 25.10.
ием «О. Б.— Р.», свидетель-
открытом вступлении фаш.
дготовки и развязывания 2-й
следовало подписание (25.11.
й и Японией «Антикоминтер-
, к к-рому 6 нояб. 1937 при-
алия.

ИЯ, прямая, неподвижная
ащающегося вокруг неё твёр-
твёрдого тела, имеющего не-
ку (напр., для детского волч-
ходящая через эту точку, по-
к-рой тело перемещается из
ния в положение, к нему бес-
е, наз. мгновенной О. в.

ИЯ ЗЕМЛИ, см. *Земная ось*.

НАМАГНИЧИВАНИЯ, на-
ро- или ферримагнитном мо-
оль к-рого работа намагничи-
до насыщения, производимая
ем, минимальна (см. *Магнит-
ля*). В отсутствие внеш. поля
доменов направлена вдоль

ямая линия, проведённая че-
ной сферы параллельно оси
и. Вокруг О. м. происходит
ние небесной сферы.

р Ив. (1912—71), инициатор
рку хлебов сцепом 2 машин,
ской МТС Оренбургской обл.
нт Тимирязевской с.-х. ака-
). Чл. КПСС с 1939. Деп.
7—46. Гос. пр. СССР (1951).
с. мера объёма сыпучих тел,
икам = 104,95 л.

отряд мор. моллюсков класса
голове 8 длинных щупалец —
з. ногами). Дл. тела с «рука-
ят до 100 кг. Ок. 200 видов,
широко (донные, реже пела-
ок. 30 видов. Объект про-
ы). Крупные О. наз. спрута-

сприятие животными и чело-
овения, давления, растяже-
О. лежит раздражение разл.
и, нек-рых слизистых оболо-
зыке и др.) и преобразование
головного мозга полученной
оответствующий вид чувстви-
ющью О. определяется форма
ачина, консистенция и т. д.
ных зрения и слуха, О.— осн.
мации о внеш. мире.

1912), председатель Ген. со-
в Японии (*Сохё*) в 1958—66.
(1965).
ии, на о. Хонсю. 109 т. ж.
.

отросшая на сенокосах или

ОТБЕ́ЛИВАТЕЛИ ОПТИ́ЧЕСКИЕ (флуо-
ресцентные отбеливатели), бесцветные или
слабоокрашенные органич. соединения, способные поглощать УФ лучи и преобразовы-
вать их в синий или фиолетовый свет. Применяются гл. обр. для отбеливания натураль-
ных и синтетич. волокон, бумаги, пластмасс.
ОТБЕ́ЛИВАЮЩИЕ ГЛИ́НЫ, глинистые
горные породы, преим. монтмориллонитово-
го состава с резко выраженными сорбционны-
ми свойствами. Применяются в осн. для очистки жидкостей.
ОТБО́ЙНЫЙ МОЛОТО́К, ручная машина
ударного действия для отделения горных пород от массива, разрыхления уплотнённых
грунтов и т. д. О. м. бывают пневматич.
(наиб. распространены), электрич. и бензи-
новые.
ОТБО́РА ПРА́ВИЛА, определяют возможные квантовые переходы для атомов, моле-
кул, атомных ядер, элементарных частиц
и т. п.; обычно формулируются как допустимые изменения квантовых чисел, характе-
ризующих систему. О. п. вытекают из *сохранения законов*.
ОТБО́РНИК, то же, что *калёвка*.
ОТБОРТО́ВКА, 1) операция листовой штам-
повки. 2) Загиб кромки металлич. листа для
соединения его с др. кромкой или др. ли-
стом (сваркой, склёпыванием и т. д.).
ОТВА́Л, искусств. насыпь из пустых пород,
некондиционных полезных ископаемых, хво-
стов обогащения и т. п. О. пустых пород, из-
влекаемых из шахт на поверхность земли, наз.
террикониками.
ОТВАЛООБРАЗОВА́НИЕ, процесс размеще-
ния вскрышных пород на специально отведённых терр. или в выработанном пространст-
ве карьеров при открытой разработке м-ний
полезных ископаемых.
ОТВА́Р, жидкая лекарств. форма; получают
из растит. сырья, к-рое заливают хол. водой,
кипятят и процеживают. Обычно готовят из
плотных частей растений: коры, корней.
ОТВЕРДЕВА́НИЕ, переход жидкости
в твёрдое кристаллич. состояние (*фазовый
переход первого рода*); то же, что *кристалли-
зация* жидкости. Иногда О. наз. переход и
в твёрдое аморфное состояние.
ОТВЕРДИ́ТЕЛИ, вещества (перекиси, кис-
лоты, соли, соединения с эпоксидными или
изоцианатными группами и др.), применяе-
мые для отверждения материалов на основе
реакционноспособных олигомеров.
ОТВЕРЖДЕ́НИЕ, необратимый переход
реакционноспособных олигомеров в нераст-
воримые и неплавкие (т. н. сшитые) поли-
меры. Происходит с участием спец. реагентов
(отвердителей) или под действием тепла, из-
лучений высокой энергии и др. при форми-
ровании изделий из пластмасс, высыхании клеёв
и лаков, затвердевании герметиков и компа-

Dictionary 3

269

отва́ливаться, -аюсь, -аешься
отвали́ть, -алю́, -а́лишь
отвали́ться, -алю́сь, -а́лишься
отва́лка, -и, *р. мн.* -лок
отва́льный
отва́льщик, -а
отва́лянный (от отваля́ть)
отваля́ть, -я́ю, -я́ешь
отва́р, -а
отва́ренный
отва́ривать, -аю, -аешь
отва́риваться, -ается
отвари́ть, -арю́, -а́ришь
отвари́ться, -а́рится
отва́рка, -и, *р. мн.* -рок
отварно́й
отве́данный
отве́дать, -аю, -аешь
отведе́ние, -я
отведённый; *кр. ф.* -ён, -ена́,
 -ено́
отве́дший, -ая, -ее
отве́дывать, -аю, -аешь
отве́дываться, -ается
отведя́, *деепр.*
отвезённый; *кр. ф.* -ён, -ена́,
 -ено́
отвезти́, -зу́, -зёшь; *прош.*
 -вёз, -везла́
отвёзший, -ая, -ее
отве́ивать, -аю, -аешь
отве́иваться, -аюсь, -аешься
отвекова́ть, -ку́ю, -ку́ешь
отверга́ть, -а́ю, -а́ешь
отверга́ться, -а́юсь, -а́ешься
отве́ргнутый
отве́ргнуть, -ну, -нешь; *прош.*
 -ёрг и -ёргнул, -ёргла
отве́ргший, -ая -ее и отве́рг-
 нувший, -ая, -ее
отвердева́ние, -я
отвердева́ть, -а́ет
отверде́лость, -и
отверде́лый
отвердéние, -я
отверде́ть, -éет
отве́рженец, -нца, *тв.* -нцем
отве́рженный; *кр. ф.* -жен,
 -жена
отверза́ть, -а́ю, -а́ешь
отвёрнутый
отверну́ть, -ну́, -нёшь

ответвля́ть, -я́ю, -я́ешь
ответвля́ться, -я́ется
отве́тить, -вéчу, -вéтишь
отве́тный
отве́тственность, -и
отве́тственный; *кр. ф.* -вен,
 -венна
отве́тствовать, -ствую, -ству-
 ешь
отве́тчик, -а
отве́тчица, -ы, *тв.* -цей
отвеча́ть, -а́ю, -а́ешь
отве́ченный
отве́шанный (от отве́шать)
отве́шать, -аю, -аешь
отве́шенный (от отве́сить)
отве́шивать, -аю, -аешь
отве́шиваться, -аюсь, -аешься
отве́янный
отве́ять, -éю, -éешь
отве́яться, -éюсь, -éешься
отвива́ть, -а́ю, -а́ешь
отви́ливать, -аю, -аешь
отвильну́ть, -ну́, -нёшь
отвинти́ть, -нчу́, -нти́шь
отвинти́ться, -и́тся
отви́нченный
отви́нчивать, -аю, -аешь
отви́нчиваться, -ается
отвиса́ть, -а́ю, -а́ешь
отвисе́ться, -си́тся
отви́слый
отви́снуть, -нет; *прош.* -ви́с,
 -ви́сла.
отви́тый; *кр. ф.* -и́т, -ита́,
 -и́то
отви́ть, отовью́, отовьёшь;
 прош. -и́л, -ила́, -и́ло
отви́ться, отовьётся; *прош.*
 -и́лся, -ила́сь
отвлека́ть, -а́ю, -а́ешь
отвлека́ться, -а́юсь, -а́ешься
отвлёкший, -ая, -ее
отвлече́ние, -я
отвлечённость, -и
отвлечённый; *кр. ф. прич.*
 -ён, -ена́, -ено́; *кр. ф. прил.*
 -ён, -ённа, -ённо
отвле́чь, -еку́, -ечёшь, -еку́т;
 прош. -ёк, -екла́
отвле́чься, -еку́сь, -ечёшься,
 -еку́тся; *прош.* -ёкся, -ек-

отволо́:
отволо́:
отволо́:
отволо́ч
 -ена́
отволо́ч
отволо́:
отволо́:
 -локу́
отвора́
отвора́
 -аеш
отво́реı
отвори́:
отвори́:
отворо́
отворо́
отворо́
 тишь
отворо́
отворо́
отворо́
 ти́ть)
отворя́
отворя́
отврати́
 -льна
отврати́
отвра́т
отвраш
отвраш
отвраш
отвраш
 -ена́
отвыка́
отвы́кн
 -ы́к,
отвы́ки
отвы́ть,
отвы́чк
отвяза́
отвяза́
отвяза́
отвя́зк
отвя́зы
отвя́зы
отга́даı
отгада́
отга́дкі
отга́дчı
отга́дчı
отга́ды

Dictionary 4

-ри́шь; -ренный (-ён, -ена́);
эблагодарить за услугу. *О. за*

отраженного света. *Отблески*
(перен.).

не употр., -ает; *несов.* (разг.).

ть. **2.** Сигнал [первонач. бара-
вий. *Бить о.* (также перен.:
ния, решения). *О. воздушной*
го-чего (разг.) — очень много

редназначенный для откалы-
й *о. молоток.*

-би́шься; *сов.* (разг.). Кончить
ісь.

рать. **2.** Выделение кого-че-
ственный *о.* (выживание наи-
ых особей; спец.).

тобранный, лучший по каче-
орные войска.
. Служащий для отбора, вы-
Отборочная комиссия. От-
ртивные соревнования для
ов).

-ришься; *сов.* (разг. шутл.).
ться от кого-н. *О. от пригла-
приятеля.* ‖ *несов.* отбоя́ри-

осить.

, -ре́шешься; *сов.* (прост.).
от чего-н. или ответить на на-
иваться, -аюсь, -аешься. *Его
я.*
ітый; *сов.*, кого (что) (прост.).
ветить кому-н., отказывая
о ты его отбрил! ‖ *несов.*

м. Негодный остаток чего-н.
і общества (перен.). ‖ *прил.
тбросные газы.*
ь; -ошенный; *сов.* **1.** кого-что.
ую вещь. **2.** перен., кого-что.
. *О. противника за реку.*
вергнуть (разг.). *О. сомнения.*
ет, тень). *Дерево отбросило
сил луч света.* ‖ *несов.* отбра́-
тбро́ска, -и, ж. (к 1 знач.;

-аешься; *сов.*, от кого-чего.
лить от себя. **2.** перен. Отде-
го-н. (прост.). *О. от поруче-
-аюсь, -аешься.

, -руешь; *сов.*, что (спец.).
в затон.
отбыл и отбыл, отбыла́, о́тбы-
. То же, что уехать (офиц.).
тбыл и отбы́л). Пробыть
і исполнения каких-н. обязан-
. *срок наказания. О. повин-
-аешь; сущ.* отбыва́ние, -я, ср.
-я, ср.
, бесстрашие, храбрость. *На-
‹За отвагу›.*
ь; -аженный; *сов.*, кого (что)
какой-н. привычки, от хожде-
, *от курения. О. надоедливого
ю, -аешь.

ОТВА́Л [2], -а, *м.*: до отвала (разг.). — до пресыщения.
Наесться до отвала.
ОТВА́Л [3] *см.* отвалить [2].
ОТВАЛИ́ТЬ [1], -алю́, -а́лишь; -а́ленный; *сов.*, что.
1. Валя, опрокидывая, отодвинуть, отбросить в сторону
(что-н. тяжелое). *О. камень от входа.* **2.** Дать, расщедрив-
шись (прост. ирон.). *О. сто рублей.* ‖ *несов.* отва́ливать,
-аю, -аешь. ‖ *сущ.* отва́л, -а, *м.*(к 1 знач.; спец.) *и* отва́лка,
-и, *ж.* (к 1 знач.; спец.).
ОТВАЛИ́ТЬ [2], -алю́, -а́лишь; *сов.* О судах: отплыть от
берега, пристани. ‖ *несов.* отва́ливать, -аю, -аешь. ‖ *сущ.*
отва́л, -а, *м.* (спец.); *прил.* отва́льный, -ая, -ое (спец.).
О. гудок.
ОТВАЛИ́ТЬСЯ, -алю́сь, -а́лишься; *сов.* **1.** (1 и 2 л. не
употр.). Отделившись, упасть. *Угол карниза отвалился.*
2. Откинуть, наклонить назад туловище (разг.). *О. на спинку
кресла.* **3.** Насытившись, отодвинуться от стола, от еды
(прост.). *Ел-ел, наконец отвалился.* ‖ *несов.* отва́ливаться,
-аюсь, -аешься.
ОТВА́ЛЬНАЯ, -ой, *ж.* (разг.). Прощальная пирушка.
ОТВА́Р, -а, *м.* Жидкость, насыщенная соком того, что
в ней варилось. *Мясной о. Рисовый о.*
ОТВАРИ́ТЬ, -арю́, -а́ришь; -а́ренный; *сов.*, что. Сварить,
прокипятить. *О. грибы. О. рис.* ‖ *несов.* отва́ривать, -аю,
-аешь.
ОТВАРИ́ТЬСЯ, 1 и 2 л. не употр., -а́рится; *сов.* Сва-
риться, прокипеть. *Грибы отварились.* ‖ *несов.* отва́ри-
ваться, -ается.
ОТВАРНО́Й, -а́я, -о́е. Вареный, кипяченый. *Отварная
говядина.*
ОТВЕ́ДАТЬ, -аю, -аешь; -анный; *сов.*, что и чего (устар.).
1. Попробовать, съесть или выпить немного. *О. пирога.* **2.** По-
знать на опыте, испытать. *О. жизнь на чужбине.* ‖ *несов.*
отве́дывать, -аю, -аешь (к 1 знач.).
ОТВЕЗТИ́, -езу́, -езёшь; -ёз, -езла́; -ёзший; -езённый
(-ён, -ена́); -езя́; *сов.*, кого-что. **1.** Доставить, везя. *О. по-
сылки на станцию.* **2.** Везя, убрать откуда-н. *О. камни
в сторону от дороги.* ‖ *несов.* отвози́ть, -ожу́, -о́зишь; ‖ *сущ.*
отво́з, -а, *м. и* (разг.). отво́зка, -и, *ж.*
ОТВЕ́РГНУТЬ, -ну, -нешь; -ёрг (и -ёргнул), -ёргла; *сов.*,
кого-что. Не принять, отказать в принятии чего-н. *О. проект. О. помощь.* ‖ *несов.* отверга́ть, -а́ю, -а́ешь.
ОТВЕРДЕ́ЛОСТЬ, -и, *ж.* Отверделое место. *На месте
ушиба образовалась о.*
ОТВЕРДЕ́ЛЫЙ, -ая, -ое. Ставший твердым. *Отверде-
лая опухоль.*
ОТВЕРДЕ́НИЕ, -я, *ср.* **1.** *см.* отвердеть. **2.** То же, что
отверделость. *Небольшое о.*
ОТВЕРДЕ́ТЬ, 1 и 2 л. не употр., -еет; *сов.* Стать твердым.
Опухоль отвердела. ‖ *несов.* отвердева́ть, -а́ет. ‖ *сущ.* от-
верде́ние, -я, *ср.*
ОТВЕ́РЖЕННЫЙ, -ая, -ое (книжн.). Отвергнутый об-
ществом, презираемый, угнетенный. ‖ *сущ.* отве́рженность,
-и, *ж.*
ОТВЕРЗА́ТЬ, -а́ю, -а́ешь; *несов.*, что (стар.). Раскры-
вать, открывать. *О. уста.*
ОТВЕРНУ́ТЬ, -ну, -нёшь; -вёрнутый; *сов.*, что. **1.** По-
вернуть в сторону. *О. лицо. О. полу шубы.* **2.** Повернув,
открыть. *О. кран.* **3.** Вертя, ослабить, снять, отвинтить.
О. гайку. **4.** Вертя, отломать, оторвать (разг.). *О. кукле
ногу.* **5.** *без доп.* Свернуть, изменить направление своего
движения (разг.). *Самолет отвернул влево.* ‖ *несов.* от-
вёртывать, -аю, -аешь (к 1, 2, 3 и 4 знач.) *и* отвора́чивать,
-аю, -аешь (к 1 и 5 знач.).
ОТВЕРНУ́ТЬСЯ, -ну́сь, -нёшься; *сов.* **1.** Повернуться
в сторону. *О., чтоб не видеть. Пола́ шубы отвернулась.*
2. (1 и 2 л. не употр.). Поворачиваясь, открыться. *Кран
отвернулся.* **3.** (1 и 2 л. не употр.). Вертясь, ослабнуть, от-
винтиться. *Гайка отвернулась.* **4.** перен., от кого. Пере-

Dictionary 5

отве́дать *сов. см.* отве́дывать.

отве́дывать, отве́дать (*вн., рд.*) try (*d.*), taste [teɪ-] (*d.*).

отвезти́ *сов. см.* отвози́ть.

отверга́ть, отве́ргнуть (*вн.*) rejéct (*d.*), turn down (*d.*); (*отрекаться*) repúdiàte (*d.*); (*голосованием*) vote down (*d.*); ~ предложе́ние rejéct *an* óffer; (*голосованием*) deféat, *или* vote down, *a* mótion; давно́ отве́ргнутые ме́тоды lóng-discárded méthods.

отве́ргнуть *сов. см.* отверга́ть.

отвердева́ние *с.* hárdening.

отвердева́ть, отверде́ть hárden.

отверде́л∥ость *ж.* callósity. ~ый hárdened.

отверде́ние *с.* 1.= отвердева́ние; 2.= отверде́лость.

отверде́ть *сов. см.* отвердева́ть.

отве́ржен∥ец *м.* óutcàst. ~ный 1. *прич. см.* отверга́ть; 2. *прил.* óutcàst.

отверну́ть *сов. см.* отве́ртывать *и* отвора́чивать II.

отверну́ться *сов. см.* отве́ртываться *и* отвора́чиваться II.

отве́рстие *с.* 1. ópen∣ing; áperture; órifice; (*дыра*) hole; (*в автомате для опускания монеты*) slot; входно́е ~ ínlet ['ɪn-]; выходно́е, выпускно́е ~ óutlèt; (*решета́, си́та*) mesh; 2. *анат., зоол.* forámen; заднепрохо́дное ~ *анат.* ánus.

отверте́ть *сов. см.* отве́ртывать 1.

отверте́ться I *сов. см.* отве́ртываться 1.

отверте́ться II *сов.* (*от*) *разг.* (*уклониться*) wriggle a∣wáy (from); get* out (of); (*без доп.*) get* off; ему́ удало́сь ~ he mánaged to get off, *или* to get out of it; he mánaged to wriggle a∣wáy.

отвёртка *ж.* scréw-drìver, túrnscrew.

отве́ртывать, отверте́ть, отверну́ть (*вн.*) 1. (*отвинчивать*) unscréw (*d.*); 2. *при сов.* отверну́ть (*отгибать*) turn back (*d.*); 3. *при сов.* отверну́ть (*открывать поворачивая*) turn on (*d.*): ~ кран (*водопровода*) turn on the wáter [...'wɔ-]. ~ся, отверте́ться, отверну́ться 1. (*отвинчиваться*) come* unscréwed; 2. *при сов.* отверну́ться (*отгибаться*) turn back; 3. *при сов.* отверну́ться (*от*) turn a∣wáy

к ~у call smb. to accóunt, make* smb. ánswerable [...'ɑ:nsə-]; bring* smb. to book *идиом.*; быть в ~е за что-л. be ánswerable / respónsible for smth.; в ~ in ánswer / replý; в ~ (на *вн.*) in respónse (to).

ответв∥и́ться *сов. см.* ответвля́ться. ~ле́ние *с.* óff∣shoot; (*ветвь*) branch [-ɑ:ntʃ]; *эл.* tap, bránching [-ɑ:n-]; ~ле́ния от национа́льного языка́ óff∣shoots of the cómmon nátional lánguage [...'næ-...].

ответвля́ться, ответви́ться branch off [-ɑ:ntʃ...].

отве́т∥ить *сов. см.* отвеча́ть 1, 2, 3. ~ный recíprocal, in retúrn, in ánswer [...'ɑ:nsə]; ~ное чу́вство respónse; recíprocal féeling; ~ные ме́ры retáliàtory méasures [-eɪt- 'meʒ-]; ~ный визи́т (дру́жбы) retúrn vísit (of friendship) [...-z-... 'frend-].

отве́тственн∥ость *ж.* respònsibílity; *юр. тж.* amènabílity [əmiː-]; солида́рная ~ *юр.* joint respònsibílity; взять на себя́ ~ (за *вн.*) take* up∣ón òne∣sélf, *или* shóulder / assúme, the respònsibílity [...'ʃou-...] (for); брать на свою́ ~ (*вн.*) do on one's own respònsibílity [...oun...] (*d.*); нести́ ~ за что-л. bear* the respònsibílity for smth. [beə...]; снять с кого́-л. relíeve smb. of respònsibílity [-'liːv...]; снять с себя́ ~ (за *вн.*) declíne *the* respónsibility (for); вся ~ за после́дствия лежи́т (на *пр.*) all / full respònsibílity for the cónsequences rests (with); привлека́ть к ~ости (*вн.* за *вн.*) make* (*d.*) ánswer [...'ɑ:nsə] (for), make* ánswerable [...'ɑ:nsə-] (*d.* for), call to account (*d.* for), bring* to book (*d.* for). ~ый 1. respónsible; ~ый реда́ктор éditor-in-chief [-tʃiːf]; ~ый рабо́тник exécutive; счита́ть кого́-л. ~ым за что-л. hold* smb. respónsible for smth.; 2. (*важный*) main; (*решающий*) crúcial; ~ая зада́ча main / prímary task [...'praɪ-...]; ~ый моме́нт crúcial point.

отве́тствовать *несов. и сов. поэт., уст.* ánswer ['ɑ:nsə], replý.

отве́тчи∥к *м.*, ~ца *ж. юр.* deféndant, respóndent.

отвеча́ть, отве́тить 1. (на *вн.*) án-

2. Look up each of the underlined words in this excerpt from "**Чернобыльская тра-гедия**" by **Г. Шашарина** in a reference book of your choosing. Be prepared to explain why you chose that reference book and whether your first choice produced the results you anticipated.

В <u>Припять</u> прибыли около 14.00, не зная о масштабах аварии. Большая часть прибывших направилась в городской комитет партии, где располагался штаб. Я с В. В. Марьиным и начальником управления строительства Чернобыль-ской <u>АЭС</u> В. Т. Кизимой на «<u>газике</u>» поехали на место аварии. Только при приезде к АЭС мы увидели, что представляет собой четвёртый блок — картину, которую позднее все наблюдали по фотографиям в газетах и по кадрам кинохроники. Разница была лишь в том, что мы <u>созерцали</u> это сво-ими глазами, видели, как над реактором курился дымок и <u>багровела</u> <u>раска-лённая</u> полоса верхней плиты. Затем мы заметили куски графита. Они были разбросаны по всей территории АЭС, включая открытое <u>распределительное</u> <u>устройство</u> и отходящие в стороны линии электропередачи. Мы объехали вокруг <u>ограды</u> АЭС, несколько раз выходя из машины (чувство опасности, несмотря на опыт, <u>притупилось</u>). Стало очевидно, что реактор разрушен. Увидели мы и то, что сепараторы пара на месте так же, как верхние <u>баки</u> системы управления и защиты реактора.

Сочинение

Tailoring Your Language

Those of you who have acquired Russian primarily in the classroom have no doubt been trained in standard Russian (**литературный язык**), the spoken and written language of educated Russians. Standard Russian is the neutral form of the language that is acceptable to the greatest number of native speakers under the greatest number of circumstances, and it is the form that you as a non-native speaker of the language should continue to cultivate.

It is possible, depending on your background and experience, that you may have also acquired some slang expressions or even some regional variations that are *not* always acceptable to all speakers in all situations. One of the objectives of this course is for you to learn to recognize different stylistic registers and to begin to tailor your own speech in accordance with the situation in which you find yourself.

The colloquial (**разговорный**) register is used for most informal social intercourse. It is the language of conversation among educated native speakers and may be charac-terized by incomplete sentences, expressive phrases, filler expressions, and sometimes colorful vocabulary. This is the register that you will use for conversations with your friends and for some of your writing (for example, personal letters).

There is, in addition to the register of informal conversation, a middle or neutral register (**нейтральный стиль**, sometimes called **литературно-разговорный**) that educated native speakers might use in slightly more formal settings (a conversation with an academic advisor, for example) or in writing intended for a wider audience. This style is characterized by the choice of neutral vocabulary (neither bookish nor colloquial), by complete sentences, and by unmarked word order. The purpose of this register is to convey information, and it strives for maximum clarity of expression. This is the style that you will want to adopt in most of your academic writing.

Finally, there is also a formal register, which may be further divided into academic (**научный**), business (**деловой**), and journalistic (**публицистический**). Both the academic and the business styles are characterized by specific (and sometimes highly formulaic) words and phrases, by a greater number of synonyms, and by more complicated syntax. Your task is not to imitate these styles but to recognize them and to couch your response to them in a neutral, universally acceptable manner.

The journalistic register sometimes poses special problems for non-native speakers of Russian. This style is intended to persuade and is often adopted by journalists and television commentators. Although it is a formal style and uses the stylized vocabulary and complex syntax of the other formal styles, it is also intended to produce an emotional effect and to that end employs inverted word order and rhetorical figures (hyperbole, irony, rhetorical questions). Again, your job is not to imitate this style but to recognize it and to respond appropriately.

One stylistic register that you will *not* want to adopt is substandard (**простонародный**). It is characterized by morphology and syntax that deviate from the norm and by lexical items (including slang and vulgarisms) that are *not* acceptable to many educated native speakers (except when striving for special effect). Non-native speakers need to recognize and understand this style but should not adopt it themselves.

Throughout your study of Russian you will have opportunities to practice colloquial and, to a certain extent, formal speech in a variety of contexts. Part of learning to tailor your own language is being attentive to the language of others. In your conversations and reading, pay attention to the manner of speaking or writing: Who is the audience, and what does the speaker hope to achieve?

1. Read these passages and decide which stylistic registers are represented. Who do you imagine the speakers to be? Under what circumstances might they be speaking? When you have finished, go to Appendix B to learn who the authors are and where the works were originally published.

1. Да, предупреждения были, но может ли хозяйка, подоив корову, вылить молоко на землю? Может ли она каждый день доить корову и выливать молоко? И где тот Чернобыль? За триста вёрст... И никто ничего толком не знает. И раньше никогда такого не было. И каждому хочется верить, что засыпало не его деревню. В первый чернобыльский год мой могилевский друг сказал: «Живут, как жили...».

2. Николай Васильевич Гоголь родился 20 марта 1809 г. на Украине в небольшом местечке Большие Сорочинцы. Родители Гоголя были очень небогатые помещики. В дальнейшем Гоголь провёл всю молодость в борьбе с нуждой и в заботах о материальном благополучии матери и подрастающих сестёр. Отец Гоголя, довольно образованный человек — он даже писал пьесы, которые шли в любительских постановках, — был старше своей жены на 26 лет и умер, когда будущий писатель учился в шестом классе гимназии. Гоголь рано сделался старшим и единственным мужчиной в семье. Мать Гоголя — молодая красавица (она вышла замуж, едва достигнув 15 лет и родила будущего писателя 18-и лет) — была ему скорее старшей сестрой, чем матерью. Увидевший её в 1839 г. писатель С. Т. Аксаков вспоминал: «Это было доброе, нежное, любящее существо, полное эстетического чувства, с лёгким оттенком самого кроткого юмора. Она была так моложава, так хороша собой, что её решительно можно было назвать старшею сестрою Гоголя».

3. Ну чума! Чистая чума, а не мужик. И чего ему надо от меня? Ладно, спасибо ему, денег дал. Я хоть и выпиваю, но не алкоголичка законченная, мозги ещё не совсем проспиртовала, потому и понимаю, что он мне не заработать дал, а просто подарил эти деньги. Деньжищи! Да разве ж это работа? Найти пацана и всунуть ему сто «зелёных» вместе с картонкой. Я б такую работу по тыщу раз в день делала просто за стакан, а он мне столько отвалил — аж страшно! Я ж говорю — чума.

   И ладно бы, если б только долларами одарил. Мало ли какие у людей причуды бывают. Когда я на железной дороге работала, так был у нас там один, тоже чумовой. Припадочный, в смысле. Как найдёт на него припадок, так он на все деньги водку покупал и за просто так раздаривал. На, говорил, Михална, выпей за моё здоровье. И бутылку мне целую совал. Да и не только мне. Сколько бутылок купит, стольким их подарит, себе ничего не оставлял. Непьющий он был, представляете? Вообще в рот не брал, ну ни граммулечки, а нам покупал. Во какие бывают...

4. Представительство Министерства Иностранных Дел Союза Советских Социалистических Республик в Ленинграде свидетельствует своё уважение Генеральному консульству Соединённых Штатов Америки в Ленинграде и имеет честь сообщить, что по решению Правительства

На полях: На поэми

На полях: Научн (деловой)

СССР с 12 по 19 января 1989 года будет производиться Всесоюзная перепись населения СССР.

Этим решением установлено, что кроме советских граждан переписи подлежат также все иностранные граждане, проживающие в СССР или временно находящиеся на его территории. В ближайшее время Генеральному консульству будет препровождено соответствующее количество переписных листов с просьбой заполнить их на русском языке на каждого зарегистрированного в Представительстве сотрудника Генерального консульства и членов его семьи. Представительство просит Генеральное консульство уведомить свой персонал о том, что полученные ими справки о прохождении переписи необходимо будет хранить до 8 февраля 1989 года.

Представительство МИД СССР пользуется этим случаем, чтобы возобновить Генеральному консульству уверения в своём высоком уважении.

Working with Paragraphs

In your own writing, you will also need to decide for whom you are writing and for what purpose. In addition, you will need to think about structuring your paragraphs so that they are clear and easy to follow. When writing in Russian you may follow the same general rules that you do when writing in English, that is, each paragraph should address a single topic and all of the sentences within the paragraph should address that topic.

2. Read each paragraph quickly, skimming for content. Then decide what the topic of the paragraph is. Once you have determined the topic, discuss the paragraph's tone and purpose. When you have finished, go to Appendix B to learn who the authors are and where the works were originally published.

1. Интеллигент же — это представитель профессии, связанной с умственным трудом (инженер, врач, учёный, художник, писатель), и человек, обладающий умственной порядочностью. Меня лично смущает распространённое выражение «творческая интеллигенция», — точно какая-то часть интеллигенции вообще может быть «нетворческой». Все интеллигенты в той или иной мере «творят», а с другой стороны, человек пишущий, преподающий, творящий произведения искусства, но делающий это по заказу, по заданию в духе требований партии, государства или какого-либо заказчика с «идеологическим уклоном», с моей точки зрения, никак не интеллигент, а наёмник.

2. За стеной моей комнаты жил сосед Меладзе, пожилой, грузный, с растопыренными ушами, из которых лезла седая шерсть, неряшливый, насупленный, неразговорчивый, особенно со мной, словно боялся, что я

попрошу взаймы. Возращался с работы неизвестным образом, никто не видел его входящим в двери. Сейчас мне кажется, что он влетал в форточку и вылетал из неё вместе со своим потёртым коричневым портфелем. Кем он был, чем занимался — теперь я этого не помню, да и тогда, наверное, не знал. Он отсиживался в своей комнате, почти не выходя. Что он там делал?

3. До конца поездки я так и не смог привыкнуть к этой бесконечной американской доброжелательности. Ну с чего они все тебе улыбаются? Что им от тебя надо? Поначалу, когда мне в самолёте улыбнулась стюардесса, я, честно говоря, подумал, что она со мной заигрывает. Когда же улыбнулись, глядя на меня, вторая, третья американки, я решил, что у меня что-то расстёгнуто. Доконал швейцар в гостинице. Он улыбнулся и раскрыл передо мной двери! Он был рад моему приезду! Вы видели когда-нибудь швейцара, радующегося вашему приезду?! Ну почему во всех странах мира швейцары в гостиницах открывают двери и приносят вещи, а наши не пускают? Когда пожилой «бой» занёс мои вещи в номер и, бестактно улыбаясь, предложил мне помочь разложить их по полкам, я выгнал его из номера за его грязные намёки.

3. Read each paragraph quickly, skimming for content. Then decide what the topic of the paragraph is. Once you have determined the topic, decide whether all of the sentences address that topic. Delete sentences that do not. When you have finished, compare your version of the paragraphs to the authors' originals in Appendix B.

1. Кампания по выборам президента проходит в несколько этапов: сначала в штатах проводятся первичные выборы, съезды партийных организаций или закрытые совещания партийных руководителей, на которых выбирают делегатов в национальный конвент (съезд). Этот этап начинается в феврале и заканчивается в июне года выборов. Следующий этап — проведение национальных конвентов в июле и августе. Погода к этому времени обычно улучшается. На них каждая партия выбирает своих кандидатов на пост президента и вице-президента. После этого борьба развёртывается непосредственно между кандидатами за два важнейших поста в государстве. Этот заключительный решающий этап фактически завершается в день выборов.

2. С начала аварии направление ветра для Припяти было благоприятным. Радиоактивные продукты в основном относило за городскую черту, но когда высота подъёма факела из аварийного реактора из-за флуктуации ветра в приземном воздушном слое снизилась, радиоактивное облако захватило и территорию города. До 21 часа 26 апреля на отдельных улицах Припяти мощность дозы гамма-излучения, измеренная на высоте метра от земной поверхности, удерживалась в пределах 14–140 милли-

рентген/час. К 7.00 27 апреля радиационная обстановка начала ухудшаться. А в Москве в этот день вокруг «Белого дома» собралось около 40 тысяч человек. Мощность дозы составляла в это время 180–300 миллирентген/час, а на улице Курчатова к 28 апреля достигала даже 500 миллирентген. К 6 мая уровень радиации в Припяти снизился примерно в 3 раза. Ориентировоночные расчёты позволяют сделать следующее предположение. Доза внешнего гамма-излучения, исходя из возможного режима поведения жителей и показаний индивидуальных дозиметров работников служб радиационной безопасности, составила для населения от 1,5 до 5 рад по гамма-излучению и в 2–3 раза больше по бета-излучению на кожу. Диета, конечно, тоже сильно влияет на здоровье жителей. Оценки показывали, что возможные уровни доз внешнего облучения обитателей Припяти значительно ниже тех, которые оказывают влияние на здоровье человека.

Organization of Paragraphs

Every paragraph—regardless of intended audience, implied purpose, or subject matter —needs to be organized in some way. Organization strategies vary depending on what kind of paragraph you are writing (description, definition, narration, argumentation, etc.), but if they are not there, the paragraph becomes difficult to follow. Look again at the paragraphs in the last two exercises. Can you follow the author's train of thought? Can you locate the beginning, middle, and end of each of the paragraphs? What features of Russian (word order, for example) facilitate the movement from one idea to the next?

4. In this exercise the sentences of three relatively straightforward narrative paragraphs have been jumbled. First skim the sentences to determine the topic of the paragraph. Then arrange the sentences in a logical order. When you have finished, compare your paragraphs to the originals in Appendix B.

Paragraph 1

_____ Надо было непременно приобрести профессию: ведь Коля ещё не скоро начнёт зарабатывать.

_____ Машинка давалась Софье Петровне легко; к тому же она была грамотнее, чем эти современные барышни.

_____ Окончив школу, он должен во что бы то ни стало держать в институт.

_____ Получив высшую квалификацию, она быстро нашла себе службу в одном из крупных ленинградских издательств.

_____ После смерти мужа Софья Петровна поступила на курсы машинописи.

_____ Фёдор Иванович не допустил бы, чтобы сын остался без высшего образования...

Paragraph 2

_____ Примерно в 4 часа утра 26 апреля в номере раздался телефонный звонок из Ялтинского управления КГБ.

_____ Это был управляющий Крымэнерго из Симферополя, который сообщил, что ближайший самолёт в Киев отправляется примерно в 10.00.

_____ Удивило и насторожило то, что время назначения (ночью) необычное и что звонили не из министерства.

_____ Мне необходимо связаться с Москвой и выехать на место.

_____ Сообщение об аварии на Чернобыльской АЭС я получил, находясь в отпуске, в санатории около Ялты.

_____ Это назначение меня не удивило: как правило, при инцидентах на АЭС я назначался председателем комиссии.

_____ Раздумывая о возможности срочной связи и причинах вызова, я услышал второй звонок.

_____ Напоминаю: авария произошла 26 апреля в 1 час 23 минуты 40 секунд.

_____ Была суббота, ночь, администрация санатория отсутствовала, и я не мог позвонить в Москву по спецсвязи.

_____ Дежурный передал мне сообщение из Москвы о том, что на Чернобыльской АЭС ЧП и что я назначен председателем комиссии.

Paragraph 3

_____ Пески и кактусы по обе стороны прямого, как линейка, хайвея.

_____ Патрульный «кар» встал сзади.

_____ Потом привычным движением поставил себе на крышу пульсирующий красный фонарь.

_____ При обгоне очередной я увидел рыжие усы патрульного офицера.

_____ Горизонт ещё больше раздвинулся.

_____ Несколько секунд я ещё делал вид, что не понимаю, что это значит, что ко мне это вроде не очень-то относится, потом пошёл к обочине.

_____ «Омега» что-то сильно разошлась, обгоняла чуть ли не все попутные машины.

_____ Мы вылезли из машин — я и стройный офицер в униформе цвета хаки с пистолетом на боку.

_____ Аризонская пустыня сменилась калифорнийской, которая в этих местах лежит ниже уровня моря.

_____ Положив локоть на борт, он внимательно и серьёзно смотрел на меня.

Punctuation

Punctuation (**пунктуация**) is a mundane but useful tool that helps you convey meaning to the readers of your work. In many instances, you can rely on English punctuation habits (period at the end of sentences, exclamation marks to indicate excitement, etc.), but there are a few instances where Russian and English differ considerably, and you need to be aware of these differences. In this section we will concentrate on the three areas that are most troublesome: the comma, the dash, and the punctuation of quotations.

The Comma

Russian and English are often alike in their use of commas (to separate words in a list or to set off words in apposition, for example). There are, however, some situations where the use of the comma is obligatory in Russian while it is optional or even incorrect in English.

Use a comma in Russian:

• between clauses linked by the conjunctions **и, а, но** and the conjunctions **и ... и, ни ... ни, или ... или, то ... то**

Олег загрузил новую программу, но я пока ещё пользуюсь старой.
Oleg loaded the new program, but for the time being I'm still using the old one.

Это или ошибка, или опечатка.
That's either a mistake or a typo.

• between a principal and a subordinate clause

Я думаю, что он пришёл к гениальному выводу.
I think he reached a brilliant conclusion.

- to separate main from relative clauses

Я ~~недавно читала~~ статью, в которой автор обсуждает применение вычислительной техники в высшем образовании.
I recently read an article in which the author discusses the application of computer technology in higher education.

- to separate participial clauses

Вопрос, интересующий этого автора, касается прироста населения в Соединённых Штатах.
The question that interests this author concerns population growth in the United States.

- to separate clauses formed with verbal adverbs

Ссылаясь на этого автора, я надеюсь доказать свою точку зрения.
By referring to this author I hope to prove my point.

- in comparisons

Алёша пишет, как настоящий журналист.
Alyosha writes like a real journalist.

Почему-то Машино сочинение получилось длиннее, чем моё.
For some reason Masha's composition turned out longer than mine.

- to set off parenthetical words

Монитор, должно быть, сломался.
The monitor must be broken.

Do not use a comma in Russian:

- to set off the introductory phrase of a sentence

В 1492 г. Колумб открыл Америку.
In 1492, Columbus discovered America.

- before the last и in a list

В вашей диссертации должно быть введение, заключение и указатель.
In your dissertation there should be an introduction, a conclusion, and an index.

The Dash

Use a dash to represent *to be* in Russian when:

- both the subject and the predicate are nouns in the nominative case

  Наша Земля — третья от Солнца планета.
  Our Earth is the third planet from the Sun.

- either the subject or the predicate is an infinitive

  Главное — решить вопрос в принципе.
  The main thing is to make the decision in principle.

- either the subject or the predicate is a numeral

  Длина реки Волги — более 3500 километров.
  The length of the river Volga is more than 3,500 kilometers.

- the word **это** is used to link the subject and the predicate

  Атлас — это собрание карт.
  An atlas is a collection of maps.

Do not use a dash in Russian:

- in simple conversational sentences

  Мой отец бизнесмен.
  My father is a businessman.

- when the subject is a personal pronoun

  Я главный редактор издательства.
  I am editor in chief of the publishing house.

- if the predicate is negated

  Аналогия не доказательство.
  An analogy is not proof.

- if parenthetical words stand between the subject and the predicate

Компьютер, как известно, важное изобретение.
The computer, as is well known, is an important invention.

5. Place dashes where needed. Justify each choice by referring to the rules above.

1. Урал гигантская кладовая природных богатств.
2. Глубина озера Байкала 1620 метров.
3. Убедительное сочинение это результат тщательной работы.
4. Его отец, должно быть, заведующий кафедрой русского языка.
5. Печатать на компьютере большое удовольствие.
6. Курить здесь воспрещается.
7. Первые издания не обязательно лучшие.
8. Его цитата очень нужна.
9. Я студент филологического факультета этого университета.

Quotations

In Russian, as in English, quoted material that appears inside a body of text is set off by quotation marks. When the reporting verb precedes the quotation, it is separated from the quotation by a colon. When the reporting verb follows or interrupts the quotation, the quotation is marked by a comma (or a question or exclamation mark if required by the sense of the sentence), and the reporting verb is set off by a dash. Note that in Russian the period is written outside the quotation marks.

Лихачёв пишет: «В жизни приходится очень много спорить, возражать, опровергать мнение других, не соглашаться».
Likhachyov writes, "In life one has to argue a great deal, to oppose, to refute the opinion of others, to disagree."

«Как же ведёт спор умный и вежливый спорщик?» — спрашивает Лихачёв.
"How does an intelligent and polite opponent conduct a debate?" asks Likhachyov.

«Лучше всего проявляет свою воспитанность человек, — пишет Лихачёв, — когда он ведёт дискуссию, спорит, отстаивая свои убеждения».
"A person shows his upbringing best of all," writes Likhachyov, "when he debates and argues while defending his own convictions."

When the quotation appears not inside a body of text but at the beginning of its own paragraph, it is marked not by quotation marks but by dashes. This convention is most often observed in written dialogue, as in the following:

> — Мама, у меня для тебя новость.
> — Какая? — спросила мать.
> — Я решила выйти замуж.
> *"Mama, I have some news for you."*
> *"What's that," the mother asked.*
> *"I've decided to get married."*

6. All of the punctuation and capitalization has been removed from this passage from the novel «**Дети Арбата**» by **Анатолий Рыбаков**. First, skim the passage for content and then restore punctuation and capitalization. Note that there is no single correct solution to this exercise, although you may find it interesting to compare your choices to the original text in Appendix B.

лена булягина родилась за границей в семье политэмигрантов после революции она жила там с отцом дипломатом и вернулась в россию нетвёрдо зная родной язык а она не хотела отличаться от товарищей тяготилась тем что подчёркивало исключительность её положения была болезненно чувствительна ко всему что казалось ей истинно народным русским

юрка шарок простой московский рабочий парень независимый самолюбивый и загадочный сразу же привлёк её внимание она помогала нине ивановне его воспитывать но сама понимала что делает это не только из интереса общественного и юра это понимал однако в школе дела любовные третировались как недостойные настоящих комсомольцев дети революции они искренне считали что отвлечение на личное это предательство общественного

после школы юра не делая решительных шагов к сближению искусно поддерживал их отношения на той грани на которой они установились иногда звонил звал в кино или в ресторан заходил когда собиралась вся компания обняв лену в коридоре юра перешёл эту грань неожиданно грубо но с той решительностью которая покоряет такие натуры

несколько дней она ждала его звонка и не дождавшись позвонила сама просто так как они обычно звонили друг другу у неё был ровный голос она старалась чётко произносить окончания слов обдумывая ударения и говорила медленно даже по телефону чувствовалась её застенчивая улыбка но юра ждал звонка

я сам собирался звонить тебе у меня на шестое два билета в деловой клуб будут танцы пойдём

конечно

Задания

1. Match the names of the punctuation marks on the left with their symbols on the right.

точка	?
вопросительный знак	,
восклицательный знак	;
запятая	( )
точка с запятой	—
двоеточие	.
многоточие	« »
тире	!
кавычки	:
скобки	...

2. Survey the Russian dictionaries and encyclopedias available in your library. Compile an annotated bibliography of a dozen or so of the ones that seem to you most useful. For each entry state compiler, title, place and date of publication, number of entries, and number of pages. Include comments about the quality and completeness of each work. Under what circumstances would one choose to use each of these reference works?

3. Begin building a personalized vocabulary record. In it record new words that you encounter in reading and in conversation. Select the words that seem to you most useful. For each word, create a dictionary entry that includes grammatical information and an example of how the word is used.

4. Start an electronic forum where the members of your class can exchange their thoughts in Russian.

5. Begin keeping a journal in Russian. In your first entry discuss the strengths and weaknesses of your Russian. What are your objectives for the coming year? What about long-term goals? What do you personally need to do to further those goals? What strategies will help you meet your objectives most effectively? In future entries record the ways in which you use Russian outside of the classroom. What problems do you encounter? How do you solve them?

6. Memorize the 1928 children's classic «**Знаки препинания**» by **Самуил Маршак** on page 46.

Знаки препинания
С. Я. Маршак

У последней
Точки
На последней
Строчке
Собралась компания
Знаков препинания.

Прибежал
Чудак —
Восклицательный знак.
Никогда он не молчит,
Оглушительно кричит:

— Ура!
Долой!
Караул,
Разбой!

Притащился кривоносый
Вопросительный знак.
Задаёт он всем вопросы:

— Кто?
Кого?
Откуда?
Как?

Явились запятые,
Девицы завитые.
Живут они в диктовке
На каждой остановке.

Прискакало двоеточие,
Прикатило многоточие
И прочие,
И прочие,
И прочие...

Заявили запятые:
— Мы особы занятые.
Не обходится без нас
Ни диктовка, ни рассказ.

— Если нет над вами точки,
Запятая — знак пустой! —
Отозвалась с той же строчки
Тётя точка с запятой;

Двоеточие, мигая,
Закричало: — Нет, постой!
Я важней, чем запятая
Или точка с запятой,

Потому что я в два раза
Больше точки одноглазой.
В оба глаза я гляжу,
За порядком я слежу.

— Нет... — сказало многоточие,
Еле глазками ворочая, —
Если вам угодно знать,
Я важней, чем прочие.
Там, где нечего сказать,
Ставят многоточие...

Вопросительный знак
Удивился: — То есть как? —
Восклицательный знак
Возмутился: — То есть как!

— Так, — сказала точка,
Точка-одиночка. —
Мной кончается рассказ.
Значит, я важнее вас.

II
География

Подготовка

In the not-too-distant past students of Russian tended to travel primarily only to major cities in European Russia. Since the fall of the Soviet Union, students of Russian are much more likely to study, work, and live in all parts of the Russian Federation and to interact with Russians from all walks of life. In this chapter you will acquire vocabulary for talking about different parts of the world: Where are you from? What's it like there? What are the people like? What do they do for a living? An important part of our discussion will touch upon demographic changes within the Russian Federation itself.

Vocabulary

геогра́фия geography
географи́ческий geographic
долгота́ (*мн* **долго́ты**) (**на**) longitude[1]
широта́ (*мн* **широ́ты**) (**на**) latitude[1]

разме́р dimension[2]
величина́ size
расстоя́ние (**на**) *от чего?* distance[3]
высота́ (*мн* **высо́ты**) height, elevation, altitude[3]
длина́ length[3]
ширина́ width, breadth[3]
глубина́ (*мн* **глуби́ны**) (**на**) depth[3]
пло́щадь *ж* (*мн* **пло́щади, площаде́й**) area[3]
достига́ть I *чего?* to reach, attain; **дости́чь** (**дости́гну, дости́гнешь; дости́г, дости́гла**)[4]

приро́да nature
приро́дный natural
ту́ндра tundra
тайга́ taiga
степь *ж* (**в степи́**) steppe

пусты́ня desert
ландша́фт landscape
разнообра́зие variation, diversity
разнообра́зный varied, diverse
живопи́сный picturesque

равни́на (**на**) plain
доли́на valley
ни́зменность *ж* lowland
возвы́шенность *ж* (**на**) height
гора́ (*вн* **го́ру**; *мн* **го́ры, гор, гора́х**) mountain
го́рный хребе́т (*р* **хребта́**) mountain range
вулка́н volcano
ве́чная мерзлота́ permafrost
ледни́к (*р* **ледника́**) glacier
пло́ский flat
круто́й steep

лес (**в лесу́**; *мн* **леса́**) forest
боло́то swamp
река́ (*мн* **ре́ки**) river
руче́й (*р* **ручья́**) stream

о́зеро (*мн* **озёра**) lake
мо́ре (*мн* **моря́, море́й**) sea
зали́в gulf, bay
океа́н ocean
побере́жье (*р мн* **побере́жий**) (**на**)
    coast

простра́нство space
сторона́ (*вн* **сто́рону**, *мн* **сто́роны**,
    сторо́н, сторона́м) side;
    direction
противополо́жный opposite
занима́ть I to occupy
грани́чить II *с чем?* to border
дели́ть (**делю́, де́лишь**) to separate,
    divide; **раздели́ть** (**разделю́,
    разде́лишь**)
окружа́ть I to surround
расположи́ть (**расположу́,
    располо́жишь**) *сов* to situate
простира́ться I to stretch, range,
    sweep (across)[5]
тяну́ться (**тя́нется**) to stretch, extend[5]
поднима́ться I to rise
возвыша́ться I to tower
течь (**теку́, течёшь, теку́т; тёк,
    текла́**) to flow
омыва́ть I to wash, lap[6]

кли́мат climate
уме́ренный moderate
континента́льный continental
морско́й maritime
тропи́ческий tropical
аркти́ческий arctic
сухо́й dry, arid
вла́жный humid, damp
суро́вый harsh
мя́гкий mild
мете́ль *ж* blizzard
бу́ря (*р мн* **бурь**) storm

сырьё raw materials
у́голь (*р* **угля́**) coal
руда́ (*мн* **ру́ды**) ore
нефть *ж* oil

ресу́рсы (*р* **ресу́рсов**) resources
запа́с supply, reserve
добыва́ть I to obtain, procure; to mine;
    добы́ть (**добу́ду, добу́дешь**)[7]

произво́дство manufacture, production
производи́ть (**произвожу́,
    произво́дишь**) to manufacture,
    produce; **произвести́** (**произведу́,
    произведёшь; произвёл,
    произвела́**)
промы́шленность *ж* industry
    го́рная ~ mining industry
лесопромы́шленность *ж* forest
    industry
рыбопромы́шленность *ж* fishing
    industry
нефтепромы́шленность *ж* oil industry
о́трасль *ж* branch (of industry)
занима́ться I *чем?* to occupy oneself

се́льское хозя́йство agriculture
по́чва soil
    плодоро́дная ~ fertile soil
расти́ (**расту́, растёшь; рос, росла́**)
    to grow
выра́щивать I to cultivate, grow;
    вы́растить (**вы́ращу,
    вы́растишь**)[8]
разводи́ть (**развожу́, разво́дишь**) to
    raise, breed; **развести́** (**разведу́,
    разведёшь; развёл, развела́**)[8]
животново́дство animal husbandry
скотово́дство cattle ranching
урожа́й crop, harvest

**Содру́жество Незави́симых
    Госуда́рств** (*сокр* **СНГ**) Com-
    monwealth of Independent States
    (*abbr* CIS)
Росси́йская Федера́ция Russian
    Federation
россия́нин (*мн* **россия́не**) citizen of
    Russia
росси́йский Russian (pertaining to
    Russia)

ру́сский   Russian (ethnic)
распада́ться I   to fall apart, break up, collapse; распа́сться (распа́лся)[9]
распа́д   fall, dissolution, collapse[9]

населе́ние   population
чи́сленность *ж*   quantity, size (in numbers)
   ~ населе́ния   population size
сосредото́чиваться I   to be concentrated; сосредото́читься II
увели́чиваться I   to increase; увели́читься II
приро́ст   growth
уменьша́ться I   to decrease; уме́ньшиться II
уменьше́ние   decrease
сокраща́ться I   to be reduced; сократи́ться (сокращу́сь, сократи́шься)
сокраще́ние   reduction
пе́репись *ж*   census
   проводи́ть (провожу́, прово́дишь)
      ~   to take a census

рожда́емость *ж*   birthrate
сме́ртность *ж*   mortality rate
продолжи́тельность *ж*   duration
   ~ жи́зни   life expectancy
па́дать I   to decline, fall; упа́сть (упаду́, упадёшь; упа́л, упа́ла)

национа́льность *ж*   ethnic identity[10]
национа́льный   ethnic
этни́ческий   ethnic
мигра́ция   migration
переселя́ть I   to relocate, move; пересели́ть II
переселе́ние   relocation, migration

име́ть I   to have
облада́ть I *чем?*   to have, possess
располага́ть I *чем?*   to have at one's disposal
владе́ть I *чем?*   to own, possess; to have control of
хвата́ть I *чего? (безл)*   to be sufficient
принадлежа́ть II *кому? к чему?*   to belong[11]

Vocabulary Notes

[1] You can say that something is located *on* a certain longitude or latitude (**на долготе, на широте**) or you can say that it is located on a given degree (**градус**) *of* that longitude or latitude.

> Москва расположена **на тридцать седьмой восточной долготе** и **на пятьдесят шестом градусе северной широты**.
> *Moscow is located at thirty-seven degrees east longitude and at fifty-six degrees north latitude.*

[2] The word **размер** is often used in the plural (compare English *dimensions*).

> **Размеры** России в несколько раз превосходят размеры других стран.
> *The size of Russia exceeds the size of other countries by several times.*

[3] Remember that there are numerous ways of describing dimensions. One possibility is to use the dimension word in the instrumental followed by **в** and the accusative of

the actual dimension: **длиной в 2 метра**. Another option is to use the actual dimension followed by **в** and the accusative of the word that describes the dimension: **10 метров в ширину**. You can also speak of something's being *at* a certain elevation or depth by using **в** and the accusative of the dimension: **на высоте в 100 метров**.

4 Use the verb **достигать/достичь** to speak of a person's reaching or attaining a goal or to speak of something's reaching or attaining a limit.

> Через три дня Антон Львович, наконец, **достиг** побережья океана.
> *After three days Anton Lvovich finally reached the coast.*

> Долина Волги местами **достигает** 80-километровой ширины.
> *The Volga valley in places reaches a width of 80 kilometers.*

5 When speaking of *stretching* or *extending* for a distance, the words **простираться** and **тянуться** may be used interchangeably. Nevertheless, the words do have slightly different connotations. Use **простираться** when speaking of *covering* or *spreading across* a space. **Тянуться** has the connotation of *stretching*, possibly in a narrow strip, *in one direction*.

> Тайга **простирается/тянется** на тысячи километров.
> *The taiga extends for thousands of kilometers.*

> Это болото **простирается** от деревни до самого леса.
> *This swamp extends from the village to the very forest.*

> Вдоль реки **тянется** низменность.
> *A lowland stretches along the river.*

6 **Омывать** is often used in both transitive and intransitive forms to describe the position of bodies of water relative to land.

> Балтийское море **омывает** побережье Прибалтики.
> Побережье Прибалтики **омывается** Балтийским морем.
> *The shores of the Baltic countries are lapped by the Baltic Sea.*

7 When using **добывать/добыть** in the sense of *to mine*, specify what is being mined: **добывать уголь** (*to mine coal*).

8 For purposes of this unit, use **выращивать/вырастить** to speak of raising crops and **разводить/развести** to speak of raising animals. (Note the animate accusative of the animals in the example.)

В этих краях **выращивают** кукурузу и пшеницу, а также **разводят** овец и лошадей.
In these parts they raise corn and wheat, and they also breed sheep and horses.

On a smaller scale, it is also possible to use **разводить/развести** when speaking of plants.

Какие чудесные цветы Элла **развела** у себя на кухне!
What marvelous flowers Ella has grown in her own kitchen!

[9] When speaking of things that have happened *since the fall* of the Soviet Union, use **с тех пор как** + verb or **после** + genitive case of noun.

С тех пор, как распался Советский Союз, численность населения стала резко сокращаться.
Since the fall of the Soviet Union the population has begun to decline sharply.

После распада Советского Союза многие русские иммигрировали из ближнего зарубежья в Россию.
Since the fall of the Soviet Union, many ethnic Russians have immigrated from newly formed countries into Russia.

[10] Americans often have trouble answering questions about their own ethnic identitity (**Кто вы по национальности?**). One approach is to discuss the ethnic group of your ancestors (**мои предки были...**) or to answer the question in terms of your ethnic origins (**по происхождению я...**).

[11] Use **принадлежать** with the dative case when talking about possessions. Use it with **к** + dative case when talking about being a member of a group.

Калининградская область **принадлежит России**.
Kaliningrad Oblast belongs to Russia.

Шура **принадлежит** к узкому кругу их знакомых.
Shura belongs to the intimate circle of their acquaintances.

Lexical Studies

Ways of Expressing *to have*

The English notion of *having* is most often rendered in Russian by using **у** + genitive and some expression of *to be*.

У Лены красивые глаза.
Lena has beautiful eyes.

У нас есть новый компьютер.
We have a new computer.

У моего брата был компьютер, но он сломался.
My brother used to have a computer, but it broke.

Use **есть** in the present tense of this construction when establishing the existence of the person or object that one has. (*Is there, or is there not?*) Do not use **есть** when answering any other question, e.g., **где, какой, сколько**.

У нашего преподавателя **есть** таблица падежных окончаний.
Our teacher has a chart of case endings. [что есть?]

Все мои дискеты у Игоря.
Igor has all of my disks. [где?]

У Нины большой запас слов.
Nina has a large vocabulary. [какой?]

У вас в сочинении много опечаток.
You have a lot of typos in your composition. [сколько?]

The **у** construction tends to be reserved for people. If you wish to say that an inanimate object *has* something, use **в** or **на** and the prepositional of the inanimate object.

На Кубе много специалистов из России.
Cuba has a lot of specialists from Russia.

В России новое правительство.
Russia has a new government.

На Сахалине суровый климат.
Sakhalin has a harsh climate.

It is also possible to indicate that a building or an institution *has* something by using **при** + prepositional case.

При нашем университете есть научно-исследовательский институт.
Our university has a research institute.

Other expressions of *to be*, especially forms of **бывать**, are also used in these constructions.

> В Мурманске часто **бывают** метели.
> *Murmansk often has blizzards.*

> У Петровых **оказалось** много родственников на Дальнем Востоке.
> *The Petrovs turned out to have a lot of relatives in the Far East.*

When the *to be* verb (**быть** or its synonyms) is negated, the verb is neuter singular, and the possession is in the genitive case.

> У нового преподавателя **нет компьютера**.
> *The new faculty member doesn't have a computer.*

> В этом озере никогда **не было рыбы**.
> *This lake has never had any fish.*

> Я хотела из автомата позвонить, но у меня **жетона не оказалось**.
> *I wanted to call from a pay phone, but I didn't have a token.*

> После войны Машина мать училась и на воспитание дочери **времени не оставалось**.
> *After the war, Masha's mother went back to school and had no time for raising her daughter.*

> Бесплатных **завтраков не бывает**.
> *There's no such thing as a free lunch.*

The impersonal verb **хватать**, which means *to have enough*, is also used in **у** constructions and their equivalents. This verb, which requires the genitive case, tends to occur in negative constructions: **не хватает денег, не хватает времени**.

> У правительства **не хватает ресурсов**, чтобы помочь лесопромышленности.
> *The government doesn't have sufficient resources to aid the forest industry.*

There are, in addition, a number of verbs that mean *to have*. The most common of them is **иметь**. As a rule, use the **у** construction when speaking of actual physical objects and **иметь** when speaking of abstractions. Note that you will need to use **иметь** (rather than an **у** construction) when the grammar of your sentence requires the use of an infinitive: **Максимовы хотели иметь новый дом в деревне.**

> Качество почвы **имеет** значение для урожая.
> *The quality of the soil has significance for the harvest.*

Волга **имеет** свыше двухсот притоков.
The Volga has more than two hundred tributaries.

The reflexive verb **иметься** acts as an expression of *to be*. It is used in **y** constructions and their equivalents.

У Алексея теперь **имелось** более пятисот рублей.
Aleksey had more than five hundred rubles now.

На Колыме **имеются** большие запасы золота.
Kolyma has large reserves of gold.

The verb **обладать** is also frequently used. This verb, which requires the instrumental case, commonly means *to possess* as a quality, characteristic, or trait: **обладать талантом, обладать хорошим голосом.**

Максим **обладал** прекрасной способностью сочинять стихи.
Maksim had a marvelous ability to compose verse.

Нужно **обладать** большим терпением, чтобы заниматься животноводством.
One must have great patience to work in animal husbandry.

In addition, **обладать** may also mean *to have at one's disposal* or *in one's control*. In this sense it is very close to the somewhat bookish verb **располагать**, which also requires the instrumental case: **располагать интересной информацией, располагать свободным временем, располагать ресурсами, располагать запасами.**

Россия **обладает** большими запасами нефти.
Россия **располагает** большими запасами нефти.
Russia has large reserves of oil.

Мы **располагаем** новой информацией о смертности в районе Чернобыля.
We have new information about the mortality rate in the area of Chernobyl.

The verb **владеть**, which also takes the instrumental case, focuses on ownership, usually of a property or business, which may be a source of income: **владеть заводом.** The owner of the property may be referred to as **владелец** (*owner, proprietor*).

До распада Советского Союза землёй, фабриками и заводами **владело** государство.
Before the fall of the Soviet Union the state owned all of the land, plants, and factories.

Сейчас многие граждане России **владеют** недвижимым имуществом.
Now many citizens of Russia own real estate.

1. Rephrase the following to use **обладать** or **владеть**. Make other changes as necessary.

Образец: В этой местности мягкий морской климат.
Эта местность обладает мягким морским климатом.

1. Вода из горного ручья имеет полезные свойства.
2. Двадцать лет назад всё сельское хозяйство и животноводство принадлежало государству.
3. У Натальи Ивановны и превосходная память, и способности к иностранным языкам.
4. Нефтепромышленность имеет огромные производственные мощности.
5. Эти поля и леса принадлежат моему дяде.

Verbs that Describe Locale

It is quite possible to describe a geographical location using only the verbs **быть** or **находиться**. In time, however, both the speaker/writer and the listener/reader tire of these verbs and start searching for synonyms. Many of the synonyms are self-evident. For example, mountains *rise* (**подниматься**) or, if they are very tall, *tower* (**возвышаться**), rivers *flow* (**течь**), and large stretches of territory *stretch* or *extend* (**простираться, тянуться**).

Степь **простирается** на сотни километров.
The steppe stretches for hundreds of kilometers.

Уральские горы **тянутся** от Карского моря до реки Урал.
The Ural Mountains extend from the Kara Sea to the Ural River.

The verb **расположить**, which means *to situate*, may be used in a number of different contexts. The verb is transitive, that is, you can use it to say that someone situated something somewhere. It is much more common, however, to say that something is situated somewhere. When expressing this passive idea, use the past passive participle of the verb. Remember to use the short form of the participle (**расположен**) in predicate position.

Самые крупные города России **расположены** в Европейской части страны.
The largest cities in Russia are situated in the European part of the country.

2. Fill in the blanks with the best translation of the English phrases in parentheses.

1. Россия _____ (*is*) членом Содружества Независимых Государств (СНГ).
2. На западе с Россией _____ (*border*) Эстония, Латвия, Литва, Белоруссия, Украина, Молдавия.
3. Сибирь _____ (*is divided*) на Западную, Среднюю и Восточную.
4. Дальний Восток _____ (*lap*) незамерзающие воды Тихого океана.
5. Эстония, Латвия и Литва _____ (*are situated*) на равнинах низменного побережья Балтийского моря.
6. Литва на юге _____ (*borders*) с Республикой Беларусь.
7. Большая часть Украины _____ (*is situated*) на юго-западной окраине Русской равнины.
8. Днепр _____ (*divides*) Украину на Правобережную и Левобережную.
9. В центре Молдовы _____ (*tower*) Кодры, на западе республики _____ (*rise*) Толтры.
10. Ведущей отраслью промышленности Молдовы _____ (*is*) пищевая.
11. Относительно равнинные территории Грузии и Азербайджана _____ (*are situated*) в долинах рек.
12. Нагорья Армении _____ (*are*) плато, образовавшиеся в результате извержений древних вулканов.
13. С Большого Кавказа _____ (*flows*) на запад в Чёрное море река Риони.

Verbal Aspect

General Characteristics

The grammatical category of aspect in Russian expresses differences in the way the action of the verb is perceived by the speaker. Variations in meaning depend on the semantic nature of the verb and on the context in which the verb appears.

Completed Action vs. Action in Progress

The perfective aspect (**совершенный вид**) expresses a single completed action. As a rule, perfective verbs focus on the result of the action.

Я позвоню тебе, как только **напечатаю** сочинение.
I will call you as soon as I finish typing my composition. [result]

Когда мы пришли к Гарику, он уже **сделал** домашнее задание.
When we arrived, Garik had already finished his homework. [result]

Because perfective verbs indicate completed actions, they are often used when relating sequential actions.

> Алёша встал в шесть часов. Стараясь не шуметь, он **принял** душ, **вымыл** голову, **почистил** зубы, **побрился** и **вышел** на кухню.
> *Alyosha got up at six o'clock. Trying to be quiet, he took a shower, washed his hair, brushed his teeth, shaved, and went out into the kitchen.* [sequence]

The imperfective aspect (**несовершенный вид**) focuses on the action itself. It may be used to describe a single action in progress or to focus on the duration of the action.

> Моя племянница **заканчивала** школу и **собиралась** поступать в Нижегородский лингвистический университет.
> *My niece was finishing high school and was getting ready to apply to the Nizhny Novgorod Linguistics University.* [in progress]

> По дороге в Россию я всё **думал** об этнических меньшинствах, населяющих эту страну.
> *On the way to Russia I kept thinking about the ethnic minorities that populate that country.* [duration]

Because imperfective verbs indicate an action in progress, they are often used to relate simultaneous actions.

> Когда я **изучала** русский язык, я **делала** много ошибок.
> *When I was learning Russian, I made a lot of mistakes.* [simultaneous actions]

> Когда мы **обсуждали** распад Советского Союза, я **вспомнила** своих родственников на Дальнем Востоке.
> *As we discussed the fall of the Soviet Union, I recalled my relatives in the Far East.* [action in progress interrupted by a perfective action]

3. Indicate whether the italicized verbs focus on an action's progress (*A*) or on the action's result (*R*). Translate the sentences into English.

A   R

Образец: Я уже *засыпала* и вдруг *вспомнила*, что надо выключить компьютер.
I was just falling asleep and suddenly I remembered that I needed to turn off the computer.

1. Когда *закончится* мультфильм, я *умою* детей и *уложу* их спать, а потом *дочитаю* последнюю главу твоей диссертации.

[handwritten: R R R]
[handwritten: до конца]

2. Аркадий долго *выбирал* заглавие к своему сочинению о российской политике.

3. Валентина *села* к телефону и *набрала* длинный междугородный номер. Она *звонила* мужу.

4. Роберт Александрович несколько месяцев *уговаривал* меня поступать в аспирантуру и, наконец, *уговорил*.

5. Мария *перевернула* на сковородке мясо, тщательно *вымыла* под краном помидоры, огурцы, петрушку и укроп, затем *достала* разделочную доску, чтобы *порезать* овощи и зелень в салат.

6. Саша ещё *захлопывала* дверь машины, когда из их подъезда *вышел* сосед с пятого этажа.

7. Папа спрашивает, куда я *буду поступать*. Он хочет, чтобы я уже *готовился* к вступительным экзаменам.

8. Мой племянник целый час *доказывал* мне, что компьютерные игры полезны для детей.

4. Complete each sentence with a clause that reflects either two simultaneous actions (both verbs imperfective), two sequential actions (both verbs perfective), or a perfective action that occurs against the background of an imperfective action (first verb imperfective and the second perfective). Translate your sentences into English.

1. Когда я отвечала на вопросы, _____ .
2. Когда я ответила на вопросы, _____ .
3. Когда мы изучали экономические реформы, _____ .
4. Когда мы изучили экономические реформы, _____ .
5. Когда я редактировал своё сочинение, _____ .
6. Когда я отредактировал своё сочинение, _____ .
7. Когда я загружала новую программу в компьютер, _____ .
8. Когда я загрузила новую программу в компьютер, _____ .

Repeated Action

One of the chief distinguishing characteristics of imperfective and perfective verbs is the opposition between a single action and repeated action. Context plays an important role in this distinction since the imperfective verb by itself does not necessarily convey repeated action. In the examples that follow, the perfective verbs indicate a single finite action while the imperfective verbs indicate repeated action.

Вечером мы **сделали** домашнее задание.
In the evening we did our homework. [single]

По вечерам мы **делали** домашнее задание.
In the evenings we would do our homework. [repeated]

Как только Александр Петрович **начал** лекцию, всем **стало** интересно.
As soon as Aleksandr Petrovich started the lecture, everyone became interested.
[single]

Как только Александр Петрович **начинал** лекцию, всем **становилось** интересно.
As soon as Aleksandr Petrovich would start a lecture, everyone would become interested. [repeated]

Вчера Матвей **встал** раньше Нины.
Yesterday Matvey got up earlier than Nina. [single]

По будним дням Матвей **вставал** раньше Нины.
On workdays Matvey got up earlier than Nina. [repeated]

Perfective verbs in and of themselves do not express repeated action, but in strictly delimited contexts perfective verbs may be used to convey actions that actually have been (or will be) repeated. In such expressions there must be a statement of the number of times the action was repeated, usually a phrase containing the word **раз** or some similar expression. In this usage the perfective aspect retains its primary meaning of a single action in its entirety.

В детстве я **читал** стихотворение «Знаки препинания» раз двадцать, если не больше.
As a child I must have read the poem "Punctuation Marks" twenty times if not more. [repeated actions]

Я **прочитал** стихотворение «Знаки препинания» несколько раз подряд, чтобы выучить его наизусть.
I read the poem "Punctuation Marks" several times in a row in order to memorize it. [single action]

Саня долго стоял у дверей, **звонил** несколько раз, но дверь не открывали.
Sanya stood for a long time at the door and rang the doorbell several times, but no one opened the door. [repeated actions]

Саня **позвонил** три раза, как и условились, и дверь сразу открыли.
Sanya rang the doorbell three times, as they had agreed, and they opened the door immediately. [single action]

It is also possible to use perfective verbs in the future tense to indicate potential repeated actions. In the sentence **Алла вам всегда поможет,** the sense is not so much that she will repeatedly be helping as it is that she will repeatedly be ready to lend a hand (perfective result). (Compare **Алла всегда может вам помочь.**)

5. Use verbs from the following list to complete this passage adapted from **«Чужая маска»** by **Александра Маринина**. When you have finished, compare your answers to the original in Appendix B.

готовиться/подготовиться	приглашать/пригласить
любить/полюбить	приходить/прийти
отмечать/отметить	справлять/справить

Двадцать семь лет Параскевичи _справляли_ (*celebrated*) Новый год торжественно, обязательно с ёлкой и подарками под ней, _приглашали_ (*[they] invited*) друзей и родственников. Потом, когда сын подрос, на Новый год _приходили_ (*came*) его друзья, потом и девушки. В доме этот праздник _любили_ (*[they] loved*), _готовились_ (*[they] prepared*) к нему загодя и _отмечали_ (*[they] observed*) шумно и весело.

Naming the Action

Both perfective and imperfective verbs are capable of conveying that an action either has taken or will take place. The decision to use one or the other aspect depends on the point of view of the speaker. The perfective verb conveys that a specific action took place or will take place within a specific context. The imperfective verb, on the other hand, is used to state that an action has taken place or will take place when it is sufficient to name the action without actually characterizing it from the point of view of process, repetition, result, etc. This use of the imperfective is often encountered in conversational language, where it may be observed in a number of different contexts.

Imperfective verbs are used quite frequently in questions, both in past and future tenses, to ask about actions that either did or are intended to take place. Notice, however, that questions about specific results use perfective verbs nonetheless.

— Вот его адрес и телефон. **Будете записывать**?
— **Буду**.
"Here's his address and telephone. Are you going to write them down?"
"Yes, I am." [action]

— Ты **читал** «Собачье сердце»?
— **Читал**.
"Have you read Heart of a Dog*?"*
"Yes, I have." [action]

— Вы **прочитали** текст, который был задан на дом?
— **Прочитала**.
"Did you read the text that was assigned for homework?"
"Yes, I did." [result]

It is also quite common, both in past and future statements, to use imperfective verbs to simply name activities that did or are intended to take place.

> Вчера на занятиях мы **обсуждали** свои сочинения.
> *Yesterday in class we talked about our compositions.* [action]

> На первом этапе мы **будем определять** возможные темы для сочинений.
> *During the first stage we will determine possible topics for compositions.* [action]

In the following examples, note the contrast between sentences that name an action (imperfective) and sentences that show that a specific action has taken place under specific circumstances (perfective).

> — Садитесь с нами обедать!
> — Спасибо, я уже **обедал**.
> *"Sit down and have dinner with us!"*
> *"Thanks. I've already eaten."*

> — Пойдём, пообедаем!
> — Спасибо, я только что **пообедал**.
> *"Let's go have dinner!"*
> *"Thanks. I just ate."*

> — Из деканата не **звонили** насчёт заседания кафедры?
> — **Звонили**. Вас ждут в четыре часа.
> *"Has anyone called from the Dean's office about a department meeting?"*
> *"Yes, they have. They're expecting you at four o'clock."*

> Из деканата только что **позвонили** и **попросили** расписание занятий.
> *Someone just called from the Dean's office and asked for a schedule of classes.*

6. Indicate whether the italicized verbs name an action in general (*A*) or focus on the result of a specific action (*R*). Translate the sentences into English.

A

Образец: Только тебе Виктор *показывал* своё последнее произведение.
  You're the only one to whom Viktor has shown his latest work.

1. Сегодня на занятиях нам *рассказывали* о добыче нефти на Дальнем Востоке.
2. Сразу после защиты диссертации Оля *позвонила* своим родителям.
3. Вчера по радио *выступал* президент.
4. Только через месяц после окончания учебного года Володя, наконец, *сказал* родителям о своих отметках.

5. Ирина *включила* автоответчик, чтобы узнать, кто ей *звонил*.

6. Я знаю, что завтра будет контрольная. Учитель нам *говорил* об этом.

7. Я пока только собираю фактический материал, а на его основе потом *буду делать* анализ.

7. Complete the sentences by naming the actions that either have taken place or are expected to take place. Use imperfective verbs throughout. Translate your sentences into English.

Образец: Завтра на занятиях _____ .

Завтра на занятиях мы будем редактировать свои сочинения.
Tomorrow in class we will edit our compositions.

1. Вчера в компьютерном зале _____ .
2. В своём введении _____ .
3. Завтра на уроке музыки _____ .
4. В конце фильма _____ .
5. На каникулах _____ .
6. В учебнике по географии _____ .

Negative Verbs

Both perfective and imperfective verbs may be negated to show that an action did not or will not take place. In the past tense negated imperfective verbs mean that the action never did take place in general (**Я ей не звонил, меня об этом не просили**), while negated perfective verbs either mean that an expected action did not take place (**Я не позвонил ей, забыл**) or that the action did take place but did not achieve the desired result (**Я звонил ей, но не дозвонился**). In the future tense negated imperfective verbs mean that the action will never take place in general, while negated perfective verbs mean that a specific action will not take place (**Сегодня я не буду никому звонить и в субботу на день рождения к тёте Ире не пойду**).

С шестого класса Серёжа вообще **не занимался** географией, даже учебник **не открывал**.
Seryozha hadn't studied geography since the sixth grade, hadn't even opened a book. [negation of action]

Лариса несколько раз звонила на кафедру, но никто **не отвечал**.
Larisa phoned the department several times, but no one answered. [negation of action]

Я так и **не спросила** Андрея о его специализации.
I never did manage to ask Andrey about his major. [negation of result]

Коля долго просматривал учебники по географии, но ничего **не купил.**
Kolya looked at the geography textbooks for a long time but didn't buy anything. [negation of result]

8. Indicate whether the italicized verbs negate the action in general (*A*) or whether they negate a specific result (*R*). Translate the sentences into English.

Образец: Никто кроме меня не верит, что ты этого *не делал.*
No one but me believes that you didn't do it.

1. У нас будет возможность обсудить твоё сочинение завтра. Сейчас мы ничего *обсуждать не будем.*
2. Мария с ужасом подумала о том, что она ничего *не написала* за этот день.
3. Почему ты *не предупредила*, что задержишься?
4. Ничего *не случится*, если Надя *не поступит* в институт. Поработает, а в будущем году опять будет поступать.
5. Научный руководитель слушал меня внимательно и *не перебивал.*
6. Я никогда в жизни *не встречала* более честного человека. Алексей никогда *не врал* и никого *не обманывал.*
7. Если ты *не будешь бояться*, то сдашь все экзамены на отлично.
8. Почему ты никому *не говорил* о своих трудностях?

9. Answer the questions with an imperfective verb to show that the action did not take place in general. Translate your sentences into English.

Образец: — Кто сказал ему об этом?
— *Не знаю, я не говорил.*
"Who told him about that?"
"I don't know. I didn't do it."

1. Кто открыл последнюю банку пива?
2. Кто включил компьютер сегодня утром?
3. Кто рассказал Ване о наших планах на завтра?
4. Кто вызвал скорую помощь?
5. Кто снял трубку?
6. Кто оставил здесь бумажник?
7. Кто послал Анне цветы?
8. Кто купил эти мандарины?

Annulled Results

In the past tense imperfective verbs indicate that an action has taken place but do not indicate its relation to the present time, that is, whether the result of the action is still valid. Perfective verbs in similar contexts indicate that an action has been completed in the past and that the result of that action is still valid at the time of speech.

> Я не знаю отчество преподавателя. Он **называл** его, но я забыл.
> *I don't know the teacher's patronymic. He said it, but I've forgotten.*

> Конечно, я знаю отчество преподавателя. Он только что **назвал** его.
> *Of course, I know the teacher's patronymic. He just said it.*

Verbs that have antonyms, for example, **входить–выходить** or **открывать–закрывать**, use the imperfective past tense in a slightly different way. The imperfective past tense of these verbs indicates that an action did take place, that the action did produce a result, but that the result has been annulled, presumably by action of the opposite verb.

> Наверное, кто-то **открывал** окно: в комнате очень холодно.
> *Probably someone has had the window open. It's really cold in here.*

> Зачем **открыли** окно? В комнате и так холодно.
> *Why have they opened the window? It's cold enough in here already!*

> К тебе декан **заходил**, сказал, что зайдёт вечером.
> *The dean dropped by to see you. He said he'd stop by again tomorrow.*

> К тебе **пришёл** декан. Он ждёт в библиотеке.
> *The dean has come to see you. He's waiting in the library.*

> У меня сейчас нет этой книги: я **брал** её в библиотеке.
> *I don't have that book anymore. I had borrowed it from the library.*

> У меня есть эта книга: я **взял** её в библиотеке.
> *I do have that book. I borrowed it from the library.*

10. Indicate whether the italicized verbs show a result that has been annulled (*A*) or a result that is still in force (*R*). Translate the sentences into English.

A

Образец: Утром мы *закрывали* форточку, но сейчас она опять открыта.
We closed the ventilation window this morning, but now it's open again.

1. Нина *открыла* глаза, но долго не вставала.
2. Вчера к вам *приходили* из международного отделения и оставили анкеты.
3. Портрет Сталина лежал на столе. Кто-то *снял* его со стены.
4. Я *взял* этот словарь на кафедре, но нужно его отдать уже завтра.
5. Вчера вечером кто-то *открывал* дверь и *входил* в мою комнату.

6. Ваня *включил* проверку на вирус — всё оказалось в порядке.

7. К нам *подходила* девушка, проводившая социологический опрос.

11. Fill in the blanks with the past tense of the aspectual partner most appropriate to the context. Justify your choice in terms of the rules and examples discussed in the preceding sections.

1. Конечно, я знаю, на какой широте расположен город Магадан. Ты мне сам _____ (показывать, показать). *так и так; оба можно*

2. Почему ты столько времени не звонишь бабушке? Ты мог бы ей вчера позвонить, но не _____ (звонить, позвонить).

3. По утрам Зина _____ (вставать, встать) с трудом. Каждый день она _____ (стоять, постоять) минут десять под горячим душем и _____ (думать, подумать) с тревогой о домашних заданиях и предстоящих экзаменах. Однако потом она _____ (наливать, налить) себе чашку крепкого кофе, и жизнь уже _____ (казаться, показаться) лучше.

4. После завтрака Антон _____ (принимать, принять) ванну, _____ (мыть, вымыть) голову, _____ (бриться, побриться), _____ (одеваться, одеться), _____ (включать, включить) компьютер и _____ (садиться, сесть) заниматься.

5. Ровно в половине шестого Женя позвонил в дверь квартиры, но в этот раз ему долго не _____ (открывать, открыть).

6. Я хорошо знаю это дорожное правило, но, к сожалению, сам _____ (нарушать, нарушить) его много раз.

7. — Деньги у тебя откуда? Украл? — Не _____ (красть, украсть) я.

8. Номер телефона казался Оле знакомым. Она помнила, что недавно его где-то _____ (записывать, записать).

9. Нина и Костя знали друг друга хорошо, но _____ (встречаться, встретиться) только в университете, где Костя часто _____ (бывать, побывать).

Expanding Sentences with Conjunctions

Common Conjunctions

It is possible in Russian, as in English, to create compound sentences by combining two or more simple sentences, usually with the aid of a conjunction.

Прозвенел звонок. Ученики вошли в класс.
The bell rang. The students entered the classroom.

Прозвенел звонок, **и** ученики вошли в класс.
The bell rang, and the students entered the classroom.

The conjunctions that you already know best are **и, а, но,** and **или**.

The Conjunction и

The conjunction **и** joins clauses that denote simultaneous action, sequential action, and cause and effect.

Компьютерный зал работает с девяти до трёх, **и** студенты там распечатывают свои сочинения.
The computer lab is open from nine to three, and students print their compositions there. [simultaneous]

Компьютерный зал закрылся, **и** все студенты разошлись по домам.
The computer lab closed, and all of the students went home. [sequential]

Компьютерный зал уже закрылся, **и** я не смог распечатать своё сочинение.
The computer lab had already closed, and I couldn't print my composition. [cause and effect]

12. Complete the sentences.

1. В Ирландии добывают уголь, и _____ .
2. Климат здесь суровый, и _____ .
3. В сельском хозяйстве Молдавии развито мясо-молочное животноводство, и _____ .
4. Республики Закавказья богаты сырьём для промышленности, и _____ .
5. Испания находится в субтропиках, и _____ .
6. На юге Словакия граничит с Венгрией, и _____ .
7. Природные ресурсы страны богаты, и _____ .
8. Продолжительность жизни падает, и _____ .

The Conjunction а

The conjunction **а** is used most often to connect clauses that contrast but are not in actual conflict or to connect clauses that do not actually contrast but are simply incongruent. When **а** indicates a mild contrast, it is typically translated by *and*; when it indicates a stronger contrast, it is usually translated as *but*.

Володин разводит животных, **а** я выращиваю пшеницу.
Volodin raises animals, and I raise wheat. [mild contrast]

Я не согласился с этим предложением, **а** Лариса Петровна высказалась за него.
I did not agree with the proposal, but Larisa Petrovna spoke in favor of it. [stronger contrast]

Володя — студент небрежный, практически не занимается, **а** отметки получает прекрасные.
Volodya is a careless student who almost never studies, but he gets fantastic grades. [incongruity]

13. Combine the sentences. Use **а** when possible; otherwise use **и**.

1. Вчера мы с отцом весь день плавали на лодке по заливу. Молодые люди купались и загорали на берегу.
2. Зимы здесь мягкие. Реки не замерзают.
3. Одно из богатств Испании — климат. Туда ежегодно приезжают тысячи туристов.
4. Я работаю переводчиком. Мой брат работает в рыбопромышленности.
5. По утрам Лидия Прокофьевна гуляла в саду. Иван купался в пруду.
6. Софья Львовна прочитала его черновик. Ей показалось, что она уже где-то читала подобное.

The Conjunctions но *and* однако

The conjunction **но** indicates strong contrast. The clauses that it connects are contradictory. **Но** may be translated as *but* or even as *however* (but never as *and*).

У меня был билет домой, **но** я решил остаться у моря.
I had a ticket home, but I decided to stay at the coast.

The conjunction **однако** may be used instead of **но**. **Однако** is used when the speaker wants to emphasize the contradiction; it is often translated by *however*.

Петя и Люба любили друг друга, **однако** жить вместе они не могли.
Petya and Lyuba loved each other; however, they were unable to live together.

14. Complete the sentences. Translate your sentences into English.

1. В прошлом году мы много путешествовали, но _____ .
2. Алик достиг своей цели, но _____ .
3. Мы с Толей собирались поехать к океану, но _____ .
4. В России большой запас сырья, но _____ .
5. Продолжительность жизни в стране упала, но _____ .
6. Советский Союз распался, но _____ .
7. Лёша сделал много орфографических ошибок, но _____ .

15. Complete the sentences with each of the possible continuations, using **и**, **а**, or **но**.

Образец: Вода в море была холодная,

  _но_ я всё равно хотел искупаться.

  _и_ на пляже почти никого не было.

  _а_ в заливе тёплая.

1. В комнате у Антона темно,

  __и__ он давно спит.

  __а__ в соседней комнате горит свет.

  __но__ он не спит.

2. Эта книга интересная,

  __и__ я её обязательно прочитаю.

  __но__ у меня нет времени читать её.

  __а__ та книга была скучная.

3. Мне трудно было выполнить это поручение,   *ASSIGNMENT*

  __но__ я его выполнил. *finish, perform*

  __и__ я его не выполнил.

  __а__ ему легко было это сделать.

4. Эдуард давно занимается русским языком,

и тот
и другой? ⇒   __и__ в его речи есть ошибки.

  __но__ в его речи нет ошибок.

  __а__ я начал изучать русский язык недавно.

16. Combine these sentences using **и**, **а**, or **но**.

1. В моём сочинении много опечаток. *misprint* У меня нет времени их исправить.
2. Стало холодно. Мы поспешили домой.
3. Днём было прохладно. Ночью будет мороз.
4. На улице шёл дождь и было холодно. В доме было тепло и уютно.
5. Шёл дождь, дул неприятный ветер. Мне не хотелось выходить из дома.
6. Аркадий звал меня с собой за город. Я был занят и отказался.
7. Ксеня живёт в центре города. Я живу на окраине.
8. Мой брат — студент. Моя сестра — ещё школьница.
9. Мне хотелось читать. Все книги были прочитаны.
10. Было поздно. Работа продолжалась.
11. Я устал. Нужно было продолжать работу.
12. Все очень устали. Пришлось устроить перерыв.

17. Complete the sentences. Translate your sentences into English.

1. День был тихий, и _____ .
2. День был тихий, но _____ .
3. День был тихий, а _____ .

4, Наш новый знакомый оказался добрым, и _____ .

5. Наш новый знакомый оказался добрым, но _____ .

6. Наш новый знакомый оказался добрым, а _____ .

7. На окраинах города строятся новые дома, и _____ .

8. На окраинах города строятся новые дома, но _____ .

9. На окраинах города строятся новые дома, а _____ .

OUTSKIRTS

Paired Conjunctions

The conjunction **или** and its more bookish synonym **либо** are used either to show that one clause precludes the other or to indicate alternative actions or possibilities.

Сегодня мы пойдём на реку **или** в лес.
Today we will go to the river or to the woods. [one or the other]

По воскресеньям мы ходим на реку **или** в лес.
On Sundays we go to the river or to the woods. [alternate possibilities]

The conjunctions **или** and **либо** belong to a number of conjunctions that may be paired.

По воскресеньям мы **или** ходим на реку, **или** отправляемся в лес.
On Sundays we either go to the river, or we head off to the woods.

Президент **либо** подписывает закон в течение двух недель, **либо** накладывает на него вето.
The President either signs the law within two weeks, or he vetoes it.

The other paired conjunctions that you probably already know are **и … и** (*both . . . and*) and **ни … ни** (*neither . . . nor*).

И Лев Толстой, **и** Антон Чехов работали «счётчиками» в переписях XIX в.
Both Lev Tolstoy and Anton Chekhov worked as "counters" during the censuses of the 19th century.

Завтра мы не пойдём **ни** на реку, **ни** в лес.
Tomorrow we will go neither to the river nor to the woods.

There are other paired conjunctions that may not be familiar to you yet. The most common of them are **то … то, то ли … то ли**, and **не то … не то**. All of them may be translated as *either . . . or*, and all of them may be replaced by **или … или**, and yet they all convey slightly different shades of meaning and are used in slightly different contexts.

То … то is used to provide examples of alternate and possibly repeating possibilities. English speakers sometimes convey this sense by saying *first . . . then* even though they are not really talking about sequential actions but rather providing examples of certain kinds of things: Every time I try to study, *first* the phone rings, and *then* my roommate comes in, and *then* it's time for dinner. (These things don't really happen in the same sequence every time; they're examples of the kinds of things that irritate the speaker.)

Полина то и дело отходила **то** к плите, **то** к холодильнику, **то** к мойке.
Every now and then Polina would walk away either to the stove, or to the refrigerator, or to the sink.

If **то ... то** shows examples of alternate possibilities, **то ли ... то ли** indicates speculation about alternative possibilities on the part of the speaker. English conveys this uncertainty with *maybe . . . or maybe.*

К моему удивлению, Александр Петрович не сказал ни слова по поводу моей статьи. **То ли** он делал вид, что не читал, **то ли** он и в самом деле не читал её.
To my surprise Aleksandr Petrovich didn't say a word about my article. Maybe he was pretending that he hadn't read it, or maybe he in fact hadn't read it.

The paired conjunction **не то ... не то** indicates an even greater degree of uncertainty on the part of the speaker. English speakers sometimes indicate a comparable degree of uncertainty by saying *something like . . . or maybe.*

Валентина Петровна приехала недавно, кажется, откуда-то с Волги, **не то** из Царицына, **не то** из Астрахани.
Valentina Petrovna had arrived recently from someplace on the Volga, someplace like Tsaritsyn, or maybe Astrakhan.

18. Complete the sentences. Translate your sentences into English

1. Ира то плакала, то пыталась читать, то _____ .
2. Я так и не получил сообщение от моего друга. То ли он неправильно записал мой адрес, то ли _____ .
3. Я не помню, кто он по национальности. То ли русский, то ли _____ .
4. Трудно сказать, какой ширины эта река. То ли 100 метров, то ли _____ .
5. Дима всё реже проводит отпуск в горах. Не то климат ему не нравится, не то _____ .
6. На Украине Валерий Петрович занимается не то животноводством, не то _____ .
7. Игорь уже сделал уроки и не знал, чем ему заняться: то ли одному в кино сходить, то ли _____ .
8. Два года назад Виталий Иванович вышел на пенсию и стал путешествовать. То он ездил в тайгу, то _____ .

9. Молодые люди плохо знают географию России. То ли их не учат, то ли _____ .
10. Володя был весь красный не то от гнева, не то _____ .
11. По-моему, между супругами что-то происходит. Не то они поссорились, не то _____ .

Expressing Spatial Relationships

В and *на*

You have long been accustomed to using **в/на** + prepositional case to answer the question **где?**, **в/на** + accusative case to answer the question **куда?**, and **из/с** + genitive case to answer the question **откуда?**[1] In this section we will concentrate on the ways these prepositions are used in the context of geography.

The preposition **на** is used with the words **высота** and **глубина** when the latter are quantified: **на большой высоте, на глубине трёх сантиметров**. Otherwise use the preposition **в: в глубине леса**.

The preposition **на** is used with the words **север, юг, восток,** and **запад: на севере, на юго-западе, на Ближнем Востоке**. When an adjective is derived from one of these nouns (**северный, южный, восточный, западный**), your choice of preposition is determined not by the adjective but by the noun that is being modified: **в юго-восточном районе города, в западной Европе**.

The prepositon **на** is used with large land masses, peninsulas, and islands: **на континенте, на полуострове, на острове**. Note, however, that only the preposition **в** is used with the proper names of continents: **в Азии**. There is a tendency to use **на** with the proper names of peninsulas and islands, but exceptions can be found: **на Камчатке, на Сахалине, на Аляске, на Кубе, на Гавайях**, but **в Крыму**.

The preposition **в** is used with almost all proper names of countries, parts of countries (republics, states), cities, and major territorial units: **в России, в Армении, в Техасе, в Москве, в Сибири,** but **на Аляске** and **на Украине**.[2]

Both **в** and **на** are used with words that refer to natural features and climatic zones. **В** tends to be used with areas that are perceived as limited by natural boundaries: **в лесу, в долине, в тайге, в тундре, в степи, в пустыне**. **На** tends to be used with areas

---

[1] Remember that some masculine nouns use an alternate prepositional ending when answering the question **где?** See Appendix A for a partial list of these nouns.

[2] In recent years some speakers have begun to use **в Украине**, but for many **на Украине** remains the norm.

that are perceived as open and unbounded: **на возвышенности, на равнине**. Either preposition may be used with the word **низменность**.

The preposition **на** is used with the singular word **гора** and with mountain ranges whose proper names are singular: **на горе, на Кавказе, на Урале**. The preposition **в** is used with the plural word **горы** and with mountain ranges whose proper names are plural: **в горах, в Альпах**. When answering the question **откуда?** both singular and plural names of mountain ranges use the preposition **с: с Кавказа, со Скалистых гор**. When answering the question **куда? на́ гору** (note stress) means *to ascend* a specific mountain, while **в го́ру** simply means *to go uphill*.

> Чтобы подняться **на гору**, нам понадобилось шесть часов.
> *It took us six hours to climb the mountain.*

> Дорога в город шла **в гору**.
> *The road into town climbed uphill.*

The preposition **в** is used with bodies of water when speaking of things that are located *in* the water (beneath the surface) and also when speaking of being in open waters: **в море, в океане**.

> Их лодка была найдена **в открытом море**.
> *Their boat was found in open sea.*

The preposition **на** is used with bodies of water to speak of things that take place *on* the surface of the water and also to speak of being located by or at the water's edge: **на Волге, на Чёрном море, на Байкале, на Рейне, на Дону**.

> Санкт-Петербург находится **на Финском заливе**.
> *Saint Petersburg is located on the Gulf of Finland.*

19. Complete the sentences with the given words. Add prepositions as needed.

1. У нас есть родственники _____ (Гавайи).
2. В прошлом году мы побывали и _____ (Дальний Восток), и _____ (Урал).
3. Скалистые горы находятся _____ (Северная Америка).
4. Французы живут _____ (Франция), а итальянцы — _____ (Италия).
5. _____ (Камчатка) расположено 22 вулкана.
6. Севастополь — черноморская база, расположенная _____ (Крым).
7. _____ (Аляска) климат такой же суровый, как и _____ (Сибирь).
8. Вертолёт летел _____ (большая высота).
9. Уголь залегает _____ (глубина) четырёхсот метров.
10. Одесса находится _____ (Чёрное море).

11. _На_ (Тихий океан) очень много вулканических островов.
12. Болото находится _в_ (глубина) леса.

Table 1. *В* or *На?*	
В	**На**

высота, глубина when not quantified
   в глубине леса
	высота, глубина when quantified
	   на высоте двух километров
	   на глубине трёх метров

proper names of continents
   в Азии
   в Северной Америке
   but на континенте
	proper names of islands and peninsulas
	   на Камчатке на Гавайях
	   на Сахалине *but* в Крыму
	   на Аляске

countries, territorial units, cities:
страна, республика, штат, город
   в России   в Сибири
   в Армении *but* на Аляске
   в Техасе   на Украине
   в Москве	

bounded natural spaces: **лес, долина, тайга, тундра, степь, пустыня**
   в лесу   в тундре
   в долине   в степи
   в тайге   в пустыне
	unbounded natural spaces: **равнина, возвышенность**
	   на возвышенности
	   на равнине
	   but в/на низменности

mountains: **горы**
   в горах   в Андах
   в Альпах   в Гималаях
	mountain: **гора**
	   на горе
	   на Кавказе
	   на Урале

	points of the compass: **север, юг, запад, восток**
	   на севере
	   на юго-западе
	   на Ближнем Востоке

У, к, от, and Other Expressions of Proximity

You are also long accustomed to using the prepositions **у** + genitive case, **к** + dative case, and **от** + genitive case when speaking of visiting people: **Вчера я была у друга. Вчера я ходила к другу. Сейчас я иду от друга.** The same prepositions may also be used to indicate spacial proximity.

The preposition **у** + genitive case shows proximity to inanimate objects: **стоять у окна** (*to stand by the window*). Other common expressions that indicate proximity include **возле** + genitive case, **около** + genitive case, **близко от** and **недалеко от** + genitive case, and **рядом с** + instrumental case. The very common **возле** indicates the greatest degree of proximity and often corresponds to English *by*, while **около** means in the general vicinity and is often best translated as *around*. **Близко от** and **недалеко от** mean *close to* and *not far from* respectively, and **рядом с** means *next to* or *next door to*. All of these expressions may be used with animate and inanimate complements, although the expression **рядом с** is used only to compare the position of one animate being to another or of one inanimate object to another.

> По дороге домой Коля несколько раз останавливал машину **возле станций** метро в надежде найти открытый газетный киоск.
> *On the way home Kolya stopped the car several times by subway stations in the hope of finding an open newsstand.*

> С пятого этажа Валентина не могла видеть то, что происходит **около машин** на стоянке.
> *From the fifth floor Valentina couldn't see what was happening around the cars in the parking lot.*

> Книжный магазин расположен **близко от студенческих общежитий**.
> *The bookstore is situated close to the student dormitories.*

> Несчастный случай произошёл вчера на спортивной базе отдыха **недалеко от города** Рига.
> *An accident took place yesterday in a sport camp not far from the city of Riga.*

> Деревня расположена **рядом с лесом**.
> *The village is situated next to the woods.* [inanimate-inanimate]

> Иванов сидел **рядом с редактором**.
> *Ivanov sat next to his editor.* [animate-animate]

The preposition **к** + dative case indicates motion *toward* something or someone: **подойти к окну** (*to approach the window*). Other ways of expressing *toward* or *in* *the direction of* include **в сторону** + genitive case, **по направлению к** + dative case, and **в направлении** + genitive case.

Дети бежали **к реке**.
The kids were running to the river.

Мы видели, как Слава шёл **в сторону озера**.
Мы видели, как Слава шёл **по направлению к озеру**.
Мы видели, как Слава шёл **в направлении озера**.
We saw Slava walking in the direction of the lake.

К is also used when one's body (or part of one's body) is oriented *toward* something else. The body is in the instrumental case.

Повернись **ко мне лицом**.
Turn your face toward me.

Геннадий стоял **спиной к морю**.
Gennady stood with his back to the sea.

The expression **навстречу** + dative case, which is also translated *toward*, is used to speak of moving toward an animate being.

Девочка побежала **навстречу матери**.
The little girl ran toward her mother.

Навстречу нам шёл знаменитый писатель.
A famous author was walking toward us.

The preposition **от** + genitive case indicates motion away from: **отойти от окна** (*to step away from the window*). The expression **со стороны** + genitive case also shows that the motion is proceeding *from the direction of* something else.

Георгий медленно шёл **от реки** домой.
Georgy was slowly walking home from the river.

Гриша бежал **со стороны реки**.
Grisha came running from the direction of the river.

Other Expressions of Relative Location

The preposition **за** (*behind*) + instrumental case answers the question **где?** The same preposition + accusative case answers the question **куда?** The question **откуда?** is answered by **из-за** + genitive case. In addition to literally meaning *behind*, **за** also means *across, on the other side of:* **за рекой** (*across the river*), **за озером** (*on the other side of the lake*).

За appears in a number of common set phrases:

где?	куда?	
за городом	за́ город	*in(to) the countryside*
за границей	за границу	*abroad*
за океаном	за океан	*overseas*
за рулём	за руль	*at the wheel*
за углом	за угол	*around the corner*

The opposite of **за** is **перед** (*in front of*). **Перед** + the instrumental case answers both the questions **где?** and **куда?**

The preposition **под** (*under*) + instrumental case answers the question **где?** The same preposition + accusative case answers the question **куда?** The question **откуда?** is answered by **из-под** + genitive case. **Под** indicates proximity to towns.

Моя бабушка живёт **под Псковом**.
My grandmother lives just outside of Pskov.

Прошлым летом мы с мужем отдыхали **под Санкт-Петербургом**.
Last summer my husband and I vacationed in the area of Saint Petersburg.

Моя семья родом **из-под Тулы**.
My family comes from near Tula.

Под also indicates location relative to a mountain: **под горой** (*at the foot of the mountain*).

Под горой находится долина.
At the foot of the mountain there is a valley.

The opposite of **под** is **над** (*over*). **Над** + the instrumental case answers both the questions **где?** and **куда?**

The preposition **между** + instrumental case means *between* or *among*.

Между реками находится возвышенность.
A high point is located between the rivers.

When speaking of physical location, the preposition **среди** + genitive case means *in the middle* or *among*.

Среди болота росло несколько небольших деревьев.
Several small trees grew in the middle of the swamp.

Среди полей лежала маленькая деревня.
Among the fields lay a small village.

The preposition **среди** is also used figuratively when speaking of people to mean *included* or *in that number*.

Среди посетителей выставки было много знаменитых людей.
Among the visitors of the exhibit there were many famous people.

Relative location may also be expressed by saying that something is *to the north (south, east, west) of* something else. You may express this idea in Russian by using **к северу от** + genitive case, **на севере от** + genitive case, or by using the comparative of the adjective (**севернее**) + genitive case.

К востоку от Урала простираются просторы Сибири.
To the east of the Urals extend the expanses of Siberia.

На западе от Ставропольской возвышенности к подножию гор подступает Кубано-Приазовская низменность.
The Kubano-Priazovsky Lowland comes up to the foot of mountains to the west of the Stavropolsky Hills.

Расположенное **восточнее Волги** Высокое Заволжье представляет собой чередование возвышенностей, плато и кряжей.
Located to the east of the Volga, Vysokoe Zavolzhe consists of an alternating series of heights, plateaus, and mountain ridges.

Table 2. Answering the Questions *Где?*, *Куда?*, and *Откуда?*

Где?	Куда?	Откуда?
в + *prepositional case*	в + *accusative case*	из + *genitive case*
на + *prepositional case*	на + *accusative case*	с + *genitive case*
у + *genitive case*	к + *dative case*	от + *genitive case*
за + *instrumental case*	за + *accusative case*	из-за + *genitive case*
перед + *instrumental case*	перед + *instrumental case*	
под + *instrumental case*	под + *accusative case*	из-под + *genitive case*
над + *instrumental case*	над + *instrumental case*	

Along, Across, and Through

Вдоль and *по*

The preposition **вдоль** + genitive case indicates motion or location *alongside* an object.

> **Вдоль берега** озера росли ивы.
> *Willows grew along the bank of the lake.*

> **Вдоль променада** протянулись магазины.
> *Stores extended along the promenade.*

The preposition **по** + dative case indicates movement *over the surface* of an object.

> При чтении Боря водил пальцем **по строчкам**.
> *While reading, Borya ran his finger over the lines.*

> Корабль плывёт **по морю**.
> *A ship is sailing on the sea.*

Often, **по** shows the route of a motion. When the motion follows a line of progress, such as a road (**дорога**) or a street (**улица**), **по** is often translated as *along*.

> Мы ехали **по дороге** к городу.
> *We were driving along the road to town.*

По is translated as *around* when it shows a route of motion that is not along a line of progress or when the motion proceeds consecutively to various places of the same kind.

> Митя гулял **по лесу** весь день.
> *Mitya walked around the woods all day.*

> Бабинские путешествовали **по всем северным штатам**.
> *The Babinskys traveled around all of the northern states.*

> Перепись населения проводится **по всем городам и деревням** страны.
> *The census is being conducted in all of the towns and villages of the country.*

Через and *сквозь*

The preposition **через** + accusative means *through* (from one side to another) or *across*. In some contexts it may be translated as *over* or even as *via*.

> Евгений перешёл **через болото**.
> *Evgeny crossed the swamp.*

Железная дорога идёт **через долину**.
The railroad goes through the valley.

Через гору прокладывают новую дорогу.
They're laying a new road over the mountain.

Мы едем в Москву **через Тверь**.
We are going to Moscow via Tver.

Через, unlike **по**, implies purposeful motion from one side to the other. Compare the following examples.

Лодка плыла **через реку**.
The boat was crossing the river.

Лодка плыла **по реке**.
The boat was sailing down the river.

Через may also indicate a recurrent interval in space or in time.

Я очень прошу печатать **через строчку**.
I entreat you to type double-spaced.

The preposition **сквозь** + accusative case also means *through*, but it suggests *penetrating* and often indicates a greater degree of difficulty or resistance than does **через**.

Мы с трудом прошли **сквозь заросли** леса.
We made our way through the forest's underbrush with difficulty.

Only **сквозь** is used with words that denote climatic features (**туман, туча, снег, метель**, etc.).

Почтальону пришлось идти **сквозь бурю** и **метель**.
The letter carrier was forced to walk through the storm and blizzard.

20. Fill in the blanks with **по** or **вдоль**. Put the words in parentheses in the appropriate case.

1. _____ (пустые улицы) мы доедем до аэропорта очень быстро, минут за двадцать.
2. Невысокие деревья росли _____ (река).
3. Чтобы добраться отсюда до деревни, нужно сначала дойти до короткой дороги и _____ (она) идти в посёлок, тогда будет быстро.
4. Летом я люблю ходить босиком _____ (тёплый песок).
5. Район был совсем тёмным, не было фонарей _____ (дорога).

6. Тебе удастся поспать только в электричке _____ (дорога) в Москву.

7. Люба с наслаждением брела _____ (аллея) Летнего сада.

21. Fill in the blanks with **сквозь** or **через**. Put the words in parentheses in the appropriate case.

1. _____ (дым) предметы в комнате различались с трудом.

2. Из Внукова в город придётся ехать _____ (Юго-Запад).

3. Ребята полезли _____ (забор), а потом побежали к реке.

4. _____ (густой туман) Алексей не мог рассмотреть лица людей в лодке.

5. Две дороги идут в Пронькино — одна мимо заливных лугов _____ (мост), а вторая _____ (лес).

Expressions of Distance

The most common way of expressing a terminal limit is **до** (*as far as*) + genitive case.

Дорога проложена только **до озера.**
The road has been laid only as far as the lake.

When talking about the distance from a starting point to a terminal limit, use **от** + genitive case + **до** + genitive case. The starting point may be implied, as in the last example.

От леса до реки два километра.
It's two kilometers from the woods to the river.

— **До моря** далеко?
— Нет, **до побережья** только три километра.
"Is it far to the sea?"
"No, it's only three kilometers to the coast."

The most common of the numerous other ways of expressing distance is **в** + prepositional of the unit of distance + **от** + genitive case. This expression is characteristic of all levels of speech and may be used with expressions of time as well as actual distance.

Мой дом находится **в двухстах шагах** от берега Балтийского моря.
My home is located two hundred steps away from the banks of the Baltic Sea.

Озеро всего **в пятнадцати минутах** ходьбы от дороги.
The lake is only a fifteen-minute walk from the road.

The same idea can be expressed with the expression **на расстоянии** (*at a distance*) + genitive case. This expression is characteristic of formal speech and can be used only with expressions of actual distance.

Санкт-Петербург находится **на расстоянии шестисот километров** от Москвы.
Saint Petersburg is located at a distance of 600 kilometers from Moscow.

22. Fill in the blanks with the best translation of the words in parentheses.

1. Гриша выбежал _____ (*out of*) здания университета и побежал _____ (*across*) парк _____ (*in the direction*) метро.
2. Светлана предварительно ездила _____ (*around*) всем магазинам сама, а только потом везла туда мужа.
3. После обеда Нина отправилась гулять _____ (*along*) дороге _____ (*alongside*) леса, потом _____ (*through*) поле, потом _____ (*as far as*) озера и обратно.
4. Солнце никак не могло прорваться _____ (*through*) тяжёлый зимний туман.
5. С апреля по октябрь бабушка живёт _____ (*in*) деревне в двадцати километрах _____ (*from*) города.
6. _____ (*Around*) углом находится приличная книжная лавка.
7. Летом здесь никто не работает. Все разъезжаются _____ (*around*) всей стране или выезжают _____ (*abroad*) на отдых.
8. Катенька горько плакала, слёзы текли _____ (*down*) её щекам.

Источники

Using the Library

As you become more independent in your use of Russian, you will have more and more occasion to use the library. In order to look up Russian authors and titles, you will need to be able to transliterate, that is, represent the Cyrillic characters with Latin letters. There are four accepted transliteration systems (and numerous individual idiosyncratic ones). The system used for cataloging library books is that of the Library of Congress. (See "Library of Congress Transliteration System" on page 82.)

1. Within the library your greatest asset (other than the **библиотекарь**) is the catalog (**каталог**) itself. Most catalogs are electronic, and most can define your search in a number of different ways. Try, for example, searching for *geografiia*. Now search again, but limit the search to Russian only. How do the results of the two searches differ? What happens if you search for *geography AND Russia*? What results do you get if you limit that search to Russian only?

Library of Congress Transliteration System

Cyrillic	Latin	Cyrillic	Latin	Cyrillic	Latin
а	a	к	k	х	kh
б	b	л	l	ц	ts
в	v	м	m	ч	ch
г	g	н	n	ш	sh
д	d	о	o	щ	shch
е	e	п	p	ъ	"
ё	e	р	r	ы	y
ж	zh	с	s	ь	'
з	z	т	t	э	e
и	i	у	u	ю	iu
й	i	ф	f	я	ia

---

2. Transliterate the words on this list into the Library of Congress transliteration system. Look for the transliterated words in your library's catalog. What results do you get?

   1. демография
   2. национальность
   3. «Ёлка и свадьба»
   4, Максим Горький
   5. Никита Сергеевич Хрущёв
   6. Эрмитаж
   7. Байкал
   8. Содружество Независимых Государств

3. Treasure Hunt! How many of the following items can you find in your school's library? (All of the items except the first should be in Russian.)

   • an English translation of «Война и мир»
   • a Russian translation of a work of English literature
   • a work by Dmitry Likhachyov
   • a newspaper published in Russia

- a newspaper published outside of Russia
- a popular magazine
- a scholarly journal
- «Большая советская энциклопедия»
- a specialty encyclopedia
- a multi-volume dictionary
- an orthographic dictionary
- a medical or technical dictionary
- a history book
- a city guide
- an atlas
- a cookbook
- your choice

Чтение

Текст 1. Российская Федерация

This excerpt from «**Российская Федерация**» in «**Атлас мира**» (2001) describes the European part of Russia.

Перед чтением

Geographical descriptions often contain nouns and adjectives formed from a place name and a prefix indicating relative location (**по-, при-, пред-, за-**). The adjective **прибалтийский**, for example, describes things located on or around the Baltic Sea. Where would you expect to find the following?

Забайкалье	Прибайкалье
Поволжье	прикаспийский
Предкавказье	Причерноморье

Российская Федерация

Россия — самая большая страна в мире — занимает восточную часть Европы, север и северо-восток Азии.

От западных границ до восточных (побережье Тихого океана) Россия протянулась на 100 000 километров, через которые проходят 11 часовых поясов. На территории России около 120 000 рек, 2 000 000 пресных и солёных озёр.

пре́сный *fresh (water)*

На территории России проживает более 100 народностей (около 80 процентов русских), исповедующих разные религии. Языком межнационального общения является русский.

испове́довать *to practice (religion)*

Европейская Россия

В европейской части России большую часть территории занимает равнина, которую называют Восточно-Европейской, а чаще — Русской равниной. Её низменные участки находятся вблизи устья Волги в Прикаспийской впадине, самые приподнятые — в центральных районах Средне-Русской возвышенности. Севернее равнины возвышаются Хибинские горы Кольского полуострова и Тиманский кряж. На юге равнина подходит к возвышенностям Предкавказья. На востоке Русскую равнину ограничивают предгорья Урала. По его хребтам проходит условная граница между Европой и Азией.

впа́дина *depression*

кряж горный хребет

Урал — гигантская кладовая природных богатств. Здесь давно обнаружены месторождения железа, меди, цинка, золота, серебра, россыпи драгоценных камней, каменная соль. В предгорьях и на равнинах, прилегающих к Уралу с запада и востока, открыты залежи угля и нефти. Возле заводов, шахт, карьеров и мощных промышленных комбинатов возникли большие города.

кладова́я *storehouse*
месторожде́ние *deposit*
ро́ссыпь *deposit*
за́лежь *deposit*
ша́хта *mine*
карье́р *quarry*

Климат европейской России меняется от сурового арктического за Полярным Кругом на островах Ледовитого океана до тёплого субтропического на юге Кавказского побережья Чёрного моря. В среднем он умеренный, благоприятный для человека. Зимы — снежные, с морозами. Реки зимой замерзают, кроме кавказских, стекающих с горных склонов. Больше всего дождей и снега выпадает на северо-западе и в западных районах. На юговостоке в Прикаспии осадков мало, летом бывают засухи.

оса́дки *precipitation*
за́суха *cf.* сухой

Зоны растительности и почв в европейской России меняются в соответствии с климатом и рельефом: тундра, лесотундра, леса, лесостепи, степь. В Прикаспии есть и полупустыни, Причерноморье — районы субтропиков. Особенным плодородием отличаются земли срединного Чернозёмного центра, сходные с чернозёмами Украины и переходящие в них южнее Орла.

чернозём *chernozem (black earth)*

Вопросы к тексту

1. Опишите физическую географию европейской России.
2. Где проходит граница между Европой и Азией?
3. Чем богат Урал?
4. Каков климат европейской России?
5. Где в России находится плодородная зона?

Текст 2. Где живут в России?

In this article from «**Россия: физическая и экологическая география**» (1999), **Георгий Лаппо** and **Дмитрий Люри** discuss the distribution of population within Russia.

Перед чтением

In this excerpt you will see a number of words built on the root **-сел-** (*settle*). You already know **село** (*settlement*) and **население** (*population*). What do you think the following words mean?

густозаселённый	поселение
малозаселённый	расселение
незаселённый	расселяться

Где живут в России?

Всем известна поговорка «Рыба ищет где глубже, а человек — где лучше». Что же означает для человека это «лучше» с точки зрения природных условий? Наверное, когда не очень жарко и не очень холодно, не очень сыро и не очень сухо, когда ветерок лицо обдувает, но и ураган с ног не валит...

обдува́ть *to blow*
вали́ть *to knock down*

Учёные давно определили наиболее комфортные для жизни людей условия. Во время отдыха или занятия лёгкой физической работой средний человек лучше всего себя чувствует, если зимой температура воздуха составляет от –8 до –10ºC, а летом она колеблется в пределах 23–25ºC при влажности воздуха 40–60%. В каких же регионах России преобладают такие условия?

колеба́ться *to fluctuate*

К сожалению, ответ на этот вопрос не очень утешителен. На большей части территории России природные условия неблагоприятные или малоблагоприятные для жизни людей, а «зона комфорта» невелика. В европейской части её граница на севере проходит по рекам Сухона и Вычегда, а на юге она обходит самые засушливые регионы. В Сибири «зона комфорта» смещается к югу, а за Байкалом превращается в узкую полосу, протянувшуюся вдоль российско-китайской границы. В некоторых районах Забайкалья она вообще исчезает, так как условий, безусловно благоприятных для жизни людей, там нет.

утеши́тельный *comforting*

засу́шливый *cf.* сухой
смеща́ться *to shift*
полоса́ *zone*

Если сравнить расположение «зоны комфорта» с картой, где указана плотность населения России, то окажется, что большинство жителей страны проживает именно в благоприятных природных условиях. И это неудивительно: осваивая в течение столетий бескрайние просторы России, люди расселялись в тех местах, которые больше всего им подходили по условиям жизни.

пло́тность *density*

осва́ивать *to conquer*

Так в России сложилась *основная полоса расселения* — территория, на которой проживает основная часть жителей страны, где сеть поселений наиболее густая и где расположено большинство крупнейших городов. В европейской России эта полоса проходит от центральных районов через Среднее Поволжье до Среднего и Южного Урала. Именно пейзажи южной тайги и лесостепи, со светлыми дубравами и берёзовыми рощами, ассоциируются у миллионов людей со словом «Русь». Но в европейской части основная полоса расселения выражена не очень чётко: если севернее её действительно располагаются обширные малозаселённые пространства, то территории к югу имеют всё же значительную плотность населения и густую сеть городов. Особенно выделяется район

сеть *network*

дубра́ва *oak grove*
берёзовый *birch*
ро́ща *grove*
Русь Россия

Северного Кавказа, где проживает почти 12% населения России.

За Уралом и дальше к востоку основная полоса расселения приобретает вид узкой ленты, протянувшейся с запада на восток вдоль южных границ страны. За Байкалом она проходит вдоль Транссибирской железнодорожной магистрали, сужаясь местами до 30–150 км, а иногда пропадая совсем. И становится шире лишь в южном Приморье. Севернее основной полосы расселения лежат бескрайние, почти незаселённые, просторы Сибири, а южнее — безлюдные горные хребты — Алтай, Саяны и др.

сужа́ться *cf.* узкий

В пределах основной полосы расселения проживает почти 100 млн. человек, что составляет 2/3 жителей России. Но разные части этой полосы сильно отличаются друг от друга. Лидирующее место — у Центрального экономического района и его сердца — Московского региона. Хотя Центральный район занимает менее 3% площади России, в нём проживает более 20% населения страны — почти столько же, сколько во всей Сибири и на Дальнем Востоке, вместе взятых! Есть и другие регионы, обладающие многомиллионным населением: Средняя Волга (Самара), Средний и Южный Урал (Екатеринбург и Челябинск), Центральная Сибирь (Кузбасс, Новосибирск, Красноярск), Прибайкалье (Иркутск), Дальний Восток (Владивосток). Вместе с тем в основной полосе расселения есть территории, где нет больших городов, а плотность населения невелика. Расположены они, как правило, в азиатской части России.

Вопросы к тексту

1. Какие условия считаются наиболее благоприятными для человека? А какие условия вы сами предпочитаете?
2. Где находится зона комфорта в России? Есть ли в США подобная зона?
3. Назовите самые густонаселённые территории России. Чем обусловлена высокая плотность населения на данных территориях?
4. Назовите наиболее малонаселённые районы в России. Каковы факторы низкой плотности населения в данных районах?
5. Где в России вы бы хотели жить?

Текст 3. Сокращение численности населения

In this excerpt from «**Население России 1998**»—the sixth annual report of the **Институт народнохозяйственного прогнозирования** of the Russian Academy of Sciences—the author discusses reasons for the decline in population.

Перед чтением

Here are some sentences adapted from the text «**Сокращение численности населения**». In each set one of the pronouns has been italicized. Using the provided context, decide which word the italicized pronoun is replacing.

Образец: На 1 января 1998 г. население России составило 147 105 тыс. человек. За столетие, прошедшее после первой Всеобщей переписи населения, *его* численность более чем удвоилась.

его = население

1. По сравнению с данными последней переписи населения 1989 г. убыль составила 295,9 тыс. человек или 0,2%. Пока *она* не так велика и катастрофична, как в предыдущие три периода.
2. Однако, в силу *своей* внутренней обусловленности, тенденция сокращения населения достаточно устойчива.
3. Сокращение населения происходит из-за *его* естественной убыли, т.е. превышения числа смертей над числом рождений.
4. Но уже в 60-е годы, из-за падения рождаемости, прекращения снижения смертности и по мере исчерпания потенциала демографического роста, естественный прирост начал снижаться. Всё же вплоть до 90-х годов *он* был определяющим компонентом роста населения России.
5. Но затем роль миграционного компонента резко изменилась — сначала просто увеличился *его* вклад в рост населения, а с 1992 г. миграция осталась единственным источником роста численности населения.
6. В 1992 г., когда естественный прирост в России стал отрицательным впервые, *она* была одной из 9 европейских стран с естественной убылью населения.
7. Колебания миграционного прироста были большими, *они* обусловили и колебания общей убыли населения.

Сокращение численности населения

На 1 января 1998 г. население России составило 147 105 тыс. человек. За столетие, прошедшее после первой Всеобщей переписи населения, его численность более чем удвоилась.

удво́иться *to double*

Однако рост был бы намного бо́льшим, если бы естественный ход демографических процессов не нарушался сильнейшими социальными потрясениями — Первой мировой и Гражданской войнами, голодом и репрессиями 30-х годов, Второй мировой войной. Что касается нынешнего, 4-го за столетие сокращения численности населения, то, после 3 предыдущих, его едва ли можно было избежать. В отличие от первых 3 периодов, когда убыль населения была полностью обусловлена недемографическими факторами, в 90-е годы она была предопределена самим ходом демографического развития и заранее предсказывалась на конец уходящего столетия. Общесистемный кризис, развернувшийся в переходный период, только ускорил и усугубил реализацию давних прогнозов.

наруша́ться *to be disrupted*
потрясе́ние *shock*

ны́нешний *current*

у́быль *decrease*
обусло́вить *to cause*
предопредели́ть *to foreordain*

разверну́ться *to develop*
усугуби́ть *to aggravate*

Население страны начало убывать в 1992 г. За 6 лет — с 1992 по 1997 г. — оно сократилось на 1599,7 тыс. человек, в том числе за 1997 г. на 397,8 тыс. человек. По сравнению с данными последней переписи населения 1989 г. убыль составила 295,9 тыс. человек или 0,2%. Пока она не так велика и катастрофична, как в предыдущие три периода. Однако, в силу своей внутренней обусловленности, тенденция сокращения населения достаточно устойчива.

убыва́ть *to decrease*

да́нные *data*

обусло́вленность *causes*

Сокращение населения происходит из-за его естественной убыли, т.е. превышения числа смертей над числом рождений. Если бы Россия была закрытой страной, в которую никто не въезжает и из которой никто не выезжает с целью постоянного проживания, убыль населения за 6 лет превысила бы 4 млн. человек. Но Россия — открытая страна, и поэтому к этим потерям следовало бы прибавить порядка 600 тыс. человек, потерянных вследствие эмиграции в страны «дальнего зарубежья», т.е. за пределы бывшего СССР. Однако фактическое сокращение населения было в 3 раза ниже из-за довольно значительного миграционного притока населения из «ближнего зарубежья» — бывших советских республик.

превыше́ние *increase*

превы́сить *to exceed*

поря́дка *on the order (of)*

прито́к *influx*

Естественная убыль населения России обусловлена тем режимом воспроизводства населения с низкими уровнями смертности и рождаемости, который сложился в России к 60-м годам и который ещё раньше стал характерным для большинства развитых стран. В течение некоторого времени естественный прирост её оставался относительно высоким — в основном из-за благоприятной структуры населения, в которой был «накоплен» некоторый потенциал демографического роста. Но уже в 60-е годы, из-за падения рождаемости, прекращения снижения смертности и по мере исчерпания потенциала демографического роста, естественный прирост начал снижаться. Всё же вплоть до 90-х годов он был определяющим компонентом роста населения России. В течение 20 лет — с 1955 до 1975 г. — он даже сочетался с миграционным оттоком из России, с избытком перекрывая эту убыль. Начиная с 1975 г. рост населения шёл как за счёт естественного роста, так и за счёт миграционного притока из союзных республик, который, как правило, не превышал 1/4 общего прироста. Но затем роль миграционного компонента резко изменилась — сначала просто увеличился его вклад в рост населения, а с 1992 г., когда началась естественная убыль населения, миграция осталась единственным источником роста численности населения. Но даже увеличившиеся после распада СССР объёмы чистой миграции не могли перекрыть естественную убыль россиян.

В 1992 г., когда естественный прирост в России стал отрицательным впервые, она была одной из 9 европейских стран с естественной убылью населения. В 1997 г. таких стран было уже 14; 11 из них — бывшие республики СССР или «социалистические страны» Восточной Европы. По темпам убыли в 1997 г. Россия уступала только Болгарии, Латвии и Украине.

Естественная убыль населения России почти сразу же вышла на достаточно стабильный уровень в 0,5–0,6% в год. Наибольшие потери пришлись на 1994 г. Колебания миграционного прироста были большими, они обусловили и колебания общей убыли населения.

воспроизво́дство *reproduction*

накопи́ть *to store up*

исчерпа́ние *exhaustion*

отто́к *drain*
избы́ток *excess*

объём *volume*

уступа́ть *to lag behind*

колеба́ние *fluctuation*

Вопросы к тексту

1. Когда была проведена первая перепись населения в России? Насколько увеличилась численность населения с того времени?
2. Когда произошло первое сокращение численности населения?
3. Чем обусловлена убыль населения в России?
4. Как вы понимаете выражения «ближнее зарубежье» и «дальнее зарубежье»?
5. Каким образом миграция повлияла на численность населения?
6. По каким географическим показателям можно сравнить Россию с другими европейскими странами?

Бонус

The following newspaper article cites statistics for 1999. Is the information in this article consistent with the predictions of «**Сокращение численности населения**»?

Население России на начало года составило более 146 миллионов человек

Численность населения России на 1 января 1999 года составила 146,3 миллиона человека. За минувший год она снизилась на 401 тысячу человек (на 0,3 процента). Об этом сообщили в Госкомитете РФ по статистике.

ИНТЕРФАКС

Текст 4. Перепись населения

In 2002, the newspaper «**Аргументы и факты**» published this telephone interview with Deputy Minister of the Interior **Александр Чекалин** regarding the upcoming Russian census.

Перед чтением

Before reading, make sure you understand the meaning of these abbreviations:

МВД   ООН   СМИ

Россиян по осени считают

9 ОКТЯБРЯ стартует Всероссийская перепись. Тот факт, что осенью нас посчитают, вызывает массу бо-

лее или менее обоснованных опасений. **Развеять все страхи постарался во время прямой линии с нашими читателями заместитель министра МВД РФ Александр ЧЕКАЛИН.**

МИЛИЦИЯ В ПОМОЩЬ
— СЛЫШАЛА, что милиция будет принимать участие в проведении Всероссийской переписи населения. Зачем?

— Во время проведения переписи органы внутренних дел обязаны обеспечить безопасность переписчиков и сохранность переписных листов. Кроме того, участковые или оперуполномоченные уголовного розыска должны перед началом переписи пройти по своей территории, разъяснить жителям, какие меры безопасности надо соблюдать, чтобы оградить себя от возможных преступлений: грабежей, мошенничеств, разбоев, проникновений в квартиры психически неуравновешенных людей. Кстати, согласно данным социологических опросов, большую часть граждан успокаивает то, что милиция будет участвовать в переписи.

— Будут ли сотрудники милиции проверять документы? Вдруг я выдам себя за умершего родственника?

— Всероссийская перепись проводится в соответствии с международными принципами и рекомендациями ООН. Согласно им все сведения о человеке записываются с его слов, подтверждать которые документами он не должен.

— Если я откажусь на вопросы отвечать, меня в кутузку посадят?

— Нет, конечно! Человек, не пожелавший общаться с переписчиком, для закона недосягаем. Хотя, например, в Австрии за уклонение от этой процедуры предусмотрены денежные штрафы и даже лишение свободы сроком на 6 недель. Кстати, не стоит с пренебрежением относиться к переписчикам. Ведь в своё время и граф Лев Толстой, и Антон Чехов работали «счётчиками» в переписях XIX в.

обосно́ванный *justified*
разве́ять *to dissipate*

участко́вый *district policeman*
оперуполномо́ченный *law enforcement officer*
уголо́вный ро́зыск *criminal division*
огради́ть *to protect*
моше́нничество *swindle*
разбо́й *robbery*
неуравнове́шенный *unbalanced*

све́дение информация

кату́зка *разг* тюрьма

недосяга́емый *untouchable*
уклоне́ние *evasion*
лише́ние *deprivation*
пренебреже́ние *scorn*

ДОСЬЕ НА ПЕРЕПИСЧИКА
— **КАК отличить настоящего счётчика от замаскированного грабителя?**

— Во-первых, перед началом переписи в каждом подъезде появятся плакаты с фотографиями и анкетными данными работающих на данном участке. Во-вторых, с 4 по 8 октября, в сопровождении участковых они пройдут по квартирам, чтобы выяснить у жильцов, когда удобнее прийти с анкетами. В-третьих, каждый будет при себе иметь удостоверение с высокой степенью защиты от подделки, паспорт, без которого удостоверение недействительно.

уча́сток *police district*
сопровожде́ние *accompaniment*

подде́лка *forgery*

— **Вот вы сейчас всем расскажете, что должен иметь при себе переписчик, а преступники этим воспользуются. Ну покажет он мне своё удостоверение, а откуда я знаю, что оно неподдельное? Как это проверить?**

— Для этого есть диспетчерская служба по переписи. Её телефон должен быть у каждого счётчика, кроме того, его напечатают на расклеенных в подъездах плакатах рядом с фотографиями и данными переписчиков. По телефону диспетчерской службы вы сможете узнать, проводится ли в данный день перепись в вашем доме и как зовут того, кто придёт в ваш дом. В отделениях милиции будут находиться копии списков переписчиков.

— **Когда документы обработают, сотрудники милиции будут иметь доступ к заполненным анкетам?**

— В соответствии с законом «О Всероссийской переписи населения» гражданам гарантируется конфиденциальность предоставляемых сведений. Раскрыть же преступление с помощью информации, почерпнутой из переписного листа, мне представляется маловероятным.

предоставля́емый *provided*
почерпну́ть *to obtain*

— **А если сам переписчик кому-то разболтает то, что узнал?**

— Весь персонал, задействованный в проведении переписи, даёт подписку о неразглашении информации. Если этот пункт будет нарушен и разглашение инфор-

заде́йствовать *to put to work*
(не)разглаше́ние *cf.* голос

мации повлечёт за собой тяжкие последствия (кражу, грабеж, разбой, клеветнические публикации в СМИ), переписчик понесёт уголовное наказание.

повле́чь за собо́й *to entail*
тя́жкий серьёзный
клеветни́ческий *slanderous*

СЧЁТЧИК НА ВЫЕЗДЕ

— МЫ с женой в октябре уезжаем в отпуск. Как в таком случае быть? Надо самим куда-то явиться?

— Как вам будет удобно. Ваши данные могут сообщить переписчикам родственники. Или там, куда вы едете отдыхать (если это место находится на территории России), вы можете зайти в любой переписной пункт и сами отвечать на вопросы анкеты.

— В нашем подъезде второй год живёт бомж. Мирный мужик, не пьёт, не балагурит, зовут его Федей. Он тоже будет в переписи участвовать?

бомж бездомный
балагу́рить *to act wild*

— Да, конечно. Перепись лиц без определённого места жительства, равно как и детей-беспризорников, будут проводить по месту их нахождения. Это могут быть приёмник-распределитель, центр временной изоляции несовершеннолетних правонарушителей, дом ночного пребывания или вокзал, рынок, парк, подъезд.

де́ти-беспризо́рники *street kids*
приёмник-распредели́тель *triage point*
несовершенноле́тний *juvenile*
правонаруши́тель *offender*

— Будут ли пересчитывать нелегальных иммигрантов? И куда их потом денут — сразу вышлют из России?

— Сотрудники милиции будут выявлять нелегальных мигрантов (их, по приблизительным оценкам, в России около 12 млн. чел.), но высылать никого не станут. Мы настроены на максимально неагрессивный ход ведения переписной кампании. МВД, конечно, необходима информация о численности, возрастной и социальной характеристике мигрантов, в том числе и нелегальных. Но личные данные нас не интересуют. В данном случае нам важнее оценить масштаб проблемы, а не задерживать отдельных нарушителей.

**Подготовила
Ирина РОМАНЧЕВА
«Аргументы и факты» № 32, 2002**

Вопросы к тексту

1. Почему предстоящая перепись так волнует россиян?
2. Какую роль будет играть милиция по отношению к переписчикам? А по отношению к жильцам?
3. Как относятся жители к участию милиции?
4. Как они могут отличить настоящего переписчика от грабителя?
5. Какие ещё вопросы волнуют читателей газеты?

Бонус

The acronym **бомж** is explained in the text. What do the letters in this word actually stand for?

Аудирование

Географическое и ресурсное положение стран СНГ

Here are two excerpts from a 2004 address on the subject of the natural resources of the Commonwealth of Independent States by **Ольга Носова**, Head of the Department of Economic Theory of the National University of Internal Affairs in Kharkov, Ukraine. Listen to the excerpts and answer the questions that follow.

Перед аудированием

Here, in the order in which you will hear them, are some of the place names that you will hear in the excerpts. Before listening, locate these places in an atlas.

Excerpt 1: Географическое и ресурсное положение стран СНГ

Харьков	Яблоновый хребет
Украина	Уральские горы
Белоруссия	Карпаты
Прибалтийские республики	Памир
Кавказские республики	Тянь-Шань

Excerpt 2: Основные нефтяные и газовые ресурсы

Верхоянский хребет	Баку
Саянские горы	Казахстан
Волговятский район	Мангышлак
Самотлор	Тенгиз
Уренгой	Сахалин
Азербайджан	

Слова к аудированию

Here, in the order in which you will hear them, are some words that may be unfamiliar to you. Before listening, review the words. What do you imagine the speaker will say using these particular words?

Excerpt 1: Географическое и ресурсное положение стран СНГ

соотве́тственно *correspondingly*
подразумева́ть *to have in mind*
благоприя́тный *favorable*
земледе́лие *farming*
поле́зные ископа́емые *mineral resources*
плоского́рье *plateau*
наго́рье *cf.* гора
образова́ние *formation*
среднесу́точный *cf.* средний, сутки

Excerpt 2: Основные нефтяные и газовые ресурсы

осуществля́ться *to be implemented*
относи́тельно *relating to*
сейсми́ческая подви́жность *seismic activity*

Вопросы к аудированию

Excerpt 1: Географическое и ресурсное положение стран СНГ

1. Where is Kharkov located?
2. What was the immediate consequence of the fall of the Soviet Union in 1991?
3. On what basis does Nosova state that the Ural and Carpathian Mountains are older than the Caucasus?
4. Which area is best suited for agriculture?
5. What effect does climate have on the population of northeastern Russia?

Excerpt 2: Основные нефтяные и газовые ресурсы

1. Which CIS countries are the biggest producers of oil?
2. What does Nosova say about oil resources within Russia itself?
3. What effect has seismic activity had on the production of oil on Sakhalin?

Сочинение

You have been hired by the Department of Development of your state to write a promotional brochure for distribution in Russia. In your brochure, first describe the physical geography of the state, and then discuss the economic geography (natural resources, industry, agriculture). Assume that your reader is an educated Russian who has never traveled outside of Russia and who speaks no English.

To prepare for writing, first locate source materials *in Russian*. Ideally, you will have a bibliography of approximately three short items. At this stage do not use source materials in English. If you do, you will find yourself translating, and that will defeat the purpose of the exercise.

Write a first draft of your brochure. Do not use English-Russian dictionaries during this stage of the writing. If you do not know how to express an idea without looking it up in English, leave it out. The object of the exercise is accuracy in Russian, not complete and factual accuracy about the geography of your state.

Discuss your first draft with your classmates. On the basis of their comments, revise your work. Remember that revision is an integral part of the writing process. The world's best writers are *always* eager to revise.

Задания

1. Compile an annotated bibliography of a dozen or so Russian-language library holdings on the subject of geography, demography, or ethnic relations in the CIS.

2. Ask some of your Russian-speaking friends to describe the physical and economic geography of their home regions in Russia. Record their answers in your journal and then report back to the class on the substance of their replies.

3. Using an atlas, locate the places named in «**Европейская Россия**» and add them to the map of Russia on page 98. Then use information from «**Где живут в России?**» to shade in the most populated areas of Russia. Use the map as the basis of a report on the physical and economic geography of European Russia.

4. Use the map of the continental United States on page 99 as a starting point for reporting on the physical and economic geography of the United States. Be sure to add Alaska and Hawaii!

5. The graphs on page 100 are based on information from the **Институт Социально-Политических Исследований РАН**. Use them as the basis for a discussion of population decrease in Russia in the 1990s.

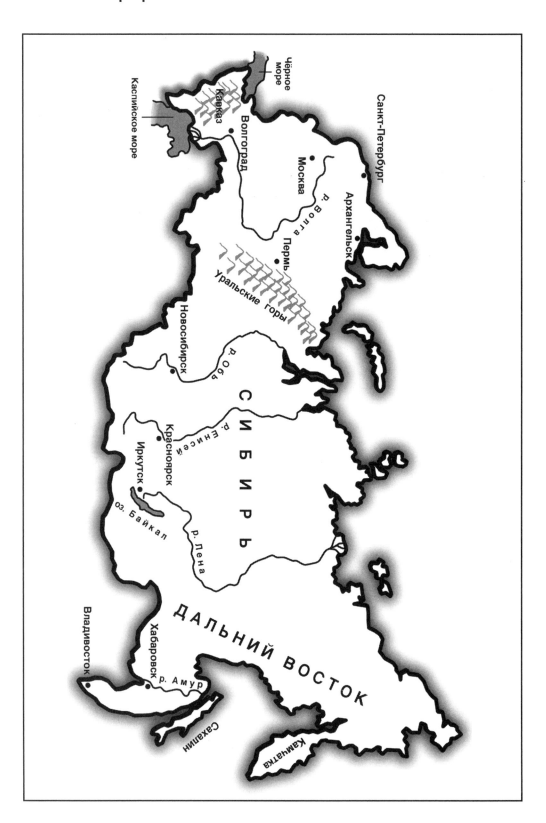

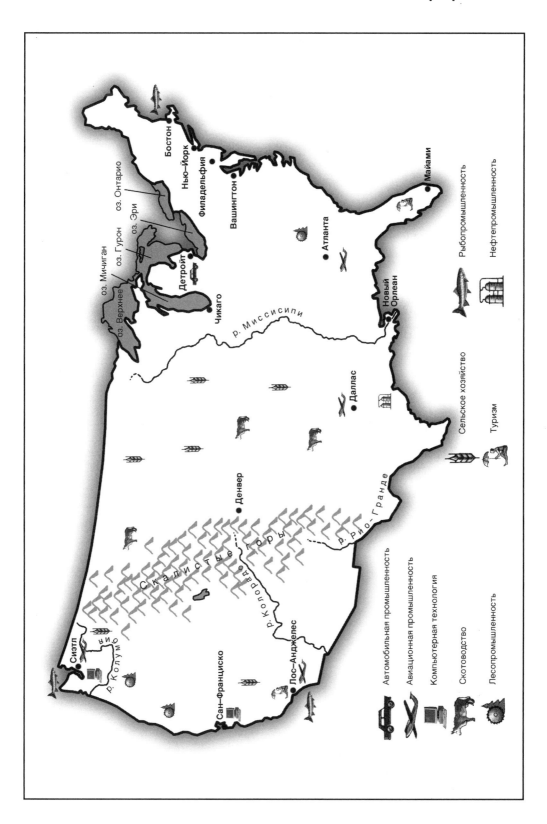

Бостон
Нью-Йорк
Филадельфия
Вашингтон
Майами
Атланта
оз. Онтарио
оз. Эри
оз. Гурон
оз. Мичиган
оз. Верхнее
Детройт
Чикаго
Новый Орлеан
р. Миссисипи
Даллас
Денвер
Скалистые горы
р. Колорадо
р. Рио-Гранде
Сиэтл
р. Колумбия
Сан-Франциско
Лос-Анджелес

Рыбопромышленность
Нефтепромышленность
Сельское хозяйство
Туризм
Автомобильная промышленность
Авиационная промышленность
Компьютерная технология
Скотоводство
Лесопромышленность

на 1000 чел.

13.4 11.2 12.1 12.2 14.5 15.7 15 14.3
11.4 10.7 9.4 9.6 9.3 8.8

90 91 92 93 94 95 96

Смертность превышает рождаемость в 1,7 раза

РОЖДАЕМОСТЬ
СМЕРТНОСТЬ

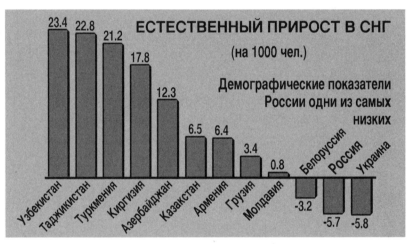

ЕСТЕСТВЕННЫЙ ПРИРОСТ В СНГ

(на 1000 чел.)

Демографические показатели России одни из самых низких

23.4 22.8 21.2 17.8 12.3 6.5 6.4 3.4 0.8 -3.2 -5.7 -5.8

Узбекистан Таджикистан Туркмения Киргизия Азербайджан Казахстан Армения Грузия Молдавия Белоруссия Россия Украина

СОКРАЩЕНИЕ НАСЕЛЕНИЯ

−1 млн 260 тыс. человек

148,7 млн чел. 1992 г.

3,5 млн чел.
2.2 млн чел

Естественная убыль
Миграция в Россию

147,4 млн чел. 1996 г.

Миграция в Россию из бывших союзных республик не смогла компенцировать естественную убыль населения

Повторение

The exercises in this section will all be excerpts from your reading and listening passages. Their purpose is to remind you of things that you already know (how to read numerals, for example) and to help you notice the ways that native speakers use the vocabulary and constructions that you have been practicing.

1. Fill in the blanks with the best translation of the given English.

1. Россия — самая большая страна в мире — _____ (*occupies*) восточную часть Европы, север и северо-восток Азии.
2. От западных границ до восточных (побережье Тихого океана) Россия протянулась на 100 000 километров, _____ (*through*) которые проходят 11 часовых поясов.
3. На территории России проживает более 100 народностей (около 80 процентов русских), исповедующих разные религии. Языком межнационального общения _____ (*is*) русский.
4. Низменные участки Русской равнины _____ (*are located*) вблизи устья Волги в Прикаспийской впадине.
5. _____ (*To the north*) равнины _____ (*tower*) Хибинские горы Кольского полуострова и Тиманский кряж.
6. На юго-востоке в Прикаспии осадков мало, летом _____ (*there are*) засухи.
7. В Прикаспии _____ (*there are*) и полупустыни.
8. В Сибири «зона комфорта» смещается к югу, а за Байкалом превращается в узкую полосу, протянувшуюся _____ (*along*) российско-китайской границы.
9. В России сложилась основная полоса расселения — территория, на которой проживает основная часть жителей страны, где сеть поселений наиболее густая и где _____ (*is situated*) большинство крупнейших городов.
10. В Европейской России эта полоса проходит _____ (*from*) центральных районов _____ (*through*) Среднее Поволжье _____ (*to*) Среднего и Южного Урала.
11. _____ (*Beyond*) Уралом и дальше к востоку основная полоса расселения приобретает вид узкой ленты, протянувшейся с запада на восток вдоль южных границ страны.
12. Севернее основной полосы расселения _____ (*lie*) бескрайние, почти незаселённые просторы Сибири, а _____ (*to the south*) — безлюдные горные хребты — Алтай, Саяны и др.

2. Read aloud, or copy and write the numbers as words.

1. Рост был бы намного бо́льшим, если бы естественный ход демографических процессов не нарушался сильнейшими социальными потрясениями — Первой мировой и Гражданской войнами, голодом и репрессиями 30-х годов, Второй мировой войной.

2. Что касается нынешнего, 4-го за столетие сокращения численности населения, то, после 3 предыдущих, его едва ли можно было избежать.

3. В отличие от первых 3 периодов, когда убыль населения была полностью обусловлена недемографическими факторами, в 90-е годы она была предопределена самим ходом демографического развития и заранее предсказывалась на конец уходящего столетия.

4. Население страны начало убывать в 1992 г.

5. Если бы Россия была закрытой страной, в которую никто не въезжает и из которой никто не выезжает с целью постоянного проживания, убыль населения за 6 лет превысила бы 4 млн. человек.

6. Однако фактическое сокращение населения было в 3 раза ниже из-за довольно значительного миграционного притока населения из «ближнего зарубежья» — бывших советских республик.

7. Естественная убыль населения России обусловлена тем режимом воспроизводства населения с низкими уровнями смертности и рождаемости, который сложился в России к 60-м годам и который ещё раньше стал характерным для большинства развитых стран.

8. Но уже в 60-е годы, из-за падения рождаемости, прекращения снижения смертности и по мере исчерпания потенциала демографического роста, естественный прирост начал снижаться.

9. Всё же вплоть до 90-х годов он был определяющим компонентом роста населения России.

10. В течение 20 лет — с 1955 до 1975 г. — он даже сочетался с миграционным оттоком из России, с избытком перекрывая эту убыль.

11. Начиная с 1975 г. рост населения шёл как за счёт естественного роста, так и за счёт миграционного притока из союзных республик, который, как правило, не превышал 1/4 общего прироста.

12. Но затем роль миграционного компонента резко изменилась — сначала просто увеличился его вклад в рост населения, а с 1992 г., когда началась естественная убыль населения, миграция осталась единственным источником роста численности населения.

13. В 1992 г., когда естественный прирост в России стал отрицательным впервые, она была одной из 9 европейских стран с естественной убылью населения.

14. В 1997 г. таких стран было уже 14; 11 из них — бывшие республики СССР или «социалистические страны» Восточной Европы.

3. Listen again to «**Географическое и ресурсное положение СНГ**» and fill in the blanks with the missing words.

Прежде всего я хочу _____ и сказать несколько слов _____ университете. Я представляю Национальный _____ внутренних дел, который находится в Харькове. _____ город, если вы посмотрите _____, этот город находится на границе, на границе _____ Россией и Украиной. И, соответственно, этот, в этом _____ очень много вузов, порядка _____ высших учебных заведений, и _____ этих высших учебных заведений _____ из таких университетов выступает _____ Национальный университет внутренних дел, _____ осуществляется подготовка по восьми _____ в различных областях: в экономической, в правовой, _____ и так далее.

Ну, теперь остановимся коротко на _____ вопросах. Первый вопрос, который я _____ рассмотреть, он будет посвящён _____ и ресурсному положению стран _____, то есть, вы можете _____: географическое и ресурсное положение _____ СНГ. Это первый вопрос, и _____ вопрос — это экономическое _____ стран СНГ.

Ну, прежде всего мы остановимся _____ на... и рассмотрим географическую карту стран СНГ. _____ мы будем рассматривать эту _____, коротко хочу вам напомнить, _____ в 1991 году Союз Советских _____ Республик распался. И на месте, вместо _____ пятнадцати советских республик образовались _____ независимых государств. И на _____ карте вы можете видеть, то есть, _____ всех пятнадцати республик появились пятнадцать _____. Из них самое крупное — это _____. Затем очень по... , можно выделить, _____, Украину, Белоруссию и все остальные государства.

III
Образование

Подготовка

During the years that have followed the fall of the Soviet Union, the topic of education has become, if anything, even more compelling for students of Russian and native Russians alike. In this chapter we will spend some time talking about education in the Soviet Union—the only educational model that many adult Russians have ever known. We will also discuss some of the many ongoing educational reforms now taking place within Russia, and we will compare the educational system of the United States with those of the Soviet Union and post-Soviet Russia.

Vocabulary

воспита́ние education, upbringing[1]
воспита́тельный educational, instructive[1]
воспи́танный well-bred
воспи́тывать I to rear, educate, train; to foster; воспита́ть I[1]

образова́ние education[1]
  дошко́льное ~ preschool education
  нача́льное ~ elementary education
  сре́днее ~ secondary education
  вы́сшее ~ higher education
образова́тельный educational[1]
образо́ванный educated
общеобразова́тельный general education[1]
обуче́ние instruction, training[1]
учёба studies[1]

учрежде́ние institution, establishment
заведе́ние institution, establishment
  вы́сшее уче́бное ~ (сокр вуз) institution of higher education

снабжа́ть I чем? to furnish, provide; снабди́ть (снабжу́, снабди́шь)
обеспе́чивать I чем? to furnish, provide; обеспе́чить II
обору́дование equipment

о́бласть ж field (of study)
специализа́ция по чему? major
специализи́роваться (специализи́руюсь, специализи́руешься) по чему? to major
тре́бовать (тре́бую, тре́буешь) чего, от кого? to demand; потре́бовать (потре́бую, потре́буешь)
тре́бование к кому? demand[2]
потре́бность ж в чём? need, demand[2]

нагру́зка (р мн нагру́зок) load
предме́т subject
  обяза́тельный ~ requirement
  факультати́вный ~ elective

дополни́тельный supplementary
углублённый in depth
досту́пный accessible

зада́ние task, assignment
   дома́шнее ~ homework
задава́ть (задаю́, задаёшь) to assign;
   зада́ть (зада́м, зада́шь, зада́ст,
   задади́м, задади́те, зададу́т;
   за́дал, задала́)
   ~ вопро́с *кому?* to ask a question
вызыва́ть I to call on; **вы́звать**
   (вы́зову, вы́зовешь)
спра́шивать I *кого, о чём?* to question; **спроси́ть (спрошу́,**
   спро́сишь)
проси́ть (прошу́, про́сишь) *что, у*
   кого? кого + инф to request;
   попроси́ть (попрошу́,
   попро́сишь)
отвеча́ть I *кому, на что?* to answer;
   отве́тить (отве́чу, отве́тишь)

абитурие́нт applicant (to **вуз**)
экза́мен examination
   вступи́тельный ~ entrance exam
   выпускно́й ~ exit exam
биле́т card
   экзаменацио́нный ~ exam question
ко́нкурс contest, competition[3]
   проходи́ть (прохожу́, прохо́дишь)
   по ко́нкурсу; пройти́ (пройду́,
   пройдёшь; прошёл, прошла́) по
   ко́нкурсу to pass a competition
конкуре́нция competition[3]
балл mark, point[3]
   проходно́й ~ passing score
спи́сывать I to copy (cheat); **списа́ть**
   (спишу́, спи́шешь)
подска́зывать I to whisper (cheat);
   подсказа́ть (подскажу́,
   подска́жешь)
шпарга́лка (*р мн* **шпарга́лок)** *разг*
   crib

по́мнить II to remember[4]

вспомина́ть I to remember, recall;
   вспо́мнить II[4]
запомина́ть I to remember, memorize;
   запо́мнить II[4]
па́мять *ж* memory
наизу́сть by memory[4]

нау́ка science
нау́чный scholarly, scientific
иссле́довать (иссле́дую, иссле́дуешь)
   нес и сов to research
иссле́дование research
о́пыт experiment
   проводи́ть (провожу́, прово́дишь)
   ~ to conduct an experiment;
   провести́ (проведу́, проведёшь;
   провёл, провела́) ~

зна́ние knowledge
на́вык skill
уме́ние ability
приобрета́ть I to acquire;
   приобрести́ (приобрету́,
   приобретёшь; приобрёл,
   приобрела́)
упражня́ться I *в чём?* to practice
соверше́нствовать (соверше́нствую,
   соверше́нствуешь) to improve,
   perfect; **усоверше́нствовать**
   (усоверше́нствую,
   усоверше́нствуешь)
усва́ивать I to master; **усво́ить** II
овладева́ть I *чем?* to master;
   овладе́ть I

учи́ть (учу́, у́чишь) to study, to learn;
   вы́учить II
учи́ться (учу́сь, у́чишься) *чему?* to
   study, to learn; **научи́ться**
   (научу́сь, нау́чишься)
изуча́ть I to study, to learn; **изучи́ть**
   (изучу́, изу́чишь)
занима́ться I *чем?* to study; **заня́ться**
   (займу́сь, займёшься; заня́лся,
   заняла́сь)

учи́ть (учу́, у́чишь) *чему?* to teach;
  научи́ть (научу́, нау́чишь)
преподава́ть (преподаю́, преподаёшь)
  кому? to teach

ра́зница difference
ра́зный different, diverse
разли́чие difference, distinction
разли́чный different, distinct

различа́ть I to distinguish, tell apart;
  различи́ть II
отли́чие difference, distinction
  в ~ *от чего?* in contrast
отлича́ть I *от чего?* to distinguish
  (from); отличи́ть II
схо́дство similarity
схо́дный similar
одина́ковый identical

Vocabulary Notes

[1] The words **воспитание** and **воспитательный** generally refer to the kind of education one receives from parents or mentors. One can *rear* a child, or one can *foster* a trait in a child: **воспитывать/воспитать ребёнка в уважении к труду, воспитывать/воспитать в ребёнке любовь к родине. Образование** and **образовательный** generally refer to the kind of education one receives from a school. The adjective **общеобразовательный** on one level refers to universal education but can also be used to describe requirements that are *general* for all students. **Обучение** can be thought of as a course of study or training in a discipline, while **учёба** refers most often to the studies themselves.

[2] **Требование** is a demand that can be made of another person: **Какие у вас требования к экзаменующимся?** *What demands do you place on the exam candidates?* **Потребность** means *need* or *demand* in an economic sense.

> Растущая промышленность Китая испытывает большую **потребность** в сырье и энергии.
> *The growing industry of China is experiencing great demand for raw materials and energy.*

> Наше учреждение имеет **потребность** в новом современном оборудовании.
> *Our establishment has a need for new modern equipment.*

[3] **Конкурс** in this context refers to the competition that must be passed in order to be admitted to a school. A person who receives a **проходной балл** (*passing score*) has *passed the competition* (**прошёл/прошла по конкурсу**).

> Андрюша не набрал нужное количество баллов и **по конкурсу не прошёл.**
> *Andryusha didn't get the necessary number of points and didn't pass the competition.*

Конкуренция refers to the quality of the other competitors (**большая конкуренция**, *stiff competition*).

[4] The verb **помнить** describes the act of memory: **Я хорошо помню школьные времена.** The verb **вспоминать/вспомнить** means to remember in the sense of *recollecting* or *recalling*: **Наконец я вспомнил нужную мне фамилию.** The verb **запоминать/запомнить** means to remember in the sense of *commiting something to memory*: **Я запомнила твой телефон.** When speaking of memorization, especially of a longer work, it is common to use the expression *learn by heart* (**учить/выучить наизусть**).

Lexical Studies

Studying, Learning, and Teaching

Учить/выучить

The verb **учить/выучить** means *to learn something, usually finite, by virtue of repetition*. It is close in meaning to **запоминать/запомнить** (*to memorize*).

> Я **выучил** новые слова и выражения из текста.
> *I learned the new words and expressions from the text.*

> За последние два часа Андрей позвонил мне несколько раз и, наверное, уже **выучил** мой номер наизусть.
> *In the last two hours Andrey has called me several times and probably has already learned my number by heart.*

Учить/выучить also means *to do the assignment* in a given subject.

> — Что ты сейчас делаешь?
> — Учу уроки. Физику уже **выучил**, осталась литература и химия.
> *"What are you doing?"*
> *"My lessons. I've already done the physics. I only have literature and chemistry left."*

Учиться/научиться

The verb **учиться/научиться** means *to acquire knowledge, skills, or ability*, often practical in nature. This verb may be used with an imperfective infinitive or with the dative of that which is being studied and with **у** and the genitive of the person from whom one is learning.

Нина **учится вязать** у своей бабушки.
Nina is learning to knit from her grandmother.

Мы **учились музыке** у знаменитого певца.
We studied music under a famous singer.

Учиться/научиться may also mean *to cultivate a trait in oneself.* Here again it may be used with an imperfective infinitive or with the dative of that which is being learned.

Игорь **научился** правильно **распределять** своё время.
Igor learned to manage his time well.

Учитесь терпению.
Learn patience.

The imperfective verb **учиться** is used to speak of *being enrolled at an educational institute,* of *covering a course of studies,* or of *receiving an education* (within an educational system). **Учиться** used in this way most often appears in such contexts: **в школе, в училище, в техникуме, на факультете, на отделении, на курсе**, etc.

Света хочет **учиться в частной школе**.
Sveta wants to go to a private school.

Учиться may be used with **на** + accusative case to talk about the profession for which one is preparing.

Нина **учится на программиста**.
Nina is training to be a programmer.

The imperfective verb **учиться** is also used to talk about how well one is doing in school.

Алексей всегда **учился на «отлично»**.
Aleksey always got straight A's.

Чтобы поступить в университет, нужно **хорошо учиться**.
In order to get into college, you have to do well in school.

Изучать/изучить

The verb **изучать/изучить** means *to master a body of knowledge* (within a discipline) or *to have deep or theoretical control of the subject matter.* **Изучать/изучить** is used with the accusative of the subject matter, which must be stated.

Студенты **изучают историю** России по первоисточникам.
Students are learning the history of Russia from primary sources.

It is also possible to use **изучать/изучить** in a more narrow sense to speak of studying a single problem or a question.

Учёные **изучают применение** вычислительной техники в средней школе.
Scholars are studying the application of computer technology in secondary education.

And, finally, it may simply mean *to scrutinize*.

Ася долго **изучала меню**.
Asya studied the menu for a long time.

Заниматься/заняться

The verb **заниматься/заняться**, which takes the instrumental case, literally means *to occupy oneself* or *to be busy* with something.

В настоящее время весь наш отдел **занимается подготовкой** к конференции.
At present, our entire division is working on preparations for the conference.

Илья поинтересовался, **чем я занимаюсь** в свободное время.
Ilya wanted to know what I did in my spare time.

In an academic setting both students and teachers use **заниматься** to explain what they are working on at any given time.

Наша группа сейчас **занимается фонетикой**.
Our group is working on phonetics right now.

Моя сестра — научный сотрудник Института физики Земли; она уже давно **занимается проблемой** предсказания землетрясений.
My sister is a research fellow at the Earth Sciences Institute; she has been working on earthquake prediction for quite some time now.

In the context of studying, **заниматься** is also used to describe *preparing one's lessons*.

Когда Лёня учился в институте, он **занимался** каждый день в библиотеке.
When Lyonya was at the institute, he studied in the library every day.

Also within the context of studying, **заниматься** means to work on *acquiring ability through practice.*

> Чтобы изучить английский язык, надо **заниматься им** каждый день.
> *In order to master English, one must practice it every day.*

> Перед поступлением в университет Анна целый год **занималась** с репетитором.
> *Before applying to the university, Anna worked for a whole year with a tutor.*

Finally, **заниматься** means *to take classes,* usually ones that are offered as a supplement to the regular program.

> Моя сестра, которая хочет стать врачом, **учится** в медицинском институте.
> *My sister, who wants to become a doctor, attends a medical institute.* [academic program]

> Я **занимаюсь** в балетном кружке при Дворце пионеров.
> *I take ballet lessons at the Pioneer Palace.* [enrichment activity]

Teachers (and others) use **заниматься/заняться** to describe *working within a subject area.* The imperfective **заниматься** means to have the subject area as one's primary focus or occupation, while the perfective verb **заняться** means to take up the subject as one's primary focus or occupation.

> Мой брат — географ; он **занимается географией** уже десять лет.
> *My brother is a geographer. He's been working in the field of geography for ten years already.*

> После окончания университета я решил **заняться японским языком.**
> *After graduation I decided to take up Japanese.*

Teachers may also use **заниматься** to talk about working with someone (on an academic subject) or directing someone's studies. When using the verb in this way, use the instrumental of the subject matter and **с** + instrumental of persons being taught.

> Анна Петровна **занимается со мной грамматикой.**
> *Anna Petrovna is working on grammar with me.*

Учить/научить

The verb **учить/научить** (compare **учиться/научиться** above) means *to convey knowledge or ability to another person.* Use the accusative of the person and an infinitive or the dative case of that which is being taught.

> В школе нас всегда **учили уважать** старших.
> *In school we were always taught to respect our elders.*

> Наталья Александровна **учила** меня **программированию**.
> *Natalya Aleksandrovna taught me programming.*

Преподавать

The verb **преподавать** means *to work as a teacher* (in an academic establishment). It is used with the accusative of the subject matter and the dative of the person being taught.

> Роман Павлович **преподаёт английский язык студентам** первого курса в университете Дружбы народов.
> *Roman Pavlovich teaches English to freshmen at the Friendship of Peoples University.*

1. Fill in the blanks with the present tense of **учиться** or **изучать**.

1. Студенты, которые _____ на филологическом факультете, _____ древние и современные языки, а также историю античной и зарубежной литературы.
2. Инна _____ в университете. Она _____ немецкий язык и литературу.
3. Школьники, которые _____ в этой школе, _____ французский и английский языки.
4. В университете я углублённо _____ биологию, так как я _____ на биологическом факультете.

2. Fill in the blanks with appropriate forms of **учить/выучить** or **изучать**.

1. Серёже нужно _____ это стихотворение наизусть, чтобы прочитать его во время концерта.
2. Студенты, которые учатся на юридическом факультете, _____ законы Российской Федерации.
3. Вчера я _____ биологию весь день, чтобы подготовиться к экзамену.
4. Ученики внимательно _____ две картинки, пытаясь найти различия между ними.

3. Fill in the blanks with appropriate forms of **учиться** or **заниматься**.

1. Саша увлекается фотографией. Он даже _____ в кружке юных фотографов.
2. Таня очень любит животных и хочет _____ на ветеринара.

3. Девочки _____ в одной школе, но в параллельных классах, и поэтому редко общались.
4. Дома меня всё отвлекает, поэтому я люблю _____ в библиотеке.
5. После окончания факультета журналистики Пётр работал в редакции областной газеты, а потом _____ в аспирантуре.
6. Сын Галины Ивановны _____ в математической школе.

4. Fill in the blanks with appropriate forms of **учить** or **преподавать**.

1. Профессор Соколов _____ математику в университете.
2. Сашу стали _____ рисованию в пять лет.
3. Обычно родители _____ детей читать.
4. Андрей Петрович учится в аспирантуре и мечтает _____ биологию в университете.
5. Целый месяц Валера _____ Машу кататься на велосипеде.

5. Fill in the blanks with appropriate forms of **учиться/научиться**, **заниматься**, **изучать/изучить**, or **учить/выучить**.

1. Мой двоюродный брат _____ читать в пять лет, а я в четыре года.
2. Студенты английского отделения филологического факультета _____ фонетику английского языка на первом курсе.
3. Когда мне было пять лет, я _____ кататься на велосипеде.
4. Ученикам необходимо _____ много математических формул для того, чтобы сдать экзамен по тригонометрии.
5. Надо _____ спортом, чтобы быть здоровым.
6. В начальной школе Саша _____ на отлично.
7. Каждый день школьникам приходится _____ уроки, чтобы получать хорошие оценки.

Verbal Aspect in Infinitives and Imperatives

Infinitives

In general, when using infinitives, you should be guided by the same considerations that apply when using any other form of the verb. Infinitives, however, exist as part of a larger phrase, and deciding which aspect to use most often depends on the sense of the entire phrase.

Single vs. Repeated or Continuous Actions

In most contexts, perfective infinitives indicate a single, result-producing action, while imperfective infinitives indicate either repeated action or continuous action.

Прошу вас завтра **прийти** на занятия вовремя.
I ask you to come to class on time tomorrow.

Прошу **приходить** на занятия без опозданий.
I ask you to come to class on time. [regularly]

Советую вам **выбрать** новую тему.
I advise you to select a new topic.

Советую вам **выбирать** менее сложные темы.
I advise you to select less complicated topics. [in general]

Вечером я должен **написать** сочинение.
I need to write a composition this evening.

Вечером я должен **писать** сочинение.
I need to work on a composition this evening. [continuous]

When speaking of repeated action, pay attention to what needs to be repeated. If the action of the infinitive is to be repeated, use an imperfective. If the action of the helping word is to be repeated but the action of the infinitive is not, use a perfective.

Я обещаю **заниматься** английским **каждую неделю.**
I promise to work on English every week. [one promise, weekly study]

Мы **много раз хотели написать** письмо ректору.
We have often wanted to write a letter to the rector. [repeated desire, one letter]

Учитель **обычно приходит** за полчаса до начала урока, чтобы **размно-
жить** наглядные пособия для учеников.
The teacher usually arrives a half hour before class to duplicate visual aids for the students. [repeated arrivals, one purpose]

Вы **всегда можете спросить** преподавателя об экзамене.
You can always ask the teacher about the exam. [action is always potentially possible]

Although repeated action is normally expressed with imperfective infinitives, it is also possible to use perfective infinitives to express repeated action when the action is cited as an example or when the repeated actions are perceived as a single whole. In the examples below, the imperfective infinitives all indicate repeated action. The perfective infinitives also indicate repeated action, but the perfective has been chosen for one of the above reasons.

Нина всегда чем-нибудь занята: то ей надо уроки **учить**, то рукописи **редактировать**, то к собранию **готовиться**.
Nina is always busy with something: either she has to do her lessons, or edit manuscripts, or get ready for a meeting.

Нина всегда чем-нибудь занята: то ей надо уроки **выучить**, то рукописи **отредактировать**, то к собранию **подготовиться**.
Nina is always busy with something: either she has to get her lessons done, or edit manuscripts, or get ready for a meeting. [examples of the kinds of things she's repeatedly busy with]

Звонить дяде надо несколько раз, он плохо слышит.
You have to ring Uncle's doorbell several times; he doesn't hear well.

Дяде надо **позвонить три раза подряд**, тогда он откроет.
You have to ring Uncle's doorbell three times in a row; then he'll open. [ringing three times is the code; it is perceived as a single action]

6. Complete the sentences using perfective infinitives to indicate a single, result-producing action. Translate your sentences into English.

Образец: Я должна _____ .
      Я должна объяснить студентам это правило.
      I need to explain this rule to the students.

1. Через два часа надо _____ .
2. Сегодня после занятий можно _____ .
3. Когда ты сможешь _____ ?
4. В конце семестра мы хотим _____ .
5. Александр Иванович решил _____ .
6. Григорий Александрович много раз пытался _____ .
7. Леонид Ильич всегда обещал _____ .
8. Валентина Петровна каждый день просила учеников _____ .
9. Мне не раз предлагали _____ .
10. Лариса и Миша неоднократно давали себе слово _____ .

7. Rewrite the sentences using the present tense of **мочь** and a perfective infinitive to show that the action of the sentence is always potentially possible.

Образец: Мы всегда смотрим последние новости по телевизору.
      Мы всегда можем посмотреть последние новости по телевизору.

1. Мы всегда сохраняем файлы на жёстком диске.
2. Евгений Павлович всегда помогает нам.

3. Кира всегда советуется с научным руководителем.
4. Инна хорошо объясняет американскую систему образования.
5. Аспиранты всегда берут в библиотеке редкие книги.
6. Стажёры всегда покупают пособия по русскому языку в книжном магазине.

8. Fill in the blanks with one of the given infinitives.

1. Игорь тщательно готовился к защите диссертации, чтобы хорошо _____ на вопросы оппонента. (отвечать, ответить)
2. Глеб хотел всегда и во всём _____ от других студентов филологического факультета. (отличаться, отличиться)
3. Настоящий учёный всегда старается _____ факты до того, как сделать из них какие бы то ни было выводы. (изучать, изучить)
4. Наш институт может ежегодно _____ вам все выпускаемые им научные труды по вопросам вычислительной техники. (посылать, послать)
5. Часто бывает необходимо сначала _____ основное содержание статьи, а уже потом приступить к составлению конспекта. (понимать, понять)

Verbs That Require Imperfectives

Verbs that refer to the parts of a process (beginning, ending, continuing), verbs that refer to learning a process, and verbs that refer to one's attitude toward a process are always followed by imperfective infinitives. Such verbs include:

начинать/начать	*to begin*
стать *сов*	*to start*
кончать/кончить	*to finish*
заканчивать/закончить	*to end*
переставать/перестать	*to cease*
прекращать/прекратить	*to desist*
бросать/бросить	*to quit*
продолжать	*to continue*
уставать/устать	*to grow weary*
надоедать/надоесть *безл*	*to be fed up*
привыкать/привыкнуть	*to become accustomed*
отвыкать/отвыкнуть	*to become unaccustomed*
учиться/научиться	*to learn how*
разучиться *сов*	*to forget how*
уметь	*to know how*
нравиться/понравиться *безл*	*to like*
любить/полюбить	*to like*
предпочитать	*to prefer*
раздумывать/раздумать	*to change one's mind*

Наша исследовательская группа **продолжает работать** над программой компьютерного обучения иностранным языкам.
Our research group continues to work on a program for computer-assisted language instruction.

Я **перестала ходить** на заседания кафедры.
I've stopped going to department meetings.

Николаю **надоело исполнять** обязанности заведующего кафедрой.
Nikolai got tired of performing the duties of department chair.

Зина **раздумала поступать** в аспирантуру.
Zina changed her mind about going to graduate school.

Verbs That Require Perfectives

Verbs that focus on one's ability to complete an action or produce a result are typically followed by perfective infinitives. They include:

забыть *сов*	*to forget*
успеть *сов*	*to manage, have time*
удаться *сов, безл*	*to manage, succeed*

Я **забыл купить** дискету для компьютера.
I forgot to buy a computer disk.

Ты **успеешь зайти** в компьютерный зал?
Will you have enough time to stop by the computer lab?

Нам не **удалось обеспечить** все школы компьютерами.
We did not manage to provide all of the schools with computers.

9. Complete the sentences using imperfective infinitives. Translate your sentences into English.

   Образец: Все учителя начали _____ .
   Все учителя начали требовать больше от своих учеников.
   All of the teachers have begun demanding more from their students.

   1. В этом году студенты второго курса продолжают _____ .
   2. Виктор Борисович много раз бросал _____ .
   3. Боюсь компьютеров. Не люблю _____ .
   4. За этот год мы совсем отвыкли _____ .
   5. Зина всегда учится на отлично. Очевидно, она умеет _____ .

6. Перед каждым экзаменом Надя начинала _____ .
7. Скоро начнётся учебный год, а мы ещё не закончили _____ .
8. Есть студенты, которые больше любят _____ .
9. Когда откроют центр по вычислительной технике, я стану _____ .
10. Где вы так хорошо научились _____ ?
11. Если Рита не сдаст экзамен по высшей математике, она перестанет _____ .
12. Боюсь, что через три месяца все разучатся _____ .

10. Fill in the blanks with one of the given infinitives.

1. Сегодня Мария Павловна начала _____ основы вычислительной техники. (объяснять, объяснить)
2. Люба пришла за двадцать минут до начала лекции и успела _____ самое лучшее место в аудитории. (занимать, занять)
3. Сегодня утром я была так занята, что забыла _____ директору школы. (звонить, позвонить)
4. После окончания университета Алёша продолжал _____ иностранные языки. (изучать, изучить)
5. Мне удалось _____ материалы конференции по компьютерному обучению иностранным языкам. (доставать, достать)
6. Когда Зоя объявила, что она не будет поступать в аспирантуру, Валентина Петровна не стала _____ ей вопросы. (задавать, задать)
7. Виктор Иванович устал _____ на бесконечные вопросы своих учеников. (отвечать, ответить)
8. Мне надоело _____ такие трудные задачи. (решать, решить)
9. Когда Даша работала в исследовательском институте, она научилась _____ сложные химические опыты. (проводить, провести)

Negation and Infinitives

There is a strong correlation between negation and the imperfective aspect. Imperfective infinitives are typically used to advise against an action in general, to speak of the lack of necessity of performing an action, and to indicate that an action is prohibited. In some contexts it is also possible to use negated perfective verbs, but they typically indicate the possibility of an unintended negative result rather than a negation of the action itself.

Verbs that indicate a request or an intention to perform an action are normally followed by imperfective infinitives when the requested or intended action is negative. These verbs include:

обещать/пообещать	*to promise*
просить/попросить	*to request*

решать/решить	to decide
советовать/посоветовать	to advise
уговаривать/уговорить	to persuade
убеждать/убедить	to convince

Фёдор Сергеевич посоветовал мне **выбрать** другую специализацию.
Fyodor Sergeevich advised me to select a different major.

Фёдор Сергеевич посоветовал мне **не выбирать** другую специализацию.
Fyodor Sergeevich advised against selecting a different major.

Ирина Константиновна уговорила Митю **поступить** на исторический факультет.
Irina Konstantinovna talked Misha into enrolling in the History Department.

Ирина Константиновна уговорила Мишу **не поступать** на исторический факультет.
Irina Konstantinovna talked Misha out of enrolling in the History Department.

Other expressions that show that the speaker has no intention of engaging in the action (**не хочу, нет желания, не думаю, не хочется**) are also typically followed by imperfective infinitives.

У Николая Петровича не было желания **читать** студенческие работы.
Nikolay Petrovich had no desire to read student papers.

The same expressions may also be followed by perfective infinitives when the speaker is not denying the action itself but speaking of an unintended, accidental outcome.

Я не хотела **обидеть** директора школы!
I didn't mean to hurt the principal's feelings!

Imperfective infinitives are typically used with expressions that question the advisability or the necessity of the action. Some of these expressions are **не нужно, не надо, не обязательно**, and **не стоит**.

Вам не надо **отвечать** на письма абитуриентов.
You don't have to answer the applicants' letters.

Нам не нужно **проводить** следующий опыт.
We don't need to conduct the next experiment.

Эту рукопись не стоит **читать**.
That manuscript is not worth reading.

The expression **не должен** is also used with imperfective infinitives when speaking of the inadvisability of an action. When the same expression is used with a perfective infinitive, it refers to the likelihood of the action's taking place.

Вы не должны так много от нас **требовать**.
You shouldn't require so much of us.

Максим Юрьевич не должен **опоздать** на собрание.
Maksim Yurievich is not likely to be late for the meeting.

The verb **мочь** refers both to permission and to ability. When this verb is followed by a negated imperfective infinitive, the negative action is permitted. When **мочь** is followed by a negated perfective infinitive, the negative action is possible. When **мочь** itself is negated, it may be followed by infinitives of either aspect depending on whether one is speaking of not being able to perform the action in general or of not being able to achieve a desired or expected result.

Сегодня Инна может **не приходить** на занятия.
Inna doesn't have to come to class today. [permitted]

Сегодня Инна может **не прийти** на занятия.
Inna might not come to class today. [possible]

Абитуриент не может **не беспокоиться**.
The applicant can't help worrying.

Я не могу всё это **запомнить**!
I can't remember all of this!

The words **можно** and its opposite **нельзя** also refer to both permission and ability. When **нельзя** means that an action is prohibited or forbidden, it is followed by an imperfective infinitive. When **нельзя** means that an action is impossible, it is followed by a perfective infinitive.

В этом месте нельзя **переходить** улицу.
You can't cross the street here. [forbidden]

В этом месте нельзя **перейти** улицу.
You can't cross the street here. [impossible]

В аудиторию во время экзаменов **входить** нельзя.
You can't go into the classroom during exams. [forbidden]

В аудиторию нельзя **войти**: дверь заперта.
You can't go into the classroom; the door's locked. [impossible]

11. Answer the questions in the negative, using the past tense of **смочь** and a perfective infinitive to show that the subject was unable to achieve a desired result.

Образец: Вы запомнили название статьи?
Нет, я не смог запомнить.

1. Профессор Литвинов ответил на все вопросы?
2. Вы заполнили анкету?
3. Дарья подала свои документы в университет?
4. Вы нашли все нужные доказательства?
5. Ученики решили все задачи?
6. Юрий Игоревич пришёл на выступление аспирантов?
7. Вы предупредили декана о приезде комиссии?
8. Завкафедрой сообщила студентам о случившемся?

12. Rewrite the following to indicate negative requests or decisions as in the model. Remember to change the infinitive to imperfective.

Образец: Я убеждал Ларису послать экзаменационные билеты в деканат.
Я убеждал Ларису не посылать экзаменационные билеты в деканат.

1. Я уговорил Никиту помочь мне во время сессии.
2. Елена Львовна посоветовала мне обратиться к ректору с просьбой о поездке на стажировку.
3. Андрей Михайлович убедил спонсоров открыть частную школу.
4. Евгения Николаевна обещала убрать папки со стола.
5. Мы решили выбрать нового заведующего кафедрой.
6. Вы можете принять участие в нашей дискуссии.
7. Все советуют Славе поступить на исторический факультет.
8. Есть предложение начать заседание в пять часов.
9. Я просил вас прочитать моё сочинение, пока оно не окончено.

13. Disagree with the suggestions as in the model. Remember to explain the reasons for your disagreement.

Образец: Нужно объяснить Андрею, как сохранить информацию на жёстком диске.
Не нужно объяснять Андрею, у него уже большой опыт работы с компьютерами.

1. Надо узнать адрес нового учителя.
2. Надо взять эту книгу в библиотеке.
3. Нужно вызвать Мишу к доске.
4. Декана стоит побеспокоить по этому вопросу.
5. Бориса стоит спросить, о чём эта статья.

14. Fill in the blank with one of the infinitives. Remember that imperfective indicates prohibition and perfective indicates impossibility.

1. Бабушке Вере нельзя _____ тяжёлые сумки, у неё спина болит. (поднимать, поднять)
2. В моей курсовой работе столько опечаток, что _____ всё уже нельзя. (исправлять, исправить)
3. Нельзя _____ незнакомых людей к себе домой. (приглашать, пригласить)
4. Андрей пришёл к этому выводу слишком поздно. Всё было кончено, и ничего нельзя было _____ . (поправлять, поправить)
5. Мне сегодня нельзя _____ в университет, я на десять утра назначил совещание. (опаздывать, опоздать)
6. Ты умеешь различать съедобные и ядовитые грибы? Покажи мне, какие грибы нельзя _____ . (собирать, собрать)
7. Нельзя _____ за стол с немытыми руками. (садиться, сесть)
8. Издалека нельзя было Виктора Ивановича и Максима _____ за отца и сына. (принимать, принять)

Other Uses of the Imperfective

Imperfective infinitives are used with **пора** (*it's time to*) to show that the projected action needs to be performed at the time of the speech and not at some point in the future. Other modals (**надо, нужно, можно,** etc.) are also used with imperfective infinitives to show a sense of urgency. Perfectives used with these modals indicate that the action needs to be performed, but not that it needs to begin at the time of speaking.

Уже 8 часов. Пора **выходить**.
It's already 8:00. Time to get going.

Завтра надо **выйти** пораньше, часов в 8.00.
We need to leave a little earlier tomorrow, around 8:00.

Уже поздно. Надо **ложиться** спать.
It's late. Time to be getting to bed.

В субботу надо **лечь** пораньше.
I need to get to bed a little earlier on Saturday.

Все собрались. Можно **начинать** собрание.
Everyone's here. We can start the meeting.

В понедельник можно **начать** заседание кафедры в четыре часа.
On Monday we can begin the department meeting at four o'clock.

Imperfective infinitives are also used in a number of impersonal constructions where the speaker is commenting on the advisability of the action. Words and expressions used in this way include:

бесполезно	*it's useless*
бессмысленно	*it's senseless*
нехорошо	*it's not nice*
вредно	*it's harmful*
стыдно	*it's disgraceful*
смешно	*it's ridiculous*
нет смысла	*there's no point*

Нехорошо **задавать** нескромные вопросы.
It's not nice to ask personal questions.

Нет смысла **объяснять** различия между отраслями промышленности.
There's no point in explaining the differences between the branches of industry.

In addition, imperfective infinitives may be used in impersonal questions either with the question **зачем?** (*what for, what's the point*) or with no question word at all to show that the speaker is questioning the advisability of the action altogether.

Зачем Лидии **изучать** политологию?
Why should Lidia study political science?

Мне завтра **приходить** на кафедру?
I wonder if I should come to the department tomorrow?

Отвечать на вопрос ректора или **не отвечать**?
I wonder if I should answer the rector's question or not?

Infinitives may be used after motion verbs to indicate purpose of the motion. Typically, the infinitives are imperfective because the speaker is focusing on an activity rather than a result.

Зина пошла **переодеваться**.
Zina has gone to change her clothes.

15. Fill in the blanks with one of the given infinitives. Choose imperfective when speaking of an action that needs to take place at the time of speaking, and perfective to speak of an action that will need to take place at some time in the future.

1. Ждать больше нечего, надо _____ . Очевидно, декан сегодня не примет. (уходить, уйти)
2. Нужно _____ учёный совет не позже восьми часов. (заканчивать, закончить)
3. Уже половина седьмого, мы должны _____ из дома. (выходить, выйти)
4. Через десять минут мне надо _____ , меня ждут в деканате. (уходить, уйти)
5. Завтра утром мы должны _____ из дома в половине седьмого, чтобы успеть на контрольную. (выходить, выйти)
6. Все члены делегации уже высказались, нужно _____ собрание. (заканчивать, закончить)
7. Если вы хотите посмотреть, как работают эти программы, всегда можно _____ компьютер . (включать, включить)

16. Complete the sentences with imperfective infinitives to show that the advisability of the action itself is in question. Translate your sentences into English.

1. У Вики трое маленьких детей. Зачем ей _____ ?
2. Экзамен уже завтра. Бесполезно _____ .
3. Саша изучает этот вопрос три года. Нет смысла _____ .
4. Во время экзамена нехорошо _____ .
5. К концу учебного года бывает вредно _____ .
6. Когда начнётся учебный год, смешно будет _____ .
7. После всех реформ в области образования просто стыдно _____ .
8. В десять часов вечера Марк решил, что бессмысленно _____ .

17. Fill in the blanks with one of the given infinitives.

1. Алик решил _____ на курсы английского языка. (записываться, записаться)
2. Варя обещала больше не _____ . (подсказывать, подсказать)
3. Желательно _____ спортом три раза в неделю. (заниматься, заняться)
4. Зоя умеет _____ вопросы очень тактично. (задавать, задать)
5. Не стоит _____ старый компьютер. (чинить, починить)
6. Глеб начал _____ навыками устной речи. (овладевать, овладеть)
7. Я не хочу _____ участие в этой дискуссии. (принимать, принять)
8. Пора _____ . Уже семь часов. (вставать, встать)
9. Я иду в библиотеку _____ книги. (сдавать, сдать)
10. Зачем _____ директору школы домой? (звонить, позвонить)

11. Толя продолжал _____ сына один. (воспитывать, воспитать)
12. Учитель несколько раз старался _____ расстроенного ученика. (успокаивать, успокоить)
13. Юля учится _____ на новой клавиатуре. (печатать, напечатать)
14. Света перестала _____ свою точку зрения. (доказывать, доказать)
15. Степан раздумал _____ Толстого в своей речи. (цитировать, процитировать)
16. Оля теперь плачет. А ведь я не хотел её _____ ! (обижать, обидеть)
17. Преподаватель попросил Наташу не _____ окно. (закрывать, закрыть)
18. Нужно _____ кухню, а ванную _____ не нужно. (красить, покрасить)
19. Нельзя _____ обе темы в одном сочинении, можно запутаться. (обсуждать, обсудить)
20. Научный руководитель всегда рад будет вам _____ . (помогать, помочь)
21. Лиза привыкла кратко _____ свои наблюдения. (обобщать, обобщить)
22. Этот ящик нельзя _____ : он заперт. (открывать, открыть)
23. Нельзя _____ этот ящик, там экзаменационные билеты. (открывать, открыть)

18. In this excerpt adapted from «**Когда боги смеются**» by **Александра Маринина**, a young woman looks at herself in the mirror and muses on her relationship with her father. Fill in the blanks with one of the given infinitives. When finished, compare your choices to those of the original text in Appendix B.

Женя подошла к высокому, в человеческий рост, зеркалу. Господи, как противно ей _____ (видеть, увидеть) своё отражение! Почему, почему она должна так выглядеть? Почему отец заставляет её _____ (одеваться, одеться) и _____ (причёсываться, причесаться) именно так, словно ей тринадцать лет? Но она ничего не может с этим _____ (делать, сделать), она от него полностью зависит, ведь у неё нет собственных денег, чтобы _____ (покупать, купить) себе стильную современную одежду и выглядеть стильной современной девушкой. Она не может перечить[1] отцу, она может только робко _____ (просить, попросить), получая в ответ, разумеется, категорические отказы.

Imperatives

Single Actions

Perfective imperatives indicate a single, result-producing action. They are normally used for requests, advice, instructions, orders, and so forth.

Не надо стоять в коридоре, **войдите** в кабинет.
Don't stand in the hall; come into the office.

---

[1] *contradict*

Расскажи, пожалуйста, что произошло сегодня на уроке!
Please tell what happened in class today!

Сядь. Нам надо поговорить.
Sit down. We need to have a talk.

Imperfective imperatives may also indicate single actions, but they have the added nuance of encouraging or urging the addressee to engage in the action. Imperfective imperatives for this reason are often encountered in invitations.

Что же вы остановились? **Входите, входите!**
What did you stop for? Go on in!

Ну, **рассказывай** скорее, что произошло сегодня на уроке!
Well, get on with it! Tell us what happened in class today!

Проходите, раздевайтесь, садитесь!
Come on in! Take your coat off and have a seat!

In colloquial Russian, the imperfective imperative is often used when agreeing to a previous question or proposal. In this context the speaker is agreeing to the action itself.

— Тебе ещё кофе сварить?
— **Вари!**
"Should I make you some more coffee?"
"Sure, go ahead and make some."

Repeated Actions

Imperfective imperatives normally indicate repeated actions.

Регулярно просматривайте все новые диссертации в этой области науки.
Regularly review all the new dissertations in this field of science.

Perfective imperatives may also refer to repeated actions, but only when the repetition is perceived as a single action.

Позвоните три раза, вам откроют.
Ring three times, and they'll open the door. [three rings = single action]

Negative Imperatives

Negative imperfective imperatives indicate that the negated action is unnecessary or undesirable.

Будьте добры, **не принимайте** быстрых решений.
Please don't make hasty decisions.

Не пытайся решить все проблемы сразу.
Don't try to solve all the problems at once.

Negative perfective imperatives warn the addressee against a possible inadvertent negative outcome.

Здесь холодно, **не простудись**!
It's cold here. Don't catch cold!

Смотрите, **не упадите**, на улице скользко!
Watch out! Don't fall! It's slippery out.

19. Replace the **пора** expressions with imperfective imperatives. Remember that the imperfective imperative is used to urge the beginning of action.

Образец: Пора начинать презентацию, все уже на месте.
Начинайте презентацию, все уже на месте.

1. Пора заходить в аудиторию, через три минуты начнётся лекция.
2. Уже одиннадцать часов. Пора ложиться спать.
3. Библиотека закрывается, пора сдавать книги.
4. Пора одеваться, а то ты опоздаешь на занятия.
5. Всё уже готово, пора включать оборудование.

20. Fill in the blanks with imperatives formed from one of the given verbs. Remember to use perfective imperatives for normal one-time requests (*Please pass the salt*) and imperfective infinitives when urging the beginning of action (*Oh, come on, tell me!*).

1. _____ документы и _____ их декану. (подписывать, подписать; передавать, передать)
2. — Я тебе расскажу, но только при одном условии. — Я согласна. Ну, _____ же скорее! (рассказывать, рассказать)
3. — Я знаю, что глупо спрашивать об этом. — Ничего, _____ ! Глупых вопросов не бывает. (спрашивать, спросить)
4. — Сначала я должен на кафедру позвонить. — Ладно, _____ . Я подожду. (звонить, позвонить)
5. — Ты дашь мобильный телефон? — Конечно, _____ . (взять, брать)
6. Сначала _____ все нужные материалы и _____ их в эту папку. (собирать, собрать; класть, положить)

21. Reply with a negative imperative. Remember to use imperfective imperatives to show that the action itself is not advisable. Add a context to explain why your advice is negative.

> **Образец:** Надо помочь Мише решить эту трудную задачу.
> *Не помогай Мише! Он должен всё сделать сам.*

1. Я хочу дать лаборанту-исследователю результаты последнего опыта.
2. Можно спросить Лену, где она достала материалы на эту тему.
3. Нужно убрать монитор со стола.
4. В этом году мы хотим послать детей за город.
5. Иван Валентинович велел мне открыть папку и посмотреть имеющиеся там документы.

22. Fill in the blanks with imperatives formed from the given verbs. Use imperfective for genuine commands involving a choice of action and perfective for warnings against an inadvertent result.

1. Не _____ сдать все документы! Срок истекает сегодня. (забывать, забыть)
2. Не _____ , я не хотела тебя обидеть. (плакать, заплакать)
3. Не _____ . Мы ничего плохого не хотели. (обижаться, обидеться)
4. Не _____ документы! Я их ещё не подписала. (убирать, убрать)
5. Не _____ ! Пол только что помыли, здесь мокро. (падать, упасть)

Expanding Sentences with Relative Clauses and Participles

Relative Clauses

Который and *чей*

The relative pronoun **который** (*who, which, that*) is used to give additional information about nouns. **Который** agrees with its antecedent in gender and number, but its case depends on the grammar of the relative clause.

> Родион Сергеевич вошёл в комнату, **которая** находилась рядом с офисом.
> *Rodion Sergeevich walked into the room that was next to the office.*

> Вот известный учёный, работу **которого** я изучаю.
> *There's the famous scholar whose work I am studying.*

Пётр Николаевич уже написал вторую монографию, **о которой** никто из его студентов не знал.
Pyotr Nikolaevich had already written a second monograph that none of his students knew about.

The pronoun **чей** (*whose*) can also be used to introduce relative clauses in more formal speech: **писатель, чью книгу ты читаешь**. The norm, which you should observe, is **который**: **писатель, книгу которого ты читаешь**.

Кто and *что*

The word **кто** functions as a relative pronoun to the words **тот, никто, все, первый**, and **единственный**. The pronoun **кто**, when it refers to a singular antecedent, requires a masculine singular predicate. When it refers to a plural antecedent, the predicate may be either singular or plural. Sometimes native speakers use **который** (rather than **кто**) with the various forms of **тот**, thereby avoiding the entire problem.

Дима — **единственный, кто** постоянно приходит на лекции.
Dima is the only one who consistently comes to the lectures.

Среди **тех, кто** остался в аудитории, был мой знакомый.
My acquaintance was among those who remained in the auditorium.

Те из нас, **кто** выучили иностранные языки, без труда нашли себе работу.
Those of us who learned foreign languages found work without any difficulty.

Вы — **первый, кто** спросил об отце.
You are the first to ask me about my father.

Хорошо учатся **те, кто** занимается каждый день.
Those who study every day get good grades.

The word **что** is used as a relative pronoun with the words **всё** and **то** and with sub-stantivized adjectives such as **главное** (*the main thing*) or **первое** (*the first thing*).

Я скажу вам **всё, что** я помню.
I'll tell you everything that I remember.

Я согласен **с тем, о чём** Ира говорила в своём докладе.
I agree with what Ira talked about in her report.

Первое, что бросается в глаза, — это разница в стиле.
The first thing that strikes you is the difference in style.

Relative clauses beginning with **кто** and **что** are sometimes used to begin a sentence.

Кто хорошо подготовился, **тот** не получит двойку.
Whoever has prepared well will not get a D.

Кто осведомлён — **тот** вооружён.
He who is informed is armed.

The word **что** also functions as a relative pronoun to the entire clause.

Леонид не ответил на мой вопрос, **что** меня удивило.
Leonid didn't answer my question, which surprised me. [the fact that he didn't answer]

Аня опоздала на двадцать минут, **что** не удивительно.
Anya was late by 20 minutes, which is not surprising.

Система высшего образования в США в значительной степени отличается от советской, **что** создаёт трудности для иммигрантов из бывшего Советского Союза.
The system of higher education in the USA differs significantly from the Soviet one, which creates difficulties for immigrants from the former Soviet Union.

23. Combine the sentences using appropriate forms of **который**.

1. Абитуриент читал книгу. Он взял её в библиотеке. *за которых*
2. Алла дала научному руководителю пакет. Он за ним пришёл.
3. В зале был стол. На столе лежали все экзаменационные билеты. *на котором*
4. Пётр держал в руках коробку. Он вынул экзаменационный билет из коробки.
5. Корректор очень опытный. Я дала ему рукопись. *которому я дала рукопись*
6. Лиза получила открытку от друзей. Она познакомилась с ними в аспирантуре. *с которыми*
7. Эта женщина из Киева. Константин Ильич женился на ней.
8. Лариса кладёт на полку книги. Она уже прочитала книги. *которые*
9. Мы шли через лес. В лесу было много грибов. *в котором*
10. Профессор Галкин приехал из России. Жанна слушала его лекцию. *которого*
11. У Олега пять братьев. Один из них — доцент.
12. Вот мальчик. Инна Степановна воспитывала его. *которого*
13. Вот компьютер. Я его купила для старшего сына. *который*
14. Есть некоторый предметы. Я не могу говорить о них. *о которых*
15. Абитуриенты сдали первый экзамен. Они так боялись этого экзамена! *которого*

24. Replace **чей** with genitive forms of **который**.

> **Образец**: Вера пошла к научному руководителю, чьи советы она очень ценила.
>
> *Вера пошла к научному руководителю, советы которого она очень ценила.*

1. Это учебник, чья цена выросла на 20 процентов.
2. Я встретила студента, чей отец преподаёт физику в вузе.
3. Родители, чьи дети изучали французский язык, пришли на собрание.
4. Все сочувствовали преподавателю, чьи студенты получили самые низкие отметки.
5. В комнату вошли учителя, о чьих заданиях мы только что говорили.

25. Fill in the blanks with an appropriate form of **что** or **который**.

1. Володя провалился на экзамене, ЧТО нас всех удивляет.
2. Алла купила новый компьютер, что обрадовало её друзей.
3. Мы купили новый компьютер, который нам понравился.
4. Оба брата провалились на экзамене, который надеялись сдать.

26. Combine the sentences as in the model. Translate your sentences into English.

> **Образец**: Лена сдала экзамен. Я поздравил её с этим.
>
> *Я поздравил Лену с тем, что она сдала экзамен.*
>
> *I congratulated Lena on having passed the exam.*

1. Все уважают Анну Ивановну. Она привыкла к этому.
2. Владимир Петрович рассказал про русские посёлки на Аляске. Он начал свою лекцию с этого.
3. Петя украл экзаменационные билеты. Его обвинили в этом.
4. Полина мне помогла. Я поблагодарила её за это.
5. Надя русская. Она этим гордится.
6. Максиму что-то предложили. Он отказался от этого.

Participles

Long-form active and passive participles may also be used to provide additional information about nouns. Participles agree with the nouns that they modify in gender, number, and case. They may precede the nouns that they modify, or they may follow them in which case they are separated from the noun by a comma. As a general rule, long-form participles are more often encountered in written language than they are in speech.

Active Participles

Active participles modify nouns, which themselves are the subject of the action of the participles. (In other words, they replace **который** clauses in which **который** is in the nominative case.) A present active participle always denotes an action that is simultaneous with the action of the main clause of the sentence regardless of whether that action is present- or past-tense.

> Я вижу собаку, **бегущую** по берегу.
> *I see a dog running along the shore.*

> Я видел собаку, **бегущую** по берегу.
> *I saw a dog running along the shore.*

Imperfective past active participles denote an action that is simultaneous with the action of the main clause of the sentence, while perfective past active participles indicate an action that is completed prior to the action of the main verb.

> Ученик, **отвечавший** на вопрос учителя, говорил медленно и ясно.
> *The student who was answering the teacher's question spoke slowly and clearly.*

> Ученик, **ответивший** на вопрос учителя, получил пятёрку.
> *The student who answered the teacher's question got an A.*

Passive Participles

Passive participles qualify nouns, which themselves are the object of the action denoted by the participle. (In other words, they replace **который** clauses in which **который** is in the accusative case.) Present passive participles denote actions that are simultaneous with the action of the main verb.

> Все вопросы, **обсуждаемые** нашей группой, интересуют студентов филологического факультета.
> *All of the questions being discussed by our group interest the students of the Philology Department.*

Past passive participles denote actions completed prior to the action of the main verb. (See Appendix A for formation.)

> Аспиранты тщательно изучали все статьи, **написанные** преподавателями педагогического факультета.
> *The graduate students carefully studied all of the articles written by the faculty of the School of Education.*

Participles may follow the noun that they modify, as in all of the above examples, or they may precede it in which case they are not set off by commas. Note in the examples that follow that English speakers must sometimes rearrange the word order in order to produce a coherent sentence.

Все **обсуждаемые нашей группой вопросы** интересуют студентов филологического факультета.
All of the questions being discussed by our group interest the students of the Philology Department.

Президент в своих отношениях с конгрессом использует огромные возможности, предоставленные **занимаемым им постом**.
The President in his dealings with Congress takes full advantage of the tremendous possibilities afforded to him by the post that he occupies.

27. Replace the participial clauses with **который** clauses. Translate your sentences into English.

Образец: Секретарь экзаменационной комиссии, следуя полученной инструкции, положила все сочинения в конверт.
Секретарь экзаменационной комиссии, следуя инструкции, которую она получила, положила все сочинения в конверт.
The secretary of the examining board, following the instructions that she had received, placed all of the compositions in an envelope.

1. Люда обратилась к профессору Щёткину, как к человеку более близкому к обсуждаемой проблеме.
2. С большим трудом собираемая Эдиком библиотека редких книг значительно увеличилась за последнее время.
3. Маленький Саша крепко спал, держа в маленькой ручке принесённую бабушкой игрушку.
4. Шум подъезжавших машин привлёк внимание школьников.
5. Все смотрели на отходящего от машины человека.
6. Все эти события вполне могли произойти в интересующее нас время.
7. Девочка слушала внимательно, записывала, иногда делала поправки в изобретённых ею схемах.
8. Фрида положила только что купленные в магазине продукты на стоявшее рядом блюдо.
9. Получив привезённую друзьями из Англии статью, Андрей сразу показал её руководителю.

28. Replace the **который** clauses with participial clauses. Translate your sentences into English.

1. Студенты, которые стоят в очереди за студенческими билетами, недавно поступили в университет.
2. Аспиранты, которые приехали в Вашингтон, посетили библиотеку Конгресса.
3. Все географы, которые находились на Дальнем Востоке, благополучно вернулись в свои университеты.
4. Это человек, который привык к порядку.
5. На карте показаны изменения, которые произошли за последнее время в России.
6. Мария Фёдоровна помогает ученику, который готовит урок.
7. Георгий Ильич хвалит девочек, которые занимаются в библиотеке.
8. Я знаю учёного, который исследует этот вопрос.
9. Евгений Борисович доволен студентом, который проводит эксперимент.
10. Галина Павловна сердита на своего помощника, который забыл подготовить оборудование.
11. Школьники радостно смотрели на людей, которые собрались вокруг них.
12. Вера Львовна гордится своим сыном, который окончил школу с золотой медалью.
13. На территории, которую занимает университет, расположено три библиотеки.
14. Роман Андреевич привлёк внимание к вопросу, который профессора обсуждают на заседании кафедры.
15. На вечере, который студенты организуют, выступает один из наших приятелей.
16. Директор школы сосредоточила своё внимание на контрольных работах, которые проверили учителя физики.
17. Валентина внимательно прочитала статью, которую написал заведующий кафедрой американской литературы.
18. Счастливые выпускники института танцевали на вечере, который подготовили студенты.

Expressing Temporal Relationships

Answering the Question *How long?*

Duration of Time

The most common way of expressing the duration of a specific period of time is to use the accusative of the unit of time *with no preposition*. It is also possible to use this construction with words that indicate a period of time but are not lexically units of time (**жизнь, война, дорога,** etc.).

Саня думал **минуту.**
Sanya thought for a minute.

Мы ждали **долгих два часа.**
We waited a long two hours.

Всю дорогу Петя задавал вопросы.
Petya asked questions the whole way.

Вера Матвеевна **всю жизнь** преподавала в музыкальном училище.
Vera Matveevna spent her whole life teaching in a music school.

The verbs used with the accusative of time are generally imperfective, but it is also possible to use the perfective verbs **отдохнуть** and **подождать,** as well as perfective verbs formed with the prefixes **по-** to indicate limited duration and **про-** to indicate prolonged duration.

После обеда Толя отдохнул **час** и снова сел за компьютер.
Tolya rested for an hour after dinner and then sat down at the computer again.

Саша позанимался **час** и пошёл к другу.
Sasha studied for an hour and then went to his friend's house.

Лена прозанималась **весь вечер** и никуда не пошла.
Lena studied all evening and didn't go anywhere.

Андрей **всю жизнь** прожил в городе.
Andrey lived his whole life in the city.

Words denoting longer periods of time (**час, день, месяц, год, век,** etc.) may be used in the instrumental plural *with no preposition* to express duration over a lengthy but indefinite period of time.

Наташа **целыми днями** просиживала в библиотеке.
Natasha sat in the library for days on end.

Шедевры искусства создаются **годами.**
Masterpieces of art are created over a period of years.

The accusative of words denoting short periods of time (**секунда, минута, мгновение,** etc.) may be used with the preposition **на** to indicate brief but indefinite duration. This construction is typically used with perfective verbs such as **показаться, захотеться,** or **задуматься,** although imperfective verbs are possible as well.

> Гарик **на мгновение** задумался и потом ответил на мой вопрос.
> *Garik thought for a moment and then answered my question.*

> Костя отвечал уверенно, ни **на секунду** не сомневаясь в собственных способностях.
> *Kostya answered confidently, not doubting even for a second in his own abilities.*

How Long It Takes

The preposition **за** + accusative indicates the time period within which a result is achieved. Use perfective verbs when speaking of a single action and imperfective verbs when speaking of repeated actions.

> Работу выполнили **за два часа**.
> *They finished the job in two hours.*

> Иван Петрович **за пять минут** тебе объяснит всё, что нужно.
> *Ivan Petrovich will explain to you in five minutes everything that you need to know.*

> Учителя исправляют сотни заданий **за одну неделю**.
> *Teachers correct hundreds of assignments in a single week.*

The preposition **в** + accusative of the unit of time may also be used to express the period of time within which a result is achieved, but it has the additional nuance of indicating a brief, intense period of time. Because this construction emphasizes brevity, the word **один** often qualifies the expression of time.

> Мы готовились к докладу целую неделю, а потом **в одну секунду** тема была изменена.
> *We prepared for the report for a whole week, and then in a single second the topic was changed.*

Во время, в течение, на протяжении

Во врéмя is used with the genitive case of words denoting activities or events. The expression tells us when the action took place but does not provide any further nuance of meaning. Note also the adverb **вóвремя**, which means *on time*.

> Что вы будете делать **во время каникул**?
> *What will you do during vacation?*

Вчера **во время прогулки** Андрюша, наконец, спросил меня о занятиях.
During our walk yesterday Andryusha finally asked me about my classes.

Настя всегда приходит **вовремя** на лекции. **Во время лекции** она внимательно слушает и записывает.
Nastya always comes to class on time. During the lecture she listens attentively and takes notes.

The expression **в течение** combines with the genitive of nouns that lexically denote time (**день, месяц**, etc.) and with the noun **жизнь**. When used with imperfective verbs it describes the duration of the action and is synonymous with the accusative of time described above. When used with perfective verbs, it describes the length of time it took (or is expected to take) to achieve the result of the action and is synonymous with the **за** + accusative construction, also described above.

Антон Аркадьевич готовился к лекции **две недели**.
Антон Аркадьевич готовился к лекции **в течение двух недель**.
Anton Arkadevich prepared for his lecture for two weeks.

За свою жизнь Юлия Константиновна написала немало хороших книг.
Юлия Константиновна написала немало хороших книг **в течение своей жизни**.
Yulia Konstantinovna has written quite a few good books in her life.

Сообщите нам о вашем решении **в течение двух недель**.
Let us know about your decision within two weeks.

The expression **на протяжении** + genitive case is synonymous with **в течение** but is generally reserved for longer periods of time.

Рим строился **на протяжении нескольких веков**.
Rome was built over the course of several centuries.

29. Rephrase the following as in the model.

Образцы: Я буду читать эту диссертацию два дня.
Я прочитаю эту диссертацию за два дня.

Соня читала эту диссертацию весь вечер.
Соня прочитала эту диссертацию за вечер.

1. Новое здание университета будут строить пять месяцев.
2. Эдик писал доклад неделю.
3. Я буду решать задачи по физике весь вечер.

4. Тамара учила незнакомые выражения 20 минут.
5. Я месяц собирала нужные материалы для курсовой работы.
6. Света всё лето училась печатать на компьютере.
7. Глеб год будет писать диссертацию.
8. Я готовилась к экзамену несколько дней.
9. Раиса будет одеваться полчаса.
10. Степан будет всю зиму привыкать к жизни на севере.

30. Rephrase the following using **во время** or **в течение**.

Образцы: Ольга Максимовна всю жизнь жила в Перми.
Ольга Максимовна в течение всей своей жизни жила в Перми.

Когда Кира и Максим завтракали, они говорили о занятиях.
Во время завтрака Кира и Максим говорили о занятиях.

1. Лев Михайлович уже несколько лет работает на отделении русского языка для иностранцев.
2. Нина Антоновна болела целые три недели.
3. Когда мы обедали, речь шла о предстоящих праздниках.
4. Когда профессор Шевченко читает лекцию, студенты никогда не отвлекаются.
5. Целую неделю мы готовились к следующему опыту.
6. Когда будет перерыв, я договорюсь с преподавателем о консультации.

31. Fill in the blanks with the best translation of the given words. Write numbers as words.

1. Вера Андреевна преподавала в Москве _____ (*for an entire year*).
2. Мы тебя подождём _____ (*fifteen minutes*), а потом уйдём.
3. Стажёры пробыли в Хабаровске _____ (*three days*).
4. Я не занималась итальянским _____ (*all winter*).
5. Игорь написал сочинение _____ (*in four hours*).
6. Мои родители жили в Одессе _____ (*almost five years*).
7. Лиза заснула _____ (*during the lecture*).
8. Алёна лежала в больнице _____ (*for two weeks*).

Answering the Question *When?*

Hours and Parts of Hours

The words **секунда**, **минута**, **момент**, and **мгновение** combine with **в** + accusative case and are always qualified: **в этот момент, в минуту опасности, в последнюю секунду**.

В первую минуту я не узнал своего старого учителя.
At first I didn't recognize my old teacher.

В ту же секунду Анатолий вспомнил о своём обещании.
At that very second Anatoly remembered his promise.

Как много мы потеряли **в это мгновение**!
How much we lost in that instant!

The word **час** combines with **в** + accusative case when speaking of time on the hour and with **в** + prepostional case when speaking of a range of clock time: **в час** (*at one o'clock),* **в третьем часу** (*after two*). When not speaking of clock time, use **в** + accusative case: **в тяжёлый час, в час опасности.**

В восьмом часу Вера вышла из дома и отправилась на прогулку в парк.
At a little after seven Vera left the house and set off for a walk in the park.

В такой ранний час народу собралось немного.
At such an early hour there weren't a lot of people around.

Days and Parts of Days

The words **утро, день, вечер**, and **ночь** are used in the instrumental case *with no preposition* when they refer to segments of a day. The nouns in this construction may be unqualified, or they may be qualified by a date in the genitive, or by the adverbs **рано** or **поздно: утром, вечером второго августа, поздно ночью.**

Утром Юра был на занятиях, а **днём** ходил в библиотеку.
In the morning Yura was in class, but in the afternoon he went to the library.

После долгого рабочего дня друзья, наконец, встретились **поздно вечером.**
After a long workday the friends finally got together late in the evening.

The words **утро, день, вечер**, and **ночь** also combine with **в** + accusative case when they are qualified by **этот** or **тот**, by a descriptive adjective or a noun phrase, or by the words **первый** or **последний: в это утро, в солнечный день, в день свадьбы, в первую ночь, в последний вечер.**

Мы видели Олега **в день** его **отъезда.**
We saw Oleg on the day of his departure.

В первый день своего пребывания в интернате Игорь заболел.
On the first day of his stay at boarding school Igor got sick.

В понедельник я занята, но вы можете прийти **в любой другой день**.
I'm busy on Monday, but you can come on any other day.

The words **утро, день, вечер**, and **ночь** also combine with **на** + accusative case when they are qualified by ordinal numbers other than **первый**, or by the words **следующий** or **другой** to express *on the next X*: **на третий день, на другое утро, на следующий вечер**. Note also the expressions **на днях**, which means *recently*, and **по сей день**, which means *to this day*.

На второй день занятий всё стало легче.
On the second day of classes everything became easier.

Митя приехал в Москву 1 июля и уже **на другой день** сдал первый экзамен в вуз.
Mitya arrived in Moscow on July 1 and the next day took his first college entrance exam.

Я **на днях** разговаривала с Натальей Аркадьевной о вступительных экзаменах.
I talked to Natalya Arkadevna about the entrance exams just the other day.

Нина и **по сей день** помнит первый учебник по русскому языку.
To this day Nina remembers her first Russian textbook.

Weeks and Months

The word **неделя** normally combines with **на** + prepositional case: **на этой неделе, на прошлой неделе, на следующей неделе**. **Неделя** also combines with **в** + accusative case when qualified by **первый** or **последний**: **в первую неделю мая, в последнюю неделю марта**.

Всё это случилось **на минувшей неделе**.
All of this happened last week.

В первую неделю было очень трудно, но потом стало легче.
The first week it was very difficult, but afterwards it got easier.

The word **месяц** normally combines with **в** + prepositional case: **в этом месяце, в будущем месяце, в марте месяце**. **Месяц** may also combine with **в** + accusative case when referring to a particular month that is not in the current calendar sequence: **в первый месяц учебного года**.

Занятия здесь начинаются **в августе месяце**.
Classes begin here in the month of August.

В последние месяцы Гриша перестал заниматься.
In recent months Grisha had stopped studying.

Месяц combines with **на** + prepositional when speaking of pregnancy: **Оксана была на восьмом месяце беременности**.

Seasons and Years

The words **весна, лето, осень,** and **зима** are normally used in the instrumental case *with no preposition*: **этой весной, прошлым летом, осенью 1915 года**. The same words when qualified by **этот** or **тот** may also combine with **в** + accusative case to refer to a particular season that is not the current one: **в эту зиму**.

Галя поступила в медицинский институт **позапрошлой зимой**.
Galya enrolled at the medical institute the winter before last.

В ту весну мы готовились к экзаменам.
That spring we were preparing for exams.

The word **год** combines with **в** + prepositional case when denoting a year in a calendar sequence: **в этом году, в нынешнем году, в текущем году, в 1900 году**. **Год** also combines with **в** + accusative case when referring to a particular year that is not part of a calendar sequence: **в год начала войны, в голодный год**.

В этом году по графику мой отпуск был в августе.
This year my vacation was scheduled for August.

Длинные юбки были в моде **в год последней зимней Олимпиады**.
Long skirts were fashionable the year of the last winter Olympics.

It is also possible to use **на** + the prepositional of **год** when speaking of a point in a sequence of years.

Двадцать один год я работала на этой кафедре, а **на двадцать втором году** я перевелась на другой факультет.
I worked in this department for twenty-one years, but then in the twenty-second year I transferred to a different division. [compare **в 22 году**, *in 1922*]

When referring to a number of years, use **в** + accusative: **в те годы, в студенческие годы**. When referring to decades, use **в** + accusative or **в** + prepositional: **в тридцатые годы, в тридцатых годах**. The expression **в свои годы** means *at one's age*.

В последние годы Юрий Петрович преподавал в юридической школе.
In recent years Yury Petrovich had been teaching at a law school.

Тётя Кира училась в МГУ **в сороковые годы/в сороковых годах**.
Aunt Kira went to MGU during the forties.

В мои годы трудно учиться новому языку.
At my age it is difficult to study a new language.

Centuries

The words **век** and **столетие** both combine with **в** + prepositional case when referring to a century in a calendar sequence: **в прошлом веке, в двадцатом столетии**. Both nouns combine with **в** + accusative plural when referring to a number of centuries: **в прошлые века, в будущие столетия**.

When **век** refers not to a calendar century but to a historical period, it normally combines with **в** + accusative case: **в век атома, в атомный век**. When the qualifier is an adjective (rather than a noun in the genitive), it is also possible to use **в** + prepositional case: **в атомном веке**.

32. Fill in the blanks with the best translation of the words in parentheses. Write all numbers as words.

1. Я учился в Москве _____ (*last fall*). _____ (*That fall*) в Москве было много стажёров.
2. Зоя вернулась домой _в год_ (*the year*) смерти отца.
3. _след днём_ (*The next day*) Вера нашла все нужные статьи.
4. Мне сказали, чтобы я пришёл _на д_ (*another day*).
5. Наш университет был основан _в 8-ом_ (*in the eighteenth century*).
6. _____ (*In those years*) мои родители ещё учились в университете.
7. Елизавета Петровна родилась _____ (*in the 50s*).
8. _первый_ (*In the first year*) войны Юра учился в начальной школе.
9. Вера выскочила из машины _секунду_ (*at the last second*).
10. Я непременно поступлю в аспирантуру _____ (*next year*).
11. Где вы были и что вы делали _в то_ (*on that morning*)? _тем утром_
12. Я верну тебе деньги _____ (*next month*).
13. Я училась в Петербурге _в -ом_ (*in 2001–02*). _года/году_
14. _____ (*In my student years*) я плохо учился. _В студенческие годы_
15. _то ночь_ (*That night*) мы все волновались за своих друзей. _в то ночь_
16. _тот м_ (*At that moment*) в комнату вбежал дядя Алексей.
17. Каникулы у нас начнутся _____ (*in the month of March*). _марта месяца_
18. Мы живём _____ (*in the age*) компьютеризации.
19. _редки_ (*In these rare days*), когда Ольге приходилось оставаться дома одной, она работала над диссертацией.
20. _в 3-ей_ (*In the third week*) семестра Павел понял, что выбрал не ту специализацию.

Table 3. Answering the Question *When?* with Units of Time

секунда, минута, момент, мгновение
в + *acc*: в эту секунду

час
в + *acc*: в час, в тяжёлый час, в час опасности

в + *prep* when a range of clock time: в пятом часу

утро, день, вечер, ночь
instrumental: утром, днём, вечером, ночью

в + *acc* when qualified by **этот, тот, первый, последний,** or a descriptive adjective or noun phrase: в это утро, в солнечный день, в день свадьбы

на + *acc* when qualified by numbers other than **первый** or by the words **следующий** or **другой** *(next)*: на второй день, на другой день

неделя
на + *prep*: на этой неделе

в + *acc* when qualified by **первый** or **последний**: в первую неделю мая

месяц
в + *prep*: в этом месяце, в марте

в + *acc* when not in calendar sequence: в первый месяц учебного года

весна, лето, осень, зима
instrumental: весной, летом, осенью, зимой

but also в + *acc* when qualified by **этот** or **тот**: в эту зиму

год
в + *prep*: в прошлом году, в 1929 году

в + *acc* when not in calendar sequence: в год начала войны

на + *prep* when a point in a sequence: на втором году моего пребывания

в + *acc* when plural: в студенческие годы, в тридцатые годы

but also в + *prep* when speaking of decades: в сороковых годах

век, столетие
в + *prep*: в прошлом веке

в + *acc* when plural: в прошлые века

в + *acc* when historical period: в век атома, в атомный век

but also в + *prep* when historical period and modified by an adjective: в атомном веке

Время

The noun **время** combines with **в** + accusative case to indicate a particular period of time. The noun in this construction is always qualified: **в это время, в своё время, в настоящее время, в любое время. Время** also combines with **в** + accusative plural to indicate a time period, usually thought of as belonging to the remote past, covering a span of years: **в древние времена, в застойные времена, во времена детства. В последнее время** means *recently*, and the expressions **тем временем** and **к тому времени** both mean *in the meanwhile*.

В настоящее время Алла получает специальность по физике.
At the present time Alla is majoring in physics.

В своё время Виктор Иванович учился в мединституте.
In his time Viktor Ivanovich attended medical school.

В былые времена на этом месте стояла церковь.
In times past a church stood on this spot.

Даша **в последнее время** стала учиться гораздо лучше.
Dasha had recently begun doing much better in school.

Тем временем Регина вспомнила, где она познакомилась с Геннадием.
In the meanwhile Regina recalled where she had met Gennady.

Раз

The word **раз**, meaning *time* in the sense of *instance*, combines with **в** + accusative case when defining an event's place in a series. It is also common, however, to use **на этот раз** when talking about *this occasion* (as opposed to some other occasion). Remember that the expression **ни разу** means *not a single time*, but that **не раз** means *more than once*.

Вика идёт в школу **в первый раз.**
Vika's going to school for the first time.

Я тебя спрашиваю **в последний раз.**
I am asking you for the last time.

Я **ни разу** за всю неледю не был на занятиях.
I haven't been to class a single time this week.

Я **не раз** бросала курить.
I have tried so many times to quit smoking.

Stages in a Process

The nouns **прошлое, настоящее**, and **будущее** combine with **в** + prepositional case: **в прошлом, в настоящем, в будущем**.

> **В прошлом** Нина училась в ПТУ.
> *In the past Nina had studied at a vocational school.*

The nouns **начало, середина**, and **конец** combine with **в** + prepositional case: **в начале, в середине, в конце**. The expression **в конце концов** means *in the end*.

> **В конце** августа учащиеся летних курсов разъехались по домам.
> *At the end of August the participants in the summer courses went back to their various homes.*

The noun **возраст** and other nouns denoting a stage in one's life combine with **в** + prepositional case: **в детстве, в молодости, в юности, в старости**. It is possible to express a specific age either by saying **в возрасте** + genitive of the age, by using **в** + accusative of the age, or by using the genitive of the age alone.

> Если бы у меня **в молодости** были такие навыки, всё было бы по-другому.
> *If I had had such skills in my youth, everything would have been different.*

> **В возрасте двенадцати лет** Вадим уже изучал высшую математику.
> **В двенадцать лет** Вадим уже изучал высшую математику.
> **Двенадцати лет** Вадим уже изучал высшую математику.
> *At age twelve Vadim was already taking calculus.*

33. Translate the words in parentheses using **время** or **раз**.

1. Когда ты видел Александра Николаевича _в последний раз_ (*the last time*)?
2. Позвоните мне завтра в конце рабочего дня. _в это время_ (*At that time*) я смогу ответить на ваш вопрос.
3. Не стесняйся, звони _в любое время_ (*at any time*), даже ночью.
4. _в этот раз_ (*On that occasion*) я извинился, но _в последний раз_ (*the next time*) не буду.
5. _на другое время_ (*At another time*) нас бы раздражала такая музыка.

Relative Time

Before

The preposition **перед** + instrumental case identifies the period of time immediately preceding the object of the preposition. The expression **перед сном** means *before going to bed*.

Сегодня **перед ужином** я занимался английским.
Today just before supper I worked on English.

The preposition до + genitive case indicates any period of time preceding the object of the preposition. Use **за** + accusative of the length of time + **до** to express *X amount of time before*. Note also the expression **задолго** + **до** (*a long time before*).

До войны Алексей Степанович преподавал в Харькове.
Before the war Aleksey Stepanovich taught in Kharkov.

Я писала сочинение **до двух часов** ночи.
I worked on my composition until two o'clock in the morning.

Саша приехал **за час до презентации**.
Sasha arrived an hour before the presentation.

Шум трамваев меня разбудил **задолго до завтрака**.
The noise of the streetcars awakened me long before breakfast.

The preposition к + dative case means *toward* or *by* a given time.

К среде всё будет готово.
Everything will be ready by Wednesday.

Приезжайте вечером, **часам к семи**. Будем вместе ужинать.
Come by in the evening, around 7:00. We'll have supper together.

The preposition под + accusative case also means approaching or *toward* a time. It is used with words such as **утро, вечер, конец**, and the names of holidays.

Под утро пошёл сильный дождь.
Just before morning there was a heavy rain.

Под Новый год студенты все уезжали домой на зимние каникулы.
Before New Year's all the students were going home for the winter break.

After

The preposition **после** + genitive case is used with clock time, with nouns that denote events, and with other quantified expressions of time.

Позвони мне **после шести**.
Call me after six.

После десяти лет обучения учащиеся сдают шесть экзаменов и получают аттестат о среднем образовании.
After ten years of instruction the students take six exams and receive their high school diplomas.

The preposition **через** + accusative case is used with expressions of time and indicates the period of time that must elapse before the action of the sentence takes place. **Через** is used with all verb tenses.

Я иду в библиотеку **через час**.
I am going to the library in an hour.

Через две недели первоклассники начнут изучать французский язык.
Two weeks from now the first graders will start studying French.

The preposition **спустя** + accusative case is synonymous with **через** but is used primarily in past-tense sentences. **Спустя** may precede or follow the time expression.

Спустя некоторое время Зоя достала необходимое оборудование.
Некоторое время спустя Зоя достала необходимое оборудование.
A short while later Zoya got the necessary equipment.

Both **через** and **спустя** may be combined with **после** to talk about time elapsed after an event.

Через пять минут после звонка вошёл учитель.
The teacher entered five minutes after the bell.

Спустя час после занятий все пошли домой.
An hour after class everyone went home.

The preposition **по** + prepositional case is synonymous with **после** but is reserved primarily for official styles. It tends to be used with abstract nouns such as: **приезд, приход, прибытие, отъезд, возвращение, окончание, получение, выздоровление, достижение**, and others.

По возвращении домой всё оказалось иначе.
Upon returning home everything was different.

По окончании университета Валентина стала работать в начальной школе.
Upon graduating from college, Valentina went to work in an elementary school.

Projected Duration

Use **на** + accusative to denote time subsequent to the completion of the action of the sentence.

Я иду в библиотеку **на час**.
I'm going to the library for an hour.

Я покину вас **на минуту** — надо помочь сыну с математикой.
I'm going to abandon you for a minute. I have to help my son with his math.

34. Fill in the blanks with **через** or **за**. Translate your sentences into English.

1. Мы начнём опыт _через_ час.
2. Я выучу эти идиомы _за_ 15 минут.
3. Вероника Николаевна поехала на конференцию. Она вернётся _через_ две недели.
4. Наши аспиранты сделали большие успехи _за_ этот месяц.
5. Лёва подготовился к экзамену _за_ четыре дня.
6. _Через_ год мы начнём изучать экономику.
7. Ирина проснулась _через_ час.   *(выспалась за)*
8. _За_ лето я привык вставать рано.
9. Мы познакомились со многими интересными людьми _за_ это время.
10. Мне нравится гостить у вас, но _через_ неделю я уеду домой.

35. Fill in the blanks with **на** or indicate that no preposition is needed. Translate your sentences into English.

1. После обеда Инна легла _на_ полчаса.
2. После обеда Инна полежала _Х_ полчаса.
3. После обеда Инна обычно ложится _на_ полчаса.
4. Сядь хотя бы минут _на_ пять.
5. Посиди минут _на_ пять со мной.
6. Мы приехали к вам _на_ неделю.
7. Мы ехали к вам _Х_ неделю.
8. Родственники приезжали к нам _на_ неделю.
9. Родственники были у нас _Х_ неделю.
10. Окно было открыто _Х_ 15 минут.
11. Открой окно _на_ несколько минут.
12. Никита уехал _Х_ три года работать по контракту.
13. Никита будет _на_ три года работать по контракту.

36. Fill in the blanks with the best translation of the words in parentheses. Write numbers as words.

1. Собрание закончилось _____ (*after 1:00*).
2. Собрание закончилось _____ (*in an hour*).
3. Павел ушёл в 10 часов и вернулся _____ (*in two hours*).
4. Павел ушёл в 10 часов и вернулся _____ (*after 2:00*).
5. Поезд отходит _____ (*after 12:00*).
6. Поезд отходит _____ (*in 12 hours*).

From . . . To

The preposition **с** + genitive case indicates the starting point of a period of time. The ending point of a specific period of time may be expressed either by **до** + the genitive case or by **по** + accusative case. The preposition **до** shows that the action lasts up to the ending point, and the preposition **по** shows that the action lasts through the ending point.

Екатерина **с детства** интересовалась математикой.
Ekaterina has been interested in math since childhood.

Мы будем в Новгороде **с первого до пятнадцатого** мая.
We'll be in Novgorod from the first to the fifteenth of May.

Учебный год в школе делится на четверти: первая — **с 1 сентября по 4 ноября**, а последняя — **с 1 апреля до конца мая**.
The academic year is divided into quarters: the first from September 1 through November 4, and the last from April 1 until the end of May.

37. Fill in the blanks with the best translation of the words in parentheses. Write numbers as words.

1. Валерий Эдуардович работал в МГУ _____ (*1961–1964*).
2. _____ (*From the very first day*) Людмила поверила в школьную реформу.
3. Компьютерный кабинет закрыт _____ (*3:00–4:00*).
4. Мы будем отдыхать _____ (*from August 5 to September 1*).
5. Боря будет в Иркутске _____ (*March 3–March 6*).
6. Мы с Алексеем готовились к экзамену _____ (*from early morning to late at night*).
7. Занятия идут _____ (*from the beginning of September to the end of May*).
8. Профессор Шарков принимает _____ (*from 8 A.M. to 12 P.M.*).
9. Школьники получают начальное образование _____ (*from the first through the third grade*).
10. _____ (*From 1992 through 1997*) население России опять сократилось.

Concurrent Time

The preposition **при** + prepositional case is used to speak of things happening at the same time. In many contexts it corresponds to English *under*. Use it when speaking of governments or political systems, of persons whose reigns or administrations are associated with historical periods, and with the words **условие** (*condition*) and **обстоятельство** (*circumstance*). Note also the expressions **при жизни** (*in one's lifetime*) and **при́ смерти** (*at death's door*).

> **При советской власти** единство школы обеспечивалось едиными учебными планами.
> *Under Soviet rule the unity of the school system was made possible by unified lesson plans.*

> **При Горбачёве** в высшем образовании были проведены реформы.
> *Under Gorbachev reforms were introduced into the system of higher education.*

> **При наших условиях** трудно снабжать школы современным оборудованием.
> *Under our conditions it is difficult to provide the schools with up-to-date equipment.*

> Эта книга была издана **при жизни** писателя.
> *This book was published during the lifetime of the author.*

Repeated Time

To express repeated intervals of time, use **каждый** and the unit of time in the accusative *with no preposition*.

> У нас бывают дискуссии **каждый месяц**.
> *We have discussions every month.*

> **Каждые три недели** у нас контрольная.
> *Every three weeks we have a test.*

You may use **через** + accusative of the unit of time to show the amount of time that elapses between repeated actions. The use of **каждый** in this construction is optional.

> Таня работает **через день**.
> *Tanya works every other day.*

> Поезда ходят **через каждые две минуты**.
> *Trains run every two minutes.*

The preposition **по** is used with the dative plural of the words **час, утро, вечер, ночь,** and with the names of the days of the week to indicate the time period when the action is repeated.

> Алик работает в библиотеке **по утрам.**
> *Alik works mornings in the library.*

> Софья Львовна преподаёт только **по четвергам.**
> *Sofya Lvovna teaches only on Thursdays.*

The number of times an action is repeated *per* unit of time is expressed by **в** + accusative of the unit of time.

> Принимайте это лекарство **три раза в день.**
> *Take this medicine three times per day.*

> У нас уроки русского языка **пять дней в неделю.**
> *We have Russian lessons five times a week.*

38. Fill in the blanks with the best translation of the words in parentheses. Write numbers as words.

1. Наш преподаватель ездит в Россию _____ (*every three years*).
2. После занятий студенты разошлись по домам. _____ (*An hour later*) все уже были дома.
3. Наши предки уехали в Америку _____ (*six years after the war*).
4. Такие задачи Люба решает _____ (*in two minutes*).
5. Мы приедем к вам в университет _____ (*after three o'clock*).
6. Ира заболела _____ (*two days before the exit exam*).
7. Я повторяла все правила _____ (*just before the test*).
8. _____ (*Before graduate school*) Коля служил в армии.
9. _____ (*Under such circumstances*) Маргарита не может окончить свою диссертацию.
10. Первый русский университет был основан _____ (*under Elizabeth*).
11. Мы занимаемся в компьютерном кабинете _____ (*every other day*).
12. Мы ходим на занятия _____ (*six times a week*).
13. _____ (*On Sundays*) мы ездим на дачу.
14. Володя работает _____ (*every day*) _____ (*from one to four*).
15. _____ (*After the eighth grade*) ученик может поступить в ПТУ.
16. Мы с Никитой дружим _____ (*since childhood*).
17. _____ (*Under Soviet rule*) все ученики носили школьную форму.
18. В этому году у меня отпуск _____ (*from the seventh through the twenty-fifth of August*).

39. In this excerpt from «**За всё надо платить**» by **Александра Маринина**, a criminal investigator is interrogating a witness. Fill in the blanks with the best translation of the words in parentheses. When you have finished, compare your answers with the original in Appendix B.

— Итак, вы утверждаете, что _____ (*on the day*), когда произошло убийство, вы ездили за город. Когда точно это было?

— Это было... — Голубцов _____ (*for an instant*) задумался. — Это было _____ (*on Saturday*), _____ (*the seventh of October*).

— Поездка планировалась заранее?

— Не то чтобы заранее... — он пожал плечами. — Накануне, _____ (*on Friday*), мне позвонил Дроздецкий и сказал, что готов поговорить со мной о покупке моей дачи. Он спросил, удобно ли мне будет съездить с ним на дачу _____ (*on Saturday*). Я ответил, что пока не знаю, это будет ясно только _____ (*on Saturday*) ближе _____ (*toward dinner*). _____ (*The next day*) _____ (*around twelve P.M.*) мне стало понятно, что вторая половина дня у меня свободна, и я сам позвонил Дроздецкому и сказал, что можно ехать. Мы договорились встретиться, я подъехал к площади Восстания, Дроздецкий меня уже ждал. Он пересел в мою машину, и мы поехали.

— В котором часу это было?

— Мы договорились встретиться _____ (*at two thirty*). Насколько я помню, я приехал _____ (*about five minutes*) раньше...

— В котором часу вы вернулись в Москву?

— По-моему, _____ (*around nine o'clock*). Мы вместе доехали до площади Восстания, где Дроздецкий оставил свою машину. Попрощались, он пересел в свой автомобиль, и мы разъехались. Вот и всё.

Источники

Newspapers

The post-Soviet period has seen an explosion of new newspapers and magazines. It is worth spending some time becoming accustomed to the types of periodicals available, the ways in which they may be organized, the kind of language they use, and the type of information one can find in them.

1. Russian newspaper style tends to be somewhat more formal than American newspaper style. Sometimes the style is an obstacle to students who are accustomed to a more conversational manner. Read the following article and then rewrite or retell it in your own words. What differences do you notice between the way the article was written and the way you chose to retell it?

Задержана партия стратегического металла, украденная с базы Тихоокеанского флота

Крупная партия стратегического металла, задержанная 13 октября дальневосточными таможенниками в Приморском крае, была похищена с одной из баз подводных лодок Тихоокеанского флота (ТОФ). Об этом сообщил 22 октября начальник Дальневосточного таможенного управления Виталий Кирсанов. Похищенный металл — около 1 тонны титана, 800 килограммов лития и 500 килограммов сурьмы — был изъят в пограничном пункте пропуска «Полтавка» при попытке его незаконного вывоза в Китай. По данным пресс-службы Государственного таможенного комитета РФ, отправителем груза является российское предприятие ООО «Алмаз». Возбуждено уголовное дело, расследование которого ведут Дальневосточная оперативная таможня и Уссурийская транспортная прокуратура.

ИНТЕРФАКС
23 октября 1998 г.

---

2. Russian newspaper headlines (**заголовки**) naturally refer to proper names and topical issues quite as much as their American counterparts. They also make use of puns and literary references, possibly to an even greater extent than do their counterparts in America. Sometimes, deciding what an article is about on the basis of the heading alone can be daunting. Next to each of the following headlines from **«Известия»** (1998–1999), write your prediction about the contents of the article. Then see if you can match the headlines with the first paragraphs of the articles from which they were taken. Do they confirm your hypotheses?

1. **Перец для канадского премьера**
2. **Наивные иммигранты**
3. **Правительство нюхает табак**
4. **«Ножки Буша», гоу хоум!**

a. Рекламное объявление в канадской русскоязычной газете звучало многообещающе: юридическая служба «Серж энд Гэйл» уверяла, что только эта компания с её опытом и рекомендациями гарантирует правильное оформление иммиграционных документов. Во избежание ошибок хозяева компании Сергей и Галина Слипченко предлагали обращаться только к ним.

b. Вынужденный поворот потребителя к отечественным продуктам после девальвации рубля породил многочисленные рассуждения о новых перспективах, которые открываются перед российскими производителями. Реальные подвижки, правда, пока происходят в единичных случаях. Наиболее ярким примером выглядит птицеводство. «Ножкам Буша» пора собираться из России обратно за океан», — заметил на излёте 1998 года вице-премьер Геннадий Кулик, пообещав, что в первых числах года 1999-го увидит свет постановление правительства по развитию отечественного птицеводства.

c. В критические для государственных финансов дни в России принято эксплуатировать самые массовые вредные привычки граждан — распитие спиртных напитков и табакокурение. Правительство Евгения Примакова сразу после прихода к власти заявило о желании восстановить госмонополию в сфере продажи алкоголя и табака. Теперь это намерение облекается в юридическую форму.

d. Разговоры о перце не умолкают в канадском парламенте с первого дня нынешней сессии. Только речь не об овоще, а перцовом распылителе, которым наполнены балончики полицейских. Почти год назад это оружие защиты убедительно показало свою эффективность — полицейские обильно поливали жгучими брызгами головы студентов, а некоторые целились в телекамеры, и на экране появлялось мутно-белое облако.

3. Examine the mastheads on page 154. Note the information they provide and the ways that they change during the period 1988–1992. The first three name the organization with which the paper is affiliated. For the most part, Soviet newspapers were expected to interpret the news in a way that represented the views of those organizations. The fourth masthead from 1991 is an example of a post-Soviet publication—one that emphasizes its independence from all affiliation in its title!

4. Despite the post-Soviet emphasis on independence, however, Russian newspapers still tend to editorialize. Favored devices include hyperbole, sarcasm, and irony —note the dismissive «**подвижки**» in example b) above—all of which can be difficult for the non-native speaker to catch. In 1993, shortly before the nation voted to accept the then proposed constitution, «**Московский комсомолец**» published «**Презренны любые конституции**» by **Андрей Степанов** explaining the nature of the proposal. Read the introductory paragraphs of the article on page 155. What factual information do they contain? Does the author support the proposal? What means does he use to convey his attitude to you, the reader?

ПРАВДА

*Газета основана
5 мая 1912 года
В.И.ЛЕНИНЫМ*

= *Пролетарии всех стран, соединяйтесь!*

Орган Центрального Комитета КПСС

№ 29 (26112)   ●   Понедельник, 29 января 1990 года   ●   Цена 4 коп.

РОССИЙСКАЯ ГАЗЕТА

Издание Верховного Совета Российской Федерации

СРЕДА, 10 июня 1992 года   ◆   Выходит с ноября 1990 г. № 132 (468)   ◆   Цена 2 рубля.

**Презренны любые Конституции
Как стать русским де Голлем,
Рузвельтом и Аденауером одновременно**

Что это за новая Конституция, понимаешь?
Новая Российская Конституция (проект), во-первых, «не
новая», а во-вторых, заурядная: к тому, что в ней запи-
сано, демократические государства всех сторон света
от Лондона до Токио пришли уже давно, и из ряда ей
подобных новая Конституция РФ не выделяется ничем
особенным. Танки у нас всё ещё самые быстрые, косми-
ческие корабли — самые крепкие, а вот Конституции,
такой, чтоб весь мир ахнул и зарыдал, у нас, если пове-
зёт, не будет. Будет нормальная.

Невооружённым глазом видно, что проект — это
смесь правил законотворчества и представительства из
Конституции США (ну очень большая федерация со
штатами — один самостихийнее другого) и устройства
центральной власти нынешней (Пятой) Французской
Республики (первое место в мире по потреблению алкоголя и большая компартия, представленная в парламенте).
Причём проект Российской Конституции явно менее
суров, чем образцы, с которых он, по-видимому, был
срисован. Все критики при этом замалчивают, что если
этот проект станет Конституцией, согласно его статьям
в него могут быть внесены парламентом поправки, пре-
вращающие президента в клерка при государственной
печати, и уж если о чём и беспокоиться, так это об отсутствии в проекте статьи, запрещающей парламенту
присваивать себе больше полномочий, нежели у него
было, когда его избрали. А то опять появится статья
вроде 104-й из ныне действующей Конституции, по которой депутаты, собравшись кучей, могут «решать любые
вопросы, находящиеся в ведении Российской Федерации».
(В этом ведении и вынесение судебных приговоров, и
регистрация браков, и много чего ещё.)

За что ругают проект? За заурядное для современных
конституций право президента республики распускать
нижнюю палату парламента, если она хронически недо-
вольна правительством или отвергает все кандидатуры
на пост премьера, предлагавшиеся президентом. Из чего

заурядный обыкно-
венный

а́хнуть сказать «ах!»
зарыда́ть заплакать

невооружённый *naked*

самостихи́йный
независимый

зама́лчивать *to conceal*

присва́ивать *to grant*

распуска́ть *to dissolve*

явно следует, что критики-кандидаты, ещё не попав в парламент, уже готовы отвергать любое правительство (и премьера), которых может предложить Б. Ельцин. Классный парламент собирается, однако. Настроенный на большие дела.

Чтение

Текст 1. Средняя общеобразовательная школа

Education in post-Soviet Russia is undergoing rapid reform. Nevertheless, most of the citizens of that country received their education during the Soviet period, and any discussion of their views on education must take their educational experience into account. This excerpt, which has been adapted from «**Средняя общеобразовательная школа**» by **Светлана Милославская** (1980), describes the Soviet school system.

Средняя общеобразовательная школа

Общее среднее образование учащиеся получают в средней общеобразовательной школе, в профессионально-техническом училище (ПТУ) и в среднем специальном учебном заведении.

Когда детям исполняется 7 лет, родители отдают их в школу. В школе они получают начальное образование (с I по III класс), неполное среднее (восьмилетнее) образование (с I по VIII класс), и полное среднее образование (с I по X класс).

Советская школа развивалась как единая общеобразовательная трудовая политехническая школа. Единство школы обеспечивается едиными в своей основе учебными планами, программами и педагогическими принципами организации учебно-воспитательной работы. Главной целью школы является обучение учащихся основам наук о природе, обществе и мышлении, формирование у них высокой коммунистической сознательности и нравственности, физическое и эстетическое воспитание, подготовка к жизни и труду, к дальнейшему продолжению образования.

развива́ться *to develop*
еди́ный *unified*

мышле́ние *cf.* мысль
созна́тельность *consciousness*
нра́вственность *morals*

Учебный год во всех школах нашей страны начинается 1 сентября. В этот день первоклассники впервые надевают школьную форму: мальчики — синие брюки и куртки, а девочки — синие или коричневые платья с чёрным фартуком в обычные дни и белым — в праздничные.

Учебный год в школе делится на четверти: первая — с 1 сентября по 4 ноября, вторая — с 10 ноября по 29 декабря, третья — с 11 января по 23 марта, четвёртая — с 1 апреля до конца мая. После каждой четверти наступают каникулы: осенние, зимние, весенние, летние. Самые большие — летние (около трёх месяцев), самые маленькие — осенние (6 дней). Рабочая неделя школьников длится 6 дней.

Урок продолжается 45 минут. После каждого урока устраивается перемена (перерыв) на 10 минут или большая перемена — на 30 минут. За это время ученики могут позавтракать в школьной столовой или в буфете. В младших классах бывает обычно 3–4 урока в день, в старших — 5–6.

устра́иваться *to be scheduled*

В начальной школе (с I по III класс) занятия обычно ведёт один учитель. В старших классах (с IV по X) преподавание каждого предмета осуществляется педагогом-специалистом в данной области знания.

Успеваемость учащихся оценивается по пятибалльной системе: 5 (пятёрка) — отлично; 4 (четвёрка) — хорошо; 3 (тройка) — удовлетворительно; 2 (двойка) — плохо; 1 (единица) — очень плохо. Оценки выставляются за устные ответы и письменные работы ученика и регистрируются в классном журнале и в школьном дневнике ученика. В дневнике же преподаватель может записать и необходимую информацию для родителей. В конце каждой недели родители просматривают дневник и расписываются в нём. Каждую четверть устраиваются родительские собрания. Эти собрания в младших классах проводит учитель, а начиная с четвёртого — классный руководитель.

распи́сываться *to sign off*

Классный руководитель назначается в каждый класс из числа учителей, которые преподают в данном классе.

Кроме преподавания своего предмета он следит за успеваемостью и дисциплиной класса, ведёт документацию, организовывает жизнь класса во внеурочное время, поддерживает связь с родителями учеников, а также в тесном сотрудничестве с другими учителями, пионерской и комсомольской организациями ведёт большую воспитательную работу. В конце учебной четверти школьникам проставляют четвертные оценки, а в конце года — годовые. В зависимости от этих оценок ученик может быть переведён в следующий класс или оставлен в том же классе на второй год.

внеуро́чный   *cf.* урок

После восьмого класса средней общеобразовательной школы ученик может остаться учеником средней общеобразовательной школы и просто перейти в девятый класс, или он может без экзаменов поступить в среднее профессионально-техническое училище и вместе со средним образованием получить рабочую специальность высокой квалификации, или он может стать студентом среднего специального учебного заведения (техникума или училища), сдав предварительно вступительные экзамены. Наконец, он может пойти работать и в этом случае продолжить своё образование в вечерней или заочной школе для работающей молодёжи.

После десяти лет обучения учащиеся сдают шесть экзаменов и получают аттестат о среднем образовании. Аттестат о среднем образовании даёт право поступать в высшее учебное заведение или на третий курс среднего специального учебного заведения. Если в IX и X классах ученик имеет только отличные оценки по всем предметам и сдаёт на «отлично» выпускные экзамены, то он награждается Золотой медалью Министерства просвещения СССР и пользуются преимуществами при поступлении в вузы.

награжда́ться   *to be awarded*
просвеще́ние   образование

Вопросы к тексту

1. Дайте определение следующим словам и выражениям:

    • единая программа
    • классный журнал
    • школьный дневник

- классный руководитель
- заочная школа
- аттестат о среднем образовании
- учебный план

2. Опишите советский подход к среднему образованию.
3. Сравните образование, которое описывается в этой статье, с образованием, которое вы получили.
4. В чём вы видите преимущества и недостатки советской системы?

Текст 2. Система образования в России

This text adapted from «**Как мы живём**» by **В. П. Берков**, **А. В. Беркова**, and **О. В. Беркова** (2003) describes the system of education in post-Soviet Russia.

Система образования в России

Система образования в России несколько отличается от европейской модели.

Среднее образование, являющееся в нашей стране обязательным, делится на несколько этапов. Дети отправляются в школу с 7 лет и учатся в начальной школе 3 года (некоторые дети идут в школу с 6 лет и учатся 4 года). Те ученики, которые учатся с 7 лет, после третьего класса начальной школы сразу переходят в пятый класс средней школы. Последний класс средней школы — одиннадцатый, что для некоторых детей соответствует десятому году обучения, а для других — одиннадцатому (для начавших учиться с 6 лет). В настоящее время в России принята экспериментальная образовательная программа, в соответствии с которой дети, идущие в школу с 2000 года, будут учиться полных 12 лет.

соотве́тствовать *to correspond*

После окончания девятого класса (8 лет обучения) ученики сдают экзамены и получают аттестат зелёного цвета о неполном среднем образовании. По результатам успеваемости дети или продолжают учиться в десятом классе школы, или переходят в систему профессионального среднего образования. Как правило, если в средней школе есть 3–4 параллельных класса, то десятых классов остаётся только 2–3. Остальные ребята переходят в колледжи, где одновременно продолжают осваивать программу общеобразовательных предметов средней школы и получают профессию. Ещё несколько лет назад такие учебные заведения назывались профессионально-техническими училищами (ПТУ), в них можно было обучиться рабочим специальностям. Теперь в колледжах есть возможность освоить не только рабочие профессии, но и множество прочих современных специальностей (что не исключает возможности получения впоследствии высшего образования по избранному роду деятельности). После окончания курса средней школы учащиеся сдают выпускные экзамены и получают аттестат серого цвета, который даёт им право продолжить обучение в системе высшего образования.

освóить *to master*
прóчий другой

По российскому закону об обязательном образовании обучение в школах проводится бесплатно. Впрочем, «бесплатность» их не абсолютна: родители вносят денги на ремонт, охрану, учебники и т. д. В настоящее время, наряду с государственными бесплатными школами, появились альтернативные частные школы, где обучение платное и довольно дорогое. У многих учебных заведений есть неоспоримые достоинства: маленькие классы, высокий уровень преподавания, наличие оригинальных авторских программ по отдельным аспектам, хорошая организация досуга учеников. Такие школы обязательно проходят лицензирование в Министерстве образования, так как государственные требования к программе среднего образования, независимо от вида школ, должны сохраняться. Надо признать, что обучение в платных школах доступно немногим нашим согражданам, да и особой необходимости в нём нет, так как многие традиционные школы дают очень качественные знания.

охрáна *security*
наряду́ *along (with)*

неоспори́мый *cf.*
спорить
достóинство *merit*

досу́г *leisure time*
лицензи́рование
  accreditation

В каждом городе есть так называемые «простые» и «специальные» школы. В «специальных» школах ведётся углублённое изучение отдельных дисциплин, например, иностранного языка или математеки. В последние годы многие «специальные» школы получили после соответствующей сертификации статус лицея или гимназии. В России гимназия (или лицей) — это не особая, как в некоторых странах Европы, степень среднего образования, а разновидность школы с высоким уровнем подготовки педагогических кадров, с преподаванием дополнитель-

кáдры *personnel*

ных предметов и с прошедшими государственное лицензирование авторскими программами, с большим количеством учебных часов и лучшим материальным обеспечением. В подобных школах образование бесплатное, хотя администрация обычно просит родителей учеников оплачивать факультативные занятия или дополнительные часы иностранного языка. В гимназию или лицей набор учеников ведётся на конкурсной основе со сдачей вступительных экзаменов. Поэтому в каждом районе существуют как «обычные» школы, так и гимназии, куда поступают наиболее одарённые дети.

набо́р *admission*

Знания школьников оцениваются у нас с первого класса по пятибалльной системе от единицы (низшая оценка) до пятёрки (высшая оценка). В действительности, единица — явление довольно редкое, так как уже двойка означает «неудовлетворительно», поэтому единица — это одновременно и оценка знаний и выражение возмущения учителя. Плохих учеников — тех, у кого много двоек, — называют двоечниками, тех, у кого тройки, — троечниками. Ученики, которые занимаются на одни пятёрки, называются отличниками. Ну а те, у кого нет троек, т. е. пятёрки и четвёрки — хорошисты. Наиболее способные и старательные дети, получающие только отличные оценки, оканчивают школу с «золотой медалью», т. е. получают знак отличия, дающий им право поступать в высшие учебные заведения со льготой.

возмуще́ние *indignation*

льго́та *advantage*

Традиционно в школах ведётся не только учебная, но и воспитательная работа, проводятся различные мероприятия, призванные расширять кругозор учащихся и организовывать их досуг. Работают различные кружки и спортивные секции, учителя ведут так называемую «внеклассную» работу: ходят с учениками в театры и музеи, ездят на экскурсии и в походы. Параллельно со школой существует сеть районных и городских «Домов творчества юных», где также работает множество кружков, клубов и секций. Как правило, работа этих учреждений финансируется из городского или федерального бюджета, поэтому для детей посещение кружков бесплатное.

мероприя́тие *event*
кругозо́р *horizon*

Особого разговора заслуживают наши школьные учителя. Думается, что, как и врачи, учителя в России

— это самые бескорыстные и социально незащищённые люди. Нагрузка у учителей в средней школе большая: около 20 учебных часов в неделю, бесконечные проверки тетрадей дома, дополнительные занятия с отстающими, методическая и внеклассная работа. И за весь этот гигантский труд, связанный с огромной ответственностью, учителя получают совершенные копейки. В настоящее время, при постоянных обещаниях властей улучшить положение дел, школьный учитель редко получает больше 50 долларов в месяц (и то в больших городах, а в провинции и того меньше). При этом учителя, как правило, честно делают своё дело, и многие сохранили о своих школьных педагогах самые тёплые воспоминания.

бескоры́стный *selfless*

Высшее образование в России можно получить бесплатно, сдав вступительные экзамены и выдержав порой довольно жёсткую конкуренцию. Конкурсы при поступлении в престижные государственные вузы очень высокие. Существует понятие проходного балла — сумма полученных на экзаменах оценок, при которой абитуриента зачисляют в вуз. Есть некоторые категории абитуриентов, пользующихся льготами: золотые медалисты (они сдают один экзамен), а также сироты, участники боёв в горячих точках; последних зачисляют при меньшем проходном балле. Абитуриенты, не прошедшие конкурс на дневное (очное) отделение, могут вторично попробовать свои силы и пытаться поступить на отделение вечернего или заочного обучения, где проходной балл обычно ниже, чем на дневном. Во многих вузах параллельно с бесплатной введена коммерческая форма обучения, при которой не поступившие на общих основаниях абитуриенты могут обучаться за плату. Стоимость одного учебного года в разных вузах различается, но в среднем она составляет от 1000 до 3000 долларов. Это существенно меньше, чем стоит обучение в Европе, но для жителей нашей страны это довольно значительная сумма. Кстати, во многих вузах при отличной учёбе на коммерческой основе студенту разрешается перейти на государственную, бесплатную форму обучения. Студенты, не имеющие троек за экзаменационную сессию, в течение следующего семестра получают государственную стипендию.

зачисля́ть *admit*

в сре́днем *on the average*

суще́ственно
significantly

Наряду с государственными вузами, о которых речь шла выше, в последнее десятилетие появилось много коммерческих институтов и университетов, где предусмотрена только платная форма обучения. Подобные вузы проходят государственное лицензирование и по окончании обучения выдают студентам диплом о высшем образовании государственного образца. Как правило, такие институты готовят специалистов по современным профессиям, пользующимся в настоящее время особенным спросом: юристов, переводчиков, менеджеров, экономистов, специалистов по международным отношениям или по компьютерным технологиям. Государственные вузы не в состоянии удовлетворить растущую потребность в такой профессиональной подготовке, конкурсы при поступлении на данные факультеты исключительно высоки. И хотя коммерческие вузы работают по министерским программам, следует признать, что при поступлении на работу преимуществом пользуются всё-таки выпускники старых государственных вузов.

Вопросы к тексту

1. Сравните эту статью с первой статьёй о советской системе образования. Что изменилось за это время?
2. Какой процент учеников переходит в систему профессионального среднего образования?
3. Как сейчас называются бывшие профессионально-технические училища? Как вы думаете, почему их переименовали?
4. Чем отличаются альтернативные частные школы от государственных?
5. Чем отличаются специальные школы от простых?
6. Какие абитуриенты пользуются льготами?
7. Что делают те абитуриенты, которые не набирают нужное количество баллов и не проходят по конкурсу?
8. Какие профессии пользуются особенным спросом в настоящее время?
9. Чем отличается российская система образования от американской?

Текст 3. «Лучшая в мире» станет ещё лучше

This article on proposed school reforms by journalist **Елена Любарская** appeared in the online newspaper **«Лента»** in 2004.

«Лучшая в мире» станет ещё лучше

ЕГЭ

Все помнят, как это бывает. В июне по всей России в школах проходят выпускные экзамены. Первый — сочинение. В ночь с 31 мая на 1 июня одиннадцатиклассники, заранее зная от учителей, какие темы будут предложены на экзамене, пишут свои работы на черновик, а на следующий день приходят в школу и переписывают сочинение с заготовки на чистовик. Вечером после экзамена потенциальные отличники исправляют найденные учителем описки и переписывают всё ещё раз. Каждый выпускник получает ту оценку, о которой договорился накануне.

Это, конечно, запредельная ситуация. Такое случается не со всеми и не в каждой школе. Но проблема существует везде — знания выпускников оценивают те же люди, которые им эти знания предоставляли. То есть, ставят оценку не только детям, но и собственной работе. Кроме того, о каком именно уровне освоения материала говорит школьная «пятёрка» или «тройка» — неизвестно никому. Критерии были и остаются достаточно субъективными.

запреде́льный *extreme*

На уровне поступления в вуз объективности не прибавляется. Лучший способ стать студентом — пройти курс платных занятий с преподавателем, заседающим в приёмной комиссии. Главный недостаток такой системы состоит в том, что она делает границу между школой и вузом фактически непроницаемой для тех, кому не повезло с кошельком или родительскими связями. И почти не оставляет возможности для одарённого, но необеспеченного ребёнка из Сыктывкара поступить в МГУ. Не говоря уже о том, что отсутствие объективных критериев качества полученного образования привносит во всю школьную систему элемент лёгкого абсурда.

прибавля́ться *to increase*

непроница́емый *impenetrable*
кошелёк *wallet*

необеспе́ченный *needy*

Вот для чего было решено ввести ЕГЭ. Когда эксперимент по внедрению Единого госэкзамена завершится, а произойдёт это к 2005 году, ученики будут прощаться со школой следующим образом: весной все одиннадцатиклассники будут обязаны явиться в центры тестирова-

внедре́ние *implementation*

ния (которые появятся в вузах или школах) для сдачи ЕГЭ. Госэкзамен по русскому языку и математике станет обязательным. Ещё несколько предметов для сдачи ЕГЭ ученик будет выбирать самостоятельно, в зависимости от специальности, которой планирует обучаться в будущем.

Единый госэкзамен по каждому предмету будет проходить в один день на всей территории РФ. Организацией его проведения будут заниматься Государственные региональные экзаменационные комиссии. Экзамен будет организован таким образом, чтобы в каждом кабинете сидели ученики из разных школ. Проводить экзамен будут незнакомые детям преподаватели, которые ни в коем случае не должны быть специалистами по предмету, который сдают ученики. То есть, в кабинете, где проходит ЕГЭ по химии, будут находиться два учителя, например, литературы.

ЕГЭ по любому предмету состоит из трёх частей. В части «А» ученик должен выбрать один из четырёх вариантов ответа, в части «В» — вписать недостающее слово или цифру, в части «С» — дать развёрнутый ответ на вопросы. Кстати, для получения балла, эквивалентного «тройке», необходимо всего лишь правильно ответить на 60 процентов вопросов части «А» и оставить незаполненными остальные части задания.

развёрнутый *detailed*

Больше всего вопросов в части «А». В частях «В» и «С» — чуть меньше. Общее число вопросов по каждому предмету разное и колеблется от 30 (математика) до 80 (география). После тестирования закодированные экзаменационные листы каждого ученика будет обрабатывать компьютер. Таким образом, результат выполнения первых двух частей экзамена будет вычисляться автоматически. Развёрнутые же ответы на вопросы будут оценивать два независимых эксперта. В конце концов, каждый ученик получит общий результат своего экзамена. Оцениваться ЕГЭ будет по 100-балльной шкале. Соответствие баллов ЕГЭ школьным оценкам определяется каждый год заново на основе статистики результатов экзамена по всей России. Например, в 2003 году для получения оценки «пять» по математике нужно было получить 67 баллов на госэкзамене.

Будучи переведёнными в «тройки» и «четвёрки», результаты ЕГЭ появятся в школьных аттестатах. Если годовая отметка ученика окажется на один балл выше или ниже, чем его результат ЕГЭ, школа имеет право поставить ему более высокую итоговую оценку. Если разница превышает один балл, вычисляется среднее арифметическое и результат округляется опять-таки в сторону более высокого балла. Однако желающим поступить в вуз это повышение, на самом деле, ничего не даст.

Дело в том, что сдавший ЕГЭ школьник получает свидетельство, в котором указаны его результаты по 100-балльной шкале. Копии этого свидетельства он рассылает вместе с другими необходимыми документами в приёмные комиссии вузов. Вузы обязаны учитывать результаты ЕГЭ. Каждый вуз обрабатывает все поступившие заявления и обязан принять абитуриентов с более высоким баллом ЕГЭ в первую очередь. Таким образом, после обработки всех заявлений становится ясно, какой балл ЕГЭ будет «проходным» для данного вуза. Абитуриенты, набравшие более низкий балл, могут пройти по конкурсу в другие вузы, куда также подали заявление.

1 августа вузы будут размещать на своих сайтах проходной балл и рейтинг всех подавших заявление абитуриентов. В период с 1 по 15 августа каждый будущий студент должен будет принять решение о поступлении в тот или иной вуз. После 15 августа вузы будут обновлять информацию с учётом отказавшихся от поступления студентов, что даст возможность тем, кто стоит на первых местах в рейтинге непоступивших, всё же попасть в желанное учебное заведение.

Это даёт возможность проводить заочное зачисление школьников в вузы и позволяет абитуриентам подавать заявку хоть во все учебные заведения РФ, чтобы потом отправиться учиться в одно из тех, которые его примут. К тому же в будущем вуз, в который попадут студенты с более высокими результатами ЕГЭ, станет получать большее госфинансирование, чем менее популярные учебные заведения.

зачисле́ние *admission*

зая́вка заявление

Выглядит эта система просто идиллически. Однако число критиков ЕГЭ пока что превышает число его сторонников. У противников гостестирования есть на вооружении достаточно конструктивные аргументы. Главная претензия касается самих заданий ЕГЭ. В их разработке принимали участие все, кроме сотрудников вузов. Поэтому знания, которые проверяются тестом, не всегда соответствуют требованиям, предъявляемым вузами к абитуриентам. Кроме того, использующиеся в данный момент задания ЕГЭ фактически консервируют раскритикованный «советский» подход к образованию как приобретению суммы знаний. Например, выпускникам предлагают сообщить, в каком порядке расположены повести в романе Лермонтова «Герой нашего времени». И наконец, сама система тестирования лишает оцениваемого ученика возможности проявить свою индивидуальность в беседе с экзаменатором.

сторо́нник *supporter*
на вооруже́нии *in one's arsenal*
прете́нзия *complaint*

Однако немалая часть заинтересованных лиц пополняет ряды врагов ЕГЭ вовсе не поэтому. Учителя чаще всего недовольны перспективой полной потери контроля над итоговыми оценками своих подопечных. Чиновники из системы образования боятся, что средний результат во вверенном им регионе (районе, области) окажется гораздо ниже ожидаемого, что отразит плачевное положение в школах. Дети и родители понимают, что много лет их готовили к одной форме оценки знаний, а в аттестат войдут результаты другой. Сотрудники вузов не хотят лишиться «кормушки» в виде занятий репетиторством с абитуриентами.

подопе́чный *charge*

вве́ренный *entrusted*

лиши́ться *to be deprived (of)*
корму́шка *trough*

Тем не менее, эксперимент по внедрению ЕГЭ идёт в РФ с 2001 года. Тогда в нём приняли участие всего четыре региона РФ. В 2004 году ЕГЭ будут сдавать 75 процентов всех российских выпускников в 65 регионах страны. Вузы этих регионов будут обязаны зачислять абитуриентов на основании результатов единого экзамена. Все столичные вузы, кроме МГУ имени Ломоносова, обязались отвести 50 процентов бюджетных мест для приёма абитуриентов по результатам госэкзамена.

Профильное обучение
В принципе, профильное обучение существует в России уже давно. Так называемые спецшколы (математические,

профи́льный *in a discipline*

языковые, спортивные) возникли ещё при СССР. Правда, чтобы попасть, например, в школу с углублённым изучением английского языка, часто было необходимо иметь «правильных родителей», а преподавание «непрофильных» предметов оставалось на таком же высоком уровне, как и в обычных школах. В 90-е годы школы получили возможность открывать профильные классы и отводить от 9 до 12 часов в неделю на изучение профильных предметов. Однако проблема заключалась в том, что экзамен по математике «гуманитариям» приходилось сдавать наравне с «технарями», а программы российской школы известны своей перегруженностью.

перегру́женность
overload

Введение с 1 сентября 2006 года во всех российских школах обязательного профильного образования должно изменить ситуацию кардинально. После девятого класса каждый школьник должен будет выбрать для себя один из четырёх профилей — естественно-математический, социально-экономический, гуманитарный или технологический. В 10 и 11 классах он будет изучать профильные предметы на углублённом уровне, а остальные — на базовом. Содержание этих уровней будет определяться принятым недавно Государственным образовательным стандартом. ЕГЭ по обязательным предметам (математика и русский язык) будет сдаваться также на двух уровнях — базовом и профильном.

кардина́льно   *radically*

Таким образом, «лирики» будут изучать физику в облегчённом варианте, а освободившееся время тратить на знакомство с тонкостями синтаксиса и поэтики. При этом по своему профилю школьники будут изучать не только традиционные предметы типа истории или химии. Реформа предусматривает появление в программе 4–5 часов в неделю, отведённых на элективные курсы (то есть курсы по выбору). Благодаря этому образование может сделаться еще более специализированным — в какой-то школе технологический профиль будет готовить ветеринаров, а в какой-то — дизайнеров.

облегчённый   *cf.*
лёгкий

Понятно, всё это разнообразие вряд ли появится в рамках одной школы. Скорее всего, в каждом городе будет несколько школ, работающих только по одному из профилей. Ещё несколько школ будут предлагать обучение по двум или трём направлениям. Кроме того, школы имеют право оставить один непрофильный класс для неопределившихся учеников.

неопредели́вшийся
undecided

В 2003/2004 учебном году 10 регионов России участвуют в эксперименте по внедрению предпрофильной подготовки. Она проходит в девятых классах и призвана помочь ученику определиться с выбором профиля. В течение трёх часов в неделю каждый школьник сможет посещать профильные курсы (например, «основы генетики» или «издательское дело»), знакомиться с работой учебных заведений, уже работающих по тому или иному профилю, общаться с психологом. Результатом такой подготовки станет появление у ученика «портфолио» — набора свидетельств его достижений в работе по определённому направлению. В портфолио могут входить данные об участии в олимпиадах, сдаче TOEFL, работе в кружках и секциях, а также результаты прохождения предпрофильных курсов. В регионах разрабатываются стандартизированные способы оценки содержания портфолио. Общий балл, полученный в результате такой оценки, будет учитываться при приёме в профильную школу или класс.

Первые профильные школы и классы откроются 1 сентября 2004 года в 55 регионах Российской Федерации. В Москве в эксперименте будут участвовать 75 школ. Однако пока неясно, каким образом программа сможет заработать во всей стране к 2006 году. Хотя бы потому, что для преподавания элективных курсов необходимо достаточное количество квалифицированных учителей, а заставить преподавателей признать необходимость сокращения программ для непрофильных классов будет тоже непросто.

Среди инициатив Министерства образования есть и менее масштабные. Часть из них не получили общественной поддержки. Например, планы увеличить срок школьного образования до 12 лет (что позволило бы добиться признания российского аттестата за границей) столкнулись с беспокойством родителей, чьим детям пришлось бы отправляться в армию, едва сдав выпускные экзамены. А московский эксперимент, в рамках которого 219 школ перешли на полный день, оказался провальным потому, что занять детей в течение 8 часов оказалось нечем. Зато

прова́льный *unsuccessful*

после того, как громкая дискуссия по поводу изучения православия утихла и общественность отвлеклась на выборы, министр образования всё-таки заставил школьников изучать «основы православной культуры».

правосла́вие *Russian Orthodoxy*
ути́хнуть *cf.* тихий

Утешает лишь то, что о введении ЕГЭ по этому предмету пока ничего не слышно.

утеша́ть *to comfort*

Вопросы к тексту

1. Почему Любарская выделяет выражение «лучшая в мире» кавычками?
2. Какие проблемы связаны с существующей системой выпускных экзаменов?
3. Что обозначает сокращение ЕГЭ? Что собой представляет ЕГЭ?
4. Объясните, как ученики будут сдавать ЕГЭ. Какие предметы они будут обязаны сдавать?
5. Каким образом отразятся в аттестатах результаты ЕГЭ?
6. Каковы последствия ЕГЭ для абитуриентов?
7. Какие имеются аргументы против ЕГЭ?
8. Что такое профильное обучение? Чем оно отличается от спецшкол советских времён?
9. В каком возрасте школьнику нужно будет выбрать профиль? Какой у него будет выбор?
10. По каким причинам вводят профильное обучение в российских школах?
11. Какие неуспешные реформы описывает автор в конце статьи? Почему их не приняли?
12. Как автор выражает своё мнение по поводу обязательного обучения православию в российских школах?
13. Каково ваше личное мнение по поводу предлагаемых реформ?

Бонус

В каком порядке расположены повести в романе Лермонтова «Герой нашего времени»?

Текст 4. Хрупкие плечи абитуриента

This text, adapted from an article in the online newspaper «**Лента**» in 2004, describes the written examination required for entrance into Moscow State University.

Хрупкие плечи абитуриента

Абитуриентская доля, особенно когда речь идет о поступлении в такой престижный вуз, как Московский государственный университет имени М. В. Ломоносова, очень нелегка. Какие бы тёмные слухи ни ходили вокруг приёмных экзаменов в университет, как бы родители вчерашнего школьника ни суетились, разыскивая нужного человека, чтобы с его помощью попасть в «нужный» список, самого абитуриента всё это не касается — ему предстоит выдержать три–четыре сложных экзамена (в зависимости от выбранного факультета), подготовка к которым, как правило, начинается за год, а то и за два. И несмотря на долгие часы, проведённые за книгами и в компании с высокооплачиваемыми репетиторами, абитуриента, когда он переступает порог аудитории и остаётся один на один с экзаменаторами, охватывает вполне понятный страх.

Самый, пожалуй, сложный экзамен, который сдаётся практически на всех факультетах МГУ, это сочинение. На гуманитарных специальностях он — главный, первый по очереди и наиболее ответственный. Оценки за остальные экзамены абитуриенту будут выставлять с оглядкой на оценку за письменную работу по русскому языку и литературе. На технических и естественнонаучных факультетах сочинение пишут во вторую и третью очередь, но и там этот экзамен представляет из себя существенное препятствие для поступающего просто потому, что будущий физик весь предыдущий год готовился к экзамену по физике, отодвигая чтение и анализ произведений Пушкина и Толстого на второй план. Поэтому нередки случаи, когда при поступлении на технический факультет с высоким конкурсом абитуриенты, успешно сдавшие профильные экзамены, «резались» именно на сочинении.

хру́пкий *fragile*

до́ля *fate*

слух *rumor*

суети́ться *to bustle about*

поро́г *threshhold*
охва́тывать *to seize*

огля́дка *backward glance*

препя́тствие *obstacle*

отодвига́ть *to put off*

Следует иметь в виду, что абсолютных критериев оценки качества вступительных сочинений нет. Есть ежегодно складывающаяся ситуация: приёмная комиссия каждого факультета по мере сил пытается регулировать соотношение свободных мест и поданных заявлений. Поэтому в случае высокого конкурса проверяющим даётся указание проявлять строгость по-максимуму; если конкурс небольшой, некоторые виды ошибок и неточностей разрешается игнорировать. Поэтому «четвёрка» за сочинение, написанное на, допустим, филологическом факультете МГУ, и та же «четвёрка» на факультете почвоведения — совсем не одно и то же. Конкурс на филфаке (как и на журфаке, юридическом, историческом, психологическом, философском факультетах) традиционно высок, и чем больше «троек» и «двоек» экзаменаторы выставят на первом экзамене, тем легче потом будет приёмной комиссии укомплектовать будущий первый курс нужным количеством студентов, не обижая остальных и не давая им повода для апелляций и судебных исков (как правило, оспорить устный экзамен проще, чем письменный).

Сочинения проводят и оценивают члены экзаменационных комиссий. В них обычно входят преподаватели МГУ с факультетов литературно-языкового профиля — филологического и факультета журналистики, иногда присоединяются сотрудники факультета иностранных языков. Иногда в помощь к ним поступают школьные учителя. Стандартная комиссия состоит из пятнадцати-двадцати человек, часть из которых — филологи, часть — журналисты, часть — школьные преподаватели. Каждая такая комиссия в течение всего хода приёмных экзаменов обслуживает от двух до четырёх факультетов МГУ (всего их около тридцати).

Сам экзамен проходит в больших аудиториях различных корпусов МГУ. Если абитуриентов не более ста-ста тридцати человек, они помещаются в одну аудиторию, если больше — разбиваются на группы по сто, сто пятьдесят, двести человек. Все группы пишут работы в один день, в одно и то же время. На экзамен разрешается приносить с собой только ручки, а также воду и шоколад. При входе в аудиторию абитуриентов проверяют на предмет наличия мобильных телефонов (списывать

скла́дывающийся *developing*

соотноше́ние *correlation*

почвове́дение *soil science*

укомплектова́ть *to put together*

апелля́ция *appeal*
суде́бный иск *court action*

по телефону — новшество, появившееся недавно), рассаживают (как правило, через ряд и через место), снабжают бумагой (все листы стандартной формы, со штампом соответствующего факультета).

Перед самым началом экзамена старший экзаменатор обращается к присутствующим со стандартным объявлением. Он спрашивает абитуриентов о самочувствии (до объявления тем больные могут уйти и потом писать с другим факультетом), напоминает, что в аудитории во время экзамена запрещается разговаривать, самовольно покидать своё место, пользоваться шпаргалками, писать ручками красного и зелёного цветов, ручками разных цветов, пользоваться карандашами и резинками, сообщает, что выход из аудитории в туалет разрешён не раньше, чем через два часа после начала экзамена и только в сопровождении дежурных и так далее. Под конец он объясняет правила оформления работы.

самово́льно *without permission*

Затем наступает самое интересное — на свет появляются темы. Они составляются в ректорате МГУ и экзаменаторам передаются в последнюю минуту, в запечатанном конверте. Темы оглашаются вслух (с этого момента начинается отсчёт начала экзамена) и крупно пишутся на доске. Как правило, одна из них касается русской литературы первой половины XIX века, вторая — второй половины и третья — литературы XX века. Через четыре часа абитуриенты должны сдать готовые работы.

запеча́танный *sealed*
оглаша́ться *cf.* голос
отсчёт *official time*

Срок очень небольшой, учитывая, что поступающему предстоит прийти в себя, собраться с мыслями, выбрать тему, написать сочинение на черновике, перечитать и перепроверить его и переписать на чистовик. При этом далеко не все готовились именно к тем темам, которые были объявлены, не все понимают постановку тем, не все уверены в своих знаниях настолько, чтобы немедленно приступить к работе. Поэтому первые полчаса у основной массы абитуриентов уходят на то, чтобы справиться с волнением и сосредоточиться. Потом аудитория успокаивается, абитуриенты погружаются в работу.

учи́тывать *to take into consideration*
собра́ться с мы́слями *to collect one's thoughts*

постано́вка *formulation*

спра́виться *to cope*

погружа́ться *to be absorbed in*

Бо́льшая часть поступающих честно сражается с темой один на один; меньшая часть полагается на раз-

сража́ться *to struggle with*

говоры с соседями и на шпаргалки. И то и другое экзаменаторы, присутствующие в аудитории (обычно три-пять человек), пресекают. Особенно болтливых отсаживают, чтобы они не мешали другим, шпаргалки ловят и провинившихся безжалостно выставляют с экзамена (это автоматически означает «двойку» и непоступление в университет).

пересека́ть *to intercept*
болтли́вый *talkative*

Техника пользования шпаргалками за последние годы не претерпела значительных изменений — разве что появились карманного формата издания типа «Золотых школьных сочинений», которые удобно проносить с собой на экзамен. Но, во-первых, в этих изданиях публикуют полную чушь (которую, даже если перепишешь, легко могут оценить на «тройку» или «двойку»), а во-вторых, даже заучивание «золотых» сочинений на память не гарантирует, что тема, предложенная на экзамене, совпадет с опубликованной хотя бы на тридцать процентов.

претерпе́ть *to undergo*

чушь *nonsense*

совпада́ть *to coincide*

Кроме того, экзаменаторы, которые во время экзамена ходят по рядам, — профессиональные преподаватели МГУ, принимающие по две сессии в год и легко замечающие списывающих. У такого человека, как правило, специфический вид — или чересчур напряжённый, или чересчур активный. Любителей шпаргалок подводят нервы — риск очень высок, а вчерашние школьники не настолько хорошо владеют собой, чтобы в течение четырёх часов убедительно играть роль человека, выдумывающего сочинение из головы. Как правило, экзаменаторы сразу чувствуют напряжение в том или ином углу аудитории и пресекают подозрительных. Остальное — дело техники, у каждого преподавателя имеется свой набор охотничьих приёмов.

напряжённый *tense*

подозри́тельный
suspect
охо́тничий *hunting*

После того, как все работы сданы, начинается проверка. В зависимости от количества сочинений она длится два–три дня. Экзаменаторам предстоит оценить грамотность автора каждой работы и то, насколько он разбирается в литературном материале и умеет внятно излагать свои мысли. «Пятёрки» ставят крайне редко — для этого работа должна быть идеальной. Такое сочинение может написать только человек безусловно грамотный, с хорошо поставленным стилем, твёрдо знаю-

вня́тно *coherently*

безусло́вно *unquestionably*

щий русскую литературу и неплохо владеющий литературоведческими понятиями. Пять–шесть «пятёрок» на поток, даже многочисленный, — редкость. Ни одной «пятёрки» — норма.

пото́к группа

К каждой работе проверяющий пишет рецензию — когда краткую («Тема не раскрыта, автор работы в недостаточной степени владеет литературным материалом, в работе много ошибок»), когда развёрнутую, если надо доказать, что, несмотря на общую грамотность, абитуриент писал не по теме. Тут в ход идёт литературоведческая терминология, учитывается количество словесных и смысловых повторов, общих и совершенно не нужных рассуждений (вроде «Александр Сергеевич Пушкин — гениальный русский поэт и писатель первой половины девятнадцатого века. Мы до сих пор с удовольствием читаем его произведения. Они учат нас быть честными, умными и достойными.»), умение абитуриента мыслить и излагать свои мысли, его знания материала и так далее. Развёрнутых рецензий требуют и работы, получившие «четвёрку» или «пятёрку» — тут, напротив, надо доказать, что данное сочинение по праву претендует на высокую отметку.

раскры́ть *to develop*

претендова́ть *to have the right (to)*

Наконец, все работы проверены и все оценки выставлены. Начинается следующий этап письменного экзамена — показ. Каждый абитуриент имеет право в установленное время прийти и посмотреть, какие ошибки экзаменаторы нашли в его сочинении. Добрая половина из поступающих на показе хватается за голову — они, безусловно, знали правила и не наделали бы столь глупых и очевидных ошибок, если бы у них было больше времени, если бы не экзаменационный стресс, если бы не нервы... Что поделаешь, экзамен есть экзамен.

Те, кто недоволен рецензией, имеют право подать апелляцию, изложив свои претензии в письменном виде. После показа собирается апелляционная комиссия, которая рассматривает каждое заявление. Сразу следует сказать, что апелляции удовлетворяются редко. Среди абитуриентов немало людей, которых родители настраивают на борьбу до конца — получил «двойку», всё равно иди на апелляцию, бейся, доказывай, что ты прав, авось, поможет. Как правило, не помогает. К тому же на апелляции, после ещё одной пристальной проверки, в работе могут найти новые ошибки и не повысить, а понизить оценку.

при́стальный *close*

Лишь после этого экзамен считается законченным — абитуриенты готовятся к очередному испытанию, экзаменаторы — к приёму очередного потока экзаменуемых. И все радуются, что очередная лихорадка, связанная с летним поступлением в МГУ, осталась позади. Каков бы ни был результат.

испыта́ние *ordeal*

лихора́дка *feverish activity*

Вопросы к тексту

1. Почему вступительный письменный экзамен по русскому языку и литературе считается одним из самых сложных?
2. Как вы думаете, почему в России так высоко ценят знание литературы?
3. Почему экзаменаторы иногда бывают строже, а иногда нет?
4. Какие меры принимают экзаменаторы, чтобы обеспечить честную работу абитуриентов во время написания сочинения?
5. Как начинается письменный экзамен по русскому языку и литературе?
6. Что, по вашему мнению, представляют собой «Золотые школьные сочинения»?
7. На каких основаниях ставят оценки?
8. Какие права у тех, кто не удовлетворён своей оценкой за сочинение?
9. Какой экзамен вы бы хотели сдавать: ЕГЭ или вступительный экзамен в МГУ?
10. Опишите, как вы поступали в вуз. Чем этот процесс отличается от процесса, который описывается здесь?

 # Аудирование

Образование в Российской Федерации

In 2001, **Александр Кочетков**, Dean of the Department of Pre-University Training of the Nizhny Novgorod Linguistic University, addressed American students on the subject of educational reform in Russia. Listen to his presentation and answer the questions that follow.

Слова к аудированию

Here is an outline of the presentation and, in the order in which you will hear them, some words that may be unfamiliar to you. Before listening, review the words. What do you imagine the speaker will say using these particular words?

Введение
пережива́ть   *to experience*

Дошкольное образование
сту́пень   *level*
со́бственно   *strictly speaking*

Школа
труд   *shop (class)*
отража́ться   *to be reflected*
дух   *spirit*
пру́сский   *Prussian*
жёсткий   *strict*
предназна́ченый   *intended*
звено́   *rung*

Высшие учебные заведения
да́нный   *given*
устана́вливать   *to establish*
до́ля   *percentage*
собесе́дование   *interview*
прижи́ться   *to take root*

Аспирантура
разногла́сие   *difference*
присва́иваться   *to be awarded*

Единый государственный экзамен
внедря́ть   *to implement*
глуби́нка *разг*   *the sticks*

Вопросы к аудированию

1. What role does kindergarten play within the educational system?
2. At what ages do children begin elementary school?
3. How long does high school last?
4. What subjects are covered in high school?
5. What difference does Kochetkov see between the Russian system and the American one? To what does he attribute this difference?
6. Where might one find "professional-technical schools"? Who attends them?
7. What kinds of specialties can one acquire in a **техникум**?
8. How do students prepare to get into Russian universities? Why is it so hard to be admitted?
9. What is the fee structure of contemporary Russian universities?
10. What kinds of advanced degrees are available to Russian students?
11. What are some of the additional reforms that are now being contemplated in Russia?

Сочинение

The International Immigrant Resettlement Agency (IIRA) has hired you to create some instructional materials for recently arrived Russian immigrants. For your first assignment, they have requested that you write a comparison of the educational system that their clients are familiar with and the educational system of their new country. Your readers do not speak English and have no prior knowledge of the American system.

Working with your classmates, make a list of similarities and differences. Include details about the Soviet, post-Soviet, and American systems in your list. Then decide which points of comparison are most important. Remember that you will not be able to describe everything!

At home, write a first draft of your composition. You should be able to complete this assignment using the materials in this chapter and your own knowledge, but if you feel that you need additional sources, especially regarding the American system, make sure that they are written in Russian. In your composition, be sure to *explain* unfamiliar American concepts, such as "prom" or "advanced placement," rather than attempting to translate them.

In class, discuss your first draft with your classmates. On the basis of their comments, revise your work.

Задания

1. Make an annotated bibliography of Russian-language periodicals available in your library. For each entry comment on place of publication, physical format, and anything else that seems striking to you.

2. Skim a number of Russian-language newspapers looking for articles on educational reform in contemporary Russia. Select one article to summarize. Turn in your summary and a photocopy of the original article to your instructor, and then tell the rest of the class what you have learned.

3. Ask your Russian-speaking acquaintances about their own educational experiences — both in Russia and in the United States. What do they feel are the strengths and weaknesses of the two systems? How do they feel about the reforms that are now taking place in Russia?

4. Here are five sets of instructions. First, skim them quickly, noting the different kinds of verb forms that are used. Next, select one to demonstrate to the class. (Alternatively, ask one person to read each of the instructions aloud while a second person performs the required actions.) Finally, prepare a new demonstration of your own. Remember that your demonstration should rely on words rather than gestures.

   1. **Инсектицидный препарат ПРИМА 71**

      Для борьбы в помещениях с нелетающими насекомыми: клопами, тараканами и т. п.

способ применения

С расстояния 20 см при открытых окнах, форточках направить струю препарата на места скопления насекомых. Помещение проветрить. Распылять при температуре не ниже 10° С. В течение одного дня в помещении 36–39 м использовать не более одного балона. При необходимости обработку повторить через 5 суток.

меры предосторожности

Не допускать нагревания баллона выше 50° С! Не распылять вблизи открытого огня! Токсично! Обрабатывать в отсутствии людей, животных, птиц, рыб! Убрать пищевые продукты! В случае попадания в глаза — промыть их водой! Не разбирать и не давать детям!

2. **Памятка по уходу за изделиями трикотажа из шерсти, химических волокон и их смесей**

   1. При необходимости стирать в тёплой воде при температуре не выше 40° С, применяя мягкодействующие моющие средства. НЕ КИПЯТИТЬ!
   2. Полоскать в тёплой воде с добавлением 9%-го столового уксуса (1–2 ст ложки на 10 литров воды).
   3. Мокрые изделия НЕ ВЫКРУЧИВАТЬ! Отжать в сухой хлопчатобумажной ткани и сушить в расправленном виде при комнатной температуре вдали от источников тепла.
   4. Гладить умеренно нагретым утюгом до 140° С через влажную ткань. Устанавливать терморегулятор утюга на соответствующую температуру для каждого вида сырья.
   5. В мокром сложенном виде не держать!

3. **Как заваривать чай**

   Для получения вкусного и ароматного чайного настоя рекомендуется следующий способ заварки чая.

   Перед заваркой чайник споласкивают кипятком. Засыпанный в него чай заливают на три четверти крутым кипятком и настаивают в течение 5–6 минут. Затем чайник с заваренным чаем доливают кипятком и, помешивая настой чая ложечкой, наливают в чашки или стаканы.

   Для лучшего настаивания чая можно накрывать чайник грелкой-фигуркой, изготовленной из шёлковой или шерстяной ткани и ваты, или салфеткой.

   Для заварки чая используют только фарфоровые или фаянсовые чайники. Металлическая посуда для заварки чая непригодна, так как она портит вкус и цвет чайного настоя.

4. Котлеты и битки

Мясо, предназначенное для рубки, необходимо обмыть, очистить от сухожилий, разрезать на небольшие куски и пропустить через мясорубку, затем посолить, перемешать, добавить белый хлеб, намоченный в холодной воде или молоке, и снова пропустить один–два раза через мясорубку.

Хлеб лучше брать немного чёрствый, срезав с него корки. Мясо следует брать с жиром, тогда котлеты получаются более сочными. При желании в фарш можно добавить молотый перец, а также сырой или слегка поджаренный на масле лук.

Приготовить фарш, сделать из него круглые битки, обвалять их в сухарях и подравнять ножом. После этого котлеты и битки положить на разогретую сковороду с маслом; обжарив одну сторону, перевернуть и жарить до готовности (8–10 минут).

На 500 г мяса — 125 г белого хлеба, 1/2 стакана сухарей, 3/4 стакана молока или воды и 2 ст ложки масла.

«Книга о вкусной и здоровой пище»

5. Поза с поднятыми руками

Исходное положение. Станьте прямо, сохранив ступни ног параллельно друг другу на расстоянии 25–30 см. Прямые руки поднимите над головой, а пальцы переплетите. Внутренние стороны ладоней направлены вверх. Спину держите прямо.

Техника исполнения. Не меняя положения рук, сделайте быстрый наклон туловища влево насколько сможете, не сгибая ноги в коленях. Не останавливаясь, вернитесь в исходное положение и сделайте такой же наклон туловища вправо. Наклон влево и вправо считается за один раз. Упражнение выполните 4 раза, это займёт примерно 10 с.

«Хатха-йога для начинающих»

Повторение

1. Combine the sentences using **который**. Translate your new sentences into English.

1. Ученики после третьего класса начальной школы сразу переходят в пятый класс средней школы. Ученики учатся с 7 лет.

2. После окончания курса средней школы учащиеся сдают выпускные экзамены и получают аттестат серого цвета. Он даёт им право продолжить обучение в системе высшего образования.

3. Во многих вузах параллельно с бесплатной введена коммерческая форма обучения. При ней не поступившие на общих основаниях абитуриенты могут обучаться за плату.

4. Наряду с государственными вузами в последнее десятилетие появилось много коммерческих институтов и университетов. Речь шла выше о государственных вузах.

5. Каждый выпускник получает оценку. Об оценке он договорился накануне.

6. Весной все одиннадцатиклассники будут обязаны явиться в центры тестирования для сдачи ЕГЭ. Центры тестирования появятся в вузах или школах.

7. Дело в том, что сдавший ЕГЭ школьник получает свидетельство. В свидетельстве указаны его результаты по 100-балльной шкале.

8. В будущем вуз станет получать большее госфинансирование, чем менее популярные учебные заведения. В вуз попадут студенты с более высокими результатами ЕГЭ.

9. Знания не всегда соответствуют требованиям, предъявляемым вузами к абитуриентам. Знания проверяются тестом.

10. Самый сложный экзамен — это сочинение. Экзамен сдаётся практически на всех факультетах МГУ.

2. Replace the **который** clauses with participles wherever possible. Translate your new sentences into English.

1. Среднее образование, которое является в нашей стране обязательным, делится на несколько этапов.

2. Наиболее способные и старательные дети, которые получают только отличные оценки, оканчивают школу с «золотой медалью», т. е. получают знак отличия, который даёт им право поступать в высшие учебные заведения со льготой.

3. За весь этот гигантский труд, который связан с огромной ответственностью, учителя получают совершенные копейки.

4. Есть некоторые категории абитуриентов, которые пользуются льготами: золотые медалисты (они сдают один экзамен), а также сироты, участники боёв в горячих точках.

5. Абитуриенты, которые не прошли конкурс на дневное (очное) отделение, могут вторично попробовать свои силы и попытаться поступить на отделение вечернего или заочного обучения.

6. Студенты, которые не имеют троек за экзаменационную сессию, в течение следующего семестра получают государственную стипендию.

7. Лучший способ стать студентом — пройти курс платных занятий с преподавателем, который заседает в приёмной комиссии.

8. Абитуриенты, которые набрали более низкий балл, могут пройти по конкурсу в другие вузы, куда также подали заявление.

9. 1 августа вузы будут размещать на своих сайтах проходной балл и рейтинг всех абитуриентов, которые подали заявление.

10. После 15 августа вузы будут обновлять информацию с учётом студентов, которые отказались от поступления.

11. Задания ЕГЭ, которые используются в данный момент, фактически консервируют раскритикованный «советский» подход к образованию как приобретению суммы знаний.

12. Сама система тестирования лишает ученика, которого оценивают, возможности проявить свою индивидуальность в беседе с экзаменатором.

13. «Четвёрка» за сочинение, которое написали на филологическом факультете МГУ, и та же «четвёрка» на факультете почвоведения — совсем не одно и то же.

14. Экзаменаторы — профессиональные преподаватели МГУ, которые принимают по две сессии в год и которые легко замечают списывающих.

3. Fill in the blanks with the best translation of the words in parentheses. Write numbers as words.

1. Учебный год во всех школах нашей страны начинается _____ (*on the first of September*).

2. _____ (*On this day*) первоклассники впервые надевают школьную форму.

3. Учебный год в школе делится на четверти: первая — _____ (*from September 1 to November 4*), вторая — _____ (*from November 10 to December 29*), третья — _____ (*from January 11 to March 23*), четвёртая — _____ (*from April 1 to the end of May*).

4. _____ (*After every quarter*) наступают каникулы: осенние, зимние, весенние, летние.

5. Рабочая неделя школьников длится _____ (*six days*).

6. Урок продолжается _____ (*for 45 minutes*).

7. _____ (*After each lesson*) устраивается перемена _____ (*for ten minutes*) или большая перемена — _____ (*for 30 minutes*).

8. _____ (*In this time*) ученики могут позавтракать в школьной столовой или в буфете.

9. _____ (*At the end of every week*) родители просматривают дневник и расписываются в нём.

10. _____ (*Each quarter*) устраиваются родительские собрания.

11. _____ (*After ten years*) обучения учащиеся сдают шесть экзаменов и получают аттестат о среднем образовании.

12. Дети отправляются в школу _____ (*from the age of seven*) и учатся в начальной школе _____ (*three years*).

13. _____ (*At the present time*) в России принята экспериментальная образовательная программа, в соответствии с которой дети, идущие в школу _____ (*from 2000*), будут учиться _____ (*12 years*).

14. Каждая комиссия _____ (*throughout*) всего хода приёмных экзаменов обслуживает от двух до четырёх факультетов МГУ.

15. Все группы пишут работы _____ (*on a single day*), _____ (*at one and the very same time*).

16. _____ (*Before the very beginning*) экзамена старший экзаменатор обращается к присутствующим со стандартным объявлением.

17. Он спрашивает абитуриентов о самочувствии и напоминает, что в аудитории _____ (*during*) экзамена запрещается разговаривать.

18. Он сообщает, что выход из аудитории в туалет разрешён не раньше, чем _____ (*two hours after*) начала экзамена и только в сопровождении дежурных.

4. Listen again to the presentation on education in Russia by **Александр Кочетков** and fill in the blanks with the missing words.

Сегодня мы будем с вами говорить о _____ в Российской Федерации. Нужно сразу _____ , что система образования в России сегодня переживает критический момент своего развития. _____ с политическими и экономическими _____ в нашей стране система образования также подвергается _____ изменениям.

Начнём с _____ образования. Обычно в возрасте _____ дети ходят в садик. В садике они тоже _____ дошкольное образование до _____ возраста. Те дети, которые не ходят в сад, детский сад, ходят на _____ в школу, в начальную школу, которая готовит их к _____ в начальную школу. Обычно начальная ступень в России _____ три года, в некоторых школах — четыре года. Если дети _____ в школу в возрасте семи лет, то начальная ступень занимает три года. Если же дети поступают _____ в шестилетнем возрасте, то они _____ в начальной школе четыре года. Затем они _____ в среднюю школу и _____ в ней семь лет. Сейчас идут дебаты и, собственно, вопрос уже _____ , и скоро вся школа будет у нас занимать двенадцать лет, _____ как в Соединённых Штатах Америки.

Какие предметы _____ в русской школе? Основные предметы — это математика, алгебра, геометрия, _____ , физика, химия, биология, русский язык и литература, история России, _____ история и иностранный язык.

Здесь я должен сказать, что самым популярным языком в России _____ английский, но есть школы, в которых изучается _____ , и в очень небольшом количестве школ изучается французский язык. Затем изучаются дисциплины _____ цикла, такие как физкультура, пение, рисование и труд.

Должен сказать, что _____ от Америки, учащиеся России не имеют никакого права _____ . И здесь, в этой системе, отражается дух _____ образования России. Российское образование всегда _____ на основе Прусской системы: жёсткой, военной системы; и вопрос выбора для учащихся никогда не _____ . Всегда централизованно министерство спускало планы, и _____ были вынуждены работать только _____ .

Что же делают наши учащиеся после того, когда они _____ школы? Обычно после школы _____ несколько путей решения их _____ судьбы. Учащиеся, которые не очень хорошо _____ в школе, обычно идут в профессиональные технические _____ . Эти училища предназначены _____ квалифицированных рабочих на производствах, и обычно они _____ даже территориально около заводов или каких-то других _____ . Второй путь — это _____ . Техникумы _____ образец среднего специального учреждения, где готовят _____ среднего звена также для производства, и также для авиации, _____ , автомобилестроения и других.

После этого стоит вопрос о поступлении _____ учебные заведения, в университет. На данном этапе, чтобы _____ в университет, необходимо сдать _____ . Состояние подготовки учащихся _____ школы России сейчас очень низкое. Оно недостаточно для того, чтобы учащиеся могли поступить _____ . Поэтому есть _____ подготовки к поступлению в университет. Первый способ — это поступление на _____ довузовского образования. Факультеты эти располагаются в _____ , и они готовят учащихся к поступлению в вузы. Второй, тоже очень популярный способ — это работа с _____ . Но, в отличие от Америки, где очень много _____ репетиторов, в России всё это происходит за деньги, и за, за _____ суммы. Поэтому не каждый родитель может _____ репетитору, и большинство, конечно, учащихся поступают на факультеты _____ образования.

IV
Политика

Подготовка

The once taboo topic of politics is now frequently encountered in conversations with Russians—in Russia and in the United States alike. In 1991, as the country reinvented itself, there was considerable discussion of the form that the new state should take. At the same time, Russians applying for American citizenship found themselves obliged to discuss the structure of the American political system in considerable detail. In this chapter, we will discuss government structures, and we will follow and report on political happenings in both countries.

Vocabulary

поли́тика politics, policy
  вну́тренняя ~ domestic policy
  вне́шняя ~ foreign policy
поли́тик politician
де́ятель *м* prominent figure
  госуда́рственный ~ statesman
  полити́ческий ~ political figure

па́ртия party
  республика́нская ~ Republican Party
  демократи́ческая ~ Democratic Party
  социалисти́ческая ~ Socialist Party
  коммунисти́ческая ~ Communist Party
движе́ние movement
объедине́ние union, association
блок block (voting)

го́лос (*мн* голоса́) voice, vote
голосова́ть (голосу́ю, голосу́ешь) *за кого, за что? против кого,*
против чего? to vote;
проголосова́ть (проголосу́ю, проголосу́ешь)
голосова́ние voting
большинство́ majority
меньшинство́ minority

вы́бор choice
вы́боры (*р* вы́боров) (на) *куда, на какую должность?* election [1]
  перви́чные ~ primary election
  всео́бщие ~ general election
избира́ть I to elect; избра́ть (изберу́, изберёшь; избра́л, избрала́)
избира́тельный о́круг (*мн* округа́) electoral district
избира́тельный бюллете́нь *м* ballot
избира́тель *м* voter
переизбира́ть I to reelect; переизбра́ть (переизберу́, переизберёшь; переизбра́л, переизбрала́)
переизбира́ться I to run for reelection

кампа́ния campaign
   предвы́борная ~ election campaign
баллоти́роваться (баллоти́руюсь,
   баллоти́руешься) *куда? на
   какую должность?* to run for
   office[1]
кандида́т candidate[1]
проти́вник opponent
обеща́ть I *нес и сов* to promise
обеща́ние promise
   сде́рживать I ~ to keep a promise;
      сдержа́ть (сдержу́, сде́ржишь) ~
сло́во word
   держа́ть (держу́, де́ржишь) ~ to
      keep one's word
ожида́ние expectation
опра́вдывать I to justify, warrant;
   оправда́ть I
обма́нывать I to disappoint, deceive;
   обману́ть (обману́, обма́нешь)[2]
обма́н deceit, deception
доверя́ть I *кому?* to trust; дове́рить II
дове́рие trust

борьба́ struggle, fight
боро́ться (борю́сь, бо́решься) *с кем,
   против чего, за что?* to struggle,
   fight
побе́да victory
   оде́рживать I побе́ду *над кем?* to
      win a victory; одержа́ть (одержу́,
      оде́ржишь) побе́ду
победи́тель *м* victor
побежда́ть I to be victorious, win;
   победи́ть (победи́шь)
пораже́ние defeat
   терпе́ть (терплю́, те́рпишь) ~ *от
      кого?* to suffer defeat; потерпе́ть
      (потерплю́, поте́рпишь) ~

до́лжность *ж* position, post
премьє́р-мини́стр prime minister
президе́нт president
вице-президе́нт vice-president
конгрессме́н congressional representative

сена́тор senator
представи́тель *м* representative
ду́мец (*р* ду́мца) *разг* member of the
   State Duma
депута́т deputy
член member
губерна́тор governor
мэр mayor
судья́ *м* (*мн* су́дьи, суде́й) judge

госуда́рство government, state[3]
госуда́рственный government, state;
   public[3]
прави́тельство government, administration[3]
прави́тельственный government[3]
штат state[3]
управля́ть I *чем?* to govern

Конгре́сс Congress
Сена́т Senate
Пала́та представи́телей House of
   Representatives
Парла́мент Parliament
Федера́льное Собра́ние Federal
   Assembly
Сове́т Федера́ции Federation Council
Госуда́рственная Ду́ма (*сокр* Госду́ма)
   State Duma
суд (*р* суда́; *мн* суды́) court
   Верхо́вный ~ Supreme Court

ветвь *ж* (*мн* ве́тви, ветве́й) branch
власть *ж* power[4]
законода́тельный legislative
исполни́тельный administrative
суде́бный judicial
разделе́ние власте́й separation of
   powers

полномо́чие authority, power[4]
   срок полномо́чий term
уполномо́ченный (уполномо́чен)
   authorized, empowered
обя́занность *ж перед кем?* duty,
   responsibility

исполня́ть I to perform, execute (duties);
   испо́лнить II
исполне́ние performance, execution (of
   duties)
представля́ть I to represent;
   предста́вить (предста́влю,
   предста́вишь)
осуществля́ть I to implement;
   осуществи́ть (осуществлю́,
   осуществи́шь)
назнача́ть I to appoint; назна́чить II

нало́г tax
зако́н law
законопрое́кт bill
принима́ть I to accept, pass; приня́ть
   (приму́, при́мешь; при́нял,
   приняла́)
утвержда́ть I to approve, ratify;
   утверди́ть (утвержу́,
   утверди́шь)
утверждённый (утверждён) approved,
   ratified
опроверга́ть I to refute; to overturn;

опрове́ргнуть (опрове́ргну,
   опрове́ргнешь)
толкова́ть (толку́ю, толку́ешь) to
   interpret (a law)
ве́то *нескл* veto
   накла́дывать I ⁓ *на что?* to veto;
   наложи́ть (наложу́,
   нало́жишь) ⁓
преодолева́ть I to overcome, surmount; преодоле́ть I

стара́ться I to try; постара́ться I
стара́ние effort
стреми́ться (стремлю́сь,
   стреми́шься) *к чему?* to aspire,
   strive
стремле́ние *к чему?* aspiration,
   striving
пыта́ться I to try; попыта́ться I
попы́тка (*р мн* попы́ток) attempt
про́бовать (про́бую, про́буешь) to
   try; попро́бовать (попро́бую,
   пропо́буешь)
про́ба trial, test

Vocabulary Notes

[1] Note that words such as **выборы, баллотироваться**, and **кандидат** are used both with the name of the institution (**кандидат в Конгресс**) as well as with the name of the position (**кандидат в конгрессмены**). In the latter construction, use the nominative plural of the position.

[2] **Обманывать/обмануть** may be used with the accusative of the person or with the accusative of the thing.

   Алексей Петрович **меня** обманул.
   Aleksey Petrovich deceived me.

   Вера Ивановна обманула **мои ожидания**.
   Vera Ivanovna did not meet my expectations.

[3] The words **государство** and **государственный** refer to *government* in the sense of *state* or *nation*. The adjective **государственный** also means *state* in the sense of *public*

(Московский государственный университет). The words **правительство** and **правительственный** mean *government* in the sense of *governing* the state. The word **штат** refers to an American governing unit (**Соединённые Штаты Америки**). The adjective **штатный**, however, derives from **штат** in the sense of *staff* and does *not* mean of or belonging to the state but rather *of or belonging to the staff*. When one says **Николай штатный работник,** the sense is not that Nikolay works for the state but rather that he is a regular staff member. By the same token, **Портлендский государственный университет** indicates a public university rather than one that necessarily belongs to the state of Oregon. A more accurate translation might be **Портлендский университет штата Орегон**.

[4] **Власть** refers to *power* in the sense of *jurisdiction*. **Полномочие**, often plural, refers to the specific duties and obligations that are included in one's job description.

Lexical Studies

Ways of Expressing *to try*

The verb **стараться/постараться** means *to make an effort to achieve a result*. It is used in the set expression **стараться изо всех сил** (*to try with all one's might*) and often corresponds to the English expression *to do one's best*. **Стараться/постараться** is characteristic of conversational speech and is often used when speaking of everyday situations.

> Виктор **старался** не думать о вчерашнем поражении.
> *Victor tried hard not to think about yesterday's defeat.*

The verb **стремиться** also means to make an effort to achieve a result but it emphasizes not so much the effort itself as it does *the persistence of the effort*. This word tends to be used when speaking of more elevated subject matter (compare English *to strive, to aspire*).

> Каждый кандидат **стремится** победить на выборах.
> *Each candidate strives to win the election.*

When **стремиться** is used to speak of more mundane subject matter, it implies greater effort than does **стараться**.

> Виктор **старался** понять, какие у него обязанности.
> *Victor tried to understand what his duties were.*

> Виктор **стремился** понять, какие у него обязанности.
> *Victor strained to understand what his duties were.*

The verb **пытаться/попытаться** is like **стараться** in that it means to make an effort to achieve a result, but this verb emphasizes *the futility of the effort* (compare English *to attempt in vain*).

> Я **пытался** сдержать своё обещание, но это оказалось для меня непосильным.
> *I tried to keep my promise, but it was beyond me.*

> Антон Павлович **пытался** скрыть удивление, когда узнал, что большинство проголосовало против него.
> *Anton Pavlovich tried to conceal his amazement when he learned that the majority had voted against him.*

The verb **пробовать/попробовать** also means *to attempt* in the sense of *to try something out* (compare English *to test*). This is the only one of the *trying* verbs that may be used with a noun complement.

> В юности Виктор **пробовал** писать рассказы.
> *In his youth Victor tried his hand at writing short stories.*

> **Попробуйте** виноград, он вам понравится.
> *Try the grapes. You'll like them.*

Пробовать/попробовать and **пытаться/попытаться** are sufficiently close in meaning that they may in some contexts be used as synonyms, but only **пытаться/попытаться** may be used with adverbs emphasizing the futility of the effort: **безуспешно, тщетно, безрезультатно**, etc.

> Я **пробовал** понять его точку зрения.
> Я **пытался** понять его точку зрения.
> *I attempted to understand his point of view.*

> Нина **пыталась** объяснить свою точку зрения, но безуспешно.
> *Nina made a futile effort to explain her point of view.*

1. Fill in the blanks with the past tense of **стараться, стремиться, пытаться**, or **пробовать**. In some sentences there is more than one possible answer.

   1. Митя работал как бешеный. И Оля _____ изо всех сил.
   2. Мы _____ достать билеты на этот концерт, но не смогли.
   3. Прозу писать вы не _____
   4. Многие композиторы _____ писать новую музыку на стихи поэта, однако эти попытки были неудачными.

5. Человек всюду так или иначе ~~стремился~~ вносить в свою жизнь красоту.
6. Людмила Ивановна всегда ~~стремилась~~ быть справедливой.
7. В процессе реставрации архитекторы ~~_~~ повторить замысел старых мастеров.
8. Читать Рома ~~старался~~ как можно больше, всё свободное время отдавал книгам.
9. Жанна ~~пыталась~~ что-то сказать, но шум заглушил её голос.
10. Я ~~пробовал~~ перевести этот текст как можно точнее.
11. Максим ~~пытался~~ вспомнить, где видел это лицо, и не мог.
12. Авторы этого учебника ~~стремились~~ проще и нагляднее представить грамматический материал.

Unprefixed Motion Verbs

Determinate and Indeterminate Verbs of Motion

Determinate motion verbs of the type **идти** and indeterminate motion verbs of the type **ходить** convey different types of movement.[1]

Determinate verbs like **идти** convey motion in one direction.

> К нам навстречу **шёл** старший судья Верховного суда.
> *The Chief Justice of the Supreme Court was walking toward us.*

Indeterminate verbs like **ходить** have three primary meanings:

- motion that is not directed toward any end point

  > Два часа мы **ходили** по городу в поисках нужного нам адреса.
  > *We walked around town for two hours looking for the address that we needed.*

- a round trip, that is, movement toward an end point, arrival at that point, and return, although not necessarily to the initial beginning point

  > Пятый класс вчера **ходил** на экскурсию в Белый Дом.
  > *The fifth grade went on a field trip to the White House yesterday.*

---

[1] The determinate and indeterminate motion verbs that you will use in this chapter are **идти/ходить, ехать/ездить, нести/носить, вести/водить, везти/возить, лететь/летать, плыть/плавать, бежать/бегать, брести/бродить**.

- the general ability to perform the motion

> После аварии Валера **ходит** с трудом.
> *Valera's had trouble walking ever since the accident.*

Expressing Motion in Progress

Both determinate and indeterminate motion verbs may be used to express motion in progress.

> Алексей **шёл** по берегу моря, думая о новой российской конституции.
> *Aleksey was walking along the coast thinking about the new Russian constitution.*

> Шура **ходила** по столице, рассматривая исторические здания.
> *Shura walked around the capital looking at the historical buildings.*

Expressing Single and Repeated Actions

Indeterminate verbs may express:

- a single round trip in the past

> Вчера я **ходила** в Библиотеку Конгресса.
> *Yesterday I went to the Library of Congress.*

Note that indeterminate motion verbs are used to express a single round trip *in the past tense only*. The verb **ходить** in this example is the equivalent of the verb **быть**: **Вчера я была в Библиотеке Конгресса**.

- repeated round trips

> Мы с Андреем часто **ходим** в Библиотеку Конгресса.
> *Andrey and I often go to the Library of Congress.*

> Мы с Андреем часто **ходили** в Библиотеку Конгресса.
> *Andrey and I often went to the Library of Congress.*

> Мы с Андреем **будем** часто **ходить** в Библиотеку Конгресса.
> *Andrey and I will often go to the Library of Congress.*

In these sentences the verb **ходить** is the equivalent of the verb **бывать**: **Мы с Андреем часто бываем в Библиотеке Конгресса**.

In the present and future tenses, indeterminate verbs of motion express repeated action without contextual support. In the past tense, however, context is required to distinguish between a single round trip and repeated action in the past.

> В прошлом месяце Павел Антонович **ходил** в Дом писателей.
> *Last month Pavel Antonovich went to the House of Writers.* [ambiguous]

> В прошлом месяце Павел Антонович **несколько раз ходил** в Дом писателей.
> *Last month Pavel Antonovich made several trips to the House of Writers.* [repeatedly]

Determinate verbs like **идти** may also convey repeated action in a single direction. In order for them to convey this meaning they, too, must be supported by context.

> Мария **шла** в институт мимо государственных учреждений.
> *Maria walked past government offices on her way to the institute.* [ambiguous]

> Мария **обычно шла** в институт мимо государственных учреждеий.
> *Maria usually walked past government offices on her way to the institute.* [repeatedly]

In the following examples, the context is provided by the other verbs in the sentence.

> Я **прочитал** статью о государственном строе Российской Федерации, когда **ехал** с дачи на электричке.
> *I read an article on the governmental structure of the Russian Federation while coming back from the dacha on the train.* [motion in progress]

> Миша **вставал** в шесть утра, **принимал** душ, плотно **завтракал** и **шёл** на работу.
> *Misha would get up at 6:00 a.m., take a shower, eat a hearty breakfast, and go to work.* [repeatedly]

2. Indicate whether the italicized verbs indicate motion in one direction (⟶), a round trip (⇄), or undirected motion (↰).

> **Образцы**: Мы видели, как школьники *бегут* из школы. Наверное, у них перерыв.
>
> Вчера классный руководитель *водил* пятый класс на экскурсию в Госдуму.
>
> Весь день мы *плавали* на лодке по озеру, наслаждаясь природой.

1, Сегодня все члены Парламента *идут* голосовать.
2. Иван Платонович *ведёт* своих племянников на экскурсию в Палату представителей.
3. В те времена крупные соколы *летали* во всех районах Москвы.
4. С балкона мы видели, как гуси *летят* на юг.
5. Экскурсовод *водил* туристов по Кремлю, показывая им известные соборы и площади.
6. В четверг нашу делегацию *возили* на встречу с губернатором.
7. Василий Иванович *возит* своих гостей по столице.
8. Утки *плыли* вниз по реке.
9. Я видела Олега из окна: он *брёл* мимо памятника Пушкину в сторону станции метро.
10. Сегодня утром мы с Иваном *ходили* вместе на выборы.

3. Fill in the blanks with the imperfective unprefixed motion verbs that best translate the words in parentheses.

1. По утрам Виктор обычно _____ (*runs*), _____ (*swims*) и занимается гимнастикой.
2. По утрам Володя обычно встаёт поздно, быстро принимает душ и _____ (*runs*) в университет. Он всегда опаздывает.
3. Навстречу нам _____ (*came*) председатель избирательной комиссии. В руках он _____ (*was carrying*) свежие избирательные бюллетени.
4. Не застав мэра города у себя в кабинете, мы решили подождать его и начали медленно _____ (*walk*) около здания Городского совета.
5. Вдруг мы услышали быстрые шаги. Кто-то _____ (*was coming*) по коридору.
6. Сегодня утром Надя _____ (*went*) в институт на встречу с научным руководителем.
7. Прошлым летом я _____ (*flew*) в Крым в отпуск.
8. Вчера мы _____ (*drove*) кандидата по всем избирательным округам города.

4. Complete each sentence first with a perfective verb that indicates a single completed action and then with an imperfective verb that shows repeated action. Translate your sentences into English.

Образцы: Когда я шёл из школы домой, *я купил журнал в газетном киоске.*
As I was walking home from school, I bought a magazine at the newspaper stand.

Когда я шёл из школы домой, *я всегда покупал журналы в газетном киоске.*
Whenever I walked home from school, I always bought magazines at the newspaper stand.

1. Утром, когда я бежала по берегу, *подумал о облаках / думал всегда*
2. Когда премьер-министр летел в Сочи, *он читал / прочитал газету*
3. Когда думцы брели по аллеям Ясной Поляны, *поговорили о Николае Валуеве.*
4. Когда проводник вёл туристов в Палату представителей. *сфотографировал действовал*
5. Когда я плыл по реке на лодке, *она всегда опрокинул / опрокидывала.*
6. Когда Маша несла бутылки, *жидкость встряхнула / встряхивала*
7. Когда мы ехали с дачи домой, *остановились в кафе / всегда заехали в кафе / останавливались в кафе.*

5. In this excerpt from «**Мужские игры**» by **Александра Маринина**, a young woman observes passengers at a busy airport. Fill in the blanks with the unprefixed motion verbs that best fit the sense of the sentence. When you have finished, compare your choices to the original in Appendix B.

В аэропорту Настя встала в длинную очередь, закурила и с вялым интересом принялась разглядывать отъезжающих и тех, кто их провожал. По одежде, выражениям лиц и количеству вещей, а также по провожающим ей удалось разделить всех стоящих в очереди на несколько групп: тех, кто _____ (*were going*) в гости, тех, кто уезжал из гостей, а также тех, кто _____ (*were going*) в Штаты по делам или возвращался туда после деловой поездки. Она попыталась поставить себя на их место и с удивлением поняла, что никуда _____ (*to go*) ей не хочется.

Forming Perfectives

As you know, motion verbs may be combined with a variety of prefixes (**в-/вы-, при-/у-**, etc.) to provide additional information about the spatial orientation of the motion (see "Prefixed Motion Verbs" in Chapter 5). There are, in addition, three prefixes, **по-, с-**, and **за-**, which combine with unprefixed motion verbs to form perfectives that correspond to the primary meanings of the unprefixed verbs themselves.

По-

The prefix **по-** combines with *determinate motion verbs* to form perfective verbs (**пойти, поехать**, etc.) that indicate either the beginning of the motion itself; the beginning of a new stage in the motion; the result of the motion, namely, that the performer of the motion is already either on the way to the destination or already there; or the intention to perform the action (usually in the form of an infinitive or in the future tense).

Юра повернулся, вышел из кабинета конгрессмена и **пошёл** по длинному коридору.
Yura turned around, walked out of the congressman's office, and started off down the long hallway.

Ивана Петровича нет сейчас, он **пошёл** на заседание кафедры.
Ivan Petrovich isn't here right now. He has gone to the department meeting.

Я хочу **поехать** на Дальний Восток.
I want to go to the Far East.

На будущей неделе я **поеду** на съезд Демократической партии.
I will go to the Democratic Party convention next week.

The prefix **по-**, when coupled with an *indeterminate motion verb*, forms a perfective verb (**походить, поездить**, etc.) that indicates a limited amount of undirected movement. Use these verbs to focus on the brevity of the action or when the syntax of the sentence forces you to use a perfective verb.

Мы долго **бродили** по парку.
We strolled about the park for a long time.
[imperfective, focus on the activity]

Сначала мы **побродили** немного по парку, а потом пошли домой.
First we strolled about the park a bit and then went home.
[perfective, focus on brevity, sequential action]

Я **поплавал** несколько минут и снова лёг на горячий песок.
I swam about for a few minutes and then lay down again on the hot sand.
[perfective, focus on brevity, sequential action]

За-

The prefix **за-** combines with the verbs **ходить** and **бегать** to indicate the beginning of undirected motion. These verbs indicate a sudden or abrupt motion. When describing slower, more deliberate motion, it is more common to use **стать** or **начать** + infinitive (**стала ходить, начал бегать**). Note that the verb **забе́гать** retains the stress of its original indeterminate counterpart.

Валерий поднялся с дивана и, продолжая разговор, **стал медленно ходить** по комнате.
Valery got up from the couch and, continuing the conversation, started slowly pacing about the room.

Валерий встал с дивана и в волнении **заходил** по комнате.
Valery got up from the couch and in agitation started pacing about the room.

Валерий вскочил и **забе́гал** по комнате, закричал, замахал руками.
Valery jumped up and started running around the room, shouting and waving his hands.

С-

The prefix **с-**, when combined with an *indeterminate motion verb*, forms a perfective verb (**сходить, съездить,** etc.) that means to go somewhere and return. Note that the verb **сбе́гать** retains the stress of its original indeterminate counterpart.

В мае Валентина **слетала** домой к родителям на несколько дней.
In May Valentina flew home to visit her folks for a couple of days.

Ваня **сбе́гал** в магазин за хлебом.
Vanya ran down to the store for bread.

Вчера я, наконец, **свозил** своих знакомых на дачу.
I finally took my friends out to the dacha yesterday.

Я **съездил** в институт, а потом снова сел за работу.
I made a trip to the institute and then got back to work.

Imperfective indeterminate motion verbs like **ходить** are also used in the past tense to describe a single round trip. Sentences that use the indeterminate verb focus on the activity itself. Use the perfective verb when you wish to focus on the result of the action, or when the syntax of the sentence requires the use of the perfective.

Мои знакомые **ездили** в Турцию в июле, когда там очень жарко.
My friends visited Turkey in July when it's really hot there.
[imperfective, focus on trip as an activity]

После докладов все делегаты **съездили** на атомную электростанцию.
After the reports all of the delegates visited the nuclear power plant.
[perfective, focus on trip as a result]

Future Time

Both indeterminate and determinate motion verbs may be used in the future tense.

Я куплю машину и **буду** на ней **ездить.**
I'll buy a car and drive around in it.

Сколько времени вы **будете лететь** в Иркутск?
How long will you be flying to Irkutsk?

It is important to remember to use future-tense forms of motion verbs in subordinate clauses that refer to the future time.

Когда ты **будешь идти** мимо аптеки, купи мне, пожалуйста, аспирин.
When you go by the drugstore, please pick up some aspirin for me.

Perfective verbs like **пойти** and **сходить** are also commonly used to talk about the future time. Verbs like **пойти** focus on the onset of the action while verbs like **съездить** focus on the round trip.

На будущей неделе я **поеду** на конференцию.
I will go to a conference next week. [setting forth]

На будущей неделе я **съезжу** на конференцию.
I will go to a conference next week. [round trip]

In addition, the present tense of imperfective determinate motion verbs is also used to express future time in those instances when the future motion is imminent and there is no doubt whatsoever about its taking place.

Завтра я **иду** на лекцию по внешней политике США.
I'm going to a lecture on U.S. foreign policy tomorrow.

If there are any words in the sentence that express doubt about the action's taking place, the perfective future formed with the prefix **по-** is preferred.

Завтра мы, наверное, **пойдём** на выборы.
We'll probably go to the polls tomorrow.

6. Fill in the blanks with a perfective motion verb beginning with the prefix **по-** or with the prefix **с-**. Translate your sentences into English.

1. Сразу после выборов я _пошёл_ домой.
2. Мне в этом году удалось _поехать_ в горы.
3. Отца нет дома, он _____ на конференцию. *съездит / поедет*
4. Подождите меня, я _поеду_ с вами.
5. Вера сейчас вернётся, она _сходила_ в деканат.
6. Володя вышел за ворота и _пошёл_ в сторону Городского Совета.
7. Я очень много успел сделать за вчерашний день: напечатал статью, проверил рукопись, _съездил_ в издательство.
8. Нужно сначала _пойти_ за пирожными, а потом накрыть на стол.

7. Fill in the blanks with perfective motion verbs beginning with **по-**, **за-**, or **с-**. Translate your sentences into English.

1. Было много разговоров о том, *съездит* ли на китайскую конференцию российская делегация.
2. Володя встал из-за стола и *заходил* к книжному шкафу за словарём.
3. Продолжая осуждать правительство, Матвей встал из-за стола и *пошёл* по комнате.
4. Вы удачно *поездите* на съезд Республиканской партии?
5. Утята бросились в воду и *слетали* к острову.
6. — Слава, ты *сбегал* за хлебом? — Да, папа. Хлеб уже на столе.
7. Журавли покружили некоторое время над озером и *залетали* к югу.
8. — Что ты успел сделать за утро? — Я *поезд* в аптеку за лекарством.
9. Мы *пошли* по городу, потом вышли из машины и *сходил* пешком в Госдуму.

8. Fill in the blanks with unprefixed imperfective motion verbs or with perfective motion verbs beginning with **по-** or **с-**.

1. Алексей Петрович по нескольку раз в год _____ (*took*) своих детей за границу. Они _____ (*went*) на средиземноморские пляжи.
2. Настя примерно час _____ (*wandered*) по санаторному парку.
3. Николай работал шофёром в какой-то фирме, _____ (*[he] drove*) лично самого гендиректора.
4. Старайтесь поменьше _____ (*to walk*).
5. Мы сейчас позавтракаем, а потом _____ (*[we] will go*) заниматься.
6. Мы часто _____ (*go*) в библиотеку заниматься.
7. Я в окно видел, как ты за поездом _____ (*were running*).
8. Вадим мальчиков в зоопарк _____ (*has taken*), они вернутся не раньше, чем часа через два.
9. Именно об этом я думал весь последний час, пока _____ (*was walking*) от дома сюда.
10. Сейчас лето, все _____ (*are flying*) на юг через Москву.
11. Моя жена _____ (*rides*) на этой машине, только когда я её _____ (*drive*). Без меня она _____ (*rides*) на машине с шофёром. Она не умеет _____ (*drive*) машину, и у неё даже нет прав.
12. Шура действительно не умела готовить, да и в магазин _____ (*to go*) не любила.
13. Алла, ты _____ (*will go*) со мной в аэропорт встречать маму?
14. На Пушкинской площади Маргарита села в троллейбус и _____ (*set off*) на Арбат.
15. Билеты уже есть, мы _____ (*are flying*) завтра рано, в шесть пятьдесят.
16. Люба _____ (*was strolling*) по аллее санаторного парка, когда увидела известного конгрессмена.

17. На первом году аспирантуры нужно три раза в неделю _____ (*go*) на обязательные занятия по философии.

18. С самого утра Илья _____ (*had been wandering*) вокруг Дворца бракосочетания, но войти боялся.

Table 4. Unprefixed Imperfective Motion Verbs and Their Perfective Counterparts

Imperfective	**Perfective**
идти ⟶ motion in progress in one direction	пойти x⟶ beginning of motion in one direction
ходить ⟲ undirected motion	походить ⟲ limited undirected motion
ходить ⟲ undirected motion	заходить x⟲ beginning of undirected motion
ходить ⇄ round trip as activity	съездить ⇄ round trip as result

---

Expanding Sentences with Verbal Adverbs

Sentences that show a relationship between verbs can be combined either by using adverbial clauses or by using verbal adverbs (**деепричастия**). In this section we will concentrate on verbal adverbs.

Adverbial clauses and verbal adverbs explain the circumstances (**когда? почему? при каких условиях?**) under which the action of the main clause of the sentence takes place.

> **Сдав** экзамены, мы уедем на океан.
> *After we finish exams, we'll leave for the coast.* [When will we leave?]

> **Не зная** ничего о кандидатах, Женя решил не голосовать.
> *Because Zhenya didn't know anything about the candidates, he decided not to vote.* [Why did Zhenya decide not to vote?]

Найдя ответ на этот вопрос, ты поймёшь всё остальное.
If you find the answer to this question, you will understand everything else.
[Under what circumstances will you understand everything else?]

Imperfective Verbal Adverbs

Verbal adverbs may be either imperfective or perfective. Imperfective verbal adverbs are used in present-, past-, and future-tense sentences to indicate action that is simultaneous with that of the verb of the main clause.

Избиратели **обсуждают** первичные выборы, **возвращаясь** домой.
The voters are discussing the primary election while returning home.

Избиратели **обсуждали** первичные выборы, **возвращаясь** домой.
The voters were discussing the primary election while returning home.

Избиратели **будут обсуждать** первичные выборы, **возвращаясь** домой.
The voters will be discussing the primary election while returning home.

Remember that the common verbs **ждать, хотеть,** and **смотреть** do not have verbal adverbs. Instead, use **ожидая, желая,** and **глядя**.

Аня вопросительно смотрела на председателя комиссии, **ожидая** оценки своего выступления.
Anya looked questioningly at the chairman of the commission, awaiting an evaluation of her presentation.

Желая скорее уехать, Ирина торопилась закончить сочинение.
Because Irina wanted to leave sooner, she hurried to finish her composition.

Глядя на часы, сенатор заметил, что уже пора начинать заседание.
Looking at his watch, the senator observed that it was already time to begin the meeting.

Perfective Verbal Adverbs

Perfective verbal adverbs are used in present-, past-, and future-tense sentences to indicate action that is completed prior to that of the verb of the main clause.

Закончив работу, судья **отдыхает**.
Having finished his work, the judge is resting.

Закончив работу, судья **отдыхал**.
Having finished his work, the judge was resting.

Закончив работу, судья **будет отдыхать**.
After he finishes his work, the judge will rest.

Other Considerations

The action of a verbal adverb and the action of the verb of the main clause are always performed by the same subject.

Когда **Коля вошёл** в кабинет, **он зажёг** свет.
Войдя в кабинет, **Коля зажёг** свет.
After entering the study, Kolya turned on the light.
[same subject, verbal adverb can be used]

Когда **судья вошёл** в зал, **мы встали**.
When the judge entered the room, we stood up.
[different subjects, verbal adverb cannot be used]

Negated verbal adverbs are often translated *without X-ing*.

Я приехал в Россию, **не зная** русского языка.
I arrived in Russia without knowing any Russian.

Президент вышел, **не ответив** на вопросы журналистов.
The president left without having answered the journalists' questions.

9. Replace the verbal adverb with an adverbial phrase introduced by **когда**. Note that the performer of the action will now be named in the **когда** clause. Translate your new sentences into English.

Образец: Убирая комнату, Света нашла потерянную дискету.
Когда Света убирала комнату, она нашла потерянную дискету.
While cleaning her room, Sveta found her lost disk.

1. Возвращаясь домой с выборов, друзья разговаривали о кандидатах.
2. Выходя из аудитории, студенты чаще всего говорят только об экзамене.
3. Живя в Америке, Лена и Володя часто вспоминали Москву.
4. Убрав со стола, Боря станет мыть посуду.
5. Закончив математику, Шура начнёт учить биологию.
6. Войдя в класс, учитель сразу начал обсуждать новую тему.

10. Replace the verbal adverb phrase by an adverbial clause introduced by **так как**. Translate your sentences into English.

> **Образец:** Боясь опоздать в суд, Виктор Петрович взял такси.
> *Так как Виктор Петрович боялся опоздать в суд, он взял такси.*
> *Fearing that he would be late to court, Viktor Petrovich took a taxi.*

1. Валентина читала все статьи по теме диссертации, надеясь найти ответ на свой вопрос.
2. Не понимая по-русски, я не могу общаться с главным редактором.
3. Не имея денег, я не смогу поехать с вами за границу.
4. Работая в компьютерном зале, Костя успевал сделать больше.
5. Будучи сенатором, я должна представлять всех жителей своего штата.

11. Replace the verbal adverb phrase with an adverbial clause introduced by **если**. Remember that if you are speaking of the future, the verb in your **если** clause must be in the future tense. Translate your sentences into English.

> **Образец:** Гуляя по часу в день, вы сможете похудеть.
> *Если вы будете гулять по часу в день, вы сможете похудеть.*
> *If you walk an hour a day, you will be able to lose weight.*

1. Так волнуясь из-за предвыборной кампании, ты заболеешь.
2. Изучая иностранные языки, вы откроете для себя новый мир.
3. Путешествуя по разным странам, вы познакомитесь с разными культурами.
4. Проголосовав за наше объединение, вы сделаете разумный выбор.

12. Rewrite the sentences to remove the verbal adverbs. In your new sentences use **ждать, хотеть,** and **смотреть** rather than **ожидать, желать,** or **глядеть**. Translate your sentences into English.

> **Образец:** Желая жить в более мягком климате, наши знакомые переехали к морю.
> *Так как наши знакомые хотели жить в более мягком климате, они переехали к морю.*
> *Because our friends wanted to live in a milder climate, they moved to the coast.*

1. Надя смотрела на председателя избирательной комиссии с ужасом, ожидая продолжения неприятного разговора.
2. Ожидая мужа с работы в семь часов, я обычно готовлю ужин к его приезду.
3. Не желая обидеть Ивана Ивановича, я обещала проголосовать за него.

4. Голосующие стояли некоторое время на тротуаре, ~~глядя~~ вслед исчезающей машине губернатора.

13. Rewrite the sentences using verbal adverbs.

Образцы: Ваня дописал письмо губернатору и лёг спать.
Дописав письмо губернатору, Ваня лёг спать.

Когда я перевожу с английского, я часто смотрю в словарь.
Переводя с английского, я часто смотрю в словарь.

1. Слава прочитал черновик и сел за компьютер, чтобы перепечатать сочинение.
2. Аркадий Аркадьевич побрился, оделся и спустился в вестибюль, чтобы встретиться с журналистами.
3. Вика перевела статью и дала её редактору на проверку.
4. Пока Клава ждала суда, она разговаривала с подругой.
5. Так как я вегетарианец, я попросил официанта принести овощное рагу.
6. Кира прослушала речь губернатора до конца и не задала ни одного вопроса.
7. После того как Леонид отредактировал рукопись, он вернул её в издательство.
8. Катя взяла телефонный справочник и начала набирать номер конгрессмена.
9. Так как Гриша не купил газету, он только вечером узнал результаты выборов.

14. Combine the sentences. Use verbal adverbs whenever possible. Translate your sentences into English.

Образцы: Раиса прочитала записку, которая лежала на столе. Она упала на кровать и заплакала.
Прочитав записку, которая лежала на столе, Раиса упала на кровать и заплакала.
When Raisa read the note that was lying on the table, she fell onto the bed and burst into tears.

Раиса прочитала записку, которая лежала на столе. Ей захотелось плакать.
Когда Раиса прочитала записку, которая лежала на столе, ей захотелось плакать.
When Raisa read the note that was lying on the table, she felt like bursting into tears.

1. — С днём рождения! — кричал Андрюша. Он радостно протягивал бабушке подарок. *[margin: Когда]* *[margin: разрешал]*
2. Ваня был маленьким. Его мать не разрешала ему играть с другими детьми. *[margin: Когда]*
3. Саша и Наталья вернулись домой и пообедали. Вдруг оказалось, что им нечем заняться. *[margin: Когда]*
4. Лена и Володя накрыли праздничный стол и уютно устроились на диване в комнате. Они провели Новый год вдвоём.
5. Миша уже сделал заказ. Неожиданно его вызвали из ресторана. *[margin: Сделав]*
6. Я не знаю планы моего противника. Поэтому я не хочу о них высказывать мнение.
7. Ты найдёшь ответ на этот вопрос. Тогда всё станет ясным.

Expressing Active and Passive Relationships

Passive constructions (**страдательные обороты**) of the type *Mistakes were made* abound in English, and English speakers are comfortable using them in all levels of discourse. In Russian, true passive constructions do exist, but they are not as common as they are in English. Instead, you may choose among a number of constructions that convey the same sense as an English passive construction.

One of the most common ways of focusing attention on the object of the action is to use the third-person plural of a verb with *no stated subject* (see "Sentences Without a Stated Subject" in Chapter 1). Compare the translations of the following sentences.

> При разведении скота **применяют** различные методы.
> *Various methods are used in cattle breeding.* [literally: (They) use various methods in cattle breeding.]

> В новой лаборатории **используют** студентов из нашего университета.
> *Students from our university are employed in the new laboratory.* [literally: (They) employ students from our university in the new laboratory.]

Another way of attracting attention to the object of the action is through word order. In the sentence **Программу составил Сергей Петрович,** the *program* is the topic or the theme of the sentence, and the new information is that it was put together by Sergey Petrovich. It would be quite natural to translate a sentence of this type using an English passive construction: *The program was put together by Sergey Petrovich.*

In a true passive construction, the grammatical subject of the sentence does not correspond to the actual performer of the action. Instead, the object of the action becomes the grammatical subject of the sentence. The actual performer of the action may either be omitted or expressed by a noun or a pronoun in the instrumental case.

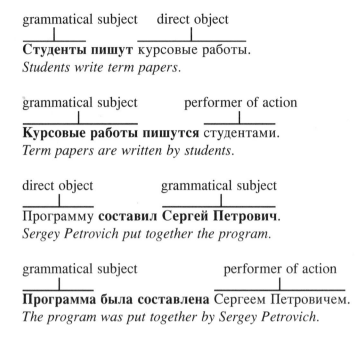

grammatical subject   direct object

Студенты пишут курсовые работы.
Students write term papers.

grammatical subject   performer of action

Курсовые работы пишутся студентами.
Term papers are written by students.

direct object   grammatical subject

Программу **составил Сергей Петрович**.
Sergey Petrovich put together the program.

grammatical subject   performer of action

Программа была составлена Сергеем Петровичем.
The program was put together by Sergey Petrovich.

As a rule, imperfective and perfective verbs behave differently in passive constructions. Imperfective actions are conveyed by reflexive verbs, while perfective actions are conveyed by the short form of the past passive participle and an appropriate form of **быть**.

Во время болезни президента его обязанности **исполнялись** вице-президентом. [imperfective]
During the president's illness his duties were performed by the vice-president.

Все рукописи Александра Шукина **отредактированы** мной. [perfective]
All of Aleksandr Shukin's manuscripts have been edited by me.

One peculiarity of aspectual usage may be observed when describing a phenomenon that occurs without human agency and that extends over prolonged periods of time. In an active construction one uses the present tense of an imperfective verb.

Густой лес **окружает** болото со всех сторон.
Thick forest surrounds the swamp on all sides.

In a passive construction, however, one conveys the same information using the past passive participle of the perfective verb.

Болото **окружено** со всех сторон густым лесом.
The swamp is surrounded on all sides by thick forest.

Think of the perfective verb in the last example as a result that has been achieved in the past but that still exists in the present.

There are, of course, exceptions to the general tendency described above. Some imperfective verbs (for example **любить** or **благодарить**) do not have reflexive forms, and some perfective verbs (for example, **покрыть**) use reflexive forms in addition to past passive participles. You need to be particularly cautious when using reflexive imperfective verbs that have meanings other than or in addition to the passive ones. In particular, avoid replacing active constructions in which the direct object is animate with passive ones formed with a reflexive verb because of the possiblity of confusion with the true reflexive meaning of the verb.

Мать **умывает** ребёнка.
Mother is washing the child.

Ребёнок **умывается**.
The child is washing [itself].

15. Fill in the blanks with the third-person plural present-tense form of the given verb. Translate the sentences into English.

1. Президент избирается косвенным путём коллегией выборщиков, которых
   избирают (избирать) на всеобщих выборах.
2. Срок полномочий конгрессменов, как _называют_ (называть) членов палаты представителей, — два года, членов сената — шесть лет.
3. Сначала в штатах проводятся первичные выборы, съезды партийных организаций или закрытые совещания партийных руководителей, на которых _выбирают_ (выбирать) делегатов на национальный конвент.
4. Заключительный решающий этап фактически завершается в день выборов, которые _проводят_ (проводить) в ноябре, во вторник, следующий после первого понедельника.

16. Replace third-person plural verbs with passive constructions.

1. Эту рукопись отредактировали за две недели.
2. На собрании обсуждали обязанности членов Палаты представителей. _обсуждалась_
3. Программу семинара утверждали на Учёном совете. _должна утверждаться_
4. Избирательные бюллетени принесли утром. _Принесена_
5. Подобные опыты проводили в разных вузах. _проводились_
6. Создали новую комиссию по решению этого вопроса. _Создана_
7. На свежем воздухе жарили шашлыки. _жарились_

17. Write a passive sentence using each of the following phrases. Add a context that justifies your use of verbal aspect (perfective or imperfective), and then translate your sentences into English.

Образец: решить, задача
Задача была решена быстро и правильно.
The problem was solved quickly and accurately.

1. заполнить, анкета
2. заполнять, заявление
3. выпустить, учебник
4. выпускать, новый роман
5. посвятить, первые минуты свидания
6. посвящать, первая глава диссертации

[handwritten annotations: заполнена, заполнялось / заполняется, выпущен, выпускается / выпускался, посвящены чему, посвящается / посвящалась; margin notes: to fill out, complete; to release, put on sale; to devote to, initiate into; form, application]

18. Rewrite as active constructions. Be sure that your new sentence accurately reflects the tense and aspect of the original.

1. Новые законопроекты рассматриваются сначала Думой, а затем Президентом.
2. Многие законопроекты опровергались нашими противниками.
3. Такие методы голосования использовались многими избирателями.
4. В этом году политическими деятелями будут утверждаться новые законопроекты.
5. Здесь написано, что в милиции права граждан нарушаются.

19. Rewrite as passive constructions. Be sure that your new sentence accurately reflects the tense and aspect of the original.

Образцы: Студенты юридического факультета обсуждают законы России.
Законы России обсуждаются студентами юридического факультета.

Мэр города принял экстренное решение.
Экстренное решение было принято мэром города.

1. Политики не сдержат своих обещаний.
2. Правильное руководство обеспечивает победу.
3. Работники нефтепромышленности будут добывать больше нефти.
4. Фермеры выращивают кукурузу.
5. Стремительный поток быстро размывал берег реки.
6. Жители города переизбрали многих кандидатов.
8. Андрей быстро заполнит избирательный бюллетень.
9. Государство будет проводить перепись населения в следующем году.

Источники

Using the Internet

It is almost certain that you already have Internet access—either at home or in the computer laboratory at your school. Web sites (**сайты**) are quite changeable (as is the technology that supports them). For that reason, the instructions in this section will necessarily be of a general nature.

A tremendous variety of material is available in Russian—some of it quite useful and much of it not. You can find, if you put your mind to it, advertisements, reference books, novels, radio and television broadcasts, newspapers, and much more. For purposes of this unit we will concentrate on online news sources—primarily newspapers.

1. If you are using newer Cyrillic fonts, you can search for Russian words using a Western search engine, such as Google (**www.google.com**), or by using a Russian search engine, such as Rambler (**www.rambler.ru**) or Yandex (**www.yandex.ru**). If you are using older Russian fonts, you can still search for Russian words, but you will need to use transliteration. Try searching for the word **правительство.** Which search strategy produces the most useful results? How can you identify sites that originate in Russia?

2. Now go to The Government of the Russian Federation site (**www.government.ru**). Open that site and spend some time exploring its various options. Find the search field (**поиск**) and enter the word **конституция.** What are the results of your search?

3. The official site of The Government of the Russian Federation is a good source of factual information, but it makes dry reading and tells you little about the political news of the day. For the latter, you need to turn to other news sources—for purposes of this unit electronic newspapers. Some newspapers, including **Известия** (**www.izvestia.ru**), **Итоги** (**www.itogi.ru**), **Независимая газета** (**www.ng.ru**), and **Правда** (**www.pravda.ru**), have both print and electronic versions. Others exist in electronic form only. They include: **Gazeta.ru**, **Vesti.ru**, and **Lenta.ru**. Open one or more of these papers and determine what some of today's top stories are.

Чтение

Текст 1. В чём сущность системы разделения властей?

In 1991, journalists **Игорь Геевский** and **Николай Сетунский** published «**Американская мозаика**», a collection of essays on various aspects of American life and culture. In the following essay, they explain the structure of the American government.

Перед чтением

Here are some sentences adapted from the text «**В чём сущность системы разделения властей?**». In each set, one or more of the pronouns have been italicized. Using the provided context, decide what word the italicized pronoun is replacing.

Образец: Создатели конституции США 1787 г. положили в основу структуры высших органов государственной власти — конгресса, президента и Верховного суда — принцип разделения законодательной, исполнительной и судебной властей. Сам принцип *они* заимствовали у Англии, но придали *ему* свои, специфически американские черты.

> *они = создатели конституции США*
> *ему = принцип разделения властей*

1. Американский вариант разделения властей стали именовать системой «сдержек и противовесов». *Она* должна была обеспечить стабильность государственно-правовых институтов.
2. Президент в своих отношениях с конгрессом использует огромные фактические возможности, предоставленные *ему* занимаемым *им* постом.
3. Пользуясь таким привилегированным положением, Р. Рейган не раз выступал с обвинениями по адресу своих политических противников в том, что *они* препятствуют *его* политике оздоровления экономики.
4. Члены Верховного суда объявили неконституционным созданную президентом Администрацию по восстановлению промышленности, считая, что *она* нарушает принципы свободного предпринимательства.
5. Пожизненное избрание обеспечивает членам Верховного суда высокую степень независимости. Впрочем, конгресс имеет право смещать *их* в порядке импичмента.
6. Президент может увеличить число членов Верховного суда и, назначив туда своих ставленников, укрепить *в нём* своё влияние.

В чём сущность системы разделения властей?

су́щность *essence*

Создатели конституции США 1787 г. положили в основу структуры высших органов государственной власти — конгресса, президента и Верховного суда — принцип разделения законодательной, исполнительной и судебной властей. Сам принцип они заимствовали у Англии, но придали ему свои, специфически американские черты. Почему они остановились именно на этом принципе? Среди американских колонистов было широко распространено недоверие к власти английского короля, к монархическому правлению вообще, отождествлявшемуся в их сознании с произволом, который творили уполномоченные короны в заокеанских территориях. Поэтому они не только установили у себя республиканский строй, но и создали такой хорошо продуманный механизм государственной власти, который мог бы служить надёжной преградой на пути любых попыток одной из ветвей власти доминировать над другими, ликвидировать демократические начала (в тот период они были ещё весьма ограничены) и навязать стране свою тираническую диктатуру в той или иной форме.

заи́мствовать *to borrow*
черта́ *feature*

недове́рие *distrust*
отождествля́ть *to identify*
произво́л *tyranny*

прегра́да *barrier*

нача́ло *principle*
навяза́ть *to impose*

Созданный в США американский вариант разделения властей стали именовать системой «сдержек и противовесов». Она, по словам советского исследователя профессора А. А. Мишина, должна была не только предупредить узурпаторские тенденции одной из трёх ветвей власти, но и обеспечить стабильность государственно-правовых институтов и непрерывность функционирования самой государственной власти.

сде́ржка *check*
противове́с *balance*

Удалось ли достичь этой цели? Оглядываясь на двухвековую историю США, можно ответить, что в основном эта задача была решена. При этом, однако, надо сделать оговорку. На практике осуществление принципа разделения властей никогда не совпадало с той моделью, которая зафиксирована в конституции. Государственный механизм постоянно менялся в ходе развития американского общества, изменения роли США на мировой арене. Он обладает достаточной гибкостью, чтобы приспосабливаться к происходящим в стране и в мире переменам, чтобы в наибольшей степени соответствовать интересам

огово́рка *stipulation*

приспоса́бливаться *to adapt*

правящих кругов в данный период. Однако, хотя в юридической компетенции высших органов власти, как и в их взаимоотношениях происходили существенные изменения, сам принцип разделения властей никогда не переставал действовать, определять основу государственного механизма. Этому способствовали важнейшие элементы системы разделения властей.

Во-первых, высшие органы государственной власти формируются различными путями. Конгресс, состоящий из двух палат — палаты представителей и сената, — избирается путём прямых выборов по избирательным округам (первоначально сенат избирался легислатурами, т. е. законодательными собраниями штатов). Президент избирается косвенным путём, коллегией выборщиков, которых избирают на всеобщих выборах. Члены Верховного суда назначаются президентом по согласованию с сенатом.

Во-вторых, у каждого органа государственной власти свой срок полномочий. Срок полномочий конгрессменов, как называют членов палаты представителей, — два года, членов сената — шесть лет, но каждые два года одна треть его состава переизбирается; срок полномочий президента — четыре года, члены Верховного суда назначаются пожизненно.

В-третьих, каждая ветвь власти не является полностью независимой от других и не пользуется монопольными полномочиями в своей сфере деятельности, которые в той или иной степени ограничиваются полномочиями других органов власти. Например, конгресс может отвергнуть любые предложенные президентом законопроекты. Но президент в свою очередь может наложить вето на любой одобренный конгрессом билль. Наконец, конгресс может преодолеть вето, вновь одобрив законопроект в обеих палатах, но на этот раз требуется не простое, а квалифицированное большинство, т. е. не менее 2/3 участвующих в голосовании конгрессменов и сенаторов. А этого, как показывает практика, далеко не всегда можно добиться.

Помимо конституционных прав, президент в своих отношениях с конгрессом использует огромные фактические возможности, предоставленные ему занимаемым им постом, для воздействия на общественное мнение. Например, президент Ф. Рузвельт практиковал регулярные «беседы у камелька», транслировавшиеся по радио, Р. Рейган — выступления по радио и телевидению, а также на различных форумах. Как правило, заявления главы исполнительной власти более широко распространяются средствами массовой информации, нежели речи членов конгресса и его решения.

камелёк *fireside*

Пользуясь таким привилегированным положением, Р. Рейган не раз выступал с обвинениями по адресу своих политических противников в том, что они препятствуют его политике оздоровления экономики, укрепления национальной обороны. Такая критика, к тому же мастерски поданная Рейганом на высоком профессиональном уровне ораторского искусства, нанесла немалый ущерб многим членам конгресса.

препя́тствовать *to hinder*
оздоровле́ние *recovery*

уще́рб *harm*

Впрочем, и в области использования средств массовой информации президенты не обладают какой-либо монополией. Конгресс через свои комитеты и комиссии может осуществлять контроль над деятельностью всех органов и ведомств федеральной администрации. Иногда проводимые ими слушания привлекали широкое внимание средств массовой информации и общественности. Вспоминается, как каждый вечер в течение нескольких месяцев американцы по всей стране буквально прилипали к экранам телевизоров, наблюдая трансляции слушаний по расследованию «уотергейтского дела», в котором был замешан президент Р. Никсон. Это было в 1973–1974 годах. Десять с лишним лет спустя, в 1987–1988 годах, большое внимание телезрителей привлекли передачи слушаний, связанных с разбирательством дела «Иран-контрас». Здесь аудиторию также особенно интересовал вопрос о роли в этой афере президента и вице-президента.

ве́домство *department*

прилипа́ть *to be glued*

разбира́тельство *investigation*

Своеобразные отношения складываются между Верховным судом и двумя другими ветвями власти. Президент обычно назначает на освободившиеся вакансии судей из числа своих единомышленников, и с ними ему относительно несложно находить взаимопонимание, хотя даже и в этом случае между ними иногда возникают разногласия. Кроме того, президенту часто приходится

единомы́шленник *like-minded individual*
взаимопонима́ние *mutual understanding*

иметь дело с судьями, назначенными его предшественниками и не разделяющими его взглядов на многие важные политические проблемы. И в таком случае создаётся почва для столкновений. Например, настроенные консервативно члены Верховного суда в своё время в штыки встретили реформы Ф. Рузвельта. Используя своё право конституционного надзора, они объявили неконституционным созданную президентом Администрацию по восстановлению промышленности, считая, что своим вмешательством в экономику, в трудовые отношения она нарушает незыблемые принципы свободного предпринимательства.

Пожизненное избрание обеспечивает членам Верховного суда высокую степень независимости. Впрочем, независимость эта не абсолютна: конгресс имеет право смещать их в порядке импичмента. Кроме того, президент может увеличить число членов суда и, назначив туда своих ставленников, укрепить в нём своё влияние. Однако эти возможности конгресс и президент практически не использовали.

предше́ственник *predecessor*

столкнове́ние *conflict*
встре́тить в штыки́ *to greet with hostility*
надзо́р *oversight*

вмеша́тельство *interference*
предпринима́тельство *enterprise*

смеща́ть *to remove*

Вопросы к тексту

1. Объясните принцип разделения властей.
2. Почему американские колонисты выбрали именно этот принцип?
3. Каковы, по мнению А. А. Мишина, были главные цели системы «сдержек и противовесов»?
4. Считают ли авторы, что создатели конституции достигли своих целей?
5. Какие элементы системы разделения властей считаются самыми важными?
6. Какими путями формируются высшие органы государственной власти в США?
7. Какие сроки полномочий имеют органы государственной власти?
8. Каким образом зависят ветви государства друг от друга?
9. Какими способами могут президент и конгресс воздействовать на общественное мнение?
10. Какие особые отношения существуют между Верховным судом и другими ветвями власти?
11. Согласны ли вы с мнениями, изложенными в этой статье?

Текст 2. Как происходят выборы президента?

In this essay from «**Американская мозаика**», **Игорь Геевский** and **Николай Сетунский** continue their discussion of the American political system.

Как происходят выборы президента?

Кампания по выборам президента проходит в несколько этапов: сначала в штатах проводятся первичные выборы, съезды партийных организаций или закрытые совещания партийных руководителей, на которых выбирают делегатов на национальный конвент (съезд). Этот этап начинается в феврале и заканчивается в июне года выборов. Следующий этап — проведение национальных конвентов в июле и августе. На них каждая партия выбирает своих кандидатов на пост президента и вице-президента. После этого борьба развёртывается непосредственно между кандидатами партий за два важнейших поста в государстве. Этот заключительный решающий этап фактически завершается в день выборов — их проводят в ноябре каждого високосного года, во вторник, следующий после первого понедельника.

Ночью после дня выборов уже известны имена победителей — президента и вице-президента. Они получают поздравления от потерпевших поражение соперников. Но на этом формальная процедура выборов не заканчивается. Дело в том, что выборы президента и вице-президента носят двухступенчатый характер. В день выборов избиратели голосуют не только за президента и вице-президента, но и за лиц, входящих в так называемую коллегию выборщиков. Так что избиратель, который голосует за кандидатов демократической партии, на самом деле подаёт голос за выборщиков, выдвинутых организацией этой партии в данном штате. Избиратель, голосующий за республиканских кандидатов, подаёт свой голос за другую группу выборщиков. Но голоса выборщиков не разделяются пропорционально числу голосов, поданных за кандидатов в президенты в каждом штате. Тут действует принцип: «Победитель получает всё». Если, например, за кандидата в президенты от демократов подано всего на один голос больше, чем за его соперника-рес-

эта́п *stage*
совеща́ние *meeting*

непосре́дственно *directly*

заверша́ться *to culminate*
високо́сный год *leap year*

двухступе́нчатый *two-tiered*

вы́двинуть *to put forward*

публиканца, он получает все голоса выборщиков данного штата.

Общее число выборщиков от каждого штата равно числу его представителей в конгрессе США, конгрессменов и сенаторов, а всего их, таким образом, 538 человек. Поэтому наибольшее число выборщиков имеют самые населённые штаты — Калифорния, Нью-Йорк, Техас, Пенсильвания, Иллинойс, Огайо, Флорида. Победа в таких штатах даже с самым минимальным преимуществом может оказаться важнее крупных побед в штатах с относительно небольшим числом жителей.

Обязан ли выборщик голосовать за кандидата в президенты своей партии? Формально — нет. Но фактически почти всегда именно так и происходит, ибо каждая партия выдвигает в выборщики своих наиболее доверенных, надёжных приверженцев.

дове́ренный *trusted*
приве́рженец *follower*

Может ли кандидат стать президентом, если он собрал в целом по стране меньше голосов, чем его соперник? Может, если он получил больше голосов выборщиков. Именно такая ситуация сложилась 100 лет назад, когда демократ Г. Кливленд получил на 90 тыс. с лишним голосов больше, чем республиканец В. Гаррисон, но за последнего высказалось большинство в коллегии выборщиков.

Выборщики собираются в своих штатах в первый понедельник после второй среды в декабре года выборов и голосуют отдельными списками за президента и вице-президента. Эти списки направляют председателю сената. Для того чтобы стать президентом, кандидат должен набрать более половины голосов выборщиков. В настоящее время, когда общее число выборщиков составляет 538, минимально необходимое число голосов составляет 270 (269+1). Если участвуют более двух претендентов, то голоса выборщиков могут разделиться так, что ни один из них не получит необходимого большинства. Что же произойдёт в таком случае? Будут ли проведены повторные выборы? Нет, Конституция США предусматривает иную процедуру. Выборы переносятся в палату представителей. В списки для голосования включаются три кандидата, получившие наибольшее число голосов вы-

предусма́тривать *to envisage*

борщиков. В палате представителей голосование будет проходить по штатам, при этом каждый из них имеет только один голос независимо от численности населения. Для избрания необходимо получить больше половины голосов всех штатов, т. е. не менее 26. Выборы в палате представителей должны закончиться до дня инаугурации, т. е. вступления президента в должность.

Такова сложная многоступенчатая система выборов президента. Впрочем, на практике обычно всё решается в день выборов президента, и голосование в коллегии выборщиков лишь отражает и фиксирует их итоги. Правда, в далёком прошлом имели место случаи, когда выборы пришлось переносить в палату представителей. Так, например, было в 1800 г., когда Томас Джефферсон и Аарон Бэрр получили равное количество голосов выборщиков. В палате представителей голоса тоже делились поровну, и только на 36-м туре голосования победу одержал Джефферсон.

по́ровну *equally*

Вопросы к тексту

1. Объясните три этапа кампании по выборам президента США.
2. Что такое «коллегия выборщиков»?
3. Объясните принцип «Победитель получает всё».
4. Может ли кандидат стать президентом, если он собрал меньше голосов, чем его соперник? Приведите примеры.
5. Что произойдёт, если ни один из кандидатов не получит большинства голосов?
6. Почему авторы привели пример Томаса Джефферсона?
7. Считаете ли вы, что нужно отменить коллегию выборщиков? Почему?

Текст 3. Государственное устройство России

During the period 1991–1993, Russians avidly studied the systems of governance of other countries, in large part because of their need to create a viable system of governance for their own country. In this article from **«Россия: физическая и экологическая география»** (1999), **Алексей Монахов** describes the system put into place by the constitution of 1993.

Государственное устройство России

После распада Советского Союза в 1991 г. Россия, согласно Конституции, стала независимым государством. Теперь её государственный строй основывается на демократических принципах народовластия, соблюдения прав человека, законности и правопорядка. В России действует принцип разделения властей на законодательную, исполнительную и судебную, т.е. существуют три независимые друг от друга ветви власти.

народовла́стие *government by the people*
правопоря́док *rule of law*

Исполнительная власть
Пост Президента Российской Федерации (РФ) учреждён 17 марта 1991 г. на всероссийском референдуме, когда Россия была ещё частью СССР.

учреди́ть *to found*

Президент РФ (глава исполнительной власти) избирается на четыре года путём всеобщих выборов. Президентом может стать любой гражданин РФ не моложе 35 лет, проживший в стране не менее 10 лет. Одного и того же человека нельзя избрать на эту должность более чем на два срока подряд. К исполнению своих обязанностей Президент приступает с момента принесения присяги, а перестаёт их выполнять в момент принятия присяги вновь избранным Президентом. Полномочия Президента могут быть досрочно прекращены в случае его отставки — по состоянию здоровья или при отрешении от должности. Отрешение Президента от должности происходит в том случае, если Государственная Дума выдвигает в его адрес обвинение в государственной измене или в совершении иных тяжких преступлений. Обвинение должно быть подтверждено заключениями Верхного Суда и Конституционного Суда России. Окончательное решение выносит Совет Федерации.

прися́га *oath*

отреше́ние *removal*

выдвига́ть обвине́ние *to bring a charge*
ро́спуск *dissolution*

Согласно Конституции 1993 г., Президент РФ определяет основные направления внешней и внутренней политики государства. Он руководит работой Правительства, назначает министров, определяет время выборов в Государственную Думу и принимает решение о её роспуске, подписывает федеральные законы. Президент является Верховным Главнокомандующим Вооружёнными Силами России.

вооружённый *armed*

Исполнительной властью в стране обладает Правительство РФ. Оно разрабатывает и представляет Государственной Думе бюджет страны, осуществляет его выполнение и отчитывается перед Думой. Правительство управляет государственным имуществом, ведает обороной и внешней политикой, а также безопасностью государства.

отчи́тываться *to report*
ве́дать *чем?* *to be in charge (of)*
оборо́ный *defense*

Законодательная власть

Высший орган законодательной власти в России — Федеральное Собрание — состоит из двух палат: верхней и нижней. Принцип двухпалатного парламента предполагает, что первоначально проект закона рассматривается в нижней палате, а затем в верхней. Верхняя палата именуется Советом Федерации, нижняя — Государственной Думой. Совет Федерации и Государственная Дума проводят заседания раздельно, каждая палата имеет свои полномочия. Совместные заседания необходимы, только когда слушаются послания Президента, решения Конституционного Суда и выступления президентов зарубежных стран. Один и тот же человек не может быть членом обеих палат. Депутатам Государственной Думы запрещено состоять в других представительных и законодательных органах.

Членами Совета Федерации являются 198 человек, а Государственной Думы — 450. В Совет Федерации входят представители областей и республик — по одному от законодательного и исполнительного органов власти. Срок полномочий Совета Федерации Конституцией не устанавливается. Его члены часть времени заседают в Москве, а в остальной период заняты на местах — в законодательных и испольнительных органах областей и республик. Депутаты Государственной Думы работают на профессиональной постоянной основе. Им запрещено состоять на любых государственных должностях, а также заниматься какой-либо оплачиваемой деятельностью, кроме творческой (преподавательской, научной, литературной и т. д.).

заседа́ть *to meet*

Федеральное Собрание вырабатывает федеральные законы. Первоначально закон принимается *простым большинством голосов* депутатами Государственной Думы, затем рассматривается Советом Федерации. Если закон одобрен более чем половиной членов Совета Федерации или не был рассмотрен в течение двух недель, он считается принятым. Некоторые, особо важные для страны законы Совет Федерации должен рассматривать обязательно.

В том случае, если между палатами возникают разногласия, палаты формируют согласительную комиссию. Затем закон вновь рассматривает Дума. Если 2/3 депутатов (а не простое большинство) вновь голосуют «за», то закон принимается. Федеральный закон подлежит утверждению Президентом, который либо в течение двух недель подписывает его, либо накладывает вето. В последнем случае закон возвращается в Федеральное Собрание на доработку. Для преодоления вето в каждой из палат закон должен быть одобрен не менее чем 2/3 голосов.

Для утверждения некоторых особо важных законов (их называют конституционными) необходимо не менее 3/4 голосов в Совете Федерации и 2/3 голосов в Государственной Думе.

Судебная власть

Судебная власть в РФ является, наряду с законодательной и исполнительной, самостоятельной ветвью государственной власти. К федеральным судам относятся: Конституционный Суд РФ, Верховный Суд РФ, Верховные Суды республик, краевые, областные, городские суды, а также система федеральных арбитражных судов — Высший Арбитражный Суд РФ, Федеральные арбитражные суды субъектов РФ.

Судьями могут быть граждане РФ, достигшее 25 лет, имеющие высшее юридическое образование и стаж работы по профессии не менее пяти лет. Судьи независимы: государственные, административные органы, партии, должностные лица не имеют права вмешиваться в их деятельность.

Высшим судебным органом по гражданским, уголовным, административным делам является Верховный Суд РФ. Высшим судебным органом по разрешению экономических споров, например, между разными фирмами, является Высший Арбитражный Суд РФ.

возника́ть *to arise*
согласи́тельный *conciliation*

должностно́й *official*
вме́шиваться *to interfere*

В состав Конституционного Суда РФ входят 19 судей, которые назначаются Советом Федерации по представлению Президента России. Каждый судья назначается на срок 12 лет, возраст судьи не должен превышать 70 лет. Избрание на второй срок не предусмотрено.

представле́ние *nomination*

Конституционный Суд определяет, соответствуют ли Конституции России законы, принятые Президентом и Федеральным Собранием. С той же позиции Конституционный Суд оценивает содержание конституций, уставов и законов областей и республик России, а также содержание международных договоров, которым предстоит вступить в законную силу, и т. д.

уста́в *statutes*

Конституционный Суд разрешает споры о полномочиях между различными правительственными учреждениями, между федеральной властью и властями республик и областей, рассматривает жалобы на нарушение конституционных прав и свобод граждан и даёт в необходимых случаях толкование Конституции по конкретным вопросам. Решения Конституционного Суда окончательны, они не подлежат обжалованию и вступают в силу сразу после их оглашения.

обжа́лование *appeal*

Вопросы к тексту

1. Каковы основные принципы государственного строя России?
2. На какой срок избирается Президент России?
3. Кто может стать Президентом?
4. При каких условиях могут быть прекращены полномочия Президента?
5. Какие у Президента полномочия?
6. Чем занимается Правительство РФ?
7. Что такое Федеральное Собрание?
8. Как называются верхняя и нижняя палаты Федерального Собрания?
9. При каких обстоятельствах должны верхняя и нижняя палаты проводить совместные заседания?
10. Кто может стать членом Совета Федерации?
11. Почему Совет Федерации заседает только часть времени?
12. Почему, по вашему мнению, депутаты Государственной Думы имеют право заниматься творческой деятельностью?
13. Объясните, как законопроект становится законом в России.
14. Кто может стать судьёй в РФ?
15. Какую роль играет Конституционный Суд?

Текст 4. Политические партии и выборы в России

In this article, also from **«Россия: физическая и экологическая география»** (1999), **Дмитрий Орешкин** describes the electoral process in post-Soviet Russia.

Политические партии и выборы в России

Понятие «партия» (от лат. partis — «часть, участие») очень широкое. В самом общем значении это слово подразумевает любую группу людей, объединённых общностью интересов. Есть религиозные, националистические, экологические, профессиональные и другие партии.

В СССР была одна партия — коммунистическая. Она состояла из двух неравнозначных частей: так называемой номенклатуры, т. е. сравнительно немногочисленных штатных работников, получавших за свою деятельность зарплату, и огромного большинства (около 19 млн.) рядовых коммунистов. В 1991 г. вместе с развалом СССР — рухнула и правящая партия — КПСС.

неравнозна́чный *of unequal significance*

рядово́й *run-of-the-mill*

ру́хнуть *to collapse*

Политический язык современной России ещё не выработал юридически точного определения понятия «политическая партия». В 1998 г. Министерством юстиции были зарегистрированы десятки политических общественных объединений, каждое из которых, согласно его составу, претендует на участие в политической жизни и выборах в органы власти. Многие такие объединения называют себя партиями: есть Демократическая партия России, Крестьянская партия России, Партия российских регионов, Партия самоуправления трудящихся, Православная партия России, Российская христианско-демократическая партия, Экологическая партия России «Кедр» и др. В 1995 г. к выборам в Государственную Думу готовились 43 избирательных объединения, среди которых числилась и такая экзотическая, как Партия любителей пива.

чи́слиться *to be numbered*

Подобное обилие партий — один из признаков низкой политической культуры в обществе. Огромная доля населения ещё не научилась ясно соотносить свои интересы

оби́лие *abundance*

с интересами претендующих на власть политических групп и их лидеров.)

Тем не менее из «первичного хаоса» уже выделилось несколько весомых избирательных объединений; с их программами и лидерами всё большее число избирателей связывают свои надежды на улучшение жизни. В подобной ситуации главная задача государства — обеспечить гражданам возможность честного и свободного выбора между политическими силами, т. е. сохранить многопартийную систему и механизм законного перехода власти от одной политической группы к другой.

весо́мый *substantial*

Организация государственной власти в Российской Федерации основана на иных по сравнению с принятыми в СССР принципах. Воля народа, выраженная через прямое всеобщее тайное голосование, имеет действительно решающее значение. Прямым всеобщим голосованием избирается глава государства — Президент Российской Федерации.

Необходимым противовесом Президенту и подчинённой ему исполнительной власти служит Федеральное Собрание (или парламент) Российской Федерации, представляющее законодательную ветвь власти. Этот орган состоит из двух палат. Верхняя — Совет Федерации — формируется из руководителей 89 регионов страны (субъектов федерации). Нижняя палата — Государственная Дума (450 депутатов) — как и президент, избирается всеобщим прямым тайным голосованием.

Чтобы соблюсти максимально точное отражение интересов избирателей, выборы в Государственную Думу построены по особой системе. Половина состава Думы (225 депутатов) избирается по так называемым партийным спискам (точнее, по спискам избирательных объединений). Это значит, что избиратель может отдать голос за любую партию, зарегистрированную Центральной избирательной комиссией России (Центризбиркомом) и включённую в избирательный бюллетень. (В 1995 г. голосовавшие выбирали из 43 объединений.) На стадии регистрации партии или объединения партий подают в Центризбирком списки своих кандидатов (не более 270 человек). По результатам выборов 225 вакантных мест

соблюсти́ *to observe*
отраже́ние *reflection*

в Думе распределяются между избирательными объединениями пропорционально количеству набранных ими голосов.)

распределя́ться *to be distributed*

Так в 1995 г. выявились крупнейшие партии России конца XX в. Возглавляет список Коммунистическая партия Российской Федерации, которая набрала на выборах 22,3% голосов и получила 99 мандатов в Государственной Думе. Либерально-демократическая партия России получила 11,2% голосов и 50 мандатов; движение «Наш дом — Россия» — 10,1% и 45 мандатов; за объединение «Яблоко» проголосовало 6,9% избирателей, и оно получило 31 мандат.

возглавля́ть *to head*

манда́т *seat*

Действующая подобным образом избирательная система называется пропорциональной и обеспечивает представительство в нижней палате парламента ведущих политических партий. В России взят за основу 5-процентный барьер: избирательные объединения, получившие на выборах менее 5% голосов, отстраняются от распределения депутатских мандатов. В результате в парламент не прошли представители таких движений, как «Женщины России», «Коммунисты — Трудовая Россия — за СССР», Конгресс Русских Общин и др. 225 мест в Госдуме поделили между собой 4 избирательных объединения, в сумме набравшие 50,5% голосов. Оставшиеся 49,5% голосов оказались распылёнными между многочисленными маловлиятельными партиями, из которых ни одна не преодолела 5-процентный барьер. Несомненно, это серьёзый изъян действующей в нашей стране пропорциональной системы голосования. Не следует, однако, забывать, что так распределяются только 225 из 450 мандатов.

отстраня́ться *to be eliminated*

распылённый *scattered*

изъя́н *flaw*

Вторая половина нижней палаты формируется на основе мажоритарной (от франц. majorité — «большинство») системы голосования и представляет не столько политические партии, сколько разнообразные регионы страны. Для выборов по этой системе территория России делится на 225 избирательных округов с примерно одинаковой численностью избирателей. Каждый округ имеет право делегировать в Госдуму одного представителя (поэтому округ называется одномандатным) Обладателем мандата в итоге становится кандидат, набравший больше всех голосов в данном округе. По мажоритарной системе в Госдуму проходят депутаты, тесно связанные с конкретными регионами и отражающие интересы живущих там людей. У мажоритарной системы также есть серьёзные недостатки. Главный из них — возможность пройти в парламент, заручившись поддержкой весьма небольшого числа избирателей. Например, в 1995 г. во Всеволожском избирательном округе Ленинградской области победитель набрал всего 10,4% голосов.

заручи́ться подде́ржкой *to receive support*

Сочетание пропорционального и мажоритарного принципов позволяет назвать действующую систему выборов в Государственную Думу смешанной.

сме́шанный *mixed*

Выборы Президента Российской Федерации по сравнению с выборами депутатов организованы проще. Среди зарегистрированных Центризбиркомом и внесённых в избирательный бюллетень кандидатов побеждает тот, кто набрал большинство голосов (50% плюс один голос). При этом на выборы должны прийти не менее половины избирателей. Если голоса распредились так, что больше 50% голосов не набрал никто, Центальная избирательная комиссия назначает повторное голосование (второй тур). В ходе его определяется, кто из двух кандидатов, набравших в первом туре наибольшее число голосов, станет победителем. Такое голосование должно состояться не позже, чем через 15 дней после первого.

Именно так развивались события на выборах Президента России в 1996 г. Тогда на пост главы государства официально претендовало 10 кандидатов. В первом туре (16 июня) Б. Н. Ельцин набрал 35,3% голосов, Г. А. Зюганов — 32,0%, А. И. Лебедь — 14,5%. Остальные 7 кандидатов в сумме набрали около 15%. При повторном туре голосования, состоявшемся 3 июля 1996 г., победа досталась Ельцину (53,8%), тогда как Зюганов получил 40,3% голосов. Против обоих высказались 4,8% голосовавших.

Как свидетельствует мировой опыт, для формирования устойчивой политической системы страна должна пройти через пять–семь избирательных кампаний, в ходе которых граждане узнают истинную цену предвыборных обещаний политиков и учатся точнее формулировать

свиде́тельствовать *to attest*
усто́йчивый *stable*

политические предпочтения. *PREFERENCE* В то же самое время среди политических партий происходит отсеивание «карликов» или их поглощение и формирование крупных и ответственных избирательных блоков — с чёткими целями, долговременными политическими программами и надёжными лидерами.

отсéивание *weeding out*
кáрлик *dwarf*
поглощéние *absorption*
чёткий *distinct*

Вопросы к тексту

1. Что обозначает слово «партия»? *"значит*
2. Каков был состав КПСС до распада СССР?
3. Чем можно объяснить обилие партий в современной России? *abundance*
4. В чём состоит главная задача государства?
5. Как называются две системы, по которым избираются члены Государственной Думы?
6. Объясните, как члены Государственной Думы избираются по партийным спискам.
7. Что значит в этом контексте «пятипроцентный барьер»?
8. Что такое «одномандатный округ»?
9. Какие условия существуют для выборов президента? *TO EXIST*
10. Что произойдёт, если никто из кандидатов в президенты не получит большинство голосов?
11. Почему считают, что страна должна пройти через пять–семь избирательных кампаний для формирования устойчивой политической системы?

Аудирование

Политика в современной России

In 1999, **Жанна Зайончковская**, Director of Migration Research at the Moscow Institute for Population Studies, addressed American students on the political situation in contemporary Russia. In her presentation she talks about political figures—**Борис Ельцин, Геннадий Зюганов**, leader of the Communist Party, and **Анатолий Чубайс**, one of Russia's original market reformers. She refers to Russian cities—**Москва, Питер (Санкт Петербург), Свердловск**, and **Нижний Новгород**—and to current events, especially recent riots in Indonesia (**Индонезия**) and the devaluation of the ruble. Listen to this excerpt from her lecture and answer the questions that follow.

Слова к аудированию

Here is an outline of the presentation and, in the order in which you will hear them, some words that may be unfamiliar to you. Before listening, review the words. What do you imagine the speaker will say using these particular words?

Введение

перехо́дный *transitional*

ры́нок *market*

неусто́йчивый *unstable*

неопределённость *uncertainty*

Слабость политических институтов

опере́ться *to rely upon*

возде́йствие *influence*

Консерватизм

автарки́ческий *self-sufficient*

прее́мственность *continuity*

вуали́ровать *to veil*

вычита́ться *to be deducted*

доти́ровать *to fund*

пита́ть *to nourish*

дееспосо́бный *capable*

Дезорганизация средств массовой информации

кра́йность *extreme*

перело́м *major change*

ше́ствие *demonstration*

исключи́ть *to expel*

Моральные и этические нормы

досту́пный *accessible*

дохо́дчивый *intelligible*

ограничи́тель *limiting factor*

превали́ровать *to prevail*

у́мысел *intent*

разворо́вывать *to loot*

Неформальная экономика

присвое́ние *appropriation*

демонта́ж *dismantling*

учи́тываться *to be taken into account*

тенево́й *shadow*

тормози́ть *to brake*

вя́лый *listless*

ро́зничный *retail*

Равновесие

разгроми́ть *to loot*

разбро́д *disorder*

стяжа́тель *moneygrubber*

набива́ть *to stuff*

обира́ть *to fleece*

рассужде́ние *reasoning*

поко́й *peace*

просло́йка *layer*

изверну́ться *to dodge*

отруби́ть *to lop off*

взаме́н *in exchange*

знамёна *banners*

Вопросы к аудированию

1. In her lecture Zayonchkovskaya first describes the general situation in Russia and then moves to concrete factors. What does she say in her introductory remarks?
2. How does Zayonchkovskaya account for the relative weakness of contemporary political parties?
3. To what does she attribute the conservatism of Russian society?
4. Why is Zyuganov popular?
5. What role have the media played?
6. How do young people feel about politics?
7. Why do retirees vote?
8. What does she say about the moral and ethical norms of Russian society?
9. Why does she reject the notion of a shadow economy?
10. Does she anticipate a return to Communism?

Сочинение

You have received a letter from a friend in Russia. Among other things, your friend has expressed an interest in contemporary American politics. Write back and explain what is currently happening on the American political scene. Remember that your friend, although interested, has absolutely no background, so the burden to explain unfamiliar terms and concepts rests on you.

First, working with your classmates, discuss which current issues are of greatest interest in general and to you personally and which ones might hold the greatest interest to your friend. You may discuss local, state, or national politics, and you may, if you wish, focus on a single issue.

At home, write a first draft of your letter. If you feel that you need additional vocabulary, check online sources to see how Russian media have treated the issue that you have chosen. Remember, though, that your friend can access the Russian media just as easily as you can. If your letter ends up sounding like a newspaper article rather than a letter from a friend, it will cause great disappointment.

In class, discuss the first draft of your letter with your classmates. On the basis of their comments, revise your work.

Задания

1. Select one electronic newspaper to review. First, provide factual information about the site: its name, URL, etc. Then explain how the site is structured and what features it offers. Finally, comment on the news stories themselves and on how they

are covered. Who is responsible for editorial policy? Under what circumstances would you choose to use material from this source?

2. Select one news story of interest to you and compare the way it is treated in different electronic newspapers.

3. Using Internet sources, determine which political parties are currently represented in the Russian Duma. Who are the leaders of these parties? What else can you learn about them?

4. Compare the texts «**В чём сущность системы разделения властей?**» and «**Государственное устройство России**». On the basis of your reading, compare the two systems. In what ways does the Russian constitution resemble the American one? What are some of the significant differences? Speculate about why the framers of the Russian constitution chose to structure things as they did.

5. Prepare a commentary on the lecture by **Жанна Зайончковская**. What have been some of the most noticeable changes in Russia since she spoke in 1999?

6. Write an essay defining one of the following words.

- воспитанность
- образованность
- интеллигентность
- правда/истина
- мужество

- женственность
- национальность
- народ
- власть
- зло

7. The nascent political party **ОСРЯ (Объединённые студенты русского языка)** has unexpectedly won a place on the fall ballot. Working together, decide who will stand for what office and what your political platform will be.

8. **Утопия**. Working with your classmates, design a perfect political system.

Повторение

1. Read aloud, or copy and write the numbers as words

1. В 1991 г. вместе с развалом СССР — рухнула и правящая партия — КПСС.
2. В 1995 г. к выборам в Государственную Думу готовились 43 избирательных объединения, среди которых числилась и такая экзотическая, как Партия любителей пива.
3. В 1995 г. голосовавшие выбирали из 43 объединений.

4. На стадии регистрации партии или объединения партий подают в Центризбирком списки своих кандидатов (не более 270 человек).

5. Так в 1995 г. выявились крупнейшие партии России конца XX в.

6. Возглавляет список Коммунистическая партия Российской Федерации, которая набрала на выборах 22,3% голосов и получила 99 мандатов в Государственной Думе.

7. Либерально-демократическая партия России получила 11,2% голосов и 50 мандатов; движение «Наш дом — Россия» — 10,1% и 45 мандатов; за объединение «Яблоко» проголосовало 6,9% избирателей, и оно получило 31 мандат.

8. В России взят за основу 5-процентный барьер: избирательные объединения, получившие на выборах менее 5% голосов, отстраняются от распределения депутатских мандатов.

9. Для выборов по этой системе территория России делится на 225 избирательных округов с примерно одинаковой численностью избирателей.

10. Каждый округ имеет право делегировать в Госдуму 1 представителя (поэтому округ называется одномандатным).

11. В 1995 г. во Всеволожском избирательском округе Ленинградской области победитель набрал всего 10,4% голосов.

12. Среди зарегистрированных Центризбиркомом и внесённых в избирательный бюллетень кандидатов побеждает тот, кто набрал большинство голосов (50% плюс 1 голос).

13. Если голоса распредились так, что больше 50% голосов не набрал никто, Центральная избирательная комиссия назначает повторное голосование (2-ой тур).

14. В ходе 2-ого тура определяется, кто из 2 кандидатов, набравших в 1-ом туре наибольшее число голосов, станет победителем.

15. Такое голосование должно состояться не позже, чем через 15 дней после первого.

16. Именно так развивались события на выборах Президента России в 1996 г.

17. Тогда на пост главы государства официально претендовало 10 кандидатов.

18. В 1-ом туре (16 июня) Б. Н. Ельцин набрал 35,3% голосов, Г. А. Зюганов — 32,0%, А. И. Лебедь — 14,5%.

19. Остальные 7 кандидатов в сумме набрали около 15%.

20. При повторном туре голосования, состоявшемся 3 июля 1996 г., победа досталась Ельцину (53,8%), тогда как Зюганов получил 40,3% голосов. Против обоих высказались 4,8% голосовавших.

21. Как свидетельствует мировой опыт, для формирования устойчивой политической системы страна должна пройти через 5–7 избирательных кампаний.

2. Using the provided verbs, fill in the blanks with the best translation of the given English word or phrase. You may use long-form participles (active or passive), short-form participles, or reflexive verbs. Add linking verbs (**быть**) as needed.

1. Понятие «партия» подразумевает любую группу людей, *объединённых* (who are united) общностью интересов. (объединить)

2. КПСС состояла из двух неравнозначных частей: так называемой номенклатуры, т. е. сравнительно немногочисленных штатных работников, *получавших* (who received) за свою деятельность зарплату, и огромного большинства (около 19 млн.) рядовых коммунистов. (получать)

3. В 1998 г. Министерством юстиции *зарегистрированы* (were registered) десятки политических общественных объединений. (зарегистрировать)

4. Организация государственной власти в Российской Федерации *основана* (is founded) на иных, по сравнению с принятыми в СССР, принципах. (основать)

5. Воля народа, *выраженная* (expressed) через прямое всеобщее тайное голосование, имеет действительно *решающее* (deciding) значение. (выразить, решать)

6. Прямым всеобщим голосованием *избран* (is elected) глава государства — Президент Российской Федерации. (избирать)

7. Необходимым противовесом Президенту и подчинённой ему исполнительной власти служит Федеральное Собрание (или парламент) Российской Федерации, *представляющее* (which represents) законодательную ветвь власти. (представлять)

8. Верхняя палата *формируется* (is formed) из руководителей 89 регионов страны (субъектов федерации). (формировать)

9. Чтобы соблюсти максимально точное отражение интересов избирателей, выборы в Государственную Думу *построены* (are constructed) по особой системе. (построить)

10. Избиратель может отдать голос за любую партию, *зарегистрированную* (registered) Центральной избирательной комиссией России (Центризбиркомом) и *включённую* (included) в избирательный бюллетень. (зарегистрировать, включить)

11. По результатам выборов 225 вакантных мест в Думе *распределяются* (are distributed) между избирательными объединениями пропорционально количеству набранных ими голосов. (распределять)

12. 225 мест в Госдуме поделили между собой 4 избирательных объединения, в сумме *набравших* (which had received) 50,5% голосов. (набрать)

13. *Оставшиеся* (The remaining) 49,5% голосов оказались распылёнными между многочисленными маловлиятельными партиями, из которых ни одна не преодолела 5-процентный барьер. (остаться)

3. Listen again to the presentation by **Жанна Зайончковская** and fill in the blanks with the missing words.

Я рада, что есть студенты, _____ Россией. Это очень приятно. Но надеюсь, что что-то _____ более понятным для вас после нашей _____ беседы. И, прежде всего, мне хотелось начать с _____ факторов, которые имеют долговременное значение для _____ политической ситуации в России. Не надо переводить? Все понимают, да? Хорошо.

Значит, политическая ситуация в таком долговременном значении _____ сложностью переходного периода, который переживает Россия, и тем, что никто не знает, как в этих сложных _____ , когда разрушены все основные регулирующие общественные _____ , как в этих условиях двигаться к демократии и к _____ . И нет такого близкого опыта, чтобы Россия _____ поучиться на примере какой-нибудь страны, и нет _____ . Все ошибаются, и те, кто претендует на _____ учителей, и, естественно, сама страна. Поэтому в таком _____ контексте ситуация ещё долго будет неустойчивой. Россия ещё сделает много ошибок, прежде чем _____ какой-то стратегически ясный путь. Сейчас нет _____ ясного пути, нет ясной общественной цели. _____ не сформулирована ни демократическими силами, ни, наоборот, национал-патриотическими и _____ силами. И отсюда, естественно, такая неопределённость и зигзаги на _____ политического развития, которые делает Россия.

Ну, это, _____ , общая характеристика ситуации, а теперь я хочу _____ , ну, более, что-ли, конкретные факторы, определяющие эту _____ . Ну, они вытекают вот из общей, из общего контекста. _____ , это слабость политических институтов. Значит, в России _____ партий и много претендентов на политических лидеров, но _____ эти партии слабые, потому что им нет _____ сил, общественных групп с ярко выраженными политическими _____ , на которые бы эти партии могли _____ , и если бы были такие группы, они помогли бы _____ более чётко формулировать программы, цели и направления _____ на, на общество. Вот таких сил снизу нет. _____ все партии, они в какой-то мере навязаны _____ , и общество плохо их различает. Значит, основной _____ политический институт в демократическом обществе, как партии, выражающие _____ спектр интересов общества, он в России очень _____ .

Вторая, второй важный фактор, определяющий политическую ситуацию, — _____ консерватизм. Всё ж таки Россия почти в течение восьмидесяти _____ развивалась своим таким автаркическим путём, когда _____ свобод, не было демократических институтов. И выросло _____ три поколения людей в этих условиях. Поэтому _____ есть преемственность не только от родителей к детям, _____ и от дедов, которые воевали в Гражданскую войну, _____ . И этот традиционализм, он не только _____ в историческом развитии Советского Союза, но он и _____ . И в тех условиях выросли целые поколения, когда _____ не задумывались о том, сколько стоит жильё, сколько _____ образование, столько, сколько стоит медицина. Они привыкли _____ , что государство или предприятие в лице государства, _____ предприятие даёт им это и обязано _____ .

V
Экология

Подготовка

Students of Russian often find that increased language skills lead to an increased number of conversational topics. In particular, you may find that although you may be interested primarily in literature, for example, or in history, you also need the ability to discuss topics of general science—if not as a specialist, then at least in a lay person's terms! In this unit we will use questions of ecology as an example of the sort of topic that might be of interest to specialists and non-specialists alike, both in Russia and in the United States as well.

Vocabulary

эколо́гия ecology
экологи́ческий ecological
эко́лог ecologist, environmentalist
окружа́ющая среда́ environment
стихи́я forces of nature, elements
стихи́йный elemental
есте́ственный natural
иску́сственный artificial

охраня́ть I to protect, preserve;
    охрани́ть II
охра́на protection, preservation
природоохра́нный conservation
сохраня́ть I to conserve, preserve;
    сохрани́ть II
сохране́ние conservation, preservation
бере́чь (берегу́, бережёшь, берегу́т;
    берёг, берегла́) to save, protect,
    preserve; сбере́чь (сберегу́,
    сбережёшь, сберегу́т; сберёг,
    сберегла́)
защища́ть I to defend, protect;
    защити́ть (защищу́, защити́шь)
защи́та defense, protection

запове́дник nature preserve
расте́ние plant
живо́тное (р живо́тного) animal

загрязня́ть I to pollute; загрязни́ть II
загрязне́ние pollution
поврежда́ть I to harm; повреди́ть
    (поврежу́, повреди́шь)
вред hurt, harm, harmfulness [1]
вре́дный кому, чему? harmful
грози́ть (грожу́, грози́шь) кому, чем?
    to threaten [2]
угро́за threat
уничтожа́ть I to destroy;
    уничто́жить II
уничтоже́ние destruction
после́дствие consequence
избега́ть I кого, чего? to avoid;
    избежа́ть (избегу́, избежи́шь,
    избегу́т)

вещество́ substance
токси́чный toxic
канцероге́нный carcinogenic

выделя́ть I to emit; вы́делить II
вы́бросы (*р* вы́бросов) discharge, emissions
му́сор garbage, trash
сва́лка (*р мн* сва́лок) (на) dump
сбра́сывать I to dump; сбро́сить (сбро́шу, сбро́сишь)

возобнови́мый renewable
эне́ргия energy
электроста́нция power plant
    а́томная ~ (*сокр* АЭС) nuclear power plant
    теплова́я ~ (*сокр* ТЭС) thermal power plant
    ги́дроэлектростанция (*сокр* ГЭС) hydroelectric power plant
я́дерный nuclear
радиоакти́вный radioactive
ресурсосберега́ющий energy-efficient
развива́ть I to develop; разви́ть (разовью́, разовьёшь; разви́л, развила́)

то́пливо fuel
отопле́ние heating
зави́сеть (зави́шу, зави́сишь) *от чего?* to depend (upon)[3]
зави́симость *ж* dependence
нали́чие presence, availability
отсу́тствие absence, lack
истоща́ть I to exhaust; истощи́ть II

уте́чка (*р мн* уте́чек) leak
ава́рия accident
бе́дствие disaster
чрезвыча́йное положе́ние (*сокр* ЧП) emergency
кисло́тный дождь *м* acid rain
кислоро́д oxygen
углеки́слый газ carbon dioxide
парнико́вый эффе́кт greenhouse effect
озо́нный слой ozone layer
глоба́льное потепле́ние global warming

перераба́тывать I to recycle; перерабо́тать I[4]
перерабо́тка recycling[4]
    центр по перерабо́тке *чего?* recycling center[4]
отхо́ды (*р* отхо́дов) waste[4]
вторсырьё recyclable materials[4]
пункт приёма *чего?* recycling center[4]

цель *ж* goal, purpose
    ста́вить (ста́влю, ста́вишь) ~ *кому?* to set a goal; поста́вить (поста́влю, поста́вишь) ~
ме́ра measures
    принима́ть I ме́ры to take measures; приня́ть (приму́, при́мешь; при́нял, приняла́) ме́ры
причи́на cause, reason
причиня́ть I *кому?* to cause; причини́ть II[1]
по́льза benefit
    получа́ть I по́льзу *от чего?* to derive benefit (from); получи́ть (получу́, полу́чишь) по́льзу
по́льзоваться (по́льзуюсь, по́льзуешься) *чем?* to use; воспо́льзоваться (воспо́льзуюсь, воспо́льзуешься)
испо́льзование utilization
испо́льзовать (испо́льзую, испо́льзуешь) *нес и сов* to use, utilize
примене́ние application
применя́ть I *что, к чему?* to apply (to); примени́ть (применю́, приме́нишь)
употребле́ние use, usage
    выходи́ть (выхожу́, выхо́дишь) из употребле́ния to fall out of use; вы́йти (вы́йду, вы́дешь; вы́шел, вы́шла) из употребле́ния
употребля́ть I to use; употреби́ть II

ка́чество quality
    в ка́честве *чего?* in the capacity (of)

по́мощь *ж* help
   при по́мощи *кого, чего?* with the aid (of)
досто́йный (досто́ин) *чего?* worthy (of)
заслу́живать I *чего?* to deserve, be worthy (of)
заинтересо́ванный (заинтересо́ван) *в чём?* concerned[5]

сре́дства ма́ссовой информа́ции (*р* **сре́дств**) (*сокр* **СМИ**) mass media

телеви́дение television[6]
   ка́бельное ~ cable television
кана́л channel[6]
переда́ча program
передава́ть (передаю́, передаёшь) to broadcast; **переда́ть (переда́м, переда́шь, переда́ст, передади́м, передади́те, передаду́т; переда́л, передала́)**

Vocabulary Notes

[1] Use **причиня́ть/причини́ть** with words like **вред, боль,** or **неприя́тность** to talk about causing something negative to happen.

Токси́чные вы́бросы **причиня́ют вред** окружа́ющей среде́.
Toxic emissions cause harm to the environment.

[2] The verb **грози́ть** may be used with the dative case (*to pose a threat to*), the instrumental case (*to threaten with*), or an infinitive (*to threaten to*).

Ладожскому озеру грозит экологическая катастрофа.
An ecological catastrophe threatens Lake Ladoga.

Тепловые электростанции **грозят** окружающей среде **выбросами** токсичных веществ.
Thermal power plants threaten the environment with toxic emissions.

Директор **грозит закрыть** центр по переработке вторсырья.
The director is threatening to close the recycling center.

[3] In English, a common evasive answer is "It depends." In Russian, alas, one must always specify *upon what* one's answer depends.

Ответ на этот вопрос **зависит от многого**.
The answer to that question depends on many things.

Степень экологического вреда, наносимого ТЭС, **зависит от вида** используемого топлива.
The degree of ecological harm inflicted by a thermal power plant depends on the type of fuel used.

4 The English concept of *recycling* is best conveyed by **переработка** (*reprocessing*). **Центр по переработке** is the place where the reprocessing takes place, while **пункт приёма** (or **приёмный пункт**) is the place where one drops off (**сдавать/сдать**) the things to be reprocessed. Both expressions require the genitive of what is to be recycled: **центр по переработке отходов, пункт приёма вторсырья**. One can speak of industrial waste (**отходы производства**) or domestic waste (**бытовые отходы**). **Бытовые отходы** might include **бумага, стекло, пластиковые бутылки, алюминиевые банки**, and so forth. In Soviet days one received money for recycling glass containers (**стеклопосуда**) and exchanged newspapers and magazines (**макулатура**) for coupons (**талоны**) that gave one access to hard-to-find books.

Старые газеты и журналы можно **сдать в макулатуру**, получить талон и на него купить новые интересные книги.
One can recycle old newspapers and magazines, get a coupon, and buy interesting new books with it.

5 The adjective **заинтерсованный** means *interested* in the sense of having a stake in the matter at hand. Compare the following sentences.

Раиса Ивановна — **интересный** человек.
Raisa Ivanovna is an interesting person.

Мне было интересно читать об аварии на Чернобыле.
It was interesting for me to read about the accident at Chernobyl.

Меня интересует парниковый эффект.
Я интересуюсь парниковым эффектом.
I am interested in the greenhouse effect.

Все **заинтересованные** стороны приезжают на конференцию.
All of the interested parties are coming to the conference.

Россия **заинтересована** в решении этого вопроса.
Russia has an interest in solving this problem.

6 In general, **телевидение** refers to television as a medium as opposed to **телевизор**, the television set, although colloquially one can *watch television* (**смотреть телевизор**) or see something *on television* (**по телевизору**). Within the context of broadcast media **по** + dative case means *via*, which in English is usually expressed as *on*.

Алексей Анатольевич работает **на телевидении**.
Aleksey Anatolevich works in the television industry.

Последние новости всегда передают **по кабельному телевидению**.
They always show the latest news on cable television.

Мультфильмы обычно идут **по двенадцатому каналу**.
The cartoons are usually on channel twelve.

Lexical Studies

Ways of Expressing *to use*

Although all of the *using* verbs—**пользоваться/воспользоваться, использовать, применять/применить**, and **употреблять/употребить**—enjoy a certain amount of overlap, there are still times when one is preferred over the others.

Пользоваться/воспользоваться

Пользоваться/воспользоваться is the verb most commonly used when speaking of using everyday things for their normal purposes.

Валентина редко **пользуется** косметикой.
Valentina rarely uses cosmetics.

Мы **пользуемся** углём для отопления квартиры.
We use coal to heat our apartment.

Пользоваться/воспользоваться also means *to enjoy* and in this sense may be used with things that can be *enjoyed* such as **льготы, блага, услуги**, and **привилегии**. In addition, the imperfective **пользоваться** is the preferred verb with abstract nouns such as **уважение, поддержка, доверие, успех, популярность, влияние, преимущесто, право, свобода, спрос, авторитет, любовь**, and the like.

Жители хотят **благами** цивилизации **воспользоваться**, но они боятся соседства с атомной электростанцией.
The residents are eager to enjoy the blessings of civilization, but they fear the proximity of a nuclear power plant.

Политические деятели не всегда **пользуются уважением** народа.
Political figures don't always enjoy the respect of the people.

Пользоваться/воспользоваться also means *to take advantage* or *to avail oneself.* Used in this sense, it combines with such words as **случай, повод, момент, обстоятельство,** and others.

> Игорь **пользовался** любым **случаем**, чтобы поговорить о загрязнении окружающей среды.
> *Igor used any occasion to speak about environmental pollution.*

Использовать

The verb **использовать**, which is both imperfective and perfective, is like **пользоваться/воспользоваться** in that it also means *to take advantage of.*

> Можно попробовать **использовать** ситуацию.
> Можно попробовать **воспользоваться** ситуацией.
> *One can try to take advantage of the situation.*

Использовать is the preferred verb—except in the situations noted below—when speaking of putting things other than common everyday ones to use or when speaking of using something for a purpose other than the one for which it was originally intended. In addition, **использовать** is strongly preferred when speaking of people.

> В своей статье о глобальном потеплении Устинова **использовала** новейшие статистические данные.
> *In her article on global warming Ustinova made use of the latest statistical data.*

> Мы **используем** все возможности для повышения производства электроэнергии.
> *We are using all possible means to increase production of electrical energy.*

> Как можно **использовать** старые газеты и журналы?
> *How can one put old newspapers and magazines to use?*

> Для работы в заповеднике мы **используем** студентов старших курсов.
> *We use upper division students for work at the nature preserve.*

In a different meaning, **использовать** is a synonym for **израсходовать** (*to use up completely*). In this sense, it is often used with (or implies) the word **весь** and may answer the question **на что?**

> Мы уже **использовали** весь уголь на отопление дома.
> *We have already used up all the coal to heat the house.*

The reflexive verb **использоваться**, which should not be confused with **пользоваться/ воспользоваться**, is used in passive constructions.

> Отработанный пар **используется** для отопления города.
> *The exhaust steam is used for heating the city.*

Применять/применить

The verb **применять/применить** means *to apply (to)*. It is typically used with things that can be *applied* such as **закон, насилие, принцип, способ, тактика, техника, меры, метод,** and others.

> В своих исследованиях мы стараемся **применять** новейшие методы.
> *In our research we try to apply the latest methods.*

Применять/применить is the only *using* verb that can be used with **к** + dative case. Otherwise, it can be replaced by **использовать**.

> Андрей Антонович **применяет** необычный подход **к решению** вопроса.
> *Andrey Antonovich is using an unusual approach to solve the problem.*

> На атомной электростанции **используют** радиоактивные вещества.
> На атомной электростанции **применяют** радиоактивные вещества.
> *They use radioactive materials at the nuclear power plant.*

Употреблять/употребить

Употреблять/употребить is the preferred verb within the context of language use.

> Пётр всегда **употребляет** иностранные слова в сочинениях.
> *Pyotr always uses foreign words in his compositions.*

> Зачем ты **употребил** глагол совершенного вида в этом предложении?
> *Why did you use a perfective verb in this sentence?*

Употреблять/употребить is also used with things that can be ingested (food, drink, medicine, narcotics).

> **Употребить** до 10 ноября 2007 г.
> *Best used before November 10, 2007.*

> В период Великого поста многие в России не **употребляют** в пищу продукты животного происхождения.
> *During Lent many people in Russia do not use animal products in cooking.*

1. Translate into English. What nuances are conveyed by the verbs **пользоваться/воспользоваться** and **использовать**?

1. Каждая ветвь власти не является полностью независимой от других и не пользуется монопольными полномочиями в своей сфере деятельности.
2. Помимо конституционных прав, президент в своих отношениях с конгрессом использует огромные фактические возможности, предоставленные ему занимаемым им постом, для воздействия на общественное мнение.
3. Пользуясь своим привилегированным положением, Р. Рейган не раз выступал с обвинениями по адресу своих политических противников.
4. Используя своё право конституционного надзора, члены Верховного суда объявили неконституционным созданную президентом Администрацию по восстановлению промышленности.
5. Эти возможности конгресс и президент практически не использовали.
6. Министерство юстиции имело право обратиться в апелляционный суд с требованием пересмотра постановления, но решило им не пользоваться.

2. Fill in the blanks with appropriate forms of **пользоваться/воспользоваться** or **использовать**.

1. Компьютер совершенно новый, и никто кроме меня им не _____
2. Сегодня я хочу освоить те компьютерные программы, которые можно будет _____ на работе.
3. У меня было много материала о загрязнении окружающей среды, но я не знал, как его _____ в моём сочинении.
4. Большой популярностью у студентов нашего университета _____ движение зелёных.
5. Мы можем _____ углём или электричеством для отопления дома.
6. Наши инженеры _____ самые лучшие материалы для изготовления труб, чтобы предотвратить утечку газа.
7. Илья _____ случаем, чтобы рассказать нам о возможных последствиях аварии на атомной электростанции.
8. Мы составили список всех атомных станций, которые _____ бетон плохого качества.
9. Нам всем казалось, что президент _____ любовью огромного количества людей.

3. Fill in the blanks with **применять/применить** or **использовать**. In which sentences is it possible to use either?

1. В своей новой статье автор _____ результаты последних экспериментов.
2. Это общая схема. Её нельзя _____ к более сложным вопросам.
3. Профессор Рудин старался _____ каждую пятницу для встреч с учащимися.

4. В последние годы в практике преподавания иностранных языков всё
более интенсивно _иползуют_ технические средства обучения.

5. Люди двадцатого века научились _испол_ атомную энергию. _зовать / применять могли_

4. Fill in the blanks with one of the *using* verbs (**пользоваться/воспользоваться,
использовать, применять/применить, употреблять/употребить**) + the correct case of the given words.

1. Можно мне _воспользоваться_ (телефон) на кухне?

2. Учителя _пользуется_ (огромное влияние) на своих учеников.

3. Александра Ивановна в разговоре с собеседником _употребляет_ (технические термины) и не даёт никаких пояснений.

4. Виктор Фёдорович _использует_ (все свои связи), чтобы защитить
заповедник.

5. В такой ситуации неприлично _использует_ (посторонний человек) в
качестве помощника.

6. Потом выяснилось, что их младшая дочь _употребляет_ (наркотики).

7. Я очень не люблю, когда _мне_ (я) пытаются _использоваться_

8. В их квартире давно не _использ-_ _али_ (ключи) от дверей.

9. Районные власти хотят _использоваться_ (эта информация) в политической
игре.

10. Если нужно непременно готовить что-то горячее, Людмила всегда
пользуется (микроволновая печь). / _использоваться могли_

11. Алексей Владимирович _пользуется_ (авторитет) человека, знающего
своё дело. _авторитетом_

12. Мы _пользуем вами_ (вы) в качестве специалиста по вопросам атомной
энергии.

13. Боря был здесь частым гостем и _пользовался_ (доверие) хозяина.

14. В своей речи Александр впервые _употребляет_ (выражение) «экологическое движение».

15. Летом мы снимали комнату у моря. Наши хозяева разрешали нам
использовать (кухня).

16. Ты _используешь_ (люди) просто _людьми_ в своих целях.

17. В большом зале все столы были пустые, видно _по_ (популярность) это
заведение не _пользовались_

Prefixed Motion Verbs

Prefixed motion verbs (**глаголы движения с приставками**) do not distinguish between determinate and indeterminate forms. Instead, each aspectual pair (**приходить/
прийти**, for example) is subject to the same considerations that affect every other
imperfective-perfective choice.

Imperfective Prefixed Motion Verbs

Imperfective prefixed motion verbs may indicate an action in progress.

> Все смотрели, как незнакомец **подходил** к дому.
> *Everyone watched the stranger approach the house.*

Or they may indicate repeated action.

> Я вчера **заходил** к Ирине несколько раз.
> *I dropped in on Irina several times yesterday.*

In the past tense, an imperfective prefixed motion verb may mean that the action has been performed but that the result has been annulled.

> Сегодя утром к вам **заходил** декан. Он оставил для вас экзаменацион-
> ные билеты.
> *This morning the dean dropped by to see you. He left the exam questions for you.*

> Я **заходила** к тебе ровно в шесть, но тебя не было на месте.
> *I stopped by your place exactly at six, but you weren't there.*

When negated, an imperfective prefixed motion verb may show that the action has not been performed at all.

> — Я долго звонил, а потом обнаружил, что дверь не заперта.
> — И, конечно, вошли в квартиру.
> — Это неправда. Я **не входил** в квартиру.
> *"I rang the doorbell for a long time, and then I discovered that the door wasn't locked."*
> *"And, of course, you went into the apartment."*
> *"That's not true. I did not go into the apartment."*

Perfective Prefixed Motion Verbs

Perfective prefixed motion verbs indicate a single, completed, result-producing action.

> Когда Эдик **пришёл** домой, он принял ванну и лёг спать.
> *When Edik came home, he took a bath and went to bed.*

Perfective prefixed motion verbs, like other perfective verbs, may indicate a repeated action if the sum of the repeated actions is taken as a single event.

Я три раза прошёл мимо тебя, а ты всё меня не замечаешь.
I've walked past you three times, and you still haven't noticed me.

When negated, perfective motion verbs in the past tense indicate that an expected result has not been achieved.

— Начальник уже пришёл?
— Нет, ещё **не пришёл**, но скоро придёт.
"Is the boss already here?"
"Not yet, but he will be soon."

Adding Prefixes

All of the prefixes that we will discuss in this section provide additional information about the spacial orientation of the motion. Many of them are paired (*to/from, in/out,* etc.). These prefixes combine with *unprefixed determinate imperfective* motion verbs (like **идти**) to form new *perfective* motion verbs and with *unprefixed indeterminate imperfective* motion verbs (like **ходить**) to form new *imperfective* motion verbs. There are a few peculiarities to remember:

- **Идти** contracts to **-йти** when it combines with prefixes: **выйти, прийти, зайти**.
- The vowel **-о-** is inserted between prefixes ending with a consonant and all forms of **-йти: войти, вошёл**.
- The hard sign (**ъ**) is inserted to separate prefixes ending in a consonant from vowels: **въехать, въезжать**.
- The prefixes **вз-** and **раз-** are spelled **вс-** and **рас-** before unvoiced consonants: **всходить, расходиться**.

Not all indeterminate motion verbs combine with prefixes. The most important changes that you need to remember are:

бе́гать	**-бега́ть** (stress change only)
броди́ть	**-бреда́ть**
е́здить	**-езжа́ть**
пла́вать	**-плыва́ть**

В-/Вы-

The prefix **в-** indicates entering.

Вежливо постучавшись, Олеся **вошла** в кабинет декана.
After politely knocking, Olesya went into the dean's office.

The prefix **вы-** indicates exiting. Remember that the prefix **вы-** is always stressed when it is part of a perfective verb: **вы́шел, вы́нес**.

> Петя запер за собой дверь и **вышел** на улицу.
> *Petya locked the door behind him and stepped outside.*

Motion verbs prefixed with **вы-** are typically used to talk about departure points (compare English *set off*).

> Самолёт **вылетел** вовремя.
> *The plane took off on time.*

Sometimes verbs prefixed with **вы-** indicate a relatively short absence (compare English *step out*).

> Антона Николаевича нет, он **вышел** на минуту.
> *Anton Nikolaevich isn't here. He has stepped out for a minute.*

Note that the transitive verbs **ввозить** and **вывозить** mean *to import* and *to export*, respectively.

> Россия **вывозит** сырьё и **ввозит** технологическое оборудование.
> *Russia exports raw materials and imports technological equipment.*

5. Use motion verbs beginning with the prefix **в-** or **вы-** to translate the phrases in parentheses. Pay attention to tense and aspect. Translate your sentences into English.

1. Пассажиры торопливо _вошли_ [HASTILY] (*entered*) в вагон подошедшего поезда.
2. _Выходя_ (*While getting out*) из машины, Александра изо всех сил хлопнула [SLAMMED] дверью.
3. Валентин помог Наде надеть куртку, а потом _вывел_ (*escorted*) её из квартиры.
4. Как только начальник _вышел_ (*left*), секретарь сняла трубку и набрала номер.
5. Я только что _вошла_ (*walked in*), сейчас буду ужинать.
6. В Россию почему-то такие принтеры не _ввозят_ (*[they] import*).
7. Я тебе сто раз объяснял! У тебя что, в одно ухо _влетает_ (*[it] flies in*), а в другое _вылетает_ (*flies out*)?
8. _Войдя_ (*After entering*) в метро, Жанна спустилась на платформу и села на скамейку.
9. Дима _въехал_ (*drove into*) во двор и припарковал машину.

При-/У-

The prefix **при-** indicates arrival.

К нам вчера **приехали** родственники из Саратова. Они будут здесь недели две.
Our relatives from Saratov arrived yesterday. They will be here a couple of weeks.

Когда **прилетает** ваш самолёт?
When is your plane arriving?

В течение следующих двух месяцев Николай **приезжал** ещё два раза.
During the next two months Nikolay came two more times.

The prefix **у-** indicates leaving. It focuses on the absence of the subject.

Прошло больше двух лет с тех пор, как я **уехал** из Киева.
More than two years had passed since I left Kiev.

Птица заметила кошку в кустах и **улетела**.
The bird noticed a cat in the bushes and flew away.

Both verbs prefixed with **у-** and verbs prefixed with **вы-** may be translated by the English word *leave*, but there are differences in meaning. Compare the examples below.

Каждое утро дети **выходят** в школу в 8.00.
Every morning the children leave for school at 8:00. [departure]

Каждое лето дети **уезжают** за город на два месяца.
Every summer the children leave for the country for two months. [absence]

Ивана Ивановича сейчас нет. Он **вышел** на несколько минут.
Ivan Ivanovich isn't here right now. He's stepped out for a few minutes.

Ивана Ивановича сейчас нет. Он уже **уехал** домой.
Ivan Ivanovich isn't here right now. He's already gone home.

Человек за дверью ещё некоторое время постоял, а потом **вышел**.
The man behind the door stood there a little longer, and then he stepped out.

Человек за дверью ещё некоторое время постоял, а потом **ушёл**.
The man behind the door stood there a little longer, and then he left.

Transitive motion verbs (**нести/носить, вести/водить, везти/возить**) prefixed with **при-** and **у-** are often translated as *bring* and *take (away)*.

Скажи, чтобы чаю **принесли**, холодно у вас.
Tell them to bring some tea. It's cold in here.

Эту рукопись можно **унести**. Она мне больше не нужна.
You can take that manuscript away. I don't need it any more.

6. Use motion verbs beginning with the prefixes **в-** or **при-** to translate the phrases in parentheses. Pay attention to tense and aspect. Translate your sentences into English.

1. Я ~~прилёл/прихожу~~ (*have come*) к вам, чтобы сообщить об одном важном деле.
2. Не успел Николай Петрович ~~войти~~ (*to enter*) в свой кабинет, как зазвонил телефон.
3. Почему ты не сказала мне, что ~~въехать~~ (*to pull into*) в гараж невозможно?
4. Хотите, я вам горячего кофе ~~принесу~~ (*will bring*)?
5. ~~Приходите~~ (*come*) сюда ещё раз через два дня и покажите, что вы успели сделать за это время.
6. Валентин ~~вошёл~~ (*entered*) в кабинет и увидел на столе новый компьютер.
7. Вы можете гостей ~~привезти~~ (*bring*) из аэропорта в университет?
8. Когда Наталья Ивановна ~~приходит~~ (*arrives*) на работу, первым делом она всегда включает компьютер. ~~приезжает~~

7. Use motion verbs beginning with the prefixes **вы-** or **у-** to translate the phrases in parentheses. Pay attention to tense and aspect. Translate your sentences into English.

1. Возьми мне билет на завтра. Я хочу ~~уехать~~ (*to leave*).
2. Сотрудник Центра охраны дикой природы пока ещё здесь, но она скоро ~~выйдет~~ (*will leave*).
3. Антон надел плащ и ~~вышел~~ (*went*) на улицу.
4. На следующей неделе мы ~~__~~ (*are leaving*) в Италию. Адрес и телефон я вам вышлю позже. ~~уедем, улетаем~~
5. Мы ~~вышли~~ (*exited*) из зала прилёта и сели в такси.
6. Я смогу ~~уйти~~ (*go*) домой сразу, как только напишу контрольную?
7. Все материалы по вопросу безопасности атомной электростанции были в одной папке, но два дня назад один из наших сотрудников эту папку ~~унёс~~ (*took away*).
8. Из аудитории стали медленно ~~выходить~~ (*come out*) те, кто уже сдал экзамен.

Под-/От-

The prefix **под-** indicates approach. When using a motion verb beginning with this prefix, use the preposition **к** + dative case to mean *to*.

К толпе **подошла** бездомная собака.
A stray dog approached the crowd.

Евгений встал из-за письменного стола и **подошёл** к окну.
Evgeny got up from the desk and walked over to the window.

Чем ближе самолёт **подлетал** к Москве, тем больше мы думали о предстоящих встречах с коллегами.
The closer the plane got to Moscow, the more we thought about the upcoming meetings with our colleagues.

Note the use of **подходить/подойти к телефону** to mean *to answer the telephone*.

Когда зазвонил телефон, Федя решил не **подходить**.
When the phone rang, Fedya decided not to answer.

От-, which is the opposite of **под-**, means *to move away*. When using these verbs, use the preposition **от** + genitive case to mean *from*.

Фёдор всё дальше **отходил** от нас. Иногда он оборачивался и махал нам рукой.
Fyodor kept moving farther away from us. Sometimes he would turn around and wave to us.

Медсёстры не сидят постоянно на своём посту, иногда они **отходят**.
Nurses don't stay at their stations constantly; sometimes they step away.

Verbs prefixed with **под-** may be translated as *come* or *arrive* when used with vehicles (trains, buses, etc.) that *pull into* or *up to* their destinations. Similarly, verbs prefixed with **от-** may be translated as *leave* or *depart* when speaking of vehicles that *pull out of* or *away from* their points of departure.

Наконец **подошёл** автобус.
Finally a bus came.

Поезд **отошёл** ровно в 21 час.
The train left at exactly 9:00 P.M.

When **от-** is used with transitive motion verbs (**нести/носить, вести/водить, везти/возить**), it means *to return* or *deliver* someone or something to a destination.

Я прочитал книгу и **отнёс** её в библиотеку.
I finished the book and took it back to the library.

Мы пообедали, и я **отвёз** гостей на вокзал.
We finished eating, and I took the guests to the station.

Утром перед работой Майя **отводит** ребёнка к бабушке.
In the morning before work Maya takes the baby to Grandma's.

Note, however, that one still uses the prefix **у-** when the emphasis is on *taking away* rather than *delivering to.*

Наконец приехал Вадим Антонович и **увёз** жену домой.
Finally Vadim Antonovich came and took his wife home.

The transitive verb **подвозить/подвезти** means *to give a lift.*

Тебя никуда **подвезти** не надо?
Can I drop you off anywhere?

8. Use motion verbs beginning with the prefixes **при-** or **под-** to translate the phrases in parentheses. Pay particular attention to problems of aspect. Translate your sentences into English.

1. Такси _____ (*pulled up*) к ресторану ровно в восемь вечера.
2. Я _____ (*have come*), чтобы проводить вас на встречу с инженером.
3. Выйдя из здания университета, Валентин _____ (*walked up*) к своей машине.
4. Когда они _____ (*pulled up*) к аэропорту, Таня поблагодарила водителя и вышла из машины.
5. Дима грустно смотрел, как родители других детей _____ (*were pulling up*) к школе на своих собственных машинах.
6. Почему ты _____ (*brought*) своих родственников в такое унылое место?
7. Ваня предложил _____ (*to give a lift*) меня до метро.
8. Римма _____ (*came*) ближе к забору и остановилась.

9. Use motion verbs beginning with the prefixes **от-** or **у-** to translate the phrases in parentheses. Pay particular attention to problems of aspect. Translate your sentences into English.

1. Машина _____ (*pulled away*) от здания аэропорта.
2. Хотел сказать, что я _____ (*am leaving*).
3. Все гости давно уже _____ (*had left*).
4. Алёша медленно _____ (*walked away*) от окна и лёг на диван.
5. Вадим успевал несколько раз в неделю _____ (*take*) сыновей в бассейн и привезти их обратно.
6. Миша _____ (*stepped over*) в сторону, чтобы не мешать другим.

За-

The prefix **за-** indicates a *side trip* that the subject of the sentence makes on the way to an end destination. The trip may have a specific purpose, to pick something up, for example, and it may be brief in duration.

> Вы **зайдёте** за мной, когда будете идти на лекцию профессора Лежнёва?
> *Will you stop by for me on your way to Professor Lezhnyov's lecture?*

> К нам **забегал** за книгой Юра. К сожалению, он не смог поужинать с нами.
> *Yura ran by to pick up a book. Unfortunately, he couldn't stay for supper.*

> Несколько раз **заходил** врач и с удовольствием отмечал, что здоровье его пациента восстанавливалось.
> *The doctor stopped by several times and noted with satisfaction that his patient's health was improving.*

The prefix **за-** also means *to penetrate deep into* or *through*.

> Охотники **зашли** далеко в лес.
> *The hunters went deep into the woods.*

In colloquial Russian motion verbs prefixed with **за-** are commonly used as synonyms for motion verbs prefixed with **в-**.

> Ты не **входил** в мою комнату, так? Но кто-то явно **заходил** туда.
> *You didn't go into my room, right? But someone's obviously been there.*

Be sure to distinguish between the imperfective verbs **заходить** and **забега́ть** and the perfective verbs **заходить** and **забегать**, which indicate the beginning of motion (see "Unprefixed Motion Verbs" in Chapter 4).

До-

The prefix **до-** means to reach an end destination. When using these verbs, use the preposition **до** + genitive case to mean *to*. These very common verbs are often used in contexts where an English speaker would say *walk down to*, *reach*, or *get to*.

> Мы с Сашей **дошли** до ближайшего магазина и купили продукты.
> *Sasha and I walked down to the nearest store and bought some groceries.*

> Я **дойду** до дома за полчаса.
> *I'll reach my house in half an hour.*

> Как мне **доехать** до Красной площади?
> *How can I get to Red Square?*

10. Use motion verbs beginning with the prefixes **за-** or **до-** to translate the phrases in parentheses. Pay particular attention to problems of aspect. Translate your sentences into English.

1. Пока Антон заполнял заявление, Валентина успела _зайти_ (*to duck into*) в ванную, умыться и переодеться.

2. Мне нужно отвезти дочку в детский сад, а потом _заехать_ (*drive by*) в прачечную.

3. Валерий и Надя вместе _дошли_ (*reached*) до кабинета заведующего, но Надя _зашла_ (*went in*) к нему одна.

4. Надежда _донесла_ (*carried*) тяжёлые сумки до дома и _занесла_ (*carried in*) их в квартиру.

5. _Входите_ (*Come in*), пожалуйста, дверь открыта.

6. _Доехав_ (*Having reached*) на метро до своей станции, Людмила вышла и дальше добиралась на автобусе.

7. Иногда Мише приходилось выходить из автобуса, не _доехав_ (*having reached*) до нужной остановки.

8. Можно _зайти/заехать_ (*drop by*) к тебе, когда я вернусь? Надеюсь, это будет не поздно.

9. Я _зайду_ (*will drop by*) к тебе в районе двух часов.

10. Весело разговаривая, школьники _дошли_ (*reached*) до школы.

Про-

The prefix **про-** means *to pass*. Verbs beginning with this prefix are typically used with the preposition **мимо** + genitive case (*past*), the adverb **мимо** (*past*), or with the prepositions **через** or **сквозь** + accusative case (*through*). Less frequently, they are used with the prepositions **над** or **под** + instrumental case (*over, under*) or with the preposition **по** (*along*).

Мы **проехали** мимо знаменитого собора.
We drove past a renowned cathedral.

Я уверена, что главный инженер скоро **пройдёт** мимо.
I'm certain that the chief engineer will soon pass by.

Антон **прошёл** через парк.
Anton walked through the park.

Радиоактивное облако **прошло** к северу от города над сравнительно малозаселённой местностью.
The radioactive cloud passed by to the north of the city over a relatively uninhabited area.

Проезжая по Тверской, я заметила толпу.
As I was driving along Tverskaya, I noticed a crowd.

Verbs prefixed with **про-** are frequently used to talk about moving from one part of an interior to another. **Проходить** used in this sense may replace **входить** or **заходить** (*come in*).

Нина встала с дивана и **прошла** в соседнюю комнату.
Nina got up from the couch and went into the next room.

Проходите! Снимайте куртку!
Come on in! Take off your jacket!

Motion verbs prefixed with **про-** also mean *to pass over* or *cover* a distance. When used in this way, they require the accusative of the distance covered.

Юля **проехала** сто километров за два с половиной часа.
Yulya covered a hundred kilometers in two and a half hours.

Пере-

The prefix **пере-** indicates *crossing*. It may be used with **через** + accusative case or with an accusative direct object.

Мама **перевела** Антона через улицу.
Mama took Anton across the street.

Прямо передо мной чёрная кошка стала **перебегать** дорогу.
Right in front of me a black cat started to run across the road.

В прошлом году я примерно раз в месяц **перелетал** через океан.
Last year I crossed the ocean approximately once a month.

Motion verbs prefixed with **пере-** may also mean *to move from one location to another*, *to move from one stage to another*, or *to transfer*.

На будущей неделе мы **переезжаем** на новую квартиру.
Next week we are moving to a new apartment.

В конце учебного года Толя **перешёл** из четвёртого класса в пятый.
At the end of the academic year Tolya moved up from fourth grade to fifth.

Александра Ивановна **перевела** дочь в альтернативную школу.
Aleksandra Ivanovna transferred her daughter to an alternative school.

Об-

The prefix **об-** indicates movement *around* something (possibly an obstacle). Motion verbs beginning with this prefix may be used with direct objects or with the preposition **вокруг** + genitive case.

> Женя **обошла** собаку, которая лежала в прихожей, и прошла на кухню.
> *Zhenya walked around the dog that was lying in the entryway and went into the kitchen.*

> Мы **обошли** вокруг дома, заглядывая в окна, но хозяина не нашли.
> *We walked around the house peering into the windows, but we didn't find our host.*

Verbs prefixed with **об-** also mean *to catch up to/with, to overtake,* and *to pass.*

> Анатолий ехал быстро, **объезжая** другие машины.
> *Anatoly drove rapidly, overtaking the other cars.*

These verbs also mean *to go around,* not in the sense of circumventing, but in the sense of moving around (possibly examining) an interior or in the sense of moving from one location to other similar locations (*making the rounds*).

> Надя медленно **обошла** комнату, а потом вышла на балкон.
> *Nadya slowly walked around the room and then stepped out onto the balcony.*

> На рынке сначала **обойди** всех продавцов, чтобы найти самые низкие цены.
> *At the market, first go round to all the vendors in order to find the lowest prices.*

11. Use motion verbs beginning with the prefixes **про-, пере-,** or **об-** to translate the phrases in parentheses. Pay particular attention to problems of aspect. Translate your sentences into English.

1. Щенок _____ (*ran across*) на другую сторону улицы.
2. В этих коробках _____ (*[they] transport*) радиоактивные вещества из одной лаборатории в другую.
3. Валя вошла в метро и _____ (*went*) через турникет.
4. Петя _____ (*passed*) старые «Жигули», которые ехали в гору.
5. Костя _____ (*drove*) ещё метров пятьдесят, а потом остановился.
6. Мы скоро _____ (*are moving*) на новую квартиру, и я _____ (*will transfer*) тебя в другую школу.
7. — Я не буду сегодня завтракать, — сказал Миша, _____ (*as he passed*) через кухню.

можно!

8. Александр Иванович медленно ~~вошёл~~ *обходил* (*walked around*) приёмный пункт.
9. ~~Обойдя~~ (*Having walked around*) умывающуюся кошку, Володя вышел в открытую дверь.
10. Олег видел меня через окно, когда он ~~проходил~~ (*was passing*) мимо нашего дома.
11. — ~~Проходите~~ (*Come in*), — гостеприимно сказал хозяин, — я вас жду.
12. Не стоит ~~переезжать~~ (*to move*), пока не будет сделан ремонт.

Вз- (Вс-)/С-

The prefix **вз- (вс-)** and its opposite **с-** mean *to ascend* and *descend*, respectively.

> **Я взбежал** на пятый этаж.
> *I ran up to the fifth floor.*

> Мария **слетела** с лестницы и выбежала на улицу.
> *Maria flew down the steps and rushed out onto the street.*

The verb **всходить/взойти** also means *to rise* when speaking of heavenly bodies.

> Луна уже **взошла**.
> *The moon had already risen.*

In the context of public transportation the verb **сходить/сойти** means *to get off*. It is possible to use **выходить/выйти** in this context as well.

> Вы **сходите** сейчас?
> Вы **выходите** сейчас?
> *Are you getting off now?*

Sometimes verbs prefixed with **с-** have the connotation of *away* (compare English *off*).

> Я хочу купить свою квартиру и **съехать** от родителей.
> *I want to buy my own apartment and move away from my parents.*

> Двое преступников **сбежало** из тюрьмы.
> *Two criminals have escaped from prison.*

Be sure to distinguish imperfective verbs like **сходить** or **сбега́ть** from perfective verbs like **сходить** and **сбе́гать**, which mean to make a round trip (see "Unprefixed Motion Verbs" in Chapter 4).

С-/раз- (рас-)

The prefixes **с-** and **раз-** (**рас-**) indicate motion *from different directions toward one point* or motion *from one point in different directions*. When used with transitive motion verbs, they mean *to bring together* and *to disperse* or *dispense*.

> Студентам всегда трудно **сводить** концы с концами.
> *Students always have trouble making ends meet.*

> Медсёстры **разносят** лекарства по палатам.
> *The nurses deliver medicine to the patients' rooms.*

Intransitive motion verbs prefixed with **с-** and **раз-** (**рас-**) are reflexive. They are commonly used to speak about *coming together* and even more frequently to talk about *separating* or *parting*.

> Все родственники **съехались** на Машин день рождения.
> *All of the relatives got together for Masha's birthday.*

> После окончания занятий ребята стали **расходиться** по домам.
> *At the end of the school day all of the kids started going home.*

> Родители должны в конце концов **разъехаться** с детьми.
> *Parents must eventually part with their children.*

Remember that the prefixes **с-** and **раз-** (**рас-**) mean *to bring/come together* and *to separate* in a figurative sense as well.

> Я ещё помню, когда родители **разошлись**.
> *I still remember when my parents got divorced.*

12. Use motion verbs beginning with the prefixes **вз-** (**вс-**), **с-**, or **раз-** (**рас-**) to translate the phrases in parentheses. Pay particular attention to problems of aspect. Translate your sentences into English.

    1. Наташа с такой скоростью _сбежала_ (*ran down*) по ступенькам вниз, что я не смогла её поймать.
    2. После соревнований Катин отец всегда _развозил_ (*took*) всех детей по домам.
    3. Сегодня _съезжаются_ (*are getting together*) мои партнёры, чтобы обсудить контрактные условия.
    4. Летом Москва пустая. Все _разъезжаются_ (*goes*) на дачи и садовые участки.
    5. Галя вихрем _взлетела_ (*flew up*) на второй этаж.
    6. Иногда детям очень трудно _разъехаться_ (*to part*) с родителями.
    7. Услышав крики, соседи начали _сбегаться_ (*to come running*).

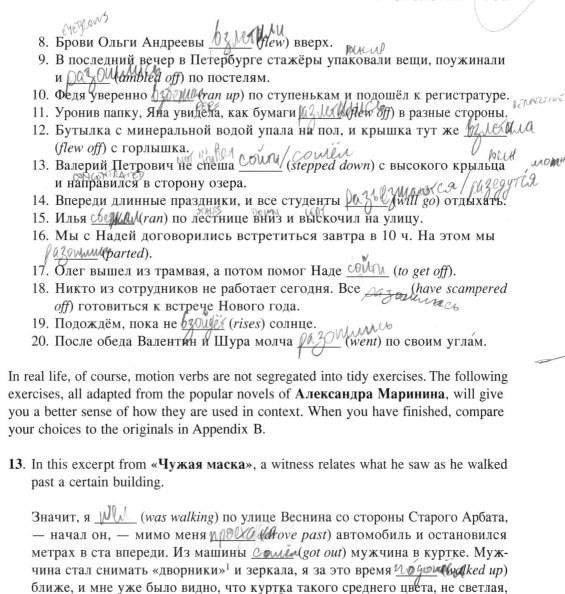

8. Брови Ольги Андреевы _____ (flew) вверх.

9. В последний вечер в Петербурге стажёры упаковали вещи, поужинали и _____ (ambled off) по постелям.

10. Федя уверенно _____ (ran up) по ступенькам и подошёл к регистратуре.

11. Уронив папку, Яна увидела, как бумаги _____ (flew off) в разные стороны.

12. Бутылка с минеральной водой упала на пол, и крышка тут же _____ (flew off) с горлышка.

13. Валерий Петрович не спеша _____ (stepped down) с высокого крыльца и направился в сторону озера.

14. Впереди длинные праздники, и все студенты _____ (will go) отдыхать.

15. Илья _____ (ran) по лестнице вниз и выскочил на улицу.

16. Мы с Надей договорились встретиться завтра в 10 ч. На этом мы _____ (parted).

17. Олег вышел из трамвая, а потом помог Наде _____ (to get off).

18. Никто из сотрудников не работает сегодня. Все _____ (have scampered off) готовиться к встрече Нового года.

19. Подождём, пока не _____ (rises) солнце.

20. После обеда Валентин и Шура молча _____ (went) по своим угла́м.

In real life, of course, motion verbs are not segregated into tidy exercises. The following exercises, all adapted from the popular novels of **Александра Маринина**, will give you a better sense of how they are used in context. When you have finished, compare your choices to the originals in Appendix B.

13. In this excerpt from «**Чужая маска**», a witness relates what he saw as he walked past a certain building.

Значит, я _____ (was walking) по улице Веснина со стороны Старого Арбата, — начал он, — мимо меня _____ (drove past) автомобиль и остановился метрах в ста впереди. Из машины _____ (got out) мужчина в куртке. Мужчина стал снимать «дворники»[1] и зеркала, я за это время _____ (walked up) ближе, и мне уже было видно, что куртка такого среднего цвета, не светлая, но и не чёрная. Мужчина закурил и _____ (went in) в подъезд.

14. In this passage from «**Смерть ради смерти**», two young lovers have met at a bus stop.

Они стояли на автобусной остановке и целовались. _____ (arrived) автобус, _____ (exiting) с него пассажиры аккуратно _____ (walked around) их и _____ (dispersed) по домам. Потом _____ (came) ещё один автобус. И ещё один.

---

[1]windshield wipers

— Пойдём (*Let's go*), — он потянул Любу в сторону, подальше от остановки.

— Куда?

— Никуда. Просто погуляем. А хочешь, поедем/съездим (*[we'll] drive*) куда-нибудь? У меня машина тут неподалеку стоит, возле твоей школы.

— А можно мы с тобой доедем (*walk down to*) до метро, и ты купишь мне цветы? Много, много цветов. Можно?

— Конечно.

— Они шли (*walked*) обнявшись, периодически останавливаясь и начиная целоваться.

15. In this excerpt from «**За всё надо платить**», **Юра Коротков** is trying to locate **Настя** (**Ася**) while at the same time avoiding **Ольга Решина**.

Коротков вышел (*got out*) из машины и углубился в парк, окружающий клинику. Стараясь не бросаться в глаза, он обошёл (*walked around*) все аллеи вблизи выхода. Решину он увидел внезапно всего в каких-нибудь трёх–четырёх метрах от себя. Коротков почему-то ожидал, что она будет выходить (*would exit*) из стеклянных дверей центрального корпуса, а она появилась откуда-то из глубины парка и подошла (*had approached*) к выходу по аллее, перпендикулярной той, по которой разгуливал Юра.

Коротков пристроился «в хвост» Ольге и дошёл (*walked as far as*) следом за ней до самого метро, когда впереди мелькнула Аськина ярко-голубая куртка. Он метнулся вперёд, расталкивая прохожих и бормоча извинения.

— Разворчивайся — и в метро, — тихо сказал он, обнимая Настю и изображая молодого человека, который опоздал на встречу со своей дамой.

Настя послушно повернулась, взяла его под руку, и они быстро зашагали (*started walking*) по подземному переходу. Однако вместо того, чтобы пройти (*pass through*) турникеты и встать на эскалатор, Коротков вывел (*led out*) её через переход на противоположную сторону улицы.

16. In this passage from «**За всё надо платить**», **Николай Саприн**, while completing check-in procedures at a Moscow airport, makes several unsuccessful attempts to telephone **Михаил Владимирович**.

Саприн метнулся к телефону-автомату. Прямой телефон на работе не отвечал, сотовый[2] тоже, а секретарь сообщила, что Михаил Владимирович на банкете. Саприн выругался про себя и пошёл (*went*) искать свою очередь на регистрацию. Очередь выстроилась огромная, поэтому продвигалась очень медленно, и Николай ещё несколько раз отошёл (*stepped away*) позвонить. Наконец он подошёл (*walked up to*) к стойке и протянул билет и паспорт.

— Багаж?

---

[2] *cell*

— Без багажа.

— _Проходи_ (Go on through) на посадку.

Он сделал ещё одну попытку дозвониться, но ему опять не повезло. Он _вышел_ (went out) на улицу, закурил. По громкоговорителю уже второй раз объявили, что регистрация на его рейс заканчивается. Надо _идти_ (to go). Он отшвырнул недокуренную сигарету и быстро _зашагал_ (started walking) на посадку. Предъявив сумку для досмотра, сделал жалостное лицо и спросил у сотрудника службы безопасности:

— Слушай, командир, здесь нигде телефона нет? Очень нужно, честное слово. Ты видишь, я уж до последней минуты на посадку _не подходил_ (didn't go through), всё к автомату _____ (kept running). А там занято и занято, прямо как назло.

17. In this excerpt from «Светлый лик смерти», **Лариса** follows **Виктор Дербышев** in order to learn more about him.

На следующий день был выходной, и Лариса с утра пораньше уже заняла свой пост неподалеку от подъезда, _____ (without getting out) из машины. Она так и не придумала, как же ей познакомиться с Дербышевым, и решила сначала понаблюдать за ним. Дербышев _вышел_ (came out) из дома около одиннадцати утра вместе с той дамой, с которой _пришёл_ ([he] had arrived) вчера, сел в свой «мерседес» и _отходил_ (set out) в сторону центра. Лариса двинулась за ними.

Дама _сошла_ (got out) из машины возле Белорусского вокзала, а Дербышев _водил_ (drove) дальше. _Доехав_ (Having reached) до почтампта, он припарковал машину и _перешёл_ (went through) в ту часть здания, где располагались абонентские ящики.[3] Лариса поспешила за ним, но близко _подойти_ (approach) не рискнула. Она видела, как Виктор открыл один из ящиков, забрал свою почту и направился к выходу. Она подождала, пока он не _уйдёт_ (leave), и _подошёл_ (walked up) к ячейкам.

18. In this excerpt from «Не мешайте палачу», one character gives instructions to another.

Вам не нужно возвращаться в офис. Я сейчас _ухожу_ (will leave), а вы _уезжаете_ (will drive away) куда-нибудь в тихое место, остановите машину и будете сидеть в ней до без десяти шесть. После этого вы должны _выедите_ (exit) на Садовое кольцо, _войдёте_ (drive) до Сухаревской площади и свернуть на Сретенку. _Проходите_ ([You] will cover) по Сретенке пятьсот метров, остановитесь и _сходите_ ([you] will get out) из машины. К вам _подходят_ ([they] will come up to) и скажут, что нужно делать дальше.

---

[3] _PO boxes_

Expanding Sentences with *что* and *чтобы*

"PUSHING" AT SMITH.

Reported Speech

In Russian the conjunctions **что** and **чтобы** are both used in reported speech (**косвенная** *INDIRECT* **речь**). Use **что** to report statements.

> «Вы должны охранять окружающую среду», — сказал учитель.
> Учитель сказал, **что** мы должны охранять окружающую среду.
> *"You have to protect the environment," said the teacher.*
> *The teacher said that we have to protect the environment.*

Requests, commands, advice, and wishes are reported using **чтобы**.

> «Вынеси мусор по дороге в магазин», — сказала Анна Васильевна.
> Анна Васильевна сказала мне, **чтобы** я вынес мусор по дороге в магазин.
> *"Take out the trash on your way to the store," said Anna Vasilievna.*
> *Anna Vasilievna told me to take out the trash on my way to the store.*

> «Остановите утечку газа!» — приказал начальник.
> Начальник приказал, **чтобы** остановили утечку газа.
> *"Stop the gas leak!" ordered the supervisor.*
> *The supervisor ordered that the gas leak be stopped.*

Some of the verbs that express requests, commands, advice, and wishes may also be used with infinitive constructions.

> Начальник **приказал остановить** утечку газа.
> *The supervisor gave the order to stop the gas leak.*

Words that may be used both with **чтобы** and with infinitive constructions include:

просить/попросить	*to request*
приказывать/приказать *кому?*	*to order*
советовать/посоветовать *кому?*	*to advise*
рекомендовать *нес. и сов. кому?*	*to recommend*
убеждать/убедить	*to convince*
запрещать/запретить	*to forbid*
велеть *нес. и сов. кому?*	*to order (tell)*

> Директор школы **посоветовал, чтобы мы посетили** заповедник.
> Директор школы **посоветовал нам посетить** заповедник.
> *The principal advised us to visit the nature preserve.*

19. Replace direct speech with reported speech. Remember to omit all of the words that are characteristic of direct speech. Translate your sentences into English.

Образец: «Расскажи, пожалуйста, об аварии на АЭС», — попросил меня Миша.

Миша попросил, чтобы я рассказала ему об аварии на АЭС.
Misha asked me to tell him about the accident at the nuclear power plant.

1. «Завтра я, наверное, прочитаю статью о загрязнении российских рек и озёр», — сказал отец.
2. «Мне давно хотелось поговорить с вами об охране окружающей среды», — объявила Нина Петровна.
3. «Помоги мне, пожалуйста, написать сочинение о возобновимых источниках энергии», — попросил я брата.
4. Уходя, Вера велела: «Анна, не забудь вынести мусор».
5. «Сегодня же сходите к врачу», — посоветовал директор всем служащим завода.

20. Replace the infinitive constructions with equivalent **чтобы** constructions.

1. Друзья посоветовали нам воспользоваться случаем и поехать отдыхать в Крым.
2. Виктор попросил меня помочь ему перевести статью о канцерогенных веществах на официальные языки конференции.
3. Андрей попросил брата вынести мусорное ведро.
4. Мы посоветовали экологам посетить новую электростанцию.
5. Сергей Иванович обратился с требованием к директору завода перестать сбрасывать отходы в реку.
6. Командир приказал объявить чрезвычайное положение.
7. Александра велела брату регулярно сдавать алюминиевые банки.
8. Преподаватель посоветовал студентам чаще употреблять новые слова и выражения.

Other Constructions with *что* and *чтобы*

Что and **чтобы**, in addition to being used to report direct quotations, are used in a number of other constructions. **Что** may be used with verbs that convey thoughts and feelings (**думать, бояться**, etc.) and perceptions (**видеть, слышать, заметить, наблюдать**, etc.). It is also used in impersonal sentences that comment on the quality of a situation (**странно, плохо, хорошо, правильно**, etc.).

Странно, **что** никто не знал о вреде этого вещества.
It's odd that no one knew about the harmfulness of this substance.

Чтобы is used with verbs that express wishes and desires. They include:

разрешать/разрешить *кому?*	*to allow, permit*
позволять/позволить *кому?*	*to allow, permit*
умолять	*to implore, entreat*
молиться/помолиться *кому, о чём?*	*to pray*
предлагать/предложить *кому?*	*to suggest*
настаивать/настоять *на чём?*	*to insist*
требовать/потребовать *чего, от кого?*	*to demand*
желать/пожелать *чего?*	*to wish*
стараться/постараться	*to endeavor*
стремиться *к чему?*	*to strive*
следить *за чем?*	*to be mindful of*
заботиться/позаботиться *о чём?*	*to take care of, see after*
добиваться/добиться *чего?*	*to achieve*
заслуживать *чего?*	*to deserve, be worthy of*
предупреждать/предупредить *о чём?*	*to warn*

Игорь настоял (на том), **чтобы** я сдала бутылки из-под пива.
Igor insisted that I recycle the beer bottles.

Чтобы may also be used in impersonal sentences that comment on the necessity or the desirability of a situation (**надо, нужно, необходимо, важно, желательно,** etc.), with prepositional phrases such as **против того** and **за то**, and with such short-form adjectives as **достоин** and **заинтересован**.

Нужно, **чтобы** все боролись за чистый воздух.
It is necessary that everyone fight for clean air.

Жители города против того, **чтобы** завод сбрасывал отходы в реку.
The residents of the city are opposed to the factory's dumping waste into the river.

Я заинтересована в том, **чтобы** суд доказал их вину.
I have an interest in the court's proving their guilt.

A number of these words and expressions may be used both with **что** and with **чтобы**. As a rule, use **что** to report statements of fact and **чтобы** to report hypothetical possibilities.

Мы добились того, **что** она согласилась опубликовать статью.
We got her to agree to publish the article.

Мы добивались того, **чтобы** она согласилась опубликовать статью.
We were trying to get her to agree to publish the article.

Some verbs, such as **думать**, **заметить**, and **помнить**, which are normally used with **что** when reporting statements, may be used with **чтобы** when negated. Once again, using **чтобы** rather than **что** conveys a more hypothetical attitude toward the event being reported.

Я думаю, **что** Инна забыла об аварии.
I think that Inna's forgotten about the accident.

Я не думаю, **что** Инна забыла об аварии.
I don't think that Inna's forgotten about the accident.

Не думаю, **чтобы** Инна забыла об аварии.
I don't think that Inna would have forgotten about the accident.

Verbs of perception, such as **видеть** or **слышать**, which are used with **что** or **как** when reporting an actual occurrence, are typically used with **чтобы** when negated.

Я видела, **что** Дима гулял с сыном у реки.
I saw that Dima had taken his son for a walk by the river.

Я видела, **как** Дима гулял с сыном у реки.
I saw Dima walking by the river with his son.

Я никогда не видела, **чтобы** Дима гулял с сыном у реки.
I've never seen Dima take his son for a walk by the river.

If the verb in the main part of the sentence expresses doubt or uncertainty, the difference in meaning between **что** and **чтобы** ceases to exist.

Сомневаюсь, **что** он сделает копии на всех.
Сомневаюсь, **чтобы** он сделал копии на всех.
I doubt that he will make copies for everyone.

Я не думаю, **что** этот план трудно выполнить.
Я не думаю, **чтобы** этот план трудно было выполнить.
I don't think this plan is difficult to fulfill.

Трудно поверить, **что** ученик написал сочинение сам.
Трудно поверить, **чтобы** ученик написал сочинение сам.
It's hard to believe that the student wrote the composition by himself.

The verb **бояться** is used in the same way, but the verb in the **чтобы** clause is typically negated.

Я боюсь, **что** главный инженер **объявит** чрезвычайное положение.
Я боюсь, **чтобы** главный инженер **не объявил** чрезвычайное положение.
I'm afraid that the chief engineer will declare an emergency.

Only **что** may be used to report a negative fear.

Я боюсь, **что** главный инженер **не объявит** чрезвычайное положение.
I'm afraid that the chief engineer won't declare an emergency.

21. Fill in the blanks with **что** or **чтобы**, depending on the sense of the sentence.

1. Ученики просят, ~~чтобы~~ классный руководитель взял их в заповедник.
2. Я считаю, ~~что~~ нам нужно поехать на электростанцию.
3. Президент требует, ~~чтобы~~ вице-президент выполнял его указания.
4. Моя подруга не жалеет, ~~чтобы~~ выбрала специальность эколога.
5. Отцу хотелось, ~~чтобы~~ сын его работал в области животноводства.
6. Все были заинтересованы в том, ~~чтобы~~ выборы состоялись. *subjunctive*
7. Из статьи я понял, ~~что~~ планете грозит глобальное потепление.
8. Жаль, ~~чтобы~~ от этой встречи не осталось ничего, кроме воспоминания.
9. Володя вполне достоин того, ~~чтобы~~ его рекомендовали в аспирантуру.

22. Fill in the blanks with the past form of the given verb. Translate the sentences into English.

1. Врач хочет, чтобы больной после болезни ~~поехал~~ (поехать) в Крым.
2. Я прошу, чтобы меня никто не ~~обманывал~~ (обманывать).
3. Учитель сказал детям, чтобы они ~~пользовались~~ (пользоваться) словарями.
4. Директор школы старался сделать всё возможное, чтобы ученики хорошо ~~учились~~ (учиться).
5. Этикет требует, чтобы пожилым людям ~~уступали~~ (уступать) место.
6. Экологи хотят, чтобы государство ~~охраняло~~ (охранять) окружающую среду.

23. Complete the sentences. Translate your sentences into English.

1. Я хочу, чтобы _____ .
2. Ваня просил, чтобы _____ .
3. Мы желаем, чтобы _____ .
4. Экологи настаивают на том, чтобы _____ .
5. Нужно, чтобы _____ .
6. Желательно, чтобы _____ .
7. Важно, чтобы _____ .
8. Президент заинтерсован в том, чтобы _____ .
9. Аня достойна того, чтобы _____ .
10. Палата представителей против того, чтобы _____ .

24. Create sentences by selecting one word or phrase from each column. Translate your sentences into English.

Образец: не помнить   Сергей   заниматься
Я не помню, чтобы Сергей когда-нибудь занимался в библиотеке.
I don't remember Sergey's ever having studied in the library.

не видеть	директор завода	пользоваться
не думать	республиканская партия	выбрать
не слышать	эколог	применять
не помнить	ТЭС теплован электростанция	выделять EMIT
не заметить	законодательная ветвь	использовать
не верить	представители	осуществить IMPLEMENT
сомневаться	политик	обеспечить
бояться	Государственная Дума	опровергнуть REFUTE, OVERTURN

Clauses of Purpose

Only **чтобы** may be used to introduce clauses of purpose. Sometimes that purpose is stressed by adding **для того, с тем,** or **за тем** to the main clause of the sentence.

Учитель использовал наглядные пособия, **чтобы** ученики лучше поняли парниковый эффект.
The teacher used visual aids so that the students could understand the greenhouse effect better.

Для того, чтобы понять насколько вредно глобальное потепление, надо изучать химию.
One must study chemistry in order to understand fully how harmful global warming is.

If the actions of the main and the subordinate clauses are performed by different subjects, the past form of the verb is used in the subordinate clause.

Мама принесла угля и затопила печку, чтобы **мы не замёрзли**.
Mom brought some coal and stoked the fire so that we wouldn't freeze.

If the actions of the main and the subordinate clauses are perfomed by the same subject, the verb of the subordinate clause is an infinitive.

Завод применяет новую технологию, чтобы **не загрязнять** окружающую среду.
The plant uses new technology in order not to pollute the environment.

If the verb of the main clause is a motion verb, the action of both clauses is performed by a single subject, and the verb of the subordinate clause is not negated, one may use either **чтобы** or an infinitive construction with no change in meaning.

Я пришла **поговорить** с вами о курсовой работе.
Я пришла, **чтобы поговорить** с вами о курсовой работе.
I've come to discuss my term paper with you.

If the verb of the subordinate clause is negated, **чтобы** must be used.

Мы вышли, **чтобы не беспокоить** животных.
We left in order not to bother the animals.

25. Rewrite the sentences so that the action of the subordinate clause is performed by the agent given in parentheses.

Образец: Я включил отопление, чтобы согреться. (котёнок)
Я включил отопление, чтобы котёнок согрелся.

1. Мы посетили заповедник для того, чтобы ознакомиться с редкими растениями. (школьники)
2. Я выключил свет, чтобы сберечь электроэнергию. (мы)
3. Чтобы посетить гидроэлектростанцию, я должна заранее договориться с директором. (вы)
4. Надо включить телевизор, чтобы узнать последние новости об урагане. (Иван Васильевич)
5. Я должен позвонить губернатору, чтобы встретиться с ним в понедельник. (делегаты)

26. Rephrase the sentences using **чтобы** and a negative infinitive.

Образец: Мы ехали быстро, так как боялись опоздать на встречу с директором завода.
Мы ехали быстро, чтобы не опоздать на встречу с директором завода.

1. Алёша шёл медленно, так как боялся опять повредить ногу.
2. Молодые родители употребляли только экологически чистые продукты, так как боялись причинить вред здоровью ребёнка.
3. Олег выключил радио, так как не хотел больше слушать о бедствиях.

4. Я надену тёплое пальто, потому что боюсь простудиться.

5. Нина часто мыла руки, так как боялась заболеть гриппом.

Clauses of Result

Clauses of result may be introduced by both **что** and **чтобы**. In sentences containing an expression of measure or degree (**так, такой, настолько, до такой степени, до того**), the result clause is introduced by **что**.

После аварии Оля изменилась до такой степени, **что** её трудно было узнать.
Olya changed so much after the accident that it was hard to recognize her.

Загрязнение было такое сильное, **что** необходимо было объявить чрезвычайное положение.
The pollution was so bad that it was necessary to declare an emergency.

В заповеднике было так интересно, **что** мы не хотели уезжать.
It was so interesting in the nature preserve that we didn't want to leave.

Мария до того любила природу, **что** посвятила ей всю свою жизнь.
Maria loved nature to such an extent that she devoted her entire life to it.

If the words expressing measure or degree are negated, however, or are replaced by the word **слишком**, or if the sentence uses an adverb of quantity (**много, мало, достаточно, недостаточно**) or the impersonal verb **хватает/хватит**, then the result clause is introduced by **чтобы** and the verb is an infinitive.

На улице не так холодно, **чтобы надевать** пальто.
It's not cold enough outside to put on a coat.

Статья не такая интересная, **чтобы читать** второй раз.
The article's not interesting enough to read a second time.

Было слишком поздно, **чтобы выносить** мусор.
It was too late to take out the trash.

Я не настолько повредил ногу, **чтобы не участвовать** в соревнованиях.
I didn't hurt my leg so badly that I can't participate in the competition.

У меня достаточно времени, **чтобы отредактировать** рукопись в срок.
I have enough time to edit the manuscript by the due date.

У Ани не хватает энергии, **чтобы участвовать** во всех мероприятиях.
Anya doesn't have enough energy to participate in all the activities.

Sometimes sentences expressing purpose and result are close in meaning. Compare:

Учитель написал задание так, **чтобы** оно сразу было понятно ученикам.
The teacher wrote the assignment that way in order to make it immediately clear to the students. [purpose]

Учитель написал задание так, **что** оно сразу будет понятно ученикам.
The teacher wrote the assignment in such a way that it will immediately be clear to the students. [result]

27. Negate the sentences. Translate your sentences into English.

Образец: Антон такой умный, что может писать статьи на любую тему.
Антон не такой умный, чтобы писать статьи на любую тему.
Anton isn't smart enough to write articles on just any topic.

1. Эта тема такая интересная, что можно долго обсуждать её.
2. Я так устал, что хочу сидеть дома.
3. На пляже так жарко, что можно загорать.
4. Оля так хорошо печатает, что может закончить эту статью за полчаса.
5. Этот вопрос настолько сложный, что его нужно изучать несколько месяцев.
6. День такой холодный, что можно включить отопление. [HEATING]

28. Fill in the blanks with **что** or **чтобы**.

1. Надо так объяснять ситуацию, _что_ вас все поняли.
2. Учитель велел школьникам так одеваться, _чтобы_ они не простудились на экскурсии по ботаническому саду.
3. Соня так устала, _что_ не могла подняться с кровати.
4. Классный руководитель хотел организовать экскурсию так, _чтобы_ ученикам было интересно в заповеднике.
5. Дети так крепко спали, _что_ не слышали шума телевизора.
6. Хочется так подготовиться к экзамену, _чтобы_ сдать его хорошо.
[PURPOSE →] 7. Задание нужно сделать так, _чтобы_ не переделывать.
8. Метель не такая сильная, _чтобы_ менять планы о поездке.

29. Complete the sentences.

1. У меня достаточно времени, чтобы _____ .
2. У меня не хватает времени, чтобы _____ .
3. У меня слишком мало времени, чтобы _____ .
4. У меня достатоно причин, чтобы _____ .
5. У меня достаточно денег, чтобы _____ .

6. Мне достаточно прочитать этот текст один раз, чтобы _____ .

7. У меня немало оснований, чтобы _____ .

8. У меня много поводов, чтобы _____ .

Expressing *instead of*

Вместо (*instead of*) is used with the genitive case of nouns and pronouns.

> **Вместо** супа я возьму бутерброд.
> *Instead of soup I'll have a sandwich.*

When using a verb, use **вместо того чтобы** and the infinitive of the verb.

> **Вместо того, чтобы** переводить статью о пользе переработки отходов производства, Игорь читал журнал.
> *Instead of translating the article on the benefits of recycling industrial waste, Igor read a magazine.*

> **Вместо того, чтобы** поправить директора, Андрей молчал.
> *Instead of correcting the director Andrey kept quiet.*

> Нужно сдавать пластиковые бутылки **вместо того, чтобы** их выбрасывать.
> *You need to recycle the plastic bottles instead of throwing them away.*

30. Rephrase using the expression **вместо того чтобы** and an infinitive.

1. Олег должен готовиться к уроку, но он играет в компьютерные игры.
2. Андрей должен был поехать на гидроэлектростанцию, а поехал в заповедник.
3. Анна хотела использовать мою статью, но использовала статью Иванова.
4. Игорь должен поступать в аспирантуру, но он продолжает работать.
5. Студенты должны были прочитать эту книгу в подлиннике, но они прочитали её в переводе.

Expressing Causal Relationships

There are a number of ways to express cause in Russian. The questions that one may ask about cause include **почему, из-за чего, по какой причине**, and **отчего**. These questions may be answered either with prepositional phrases or with sentences containing clauses of cause. Deciding which to use depends on whether the cause is external or internal, whether the response is voluntary or involuntary, and on a number of other factors as well.

Prepositions with Causal Meaning

Из-за and *благодаря*

The prepositions **из-за** + genitive case and **благодаря** + dative case are used when the cause is external to the subject of the action. **Из-за** is preferred when the outcome is *unfavorable*, and **благодаря** is preferred when the outcome is *favorable*. When the outcome is neutral from the speaker's point of view, either may be used.

> Авария произошла **из-за** утечки газа.
> *The accident happened because of a gas leak.*

> Жители не хотят, чтобы в этой местности строили АЭС **из-за** возможности аварий и их последствий.
> *The residents don't want a nuclear power plant built here because of the possibility of accidents and their consequences.*

> **Благодаря** дождям уровень воды в реках был нормальный.
> *Thanks to the rain, the water level in the rivers was normal.*

> **Благодаря** заповедникам этот вид лекарственных растений ещё не исчез.
> *Thanks to the nature preserves, this variety of medicinal plant has not yet disappeared.*

От and *из*

The preposition **от** + genitive case indicates the *physical cause* of a state or process.

> Алла Петровна умерла **от** инсульта.
> *Alla Petrovna died from a stroke.*

> **От** загрязнения воздуха многие заболели раком.
> *Because of the air pollution a lot of people developed cancer.*

Both **от** and the prepositon **из** + genitive case indicate the *emotional cause* of a state or process. The preposition **от** implies an involuntary or spontaneous reaction, while **из** indicates a deliberate response on the part of the subject.

> **От** страха Аня не смогла ответить на вопрос.
> *Anya was so frightened that she couldn't answer the question.* [involuntary]

> Когда вопросы задают только **из** вежливости, это сразу же чувствуется.
> *When people ask questions simply out of politeness, one senses it immediately.* [choice]

По

The preposition по + dative case is always used with words that themselves mean *cause* and with the word **вина** *(fault)*: **по какому поводу, по какой причине, по каким соображениям, по вине**. **По** is also associated with handicaps or drawbacks. It is used when the subject of the sentence does something (usually negative) because of his/her own poor health, age, inexperience, absentmindedness, ignorance, or error: **по ошибке, по глупости, по рассеянности, по неосторожности, по наивности**. (Note that when the subject does something negative because of *someone else's* poor judgment, etc., **из-за** is still preferred.)

> **По** каким-то причинам инспекторы так и не доехали до электростанции.
> *For some reason the inspectors never did make it to the power plant.*

> Авария на ТЭС произошла **по** вине начальства.
> *The accident at the thermal power plant was the fault of the authorities.*

> **По** рассеянности я оставила учебники дома.
> *I absentmindedly left my books at home.*

> **По** слабости здоровья Коля не смог поехать к побережью. **Из-за** слабости Колиного здоровья его друзья тоже не смогли поехать.
> *Because of Kolya's poor health he couldn't go to the coast. Because of Kolya's poor health his friends couldn't go either.*

> Сергей Романович уничтожил доказательства **по** глупости. **Из-за** глупости Сергея Романовича доказательства были уничтожены.
> *Sergey Romanovich destroyed the evidence out of stupidity. Because of Sergey Romanovich's stupidity the evidence was destroyed.*

The preposition **по** is also used in expressions showing that the action was authorized by someone else: **по совету, по просьбе, по приказу, по приглашению**.

> Чрезвычайное положение было объявлено **по** приказу начальства.
> *The emergency was declared by order of the authorities.*

По also occurs in two set expressions relating to marriage: **по любви, по расчёту**.

> Кира вышла замуж не **по** расчёту, а **по** любви.
> *Kira married not for money but for love.*

Вследствие, в результате, ввиду, в связи

In addition to the prepositions discussed above, it is possible in Russian to use the expressions **вследствие** (*in consequence*), **в результате** (*as a result*), **ввиду** (*in view*), and **в связи** (*in connection*) to express cause. **Вследствие, в результате,** and **ввиду** are used with the genitive case; **в связи** is used with **c** and the instrumental case. These expressions are characteristic of academic, business, and other official styles.

Завод был закрыт **вследствие** загрязнения окружающей среды.
The factory was shut down as a consequence of environmental pollution.

В результате аварии произошла утечка нефти.
An oil leak occurred as a result of the accident.

Вылет самолёта задерживается **ввиду** неблагоприятных лётных условий.
Takeoff has been delayed in view of unfavorable flying conditions.

В связи с истощением ресурсов работа на станции была приостановлена.
Work at the station was suspended in connection with the depletion of resources.

Table 5. Prepositions with Causal Meaning

из-за + genitive case

    external cause (negative); **из-за аварии**

благодаря + dative case

    external cause (positive): **благодаря помощи**

от + genitive case

    physical cause: **умереть от голода**

    involuntary reaction: **улыбаться от радости**

из + genitive case

    voluntary response: **помочь из жалости**

по + dative case

    words that mean *cause:* **по причине, по поводу, по соображениям**

    words that reflect *shortcomings:* **по ошибке, по рассеянности**

    words that show *authorization:* **по совету, по просьбе, по приказу**

    set expressions: **по вине, по любви, по расчёту**

31. Complete the sentences with the given words. Add **благодаря** or **из-за** depending on the sense of the sentence.

1. Неприятности на электростанции произошли _из-за_ (ваша неосторожность).
2. Валерия не приняли в аспирантуру _из-за_ (плохие отметки).
3. _Благодаря_ (новая компьютерная программа) ученики лучше понимают глобальное потепление.
4. _Благодаря_ (усилия) университетских студентов работа в центре по переработке отходов прошла успешно.
5. _Из-за_ (болезнь) Галина Петровна не выходит из дома и ни с кем не встречается.
6. Наука сегодня развивается в значительной мере _благодаря_ (спонсорские программы).
7. _Из-за_ (чрезвычайное положение) все местные школы временно закрыты.

32. Complete the sentences with the given words. Add **от** or **из** depending on the sense of the sentence.

1. _Из_ (интерес) к дошкольному образованию я хожу на лекции по воспитанию детей.
2. Я принимаю такие приглашения _из_ (обычная вежливость).
3. _От_ (сильный мороз) руки сделались непослушными.
4. Не ходи на лекции по атомной энергии. Ты умрёшь _от_ (скука)!
5. _Из_ (чувство) ответственности Галя помогает пожилой соседке.
6. Катенька вскрикнула _от_ (резкая боль).
7. Я растерялась _от_ (неожиданность) вопроса.
8. Саша задал этот вопрос _из_ (любопытство), он не хотел тебя обидеть.

33. Complete the sentences. Add **из, из-за**, or **по** depending on the sense of the sentence.

1. Степан женился не _по_ (расчёт), а _по_ (любовь).
2. Эдуард Андреевич согласился финансировать новый проект _из_ (любовь) к природе.
3. Зина _по_ (ошибка) взяла чужую рукопись со стола.
4. Мы все пострадали _из-за_ (ваша ошибка).
5. Зинаида Степановна отказалась от контракта _по_ (разные причины), прежде всего _из-за_ (финансовые соображения).
6. Юра согласился на эту должность _по_ (неопытность).
7. Вероника отказалась использовать новую программу _из-за_ (упрямство).
8. Я терплю его поведение исключительно _из_ (жалость) к невоспитанному человеку.

Clauses of Cause

Adverbial clauses of cause express the cause of the action that takes place in the principal clause of the sentence. Adverbial clauses of cause may be introduced in a number of ways: **потому что, так как, оттого что, из-за того что, благодаря тому что, вследствие того что, в результате того что, ввиду того что, в силу того что, поскольку, по случаю того что, по причине того что, по той причине что, в связи с тем что**, and **ибо**.

The most common of these conjunctions in all levels of speech is **потому что**. Clauses beginning with **потому что** follow the principal clause of the sentence. If the cause is to be stressed, the word **потому** is stressed in spoken Russian, and a comma is placed after it in writing. If the cause is not stressed, the word **потому** is not stressed in speaking, and a comma is placed before it in writing.

> Нам посоветовали кипятить питьевую воду, **потому что** очистное сооружение закрыли.
> *We were advised to boil our drinking water because the purification plant had been closed.*

> Володя не мог спать **потому, что** сильно волновался о предстоящей встрече с экологами.
> *Volodya could not sleep because he was so concerned about his impending meeting with the ecologists.*

Clauses beginning with **так как, оттого что**, and **из-за того что**, all of which are also commonly used, may precede or follow the principal clause.

> Мы устали, **так как** работали без перерыва во время бедствия.
> *We are tired because we worked without a break during the disaster.*

> Жители жаловались **оттого, что** в доме не было отопления.
> *The residents complained because there was no heating in the house.*

> Серёжа сердился **из-за того, что** никто не хотел обсуждать его тему.
> *Seryozha got angry because no one wanted to discuss his topic.*

Other expressions—**благодаря тому что, вследствие того что, в результате того что, ввиду того что, в силу того что, поскольку, по случаю того что, по причине того что, по той причине что, в связи с тем что**—are generally considered characteristic of academic, business, and other official styles.

Благодаря тому, что применили новый метод, переработка вторсырья шла лучше.
Thanks to the fact that they applied a new method, the recycling went better.

Вследствие того, что в отстойнике скопилось невероятное количество отходов, дамбу прорвало.
As a consequence of an incredible amount of waste's having collected in the storage pond, the dam broke.

В результате того, что нагретая вода сбрасывается в водоёмы, создаётся зона постоянного подогрева.
As a result of the heated water's being released into the reservoir, a permanently heated zone is created.

Ввиду того, что уровень Каспийского моря поднялся на два с половиной метра, была проведена международная конференция по защите прибрежных территорий.
In view of the fact that the level of the Caspian Sea has risen two and a half meters, an international conference has been held on the defense of coastal territories.

В силу того, что АЭС почти не имеет выбросов, атомная энергетика является наиболее экологически чистой отраслью топливо-энергетического комплекса.
By virtue of the fact that a nuclear power plant has practically no emissions, nuclear energy is considered the most ecologically clean branch of the fuel and energy complex.

Поскольку особенно много радионуклидов накопил ягель, в костях северных оленей обнаружено в два раза больше стронция, чем в организме животных, обитающих в зоне Чернобыля.
Insofar as the Icelandic moss has absorbed an exceptionally large amount of radionuclides, twice as much strontium has been found in the bones of reindeer as in the bodies of animals living in the Chernobyl zone.

В связи с тем, что доклады на конференции представляют большой интерес, следует опубликовать их отдельным сборником.
Because the conference papers are of great interest, they should be published as a separate collection.

The conjunction **ибо** (*for*) is generally regarded as being characteristic of literary or even poetic Russian, but sometimes is encountered meaning *since* in colloquial speech as well. Clauses beginning with **ибо** follow the principal clause.

Я должен согласиться с вами, **ибо** ваши факты бесспорны.
I must agree with you since your facts are irrefutable.

Разговор в течение первых десяти минут вертелся вокруг парникового эффекта, но тема быстро иссякла, **ибо** предмет обсуждения был понятен только немногим.
During the first ten minutes the conversation centered on the greenhouse effect, but the topic was quickly exhausted since the object of the discussion was comprehensible to only a few.

It is also possible for the principal clause of the sentence to explain the cause and for the subordinate clause to explain the result. Result clauses are typically introduced by **поэтому** or by **так что**.

Регулятор громкости звонка давно сломался, **так что** сделать звук потише никакой возможности не было.
The volume control had broken long ago, so there was no possibility of turning the sound down.

Владимир Иванович — человек занятой, **поэтому** я стараюсь сделать так, чтобы отнять у него как можно меньше времени.
Vladimir Ivanovich is a busy man, so I try to arrange things so they take as little of his time as possible.

34. Complete the sentences. Translate your sentences into English.

1. Движение зелёных борется за ресурсосберегающие автомобили, потому что _____ .
2. Александр Иванович достоин нашей помощи, потому что _____ .
3. Россия заинтересована в развитии возобновимых источников энергии, потому что _____ .
4. На гидроэлектростанции объявили чрезвычайное положение, потому что _____ .
5. Весь мир изучает аварию на Чернобыле, потому что _____ .
6. Нельзя сбрасывать отходы в реку, потому что _____ .

35. Combine the sentences first using **потому что** and then a second time using **поэтому**.

Образец: Олег не понял вопроса. Он ответил неправильно.
Олег ответил неправильно, потому что не понял вопроса.
Олег не понял вопроса, поэтому ответил неправильно.

1. В самом начале я сделал ошибку. Я не смог решить задачу.
2. Было уже поздно. Мы пошли домой.

3. Все быстро уснули. Все очень устали.

4. Вода в реке поднялась на 16 сантиметров. Целую неделю шли дожди.

5. В аудитории никого не было. Лекции давно закончились.

6. У меня не было энциклопедии по географии. Я пошёл в библиотеку.

36. Rewrite the sentences using **потому что**.

Образец: Благодаря опыту Валентина работает хорошо.
Валентина работает хорошо, потому что у неё есть опыт.

1. Алёша учится отлично благодаря хорошим способностям и усидчивости.

2. Ольга сделала ошибку по невнимательности.

3. От волнения Петя не мог сказать ни слова.

4. Алла не хочет признать ошибку из упрямства.

5. Костя по неосторожности разлил молоко.

6. Университет закрыли из-за сильного мороза.

Источники

Broadcast Media

Russian broadcast media have changed dramatically since 1991. Prior to the collapse of the Soviet Union, almost all of Russian television was owned and operated by the government. Only two channels were available nationally, and there was no commercial advertising. Today, according to the USAID "Survey of Russian Television" (1997), there are at least 500 non-governmental stations. Six non-governmental networks are trying to develop national audiences, and commercial advertising becomes more sophisticated with each passing year.

1. The abundance and variety of new programs provides a rich source of linguistic and cultural information, which may be accessed in a variety of ways. The two most readily available modes of access are cable television and Internet. Through cable television you may have access to one Russian news broadcast (**Время**, for example) or to an entire network. Determine which capabilities your school has. If possible, select one news broadcast to watch on a regular basis. What sorts of things does the program report? Does it represent any particular point of view? How does the treatment of the news differ from typical U.S. approaches?

2. A second possibility is to access Russian radio or television via the Internet. Here, too, there are a number of options. For a partial list of radio stations available on the Internet, look at **russianinternet.com/radio**. This site tells you where each of the stations originates and provides you with broadcast particulars and audio player requirements. Spend a few minutes looking at the homepages of some of the stations, including ones that originate outside of the Russian Federation. Report back to the class on your findings.

3. Now select one radio station, such as **Радио Маяк** (**www.radiomayak.ru**), and spend some time exploring it. What kind of programming does it provide? Can you listen to live broadcasts? Do you have access to archived material? Listen to one story that interests you and report back to the class.

Чтение

Текст 1. Семьсот тысяч тонн отравы в Ладожском озере

This article from «**Известия**» describes an ecological disaster that occurred in 1999. The article contains a number of geographical references: **Ладога, Ладожское озеро, Пехалево, Приозёрск, Нева, Сясь, Сясьстрой.** Look up the ones that you do not already know in an atlas or encyclopedia. Then read the text and answer the questions that follow.

Семьсот тысяч тонн отравы в Ладожском озере
Знаменитому озеру грозит экологическая катастрофа

В понедельник группа учёных-экологов и представителей Минздрава вернулась с Ладоги, где были взяты специальные пробы воды на наличие отравляющих веществ. Предварительные результаты ошеломляющи: знаменитое Ладожское озеро превратилось в отстойник для отходов древесного производства.

отравля́ющий
  токсичный
ошеломля́ющий
  stunning
отсто́йник *storage pond*
древе́сный *wood-pulp*

Произошла трагедия в результате аварии на Сясьском целлюлозно-бумажном комбинате. Это одна из самых крупных экологических аварий, случившихся в России в прошлом году.

Шламоотстойник (место, куда сбрасываются отходы производства) был перекрыт обычной земляной насыпью. Со временем в отстойнике скопилось невероятное коли-

на́сыпь *embankment*
скопи́ться *to accumulate*

чество отходов, кроме того, сказалось и неожиданное потепление... В общем, земля размякла, дамбу прорвало. Шлам пошёл в соседний резервуар, откуда уже с удвоенной силой вылетел в соседний ручей. Поток понёсся через лес, высота слоя достигала 3,5 метра. Из ручья вся грязь выплеснулась на дорогу, пересекавшую лес, а потом пошла по ручью Сясь через деревню Пехалево. Поток смыл дачный домик, неосмотрительно построенный прямо на берегу реки. К счастью, обошлось без человеческих жертв — дачники уехали в город за несколько дней до трагедии. Жителям деревни пока никто не помогает, и воду они вынуждены брать из загрязнённого ручья. Более или менее быстро отреагировала администрация города Сясьстрой, который стоит в трёх километрах от реки: там перекрыли водозабор и наладили подвоз чистой воды.

размя́кнуть *cf.* мягкий
шлам *pulp*

вы́плеснуться *to splash out*

же́ртва *victim*

водозабо́р *water supply*
нала́дить *to arrange for*

В Ладогу унеслось в общей сложности 700 тысяч тонн отходов. И если река уже полностью заражена, то озеро ещё можно попытаться спасти. По данным экологов, попадание отходов целлюлозно-бумажного комбината в воду неминуемо приведёт к преждевременному старению озера. Обилие вредных веществ «помогает» росту сине-зелёных водорослей, вызывающих так называемое цветение воды. Таким образом, южная часть Ладоги начнёт быстро умирать.

в о́бщей сло́жности *in all*

немину́емо *inevitably*

во́доросли *algae*
цвете́ние *blooming*

Происшествие — лишь эпизод в цепи аварий на объектах-хранилищах токсичных отходов. По данным Госкомэкологии, в России имеется более 1400 миллионов тонн отходов производства. Более 15% утечных мест захоронения не соответствуют действующим нормативам. А по данным правительства РФ, всего на территории нашей страны находится 1600 миллионов тонн отходов, содержащих канцерогенные вещества.

По данным российских экологов, вот уже десять лет из шламоотстойника Приозёрского целлюлозно-бумажного комбината просачиваются вредные вещества. Сам комбинат закрыли в начале восьмидесятых годов как экологически вредный. Но никто не додумался очистить его резервуары, и скопившиеся отходы отсюда потихоньку текут в Неву. По данным Института токсикологии Минздрава РФ, исследования, проведённые в шламоотстойнике Приозёрского ЦБК, показали высокую концентрацию полихлорбифенила. Попадание этого супертоксиканта в почву и воду, а следовательно и в человеческий организм, приводит к крайне негативным последствиям: желудочно-кишечным расстройствам, а в перспективе — к нарушениям репродуктивной и эндокринной систем, порокам развития у новорождённых.

проса́чиваться *to seep*

желу́дочно-кише́чный *gastrointestinal*

Пробы, взятые из сясьского отстойника, находятся на исследовании в контрольно-аналитическом центре МГУ. Уже сейчас можно уверенно заявить, что тяжёлые металлы, которые содержатся в этих отходах, вызывают снижение иммуной защиты и повышают риск заболевания раком.

Виктория Авербух
«Известия»
26 января 1999

Вопросы к тексту

1. Объясните следующие сокращения: Госкомэкология, Минздрав, ЦБК.
2. Опишите аварию. Что случилось? Каковы последствия?
3. Что говорится в тексте о токсичных отходах в России? Опишите проблему и возможные последствия.

Текст 2. Наступающий Каспий

This article from the digest «**Спутник**» discusses ongoing concerns about the Caspian Sea (**Каспийское море**). Within the article there are references to a different problem concerning the Aral Sea (**Аральское море**). Before reading, make sure that you understand what the problems connected with the Aral Sea are.

Наступающий Каспий

Каспийское море наступает на сушу, затапливая населённые пункты, портовые сооружения и нефтепромыслы. Ущерб, уже нанесённый прикаспийским государствам, огромен. Однако пять приморских стран никак не могут договориться о совместных действиях.

наступа́ть *to advance*

су́ша *dry land*
зата́пливать *to flood*

… Волна высотой до трёх метров, обрушившаяся на каспийское побережье, затопила треть российского города Лагань. Частично пострадало десять сельских населённых пунктов. Шесть тысяч человек было эвакуировано. Тринадцать погибло. Это случилось в марте 1995 года.

обру́шиться *to crash down*
затопи́ть затапливать

«С 1978 года уровень Каспийского моря поднялся на два с половиной метра», — сказал в интервью журналу

«СПУТНИК» начальник Управления морей Комитета Российской Федерации по водному хозяйству Юрий Кочемасов.

Каспий затапливает города, посёлки, портовые сооружения и нефтепромыслы, находящиеся в Прикаспийской низменности — самой большой территории мира, расположенной ниже уровня океана. Как сообщила газета «Труд», общие суммарные потери прикаспийских государств из-за натиска моря составляют десятки миллиардов долларов США.

на́тиск *onslaught*

«Если этот процесс не остановится, то к 2020 году море поднимется еще на пять метров», — считает председатель комитета по проблемам Каспийского моря Академии наук Азербайджана профессор Н. Абдукасымов.

До конца 80-х годов многие специалисты били тревогу по поводу обмеления Каспийского моря, для его спасения разрабатывался даже грандиозный проект переброски вод северных рек. Поэтому начавшийся в 1978 году подъём воды оказался для них неожиданностью. Стали анализировать. Выяснилось, что ежегодно вода поднимается на 16–26 сантиметров.

бить трево́гу *to sound an alarm*
обмеле́ние *becoming shallow*
перебро́ска *transfer*

«В течение последних 50 тысяч лет уровень Каспийского моря повышался и понижался с определённой регулярностью каждые 50–60 лет. Этот цикл можно разделить на две фазы: 30 лет приходится на подъём и столько же на спад», — комментирует происшедшее доктор географических наук Андрей Чепалыга. Можно предположить, что подъём моря, начавшийся в 1978 году, продлится ещё лет пятнадцать.

Обычно подъём воды вызывается региональными и глобальными климатическими изменениями. В данном случае на Каспий повлияло общее потепление на планете, считает Андрей Чепалыга. Оно привело к увеличению осадков, сделавших полноводными реки, формирующие водный режим Каспия. Нельзя также не учитывать дыхание земной коры и скорость вращения планеты. Проходящие по дну Каспия тектонические разломы периодически активизируются, что местами приводит к подъёму дна Каспия и, как следствие, к повышению его уровня.

кора́ *crust*
дно *bottom*

Люди не сидят сложа руки у моря, ожидая, когда оно прекратит захватывать сушу. Разрабатываются проекты, строятся защитные сооружения, в частности, была возведена плотина, защищающая нефтегазовое месторождение Тенгиз в Казахстане (одно из крупнейших в мире). Однако окончательно она проблему не решила: по мере прибывания воды дамбу приходится постоянно наращивать.

сложá рýки *doing nothing*

захвáтывать *to seize*

плотúна *dike*

нарáщивать *to increase*

«Бесполезно строить плотины и дамбы. Надо думать, как адаптироваться к повышающемуся уровню моря, как обезопасить жизнь людей, — категорично заявляет Андрей Чепалыга. — Средства надо тратить на перенос населённых пунктов, ведь пик подъёма ещё впереди».

Некоторые специалисты предлагали часть стока реки Волги, впадающей в Каспийское море, перебросить в реку Урал или затопить каспийскими водами сухую впадину Карагие, расположенную в юго-западном районе полуострова Мангышлак, на восточном берегу Каспия. Но эти проекты остались неосуществлёнными.

сток *flow*

С другой стороны, выдвигается необычная идея по обузданию стихии: с помощью Каспия вернуть к жизни умирающее Аральское море. Пустыня, появляющаяся на месте акватории моря, уже захватила более двух миллионов гектаров земли. По прогнозам специалистов, к концу века к ним добавится один миллион гектаров орошаемой территории Центральной Азии, кормящей миллионы людей. Ежегодно со дна бывшего моря в атмосферу уносится до 75 миллионов тонн пропитанных ядохимикатами песка, пыли, солей — пять процентов загрязнения атмосферы планеты.

обуздáние *harnessing*

орошáть *to irrigate*

пропитáть *to saturate*

Проектом предусматривается построить канал Каспий-Арал, протяженностью около пятисот километров. Если его сделать судоходным, то транспортная артерия свяжет Казахстан, Туркменистан и Узбекистан.

судохóдный *navigable*

«Этот проект оценивается нами как нереальный, — говорит Юрий Кочемасов. Пока он остаётся лишь идеей. Арал находится на более высоком уровне, и нужно 10–15 насосных станций, способных перекачивать воду из Каспия. К тому же, какой смысл подавать солоноватую воду, когда Аралу нужна пресная, чтобы разбавить его».

насóсный *pumping*

перекáчивать *to pump*

Противники проекта Каспий-Арал добавляют, что ничего общего у двух морей нет.

Решение проблем так или иначе связано с вопросом определения статуса Каспийского моря. «Зарубежная практика отвергает односторонние действия прибрежных государств и опирается на концепцию общего пользования», — говорит профессор Анатолий Колодкин.

опира́ться *to rely (upon)*

В 1993 и 1995 годах были проведены две международные конференции по проблеме изучения водного режима Каспия и защите прибрежных территорий от затопления. Их инициатором выступила Россия. Но межгосударственной программы изучения изменения уровня моря до сих пор нет, как нет и проектов по совместным мерам, направленным на предотвращение затопления прибрежных территорий.

предотвраще́ние *averting*

Российское правительство одобрило собственную программу «Каспий». Во время её первого этапа (1996–1997 гг.) будет обеспечена защита от затопления прибрежной части городов Махачкала, Дербент, Каспийск, Лагань и других. Намечено построить жильё для переселяемых из зоны риска, реконструировать дороги и народнохозяйственные сооружения, провести дноуглубление и обваловывание берегов Терека, Кумы и протоков в дельте Волги. Второй этап программы (1998–2000 гг.) предусматривает сооружение объектов прибрежного и прудового рыболовства, проведение мелиорации нерестилищ и расчищение рыбоходных каналов.

дноуглубле́ние *cf.* дно, глубокий
обвало́вывание *collapsing*

мелиора́ция *restoration*
нерести́лище *spawning grounds*

Но этот документ решает только внутренние российские задачи, а каспийская проблема — межгосударственная. Раньше у моря было два хозяина — СССР и Иран. Теперь их пять — Россия, Иран, Казахстан, Туркменистан и Азербайджан. И решать судьбу Каспийского моря надо не в одиночку, а сообща, как поступают во всём мире.

Владимир Нескромный
«Спутник»
Февраль 1996

Вопросы к тексту

1. Какая проблема описывается в этой статье?
2. Какие климатические изменения влияют на проблему Каспия?
3. Какие проекты предлагают в связи с этой проблемой?
4. Почему проект Каспий-Арал оценивается как нереальный?
5. Какие конкретные меры принимает Российская Федерация?
6. Каким образом вы бы лично решили эту проблему?

Текст 3. Изучение физической экологии

This passage by **С. Г. Гильмиярова**, **Л. М. Матвеева**, and **Г. А. Халиков** has been adapted from **«Изучение физической экологии в средних учебных заведениях»** (1996), a training manual for high school science teachers. This excerpt describes the ecological impact of different methods of energy production.

Изучение физической экологии в средних учебных заведениях

Методические рекомендации для учителей естественнонаучных дисциплин

... Известно, что электроэнергия вырабатывается на тепловых электростанциях, на гидроэлектростанциях, на атомных электростанциях. Существуют также альтернативные источники электрической энергии небольших мощностей (солнечные батареи, ветряные электростанции и т. д.).

Тепловые электростанции

На тепловых электростанциях происходит переход тепловой энергии топлива в электрическую энергию. Сжигание органического топлива приводит к выбросам в атмосферу сажи, угарного газа, сернистого ангидрида, окислов азота и др. При взаимодействии выбросов с атмосферной влагой образуются кислотные дожди. Кроме того расходуются невозобновимые ресурсы: уголь, нефть, газ. Экологический вред ТЭС существенно зависит от вида используемого топлива. Относительно чистым видом топлива является природный газ. При его сгорании выделяется в основном углекислый газ. Более вредны жидкие

сжига́ние *burning*

са́жа *soot*
уга́рный газ *carbon monoxide*
серни́стый ангидри́д *sulphurous anhydride*
о́кисел азо́та *nitrous oxide*
вла́га *moisture*
сгора́ние *combustion*

виды топлива такие, как мазут, дизельное топливо. Наибольший вред приносит природе сжигание твёрдого топлива (уголь, сланцы), т. к. помимо выбросов при их использовании в качестве топлива образуется большое количество золы.

мазу́т *fuel oil*

сла́нец *shale*

зола́ *ashes*

В настоящее время на долю тепловых электростанций приходится большая часть общей выработки электроэнергии в России. ТЭС могут работать на всех видах топлива и вырабатывать не только электрическую, но и внутреннюю энергию. Отработанный пар при выходе из турбины используется для отопления и горячего водоснабжения. Но для нормальной работы турбин необходимо постоянное охлаждение проточной водой. Эта нагретая вода сбрасывается в водоёмы, в которых создаётся зона постоянного подогрева, т. е. тепловое загрязнение. В результате нарушается экологическое равновесие в водоёме.

отрабо́танный пар *exhaust steam*
водоснабже́ние *water supply*
прото́чный *running*
водоём *reservoir*

равнове́сие *equilibrium*

Тепловые электростанции, вырабатывающие не только электроэнергию, но и тепловую энергию, называются теплоэлектроцентралями (ТЭЦ). Так работают большинство тепловых электростанций. В них образовавшаяся горячая вода используется для центрального отопления и технических нужд.

Гидроэлектростанции

Гидроэнергетика не связана с выбросом вредных веществ в окружающую среду. Но при строительстве водохранилищ затопляются леса и ценные сельскохозяйственные угодья. Площади акваторий составляют от нескольких квадратных километров до нескольких тысяч квадратных километров. В водохранилищах резко уменьшается турбулентность воды, возникают застойные мелководные зоны, в которых интенсивно развиваются сине-зелёные водоросли. Отмирая, эти водоросли выделяют в воду фенол и другие вредные вещества, начинается «цветение» воды. Рыбы покидают такие водоёмы. Вода в них не пригодна для питья и даже для купания. Кроме того искусственные водоёмы изменяют микроклимат местности за счёт увеличения влажности.

уго́дье *land*

засто́йный *stagnant*
мелково́дный *shallow*

фено́л *phenol*

Атомные электростанции

К сожалению, как неоднократно повторялось, в настоящее время замены атомной энергетике нет. Работы по повышению безопасности АЭС ведутся в трёх направлениях: во-первых, по системе управления или устранения возможности ошибки персонала АЭС. Во-вторых, внесены изменения в конструкцию самого реактора, разработана защитная оболочка для реакторного цеха и специальная система обеспечения безопасности в случае разрыва трубопровода теплоносителя. Система обеспечения безопасности состоит из трёх независимых блоков, каждая со своим дизельгенератором (на случай обесточивания всей АЭС). В случае нарушения герметичности реакторного контура включаются насосы высокого давления с подачей раствора бора в контур. Бор интенсивно поглощает нейтроны и цепная реакция прекращается.

Третье направление обеспечения безопасности АЭС — это разработка средств технической диагностики, которые позволяют следить за состоянием металла в ответственных деталях: трубопроводах, корпусе и т. д.

Экологические проблемы атомной энергетики нельзя сводить лишь к вопросам обеспечения безопасности работы атомных электростанций. АЭС является лишь частью ядерного топливного цикла, который начинается с добычи и обогащения урановой руды. Следующий этап — производство ядерного топлива. Заканчивается цикл захоронением атомных отходов. На каждой стадии ядерного топливного цикла в окружающую среду попадают радиоактивные вещества.

Рассмотрим последнюю стадию — захоронение отходов атомной промышленности. При современной ситуации на атомном рынке (уран сейчас стоит относительно дёшево) извлекать полезные компоненты из отработанных рабочих каналов не имеет смысла. Это технически сложно, дорого и опасно. Поэтому сейчас отработанные тепловыделяющие элементы подвергаются захоронению чаще всего прямо на территории АЭС. Хранят их в водной среде на достаточно большом удалении друг от друга.

заме́на *alternative*

устране́ние *elimination*

оболо́чка *covering*
цех *plant*

трубопрово́д *conduit*

обесто́чивание *power failure*

раство́р *solution*
бор *boron*
ко́нтур *circuit*
цепно́й *chain*

Подобные хранилища представляют собой огромные сооружения. Их число растёт, наступает момент, когда накопившиеся отходы надо будет куда-то девать. Наиболее распространённой является технология прессования. Тепловыделяющие элементы сжимают и помещают в контейнер, который заливают свинцом. Получается герметическая капсула, предназначенная почти для вечного хранения.

сжима́ть *to compress*
свине́ц *lead*
ве́чный *eternal*

Несмотря на описанные выше проблемы, атомная энергетика является наиболее экологически чистой отраслью топливо-энергетического комплекса. При нормальном режиме работы АЭС почти не имеют выбросов. Даже радиационный фон вблизи АЭС в десять раз ниже, чем вблизи тепловых электростанций, что связано с наличием в выбросах ТЭС радионуклидов. Кроме того количество необходимого топлива для атомных станций неизмеримо меньше, чем для тепловых.

После чтения

Read the following statements and indicate which of them are advantages and which are disadvantages, using + (**плюс**) and – (**минус**). When you have finished, fill in the chart on page 287 to show which advantages and disadvantages are associated with the three different types of energy production described in the article.

_____ Затопляются земли.
_____ Почти не имеют выбросов.
_____ Выбрасывают в атмосферу вредные вещества.
_____ Нарушается экологическое равновесие в водохранилищах.
_____ Возникает серьёзная проблема безопасности.
_____ Не выбрасывают вредные вещества.
_____ Используют все виды топлива.
_____ Искусственные водоёмы изменяют микроклимат местности.
_____ Вырабатывают электроэнергию, а также тепловую.
_____ Используют энергию воды.
_____ Используют меньше топлива.
_____ Расходуются уголь, нефть, газ.
_____ Образуется зола.
_____ Создаётся тепловое загрязнение.

	Преимущества	Недостатки
ТЭС		
ГЭС		
АЭС		

Вопросы к тексту

1. Как образуются кислотные дожди?
2. Что такое ТЭЦ?
3. С какими экологическими проблемами связана работа ГЭС?
4. Какая работа ведётся в РФ по повышению безопасности АЭС?
5. Какие экологические проблемы создаёт атомная энергия?
6. Какой вид энергии авторы считают наиболее экологически чистым? Почему?

Текст 4. Радиационное загрязнение

In this article from «**Россия: физическая и экономическая география**» (1999), **Ирина Волкова** describes radioactive pollution within Russia.

Радиационное загрязнение

Информация о радиационном загрязнении только недавно перестала быть секретной, поэтому оно изучено пока довольно слабо. Постепенно появляются разнообразные сведения об источниках радиации, давно известных и случайно обнаруживаемых в совершенно неожиданных местах.

обнару́живать *to discover*

К заражённым радиацией зонам относится прежде всего так называемый чернобыльский след. Он протянулся от границ с Украиной и Белоруссией на западе до Томской области на востоке. Крупная авария на Чернобыльской АЭС случилась в 1986 г., но до сих пор выявляются всё новые и новые участки, пострадавшие от облучения. Аналогичные последствия вызвала Кыштымская авария 1947 г., когда произошла утечка радиоактивных отходов; на некоторых территориях Южного Урала до сих пор существует опасность для всего живого.

след *footprint*

облуче́ние радиация

Сравнительно недавно к двум «следам» добавился третий: земли, загрязнённые радионуклидами, которые попали в атмосферу в результате аварии на атомной электростанции вблизи Томска в 1993 г. К счастью, смертоносное облако прошло к северу от города над сравнительно малозаселённой местностью. Однако нанесён большой вред природе. АЭС по-прежнему работает под Томском, что не может не вызывать тревогу.

смертоно́сный *cf.* смерть, носить

Международное агентство по атомной энергии (МАГАТЭ) провело обследование атомных станций в странах СНГ и государствах Балтики и сделало вывод, что на их территории находятся 15 действующих реакторов «чернобыльского» типа, которые к тому же не имеют защитных оболочек — «скафандров». 11 из них расположены в России: 4 — на Ленинградской, 3 — на Смоленской, 4 — на Курской АЭС. И это без учёта всё ещё работающей на Украине Чернобыльской станции.

скафа́ндр *protective covering*

без учёта *without taking into account*

Второй после атомных станций источник радиационного загрязнения страны — предприятия по добыче урановой руды. Её месторождения расположены главным образом в Восточной Сибири. Выработанные старые рудники также представляют опасность, поскольку создают повышенный радиационный фон, например у города Лермонтов на Северном Кавказе.

рудни́к *mine*

фон *background*

К регионам, сильно загрязнённым радионуклидами, относится Северный район европейской части России. Здесь расположены Кольская АЭС, титановые рудники, базы военных и транспортных судов с атомными реакторами на борту, а также места их захоронения. Опасность представляют погребённые в Карском море реакторы с

суда́ *vessels*

погрести́ *to inter*

подводных лодок и атомоходов. На архипелаге Новая Земля размещается единственный в России полигон для проведения ядерных взрывов. Начиная с середины 50-х гг. было проведено 90 ядерных испытаний в атмосфере и под водой, в том числе и крупнейший взрыв водородной бомбы в 1961 г. В 1962–1992 гг. прогремело 42 подземных взрыва. На архипелаге выявлено более тридцати участков с повышенным радиационным фоном. Особенно много радионуклидов накопил ягель — главная пища северных оленей. В их костях обнаружено в два раза больше стронция, чем в организме животных, обитающих в зоне Чернобыля!

Наиболее загрязнёнными оказались Баренцево, Карское, Белое и Японское моря. На берегу Белого моря, в устье Северной Двины, расположен город Северодвинск — центр атомного судостроения.

К востоку от Урала наибольшую угрозу представляют заводы по обогащению урана и производству ядерного топлива, которые работают недалеко от Томска, Ангарска и Красноярска. Часть опасных отходов попадает в Енисей; донный ил крупнейшей в стране реки загрязнён до самого устья.

Бо́льшая часть радиоактивных отходов, которые поступают не только из России, но и из-за рубежа, сосредоточивается в хранилищах, расположенных в Сибири и на Дальнем Востоке. Всего в 36 км от Хабаровска находится крупное захоронение; из четырёх его бункеров три уже заполнены. В городе Большой Камень под Владивостоком расположен завод «Звезда», занятый разборкой атомных подводных лодок Тихоокеанского флота. Здесь же накопилось более 2 тыс. м³ радиоактивной воды, хранящейся в танкерах в ожидании очистки. Но строительство комплекса по переработке жидких отходов пока задерживается. Против его возведения возражают прежде всего жители Большого Камня, которые не желают видеть подобное предприятие рядом со своими домами. А власти не в силах предложить какое-то иное решение этого непростого вопроса.

Проблема радиационного загрязнения остро стоит и в столице, где более 1,5 тыс. научно-исследовательских

полиго́н *testing ground*

водоро́дный *hydrogen*
погреме́ть *to thunder*

я́гель *Iceland moss*

стро́нций *strontium*
обита́ть *to inhabit*

у́стье *mouth*

до́нный *bottom*
ил *silt*

разбо́рка *disassembly*

возведе́ние *erection*

и учебных центров так или иначе связаны с использованием радиоактивных веществ. Радиоактивные отходы вырабатывают 765 объектов. Ближайшее к Москве хранилище расположено в 17 км от города Сергиев Посад. Ежеквартально сюда привозят более 10 тонн отходов, которые смешивают с цементом и заливают в бункер. Разместить «кладбище отходов» дальше от столицы было бы опасно из-за возможных аварий при транспортировке смертоносного груза.

Пожалуй, ещё бо́льшую угрозу, чем подобные явные очаги радиации, представляет так называемое ползучее загрязнение. Это результат деятельности многочисленных организаций, которые применяют радиоактивные материалы. Так, чаще всего случаи облучения персонала и посетителей происходят в обычных рентгеновских кабинетах, а угрожающие жизни материалы хранятся неправильно, а то и просто теряются. На городских свалках и в других непредсказуемых местах обнаруживают радиоактивные отходы неизвестного происхождения: загрязнённую радионуклидами землю, остатки химических реактивов или части приборов.

К источникам радиоактивной опасности могут быть отнесены горючие полезные ископаемые, строительные материалы, минеральные удобрения. Уголь, например, содержит ничтожное количество радиоактивного углерода C^{14}, но после сжигания топлива опасное вещество вместе с дымом попадает в воздух, воду и почву, спекается в шлак или золу, которые используют для производства строительных материалов. Неудивительно, что в некоторых постройках, в том числе жилых домах, стены и перекрытия «фонят» и представляют угрозу для здоровья.

Очень трудно обнаружить и обезопасить рассеянные загрязнения — такие, как широкие распространённые фосфатные минеральные удобрения. Большинство разрабатываемых сейчас месторождений фосфатов содержит уран, поэтому удобрения тоже оказываются радиоактивными. Входящие в их состав радиоизотопы из почвы проникают в растения, а затем с кормом в организм животных. Особенно сильно повышается содержание радиоизотопов в молоке. Однако собрать для дезактива-

---

оча́г *hotbed*

непредсказу́емый *unpredictable*

реакти́в *reagent*

горю́чее поле́зное ископа́емое *fossil fuel*
удобре́ние *fertilizer*
углеро́д *carbon*

спека́ться *to cake*
шлак *cinder*

рассе́янный *diffused*

фосфа́тный *phosphate*

ции рассеянное по полям удобрение практически невозможно. Борьба с этой опасностью — одна из насущных задач науки.

насу́щный   *urgent*

Вопросы к тексту

1. Почему радиационное загрязнение изучено слабо в СНГ?
2. Каковы последствия аварий на АЭС?
3. Почему предприятия по добыче урановой руды представляют опасность?
4. О каких ещё источниках радиации вы узнали из статьи?
5. Для чего использовали Новую Землю?
6. Где хранятся радиоактивные отходы?
7. Что такое «ползучее загрязнение»?
8. Почему минеральные удобрения считаются особенно опасными?
9. Как вы думаете, существует ли подобная проблема в США?

 # Аудирование

О проблемах экосистемы столичного мегаполиса

Listen to **«О проблемах экосистемы столичного мегаполиса»**, a Radio Mayak broadcast of August 14, 2003. In it radio journalist **Елена Щедрунова** interviews three people:

Любовь Станиславовна Якубовская — сотрудник российского Центра охраны дикой природы

Денис Валерьевич Богомолов — доцент кафедры биологии Московского городского педагогического университета

Корнелий Иванович Гордеев — специалист по землепользованию природоохранного комплекса «Серебряный бор»

During the interview the four participants discuss a program to restore biological diversity in the Moscow area. You will hear them talk about **«Красная книга»**, the Russian Federation's official listing of rare and endangered plants and animals. A significant part of the conversation will center on **«Серебряный бор»**, a mixed-use area of Moscow that combines a nature preserve with leisure activities and, as you will hear, some commercial development. Throughout the interview, the participants will refer to other places in Moscow: **Бездонное озеро, Измайлова, Крылатые холмы**.

The interview is a good example of how people with differing points of view interact in a public setting.

Слова к аудированию

A four-way conversation is more difficult to understand than a lecture. The participants speak excitedly, step on each others' words, and sometimes have trouble formulating their own thoughts. To help you follow the conversation, the words that may be difficult for you are grouped below by speaker in the order in which you will hear them. Before listening, try to imagine a conversation in which the participants use these words in this order.

Щедрунова:
    восстановле́ние *restoration*
    закономе́рный *predictable*

Якубовская:
    исказ́ить *to perform badly*
    бе́лка *squirrel*
    грызу́н *rodent*

Богомолов:
    хи́щная пти́ца *bird of prey*
    млекопита́ющее *mammal*

Щедрунова:
    воро́на *crow*

Богомолов:
    со́кол *falcon*
    сапса́н сокол
    балобан сокол
    гнезди́ться *to nest*

Гордеев:
    перелётный *migratory*
    воробе́й *sparrow*

Богомолов:
    суть *essence*

Якубовская:
    забро́шенный *undeveloped*
    ларёк *stand*
    сосно́вый бор (в бору́) *pine forest*
    уча́сток *plot (of land)*

Щедрунова:
    увы́ *alas*
    оберну́ться *to turn out*

Якубовская:
    выка́шивать *to mow*
    подстрига́ть *to trim*
    засева́ть *to sow*

    расти́тельный *vegetation*
    покро́в *cover*
    насеко́мый *insect*
    щебета́ние *twittering*
    пта́ха птица
    ще́бет щебетание

Богомолов:
    трево́жный *disturbing*
    замеще́ние *replacement*
    кры́са *rat*
    одича́вший *feral*
    беспозвоно́чный *invertebrate*

Якубовская:
    газо́н *lawn*

Гордеев:
    встря́нуть *interject*
    земля́к *fellow townsman*
    зарегули́рование *development*
    земново́дное *amphibian*

Щедрунова:
    уша́стая сова́ *long-eared owl*

Якубовская:
    благополу́чный *safe*
    корм *food*
    приходи́ть навски́дку *to come to mind*

Богомолов:
    поку́да *разг* пока
    потреби́тельский *consumer*

Якубовская:
    взор *gaze*
    зверу́шка животное
    ба́бочка *butterfly*
    порха́ть *to flutter*

Вопросы к аудированию

1. How does Shchedrunova define "fauna"?
2. Why is Yakubovskaya concerned about the new program?
3. Why is Yakubovskaya so upset about squirrels?
4. How does Bogomolov characterize the fauna of Moscow 70 years ago?
5. What do Gordeev's statistics show about biological diversity in the Moscow area?
6. Yakubovskaya describes research conducted in three areas of **Серебряный бор**: the pine forest, the area of dachas, and a relatively undeveloped area (**пескобаза**). What does the research show?
7. How does Yakubovskaya characterize the relationship between human beings and nature?
8. What additional concern does Bogomolov articulate?
9. How does Yakubovskaya feel about the recent release of a pair of long-eared owls in the Izmailov area of Moscow?
10. In concluding, Bogomolov observes that human beings need to change their attitude toward nature. Yakubovskaya provides the positive examples of a request that her organization received from a dacha developer "Mosdachtrest." What significance does Yakubovskaya attribute to the request?

Сочинение

In order to address chronic power problems in the Russian Far East, the federal government has proposed building an atomic power plant in the vicinity of Khabarovsk. A televised discussion of this proposal will take place in Khabarovsk. You and your colleagues will play an active role in the debate, and later you will report on the results of the debate in the local newspaper.

First, select a role from among the following:

1. Представители министерства энергетики: министр энергетики и его заместители. Их задача — ликвидировать дефицит электроэнергии в регионе.

2. Представители проектного института, разработавшего проект строительства электростанции. Эта группа состоит из убеждённых сторонников атомной энергетики. Их задача — обосновать необходимость строительства атомной электростанции в данном районе.

3. Группа экологов. Они категорически против строительства АЭС, хотят на площадке строительства АЭС создать заповедник.

4. Представители общественности. С одной стороны, жители не хотят отказываться от благ цивилизации; с другой стороны, они боятся соседства с атомной электростанцией.

5. Районные власти: председатель исполкома, его заместители. Представители этой группы осуществляют связь между остальными группами, пытаются как можно скорее найти выход из сложившейся ситуации.

Next, meet with the members of your subgroup. The fictionalized map below shows the existing capacity of the region. Using the map as a starting point, brainstorm regarding

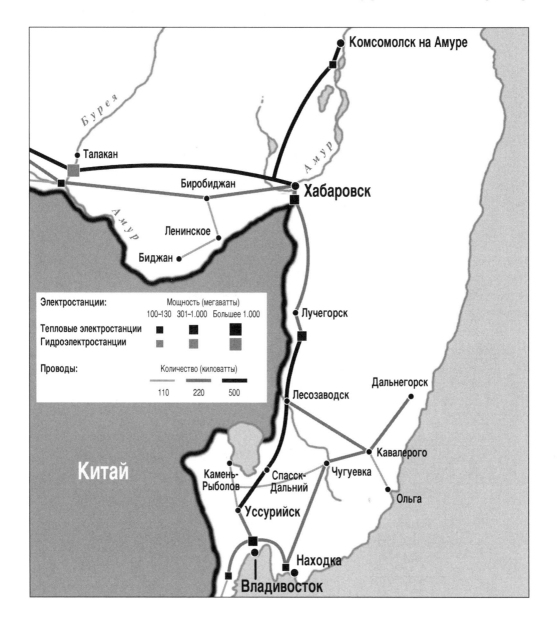

appropriate concerns and considerations for the role that you have chosen. Be sure to anticipate the questions and objections that other participants may raise.

At home, write a first draft of your position paper. Your paper may be based on texts covered in class. If you do choose to do additional research, make sure that all of your sources are Russian rather than English. In class, discuss the first draft of your paper with your classmates. On the basis of their comments, revise your work.

On the day of the debate, the representative of the local authorities will chair the meeting. During the debate each of the participants, beginning with the representative of the Ministry of Energy, will present a formal position paper. Following the formal presentations there will be an opportunity for participants to question and challenge the other speakers. At the end of the meeting the host will summarize the issues that have been raised and take an informal vote.

At home, assume the role of a neutral journalist and write a newspaper article about the debate. Report on the issues that led to the debate, the position of the various participants, and the outcome.

Задания

1. This is a test of general knowledge of science. Working in groups, complete the test. When finished, compare your answers to the key in Appendix B.

Тест

Правильно или неправильно:

1. Кислород, которым мы дышим, выделяется растениями.
2. Радиоактивное молоко можно обезвредить кипячением.
3. Лазер работает в результате фокусирования звуковых волн.
4. Солнечные лучи могут быть причиной рака.
5. Электроны меньше, чем атом.
6. Континенты медленно движутся по поверхности Земли.
7. Дети культуристов (людей, наращивающих мускулы) унаследуют фигуры своих родителей.
8. Один из генов отца определяет, кто родится — мальчик или девочка.
9. Антибиотики убивают как вирусы, так и бактерии.
10. Природные витамины лучше для человеческого организма, чем изготовленные в лаборатории.

_H_ 11. Первые человеческие существа *creatures* появились в то же время, что и динозавры.

_H_ 12. Звук движется быстрее света.

_H_ 13. Вся радиоактивность появилась искусственным путём в результате научных экспериментов.

_П_ 14. Галактика больше, чем Солнечная система.

_H_ 15. Солнце вращается вокруг Земли.

_П_ 16. Причина кислотных дождей *acid* — электростанции, работающие на угольном топливе. *coal   fuel*

2. This questionnaire on ecological readiness has been adapted from «**Изучение физической экологии в средних учебных заведениях**» by **С. Г. Гильмиярова, Л. М. Матвеева**, and **Г. А. Халиков**. Working in groups, complete the questionnaire.

АНКЕТА

по определению уровня эколого-педагогической подготовки студентов

Уважаемые студенты!

Просим Вас ответить на все вопросы анкеты. На каждый вопрос выберите один вариант ответа, наиболее подходящий с Вашей точки зрения. Обведите кружко́м соответствующую букву.

Если варианты ответов не указаны, напишите в свободных строчках своё мнение.

Заранее благодарим Вас за работу по заполнению анкеты.

Часть I

1. Какие общечеловеческие *societal* проблемы Вы считаете наиболее важными в настоящий момент?

   A. Повышение уровня жизни населения.
   B. Прекращение военных действий на Земле.
   C. Борьба с терроризмом и преступностью.
   (D.) Проблема сохранения природы.
   E. Особое мнение (просьба указать какое) _безработица_ .

снижение образование   *смертельные болезни; тиф*
                          коррупция
глобал. потепление   *детская смертность в результате:*
                          голод, болезни,
                          нищета

2. Какие Вы знаете источники энергии?

возобновимые: невозобновимые:

A. _ветер_   A. _нефт_   *ядерная*

B. _солнце_   B. _газ_

C. _геотермальные воды_   C. _угол_

3. Соответствуют ли современные взаимоотношения между природой и человеком устойчивому развитию общества?

STEADY

A. Да, соответствуют.
B. Нет, не соответствуют.
C. Затрудняюсь ответить.

4. Какие экологические проблемы являются наиболее важными для
всего человечества?

A. _____

B. _____

C. _____

5. Как Вы считаете, какое количество людей может жить на Земле
комфортно, если сохранятся темпы современного промышленного
роста?

A. 1–1,5 млрд. чел.   C. 3–7 млрд чел.
B. 1,5–3 млрд чел   D. более 10 млрд. чел.

6. Как Вы считаете, на сколько хватит мировых ресурсов, если все
жители Земли будут жить так же, как северные американцы?

A. На 5–7 лет   C. На 10–20 лет
B. На 7–10 лет   D. Более 20 лет

7. Считаете ли Вы себя компетентным в вопросах экологии и охраны природы?

A. Да, вполне.
B. Да, в определённой степени.
C. Нет, ни в коей мере.
D. Затрудняюсь ответить.

Часть II

1. В каких видах природоохранной деятельности Вы принимали участие?

A. Субботники по очистке территории.
B. Посадка деревьев.
C. Экологические демонстрации и митинги.
D. Другие виды работ (просьба указать какие) _____
E. Не принимал/а участие ни в каких видах природоохранных работ.

2. Что для Вас важнее?

A. Карьера, материальное благополучие.
B. Спокойная жизнь в гармонии с природой.
C. Особое мнение (просьба указать какое) _____

3. Согласитесь ли Вы снизить свой уровень жизни ради того, чтобы способствовать улучшению экологической обстановки?

A. Да, соглашусь.
B. Соглашусь, если снижение будет незначительным.
C. Нет, не соглашусь.
D. Затрудняюсь ответить.

4. Согласитесь ли Вы бесплатно участвовать в природоохранной работе?

A. Да, я осознаю необходимость этой работы.
B. Да, но только в коллективе единомышленников.
C. Нет, я не имею свободного времени.

5. Нужен ли, на Ваш взгляд, общественный контроль за проведением природоохранных мероприятий и деятельностью природоохранных организаций?

A. Да, нужен, я готов/а участвовать в этой работе.
B. Да, нужен, но лично я не готов/а к этой работе.
C. Нет, не нужен. Для этого есть специалисты.
D. Затрудняюсь ответить.

6. Что Вы делаете для энерго- и ресурсосбережения?

A. _____

B. _____

C. _____

3. Prepare a report on the current condition of the Caspian Sea.

4. You are a realtor working for «**Мосдачтрест**». Prepare an advertising campaign for your listings at «**Серебряный бор**».

Повторение

1. Read aloud, or copy and write the numbers as words.

1. Поток понёсся через лес, высота слоя достигала 3,5 метра.
2. С 1978 года уровень Каспийского моря поднялся на 2,5 метра.
3. Если этот процесс не остановится, то к 2020 году море поднимется ещё на 5 метров.
4. До конца 80-х годов многие специалисты били тревогу по поводу обмеления Каспийского моря.
5. Проектом предусматривается построить канал Каспий-Арал протяженностью около 500 километров.
6. В 1993 и 1995 годах были проведены 2 международные конференции по проблеме изучения водного режима Каспия.
7. Аналогичные последствия вызвала Кыштымская авария 1947 г., когда произошла утечка радиоактивных отходов.

8. Начиная с середины 50-х гг. было проведено 90 ядерных испытаний в атмосфере и под водой, в том числе и крупнейший взрыв водородной бомбы в 1961 г.

9. Ближайшее к Москве хранилище расположено в 17 км от города Сергиев Посад.

10. Ежеквартально сюда привозят более 10 тонн отходов, которые смешивают с цементом и заливают в бункер.

2. Using the provided verbs, fill in the blanks with the best translation of the given English. You may use long-form participles (active or passive), short-form participles, or reflexive verbs. Add linking verbs (**быть**) as needed.

1. Это одна из самых крупных экологических аварий, _____ (*that happened*) в России в прошлом году. (случиться)

2. Поток смыл дачный домик, неосмотрительно _____ (*built*) прямо на берегу реки. (построить)

3. Жителям деревни пока никто не помогает, и воду они вынуждены брать из _____ (*polluted*) ручья. (загрязнить)

4. По данным правительства РФ, всего на территории нашей страны находится 1600 миллионов тонн отходов, _____ (*which contain*) канцерогенные вещества. (содержать)

5. По данным Института токсикологии Минздрава РФ, исследования, _____ (*conducted*) в шламоотстойнике, показали высокую концентрацию полихлорбифенила. (провести)

6. Пробы, _____ (*taken*) из сясьского отстойника, находятся на исследовании в контрольно-аналитическом центре МГУ. (взять)

7. Ущерб, уже _____ (*inflicted*) прикаспийским государствам, огромен. (нанести)

8. Шесть тысяч человек _____ (*were evacuated*). (эвакуировать)

9. _____ (*Are being developed*) проекты, _____ (*are being built*) защитные сооружения, в частности, _____ (*has been erected*) плотина, _____ (*which protects*) нефтегазовое месторождение Тенгиз в Казахстане. (разрабатывать, строить, возвести, защищать)

10. Решение проблем так или иначе _____ (*is connected*) с вопросом определения статуса Каспийского моря. (связать)

3. Fill in the blanks with the best translation of the given English.

1. Произошла трагедия _____ (*as a result*) аварии на Сясьском целлюлозно-бумажном комбинате.

2. _____ (*From*) ручья вся грязь выплеснулась _____ (*onto*) дорогу, пересекавшую лес, а потом пошла _____ (*through*) деревню Пехалево.

3. К счастью, обошлось без человеческих жертв — дачники уехали в город _____ (*several days before*) трагедии.

4. Более или менее быстро отреагировала администрация города Сясьстрой, который стоит _____ (*three kilometers from*) реки.

5. Каспий затапливает города, посёлки, портовые сооружения и нефте-промыслы, _____ (*which are located*) в Прикаспийской _____ (*lowland*) — самой большой территории мира, _____ (*situated*) ниже уровня моря.

6. Общие суммарные потери прикаспийских государств _____ (*because of*) натиска моря составляют десятки миллиардов долларов США.

7. _____ (*During*) последних 50 тысяч лет уровень Каспийского моря повы-шался и понижался с определённой регулярностью каждые 50–60 лет.

8. Некоторые специалисты предлагали затопить каспийскими водами сухую впадину Карагие, _____ (*which is situated*) _____ (*in the southwestern*) районе полуострова Мангышлак, _____ (*on the eastern*) берегу Каспия.

9. По прогнозам специалистов, _____ (*by the end of the century*) добавится один миллион гектаров орошаемой территории Центральной Азии, кормящей миллионы людей.

10. Относительно чистым видом топлива _____ (*is*) природный газ.

11. _____ (*At the present time*) на долю тепловых электростанций приходится большая часть общей выработки электроэнергии в России.

12. Чернобыльский след протянулся _____ (*from*) границ с Украиной и Белоруссией _____ (*in the west*) _____ (*to*) Томской области _____ (*in the east*).

13. _____ (*To the east of*) Урала наибольшую угрозу представляют заводы по обогащению урана и производству ядерного топлива.

14. Разместить «кладбище отходов» дальше от столицы _____ (*would be*) опасно _____ (*because of*) возможных аварий при транспортировке смертоносного груза.

15. Пожалуй, ещё бо́льшую угрозу, чем подобные явные очаги радиации, представляет так называемое ползучее загрязнение. _____ (*This is*) результат деятельности многочисленных организаций.

4. Each of these sentences contains a participle that precedes the noun it modifies. First locate the participle and indicate which noun it modifies. Then, translate the sentences into English.

Образец: В понедельник группа учёных-экологов и представителей Мин-здрава вернулась с Ладоги, где были взяты специальные пробы воды на наличие <u>отравляющих</u> <u>веществ</u>.

On Monday a group of scientist-ecologists and representatives of the Ministry of Health returned from Ladoga, where samples of water testing for the presence of toxic substances had been taken.

1. Проходящие по дну Каспия тектонические разломы периодически активизируются, что местами приводит к подъёму дна Каспия и, как следствие, к повышению его уровня.
2. Бесполезно строить плотины и дамбы. Надо думать, как адаптироваться к повышающемуся уровню моря, как обезопасить жизнь людей.
3. Ежегодно со дна бывшего моря в атмосферу уносится до 75 миллионов тонн пропитанных ядохимикатами песка, пыли, солей — пять процентов загрязнения атмосферы планеты.
4. Экологический вред ТЭС существенно зависит от вида используемого топлива.
5. Поэтому сейчас отработанные тепловыделяющие элементы подвергаются захоронению чаще всего прямо на территории АЭС.
6. Подобные хранилища представляют собой огромные сооружения. Их число растёт, наступает момент, когда накопившиеся отходы надо будет куда-то девать.
7. Несмотря на описанные выше проблемы, атомная энергетика является наиболее экологически чистой отраслью топливо-энергетического комплекса.
8. К заражённым радиацией зонам относится прежде всего так называемый чернобыльский след.
9. И это без учёта всё ещё работающей на Украине Чернобыльской станции.
10. Выработанные старые рудники также представляют опасность, поскольку создают повышенный радиационный фон, например у города Лермонтов на Северном Кавказе.
11. Опасность представляют погребённые в Карском море реакторы с подводных лодок и атомоходов.
12. Большинство разрабатываемых сейчас месторождений фосфатов содержит уран, поэтому удобрения тоже оказываются радиоактивными.

 5. Listen again to «**О проблемах экосистемы столичного мегаполиса**» and fill in the blanks with the missing words.

Щедрунова: Здравствуйте, у микрофона Елена Щедрунова. В Москве стартовала _____ восстановления биологического разнообразия фауны _____ . Что такое фауна? Да, это птицы, это рыбы, это _____ , то есть всё то, что нас _____ живое. Деревья тоже живые, как _____ очень многие, но, тем не менее, пока мы говорим вот _____ , которые как-то реагируют на появление _____ совершенно, вот, однозначно. Не знаю, _____ ли вы, как меняется фауна _____ , я думаю, что замечали. А вот _____ у нас в студии специалисты, которые _____ следят за этим и могут об этом рассказать

_____ , что же происходит с нашей городской _____ . Итак, у нас в гостях — сотрудник _____ Центра охраны дикой природы Любовь Якубовская, доцент _____ биологии Московского городского педагогического университета Деннис Богомолов и _____ специалист по землепользованию природоохранного комплекса «Серебряный бор» Корнелий Гордеев.

Все: Добрый день, добрый день.

Щедрунова: Первый вопрос закономерен. Вот _____ программа, которая стартовала буквально _____ , чем она вызвана? С чего вдруг? Вот _____ , значит, нашли, да? — быстренько программу _____ , быстренько не быстренько, и начали что-то _____ . Чем это вызвано? Кто? Любовь Станиславовна, _____ .

Якубовская: Ну, я представляю неправительственную _____ организацию, не уполномочена презентовать эту программу. _____ идея правильная: конечно, восстанавливать _____ в столице, где животные подвергаются такому антропогенному прессу, _____ . У нас — вот, вы правильное слово, кстати, интуитивно _____ — программа, видимо, создана быстренько, со всеми вытекающими отсюда _____ , то есть, идея правильная, но вот _____ , что программа, видимо, делалась быстренько, мы очень _____ , что в значительной мере она будет искажена, _____ будет реализовываться.

Щедрунова: То есть, всё-таки программа _____ искажена или программа изначально _____ неправильно?

Якубовская: Ну, нас никто не знакомил. Я не _____ ...

Щедрунова: То есть, вы ничего не знаете _____ эту программу? Вы знаете только, что _____ сделано, да?

Якубовская: Я могу судить по отрывочным сведениям, ну вот, _____ поступают, в частности, через _____ . Очень широко подаётся в прессе _____ восстановления белок. Извините, есть _____ , который, на который _____ нашлись деньги у московского _____ , это «Красная книга Москвы». Документ _____ достаточно грамотно, над ним работали _____ специалисты, мы многих из них _____ . И они из разных _____ , то есть, тут как бы такой обширный _____ . Вот. Это, этот документ должен _____ силу, вообще-то, юридическую. Там указаны _____ по сохранению животных, что им _____ , приоритеты расставлены. Так вот, у нас _____ широко подаётся программа _____ белок. Почему мы взялись сохранить _____ ? Их даже нету в «Красной книге». _____ вид на территории Москвы не подвергается _____ . Это грызуны, которые, в общем-то, _____ себя, ну, вот, то есть, там, конечно, есть вопросы, мы... но они угрозе не _____ , белки.

VI
Америка чужими глазами

Подготовка

In many ways the greatest change since the fall of the Soviet Union has been the large influx into the United States of Russian-speaking visitors and residents. Students of Russian now have wonderful opportunities to interact with Russian speakers in their own communities. Some of those interactions will necessarily concern the more mundane aspects of immigration (food, housing, work), but they also provide rich access to the insights of the newcomer, who may well notice things that the host already takes for granted.

Vocabulary

иммигра́ция immigration[1]
иммигра́нт; иммигра́нтка (*р мн* **иммигра́нток**) immigrant[1]
иммигри́ровать (**иммигри́рую, иммигри́руешь**) *нес и сов* to immigrate[1]
бе́женец (*р* **бе́женца**) refugee
убе́жище refuge, asylum
прие́зжий (*р* **прие́зжего**) newcomer
натурализа́ция naturalization
граждани́н (*мн* **гра́ждане**); **гражда́нка** (*р мн* **гражда́нок**) citizen
гражда́нство citizenship
гражда́нский civic, civil[2]

происхожде́ние origin
коренно́й native[3]
ро́дина (**на**) native country, country of origin
родно́й native[3]
чужо́й alien, foreign[4]
иностра́нный foreign[4]
зарубе́жный foreign[4]

анке́та questionnaire
заявле́ние application
заполня́ть I to fill out; **запо́лнить** II
разреше́ние permit
~ **на жи́тельство** residence permit
~ **на рабо́ту** work permit
свиде́тельство certificate
~ **о рожде́нии** birth certificate
~ **о бра́ке** marriage certificate
~ **о сме́рти** death certificate
удостовере́ние ли́чности proof of identification (*abbr* ID)
води́тельские права́ (*р* **прав**) driver's license
продлева́ть I to extend; **продли́ть** (**продлю́, продли́шь**)
возобновля́ть I to renew; **возобнови́ть** (**возобновлю́, возобнови́шь**)

о́бщество society[5]
обще́ственный social
общи́на community, society[5]
обслу́живание service[6]

услу́га service[6]
посо́бие aid
~ **по социа́льному обеспече́нию**
Social Security
предоставля́ть I *кому?* to provide,
grant; **предоста́вить**
(**предоста́влю, предоста́вишь**)

убежде́ние conviction
пра́во (*мн* **права́**) *на что?* law; right[7]
незави́симость *ж* independence
свобо́да freedom
~ **сло́ва** freedom of speech
~ **печа́ти** freedom of press
~ **со́вести** freedom of conscience

ве́ра faith, belief
вероиспове́дание denomination, creed
веротерпи́мость *ж* religious tolerance
ве́рить II *кому, во что?* to believe;
пове́рить II
ве́рующий (*р* **ве́рующего**) believer
пресле́довать (**пресле́дую,
пресле́дуешь**) *за что?* to
persecute

предрассу́док (*р* **предрассу́дка**)
prejudice
дискримина́ция discrimination
дискримини́ровать (**дискримини́рую,
дискримини́руешь,
дискримини́руют**) *нес и сов* to
discriminate against
нетерпи́мость *ж* intolerance
подверга́ть I *чему?* to expose, subject
(to); **подве́ргнуть** (**подве́ргну,
подве́ргнешь; подве́рг,
подве́ргла**)

рабо́тник worker, employee[8]
рабо́чий (*р* **рабо́чего**) worker[8]
трудя́щийся (*р* **трудя́щегося**) worker[8]
слу́жащий (*р* **слу́жащего**) employee[8]
сотру́дник worker, employee[8]
безрабо́тица unemployment

безрабо́тный (*р* **безрабо́тного**)
unemployed person
работода́тель *м* employer
за́работная пла́та (*сокр* **зарпла́та**)
salary, wage
устра́ивать I *куда?* to place;
устро́ить II
нанима́ть I *куда?* to hire; **наня́ть**
(**найму́, наймёшь; на́нял,
наняла́**)
увольня́ть I to fire; **уво́лить** II

дохо́д income
расхо́д expense
жильё housing
пита́ние food
здравоохране́ние health care
страхова́ние insurance
страхо́вка insurance
страхова́ть (**страху́ю, страху́ешь**) *от
чего?* to insure; **застрахова́ть**
(**застраху́ю, застраху́ешь**)

впечатле́ние impression
воспринима́ть I to grasp, apprehend,
interpret; **восприня́ть** (**восприму́,
воспри́мешь; воспри́нял,
восприняла́**)
удивля́ть I to surprise; **удиви́ть**
(**удивлю́, удиви́шь**); *возвр*
удивля́ться/удиви́ться *чему?*
поража́ть I to astonish; **порази́ть**
(**поражу́, порази́шь**); *возвр*
поража́ться/порази́ться *чему?*
испы́тывать I *нес* to experience
преувели́чивать I to exaggerate;
преувели́чить II
скуча́ть I to miss[9]
~ **по до́му** to be homesick
тоскова́ть (**тоску́ю, тоску́ешь**) *по
чему?* to be sad, long for, miss
~ **по до́му** to be homesick

це́нности (*р* **це́нностей**) values
цени́ть (**ценю́, це́нишь**) to value

мечта́ dream[10]
мечта́ть *о чём?* to dream[10]
забо́та worry, concern
забо́титься (забо́чусь, забо́тишься)
   о чём? to be worried, concerned;
   позабо́титься (позабо́чусь,
   позабо́тишься)
повседне́вный everyday
быт (в быту́) daily life
о́браз жи́зни lifestyle
сре́дний average
кра́йний extreme

мо́щность *ж* might, power
изоби́лие abundance
преиму́щество advantage
высокоме́рие arrogance
неве́жество ignorance
бе́дность *ж* poverty
бездо́мный (*p* бездо́много) homeless
   person[11]
престу́пность *ж* crime[12]

и́скренний sincere
открове́нный open, candid
доброжела́тельный kindly, benevolent
жизнера́достный vivacious
дружелю́бный friendly

гостеприи́мный hospitable
добросо́вестный conscientious
трудолюби́вый industrious
делово́й practical, pragmatic,
   businesslike
состоя́тельный well-to-do
раско́ванный uninhibited
непринуждённый uninhibited
безала́берный feckless
пове́рхностный superficial

по́лзать I to crawl; *опред* ползти́
   (ползу́, ползёшь; полз, ползла́)
ла́зить (ла́жу, ла́зишь) to climb;
   опред лезть (ле́зу, ле́зешь; лез,
   ле́зла)
таска́ть I to pull, drag; *опред* тащи́ть
   (тащу́, та́щишь)
гоня́ть I to chase; *опред* гнать (гоню́,
   го́нишь; гнал, гнала́)

слу́чай case, instance[13]
   в слу́чае *чего?* in case
   в том слу́чае in case
   на тот слу́чай in case
усло́вие condition
   при усло́вии on the condition

Vocabulary Notes

[1] Russian, like English, distinguishes between immigration *into* a country and emigration *from* a country. When speaking of *emigration*, use **эмигра́ция, эмигра́нт, эмигра́нтка,** and **эмигри́ровать.**

[2] The adjective **гражданский** means *civil* in the sense of pertaining to the citizenry: **гражданские права** (*civil rights*).

[3] The adjective **коренной** derives from the word **корень** (*root*) and means *to have one's roots* in a place.

Валентин Иванович — **коренной** москвич.
Valentin Ivanovich is a native Muscovite.

The adjective **родной** means *native* as in pertaining to place of birth or origin: **родной язык, родной город**.

[4] The adjectives **иностранный** and **зарубежный** both mean *foreign* in the sense of belonging to another country: **иностранный язык, зарубежная литература**. The adjective **чужой** (the opposite of **родной**) means *foreign* in the sense of *unfamiliar* or *strange*.

[5] **Общество** means *society* both in the sense of society at large and in the more narrow sense of *organization*: **Общество друзей русской культуры**. **Община** refers to a community of like or similar individuals (**русскоязычная община**). It is sometimes also used when speaking of organizations, especially aid societies.

[6] **Обслуживание** refers to the general notion of *service,* while **услуга** refers to individual services and may be used in the plural: **Бюро бытовых услуг** (*Bureau of Domestic Services*).

[7] **Право** refers to law as an abstract concept. An individual law is **закон**.

[8] **Рабочий** is a blue-collar worker: **рабочие на заводе**. The term **работник** is more general; it refers to persons in any field of work: **научный работник, работник народного образования, работник электростанции**. **Трудящийся** is one who works for a living: **трудящиеся всех стран**. **Служащий** is a white-collar worker: **правительственные служащие, служащие министерства**. **Сотрудник** may be used as a synonym for **работник** or **служащий: научный сотрудник, сотрудник Центра охраны дикой природы**.

[9] The verb **скучать** may be used either with the preposition **по** + the dative case or with the preposition **о** + prepositional case.

> Я скучаю **по** матери.
> Я скучаю **о** матери.
> *I miss my mother.*

[10] **Мечта** and **мечтать** both refer to something that is wished or longed for. These words should not be applied to the kind of *dreaming* that occurs during sleep (**сон**).

[11] In recent years the acronym **бомж (без определённого места жительства)** has entered the lexicon as slang for *homeless person*. Since the term derives from the practice of officially registering one's address, it makes little sense in an American context. Although there is a word **бездомность** that describes the concept of homelessness, it is more common to speak of people without housing (**жильё**).

Возросло число людей, не имеющих **жилья**.
In recent years the number of homeless has risen.

Перед правительством остро стоит проблема не обеспеченных **жильём** слоев населения.
The government must deal with the acute problem of homeless segments of the population.

[12] **Преступность** refers to *crime* as a social phenomenon. It should not be confused with *crime* as an individual act (**преступление**).

[13] These phrases may all be used in the main clause of a conditional sentence to accentuate the condition. Often they are not translated.

Обе части программы «Медикейр» могут быть предоставлены бесплатно **в том случае**, если ваш доход ниже официального уровня бедности.
Both parts of Medicare may be provided free of charge if your income is below the official poverty level.

Lexical Studies

Ways of Expressing *for*

The English word *for* has multiple meanings. Russian, as you already know, renders each of those meanings in a different way.

Для

The word **для** has a more limited distribution than does the English word *for*. Use **для** + genitive case to talk about benefit, purpose, or suitability. When **для** indicates the person for whose benefit the action of the sentence was performed, it may be replaced by the dative with no preposition. When **для** is used with a verbal noun to indicate the purpose of the action, it may be replaced by a **чтобы** construction.

Мария Владимировна купила цветы **для сотрудников**.
Мария Владимировна купила **сотрудникам** цветы.
Maria Vladimirovna bought flowers for the employees.

Учёные собрались **для обсуждения** озонного слоя.
Учёные собрались, **чтобы обсудить** озонный слой.
The scientists gathered for a discussion of the ozone layer.
The scientists gathered to discuss the ozone layer.

На территории университета строят новое общежитие **для** иностранных студентов.
They're building a new dormitory on campus for foreign students.

Сборник правил дорожного движения полезен **для** иностранцев.
A driver's manual is useful for foreigners.

Загрязнённый воздух вреден **для** здоровья.
Polluted air is bad for one's health.

Гостиница была особая, не **для** рядовых рабочих.
The hotel was a special one, not for run-of-the-mill workers.

Для can also express a relative or comparative meaning.

Необычайно холодно и снежно **для** конца зимы.
It's exceptionally cold and snowy for the end of winter.

Ради

The preposition **ради** + genitive case means *for the sake of*.

Директор исследовательского института готов на всё **ради** сотрудников.
The director of the research institute is prepared to do anything for the sake of the employees.

Многие иммигрируют **ради** детей.
Many people immigrate for the sake of their children.

За

When *for* means *in compensation for* or *in exchange for*, it is most often translated by **за** + accusative case.

Я заплатила **за** жёсткий диск.
I paid for the hard drive.

Нас поблагодарили **за** гостеприимство.
They thanked us for our hospitality.

Verbs that indicate struggle or competition also typically require **за** + accusative case, as do expressions of support or concern.

Юра обычно голосует **за** кандидатов Республиканской партии.
Yura usually votes for the Republican candidates.

Беженцы боролись **за** справедливость.
The refugees struggled for justice.

Я рад **за** новых граждан.
I'm happy for the new citizens.

Я волнуюсь **за** приезжих.
I'm concerned about the newcomers.

За + accusative case also means *instead of.*

Сделайте это **для** меня.
Do this for me. [benefit]

Сделайте это **за** меня.
Do this for me. [instead of]

The preposition **за** + instrumental case means *for* in the sense of fetching or obtaining something.

Надо послать **за** плотником.
You need to send for a carpenter.

Я зашла на почту **за** заявлением.
I stopped by the post office for an application.

К

A number of nouns denoting feelings or attitudes require the preposition **к** + dative case.

любовь к родине	*love for one's country*
презрение к преступникам	*scorn for criminals*
страсть к музыке	*a passion for music*
уважение к иностранцам	*respect for foreigners*

От

The preposition **от** + genitive case is used in expressions that imply involuntary or spontaneous reaction. (See "Expressing Causal Relationships" in Chapter 5.)

Маша заплакала **от** радости.
Masha cried for joy.

Володя покраснел **от** стыда.
Volodya blushed for shame.

От is also used when speaking of medical treatment.

> Дядю Алёшу лечили **от** болезни сердца.
> *They treated Uncle Alyosha for heart disease.*

По

The preposition **по** + dative case is used to express cause. (See "Expressing Causal Relationships" in Chapter 5.)

> Валерий Иванович вышел в отставку **по** финансовым соображениям.
> *Valery Ivanovich retired for financial reasons.*

> Пётр женился **по** любви.
> *Pyotr married for love.*

На

Use **на** + accusative case when *for* means *for a certain purpose.*

> Миша дал детям деньги **на** мороженое.
> *Misha gave the children money for ice cream.*

> Валентина купила ткань **на** новое платье.
> *Valentina bought material for a new dress.*

Note the use of this construction when speaking about meals, applications, and examinations.

> Что сегодня **на** обед?
> *What's for dinner today?*

> Фрида подала заявление **на** должность менеджера.
> *Frida applied for the position of manager.*

> Толя сдал экзамен **на** водительские права.
> *Tolya passed the driving test.*

На + accusative is also used with the verb **работать** to speak of *working for.*

> В прежние времена все здесь работали или в КГБ, или **на** КГБ.
> *In times past everyone here either worked in the KGB or for the KGB.*

Time Expressions

English uses *for* in a number of time expressions, namely, when describing the length of an action (accusative of time in Russian), when describing the length of a projected action (**на** + accusative in Russian), and in expressions of the type *for days on end* (instrumental plural in Russian). (See "Expressing Temporal Relationships" in Chapter 3.)

Лариса уже **два года** работала в одном из крупных университетов.
Larisa had already been working for two years at one of the major universities.

Маргарита Сергеевна согласилась продлить контракт ещё **на год**.
Margarita Sergeevna has agreed to extend the contract for another year.

Научные сотрудники сидят в библиотеках **целыми неделями**.
Research assistants sit in libraries for weeks on end.

Other Expressions with **for**

Remember that there are a number of two-word verbs in English that include the word *for: to look for* (**искать**), *to feel sorry for* (**жалеть**), *to wait for* (**ждать**), *to ask for* (**просить**), and others. After all of the rules have been applied, knowing how to translate the English word *for* is often still largely a question of learning vocabulary and governance.

1. Fill in the blanks with the best translation of the word *for*.

1. Соня заплатила ___за___ жильё, питание и страховку.
2. ___На___ ужин была рыба.
3. ___За___ кого вы голосовали?
4. Толя поблагодарил меня ___за___ помощь.
5. У Димы неплохой опыт ___для___ его возраста.
6. Эти таблетки ___для___ головной боли.
7. Я сбегаю в магазин ___за___ мороженым. *зем?*
8. Эти деньги идут _____ новое оборудование _____ нашей школы.
9. Эта статья необходима ___для___ моей работы.
10. Тридцать пять по Цельсию — непривычно жарко ___для___ Москвы.
11. Мы боремся ___за___ гражданские права.
12. Глеб приехал сюда ___на___ пять дней.

2. Fill in the blanks with the best translation of *for*. Indicate clearly when no preposition is needed.

1. Александра Ивановна умела за пять минут объяснить ученику то, что другие педагоги вдалбливали _____ неделями, месяцами.

2. Все понимают, что Серёжа заполняет заявления не _____ собственного удовольствия.

3. Витя ужасно зависимый. Он привык, что _____ него всё решают.

4. Когда родители получили гражданство, мама светилась _____ радости.

5. Страх оказаться в ПТУ стал _____ Жени сильным стимулятором.

6. Путёвки в санаторий были и _____ двадцать четыре дня, и _____ двенадцать, и _____ семь, и даже _____ трое суток (_____ желающих посвятить конец недели оздоровительным процедурам).

7. _____ Катиных прекрасных глаз Володя был готов на всё.

8. Их отношения длятся _____ больше десяти лет, но живут они отдельно.

9. В день устного экзамена по математике Игорь и Галя волновались друг _____ друга гораздо больше, чем _____ самих себя.

10. Коля никак не мог поверить, что жена вышла замуж за него _____ любви.

11. У иммигрантов есть цель, и _____ этой цели они готовы терпеть всё, что угодно.

12. Кира быстро собрала в сумку купленные накануне фрукты и карамельки _____ детей.

13. — Рубашки стирать и мясо жарить я не буду. — Интересно, а кто будет делать это _____ тебя?

14. Мать получила разрешение забрать сына из клиники и отвезти домой _____ целых два дня.

15. Олег потянулся _____ сигаретами и откинулся на подушку.

16. Наши представители должны бороться _____ наши права.

17. _____ несколько дней Владимир Григорьевич анализировал результаты опыта, но ни к какому выводу не пришёл.

18. Алик всегда ужасно боялся _____ меня.

19. Говорят, ходьба в умеренном темпе полезна _____ беременных.

20. Переводчик работает много лет _____ это издательство.

The *Other* Motion Verbs

As every student of Russian knows, in addition to the most commonly used motion verbs there are also **ползти/ползать** (*to crawl*), **лезть/лазить** (*to climb*), **тащить/таскать** (*to pull, drag*), and **гнать/гонять** (*to chase*). In a dictionary, these words might be illustrated by pictures of a snake crawling across a rock, a monkey climbing a tree, a toddler pulling a toy, and a peasant girl herding a flock of geese—subjects that rarely occur in the conversations of most American students of Russian. In fact it would be tempting to ignore these verbs altogether if they did not so often occur in figurative use, as we will see in this final section on motion verbs.

The unprefixed motion verbs **ползти/ползать, лезть/лазить, тащить/таскать**, and **гнать/гонять** distinguish between determinate motion in one direction and indeterminate motion in more than one direction as do all other motion verbs. These verbs also combine with prefixes to form new perfective-imperfective pairs. (See "Prefixed Motion Verbs" in Chapter 5.) As usual, you will need to remember a few peculiarities when adding prefixes:

- The vowel **-о-** is inserted between prefixes ending with a consonant and all forms of **гнать: вогнать, обогнать**
- The indeterminate motion verbs **ползать, лазить,** and **таскать** do not combine with prefixes. Here are the changes that you will need to remember:

по́лзать	-ползáть (stress change only)
лáзить	-лезáть
таскáть	-тáскивать

Ползти/ползать

The verb **ползти/ползать** literally means *to creep* or *to crawl*, but, as in English, one may also use it to describe very slow motion.

> Поезд медленно **вполз** под своды вокзала.
> *The train slowly crawled in under the arched roof of the station.*

It is also possible, as in English, to use **ползти/ползать** to describe a dejected or supplicant attitude.

> Я ещё помню, как Виктор **приползал** домой после поражения на выборах.
> *I still remember how Viktor came crawling home after his defeat in the elections.*

3. Use unprefixed and prefixed forms of **ползти/ползать** to translate the phrases in parentheses. Translate the sentences into English.

1. Когда Виктор на неё сердился, Надя ___ отползает *(would creep away)* на кухню.
2. Константин наконец ___ (*crawled out*) отполз из ванной, завернутый в длинное полотенце.
3. В нашем лагере мальчики учатся быстро бегать, высоко прыгать, ловко ползать *(to crawl)* и отлично плавать.
4. «Сейчас иду!» — кричала Вика, сползая (*crawling down*) с дивана, на котором сидела.
5. Младшая сестра робко подползла *(crept up)* к старшей и попросила конфетку.
6. Старый лифт наконец дополз *(reached)* до верхнего этажа.
7. Старые «Жигули» поползли *(started crawling)* в гору по узкой полосе.

8. Слёзы _СЛОigaши_ (*were trickling*) по щекам обиженной девочки.
9. Был сильный мороз, и троллейбус еле _ползя_ (*was creeping*) по улице Герцена.

Лезть/лазить

The verb **лезть/лазить** literally means *to climb*, but in Russian, as in English, one can figuratively *climb into* or *out of* something (a shower or a bed) or *onto* or *off of* something (a lap or a stool).

> Придя домой, Дима первым делом **залез** под горячий душ.
> *As soon as he got home, Dima climbed into a hot shower.*

> Наташа **вылезла** из-под одеяла и прошла в ванную.
> *Natasha climbed out from under the blanket and went into the bathroom.*

> Ира появилась через несколько минут и **полезла** на соседний стул.
> *Ira showed up a couple of minutes later and climbed onto a neighboring stool.*

> Митя **слез** со стула, уступая место Виктору.
> *Mitya climbed down from the stool, relinquishing his place to Victor.*

The verb **лезть/лазить** may also mean *to get into* by reaching.

> Я **полезла** в бардачок за картой.
> *I reached into the glove box for a map.*

Лезть/лазить also means *to get into* in a more figurative sense as in the phrase **лезть не в своё дело** (*to get into somebody else's business*).

> Я к своим квартирантам не **лезу**.
> *I don't bother my boarders.*

Idiomatically, **лезть/лазить** means *to get into* as in *to fit*.

> После длинных зимних каникул Валентина ни во что не **влезала**.
> *After the long winter vacation Valentina didn't fit into anything.*

And don't forget the popular idiom **лезть в бутылку** (*to hit the bottle*).

4. Use unprefixed and prefixed forms of **лезть/лазить** to translate the phrases in parentheses. Translate the sentences into English.

1. Стараясь двигаться как можно тише, Света _залезла_ (*climbed in*) под одеяло.

2. Придя домой, Виктор решил _залезть_ (*to climb in*) в горячую ванну с книжкой.

3. Света _полезла_ (*reached*) в холодильник и вытащила тарелку с пельменями.

4. Ребята долго не _вылезали_ (*climb out*) из тёплой воды.

5. — Я думаю, что ты не мог удержаться от любопытства и _влез_ (*got into*) в мою базу данных. — Нет, я в твои файлы не _влезаю_ (*get into*).

6. Клава _полезла_ (*climbed*) на стул, чтобы поискать фотоальбом на верхних полках. _влезала, залезала_

7. Илья _полез_ (*reached*) в карман за деньгами.

8. Марина _слезла_ (*climbed down*) с высокого стула и стала подходить к столику, за которым сидели знакомые.

9. Брови удивлённой Лидии Яковлевны _полезли_ (*climbed*) вверх.

Тащить/таскать

The verb **тащить/таскать**, which means *to pull* or *to drag*, is often used to describe moving heavy or otherwise burdensome objects.

> Алик любит спать на старом диване, который он **перетащил** сюда с четвёртого этажа.
> *Alik likes to sleep on the old couch that he dragged here from the fourth floor.*

As in English, one can also *drag* unwilling persons to places where they don't want to go.

> Люба **таскает** бедного Володю на все выставки современного искусства.
> *Luba drags poor Volodya to all of the modern art exhibits.*

The verb **вытаскивать/вытащить** commonly means *to pull out.*

> Елена Сергеевна **вытащила** последние заявления из папки.
> *Elena Sergeevna pulled the most recent applications out of the folder.*

And the verb **стаскивать/стащить** colloquially means *to swipe.*

> У меня паспорт **стащили**!
> *My passport has been stolen!*

5. Use unprefixed and prefixed forms of **тащить/таскать** to translate the phrases in parentheses. Translate the sentences into English.

1. Сотрудник сел против начальника, _подтащив_ (*having pulled up*) к его столу свободный стул.

2. _Вытащив_ (*After taking out*) из духовки печенья, Валентина Петровна положила их на рядом стоящую тарелку.

3. Собаки так дрались, что их еле _____ (*pull apart*)!

4. Служащий _____ (*dragged in*) в кабинет большую картонную коробку с папками.

5. Милиционер резко дёрнул преступника за руку и _____ (*dragged*) его в сторону выхода.

6. Весь день я _____ (*have been carrying*) на плече тяжёлую сумку с видео-камерой.

7. Мария схватила сына за руку и по ступенькам _____ (*pulled down*) его с крыльца в сад.

8. Подхватив Лизу под руку, Виктор _____ (*dragged in*) её в кабинет началь-ника.

9. Лидия открыла сумку и _____ (*pulled out*) водительские права.

10. Зачем Марина _____ (*is dragging*) домой все эти продукты?

11. Рита начала _____ (*to pull out*) из своей большой сумки персики, абрико-сы и клубнику.

12. Утром я ходила на рынок и _____ (*brought*) домой большое количество свежих овощей.

Гнать/гонять

The verb **гнать/гонять** means *to chase* or *to drive.* As in English, one may chase or drive people, ideas, sensations, etc.

> Миша! Твоя мама велела мне **погнать** тебя домой.
> *Misha! Your mom told me to chase you home.*

> Женя **отогнала** печальные мысли о родине.
> *Zhenya chased away melancholy thoughts about her homeland.*

> **Гоня** прочь невольную улыбку, Анна отвечала на вопросы судьи.
> *Driving away an involuntary smile, Anna answered the questions of the judge.*

The verbs **догонять/догнать** and **обгонять/обогнать** respectively mean *to overtake* and *to pass,* both by vehicle and on foot.

> Лена сделала несколько быстрых шагов и **догнала** Мишу.
> *Lena took several rapid steps and caught up with Misha.*

> Хотя я ехал не спеша, белые «Жигули» меня не **обогнали.**
> *Although I was driving at a leisurely pace, the white Zhiguli didn't pass me.*

Colloquially, the verb **гнать/гонять** means *to drive* a vehicle (compare *driving* horses). Used in this sense, the verb combines with a number of prefixes. One of the most com-mon prefixed forms is **угонять/угнать**, which means *to steal* (a vehicle).

Ольга согласилась **пригнать** автомобиль в указанное место.
Olga agreed to bring the car to the designated place.

Сигнализация неисправна, **угнать** машину могут в любой момент.
The car alarm is broken; the car might be stolen at any moment.

Remember, however, that the *driving* expressions that you already know (**вести/водить машину, ехать/ездить на машине**) are still by far the most common.

В Америке каждый подросток умеет **машину водить**!
In America every teenager knows how to drive a car!

В Америке я куплю себе машину и **буду на ней ездить**!
In America I'll buy myself a car and drive around in it!

6. Use unprefixed and prefixed forms of **гнать/гонять** to translate the phrases in parentheses. Translate the sentences into English.

1. Руслан _____ (*will bring*) машину.
2. Когда бездомный резко развернулся и пошёл к выходу, милиционер не стал его _____ (*to catch up with*).
3. Сергей _____ (*was driving*) машину во всю мочь, надеясь успеть в Городской совет до конца рабочего дня.
4. Игорь Сергеевич _____ (*chased away*) неожиданную жалость к безработным.
5. Поезжайте домой. Только не _____ (*drive*) больше так быстро.
6. Вспомнив про _____ (*stolen*) машину, Нина заплакала.
7. Маленький Ваня не бегал по улицам с другими мальчиками, не _____ (*chased*) с ними мяч, а предпочитал сидеть дома.
8. Я боюсь оставлять машину в таком неприятном месте, а то её _____ (*[they] will steal*).
9. Я _____ (*will drive out*) машину из гаража и оставлю её возле дома.
10. Яна ехала быстро, _____ (*passing*) все другие машины.

7. In this passage adapted from «**Тот, кто знает. Перекрёсток**» by **Александра Маринина**, **Вадим** (**Вадик**) and **Наташа** argue about moving out of a communal apartment to a separate apartment on the outskirts of town. Fill in the blanks with *any* appropriate motion verb. When you have finished, compare your answers to the original in Appendix B.

— Вадик, милый, как ты представляешь нашу жизнь на окраине и без телефона? Сейчас, когда мы живём в двух шагах от метро, я _____ (*leave*) из дома в половине девятого и возвращаюсь не раньше десяти, а что будет, когда метро окажется в получасе езды на автобусе? А мне нужно будет ещё продукты покупать и готовить.

— Пожалуйста, бери машину.

— Ты прекрасно знаешь, что я не могу машину _водить_ (drive).

— Глупости! Найди хорошего инструктора, он тебя научит.

— Вадим, я _не буду_ (won't drive) машину, это даже не обсуждается. Давай исходить из того, что есть. Сейчас мы живём рядом с Киевским вокзалом, с которого ты каждый день _ездишь_ (go) на работу. И даже при этом ты встаёшь в пять тридцать, а _____ (depart) из дому в шесть утра. Ты готов вставать в четыре?

— Встану, — коротко ответил Вадим. — Во сколько нужно, во столько и встану.

— И на чём ты будешь добираться до вокзала? Автобусы в четыре утра ещё _не работают_ (aren't running), — заметила Наташа.

— На машине _поеду_ ([I] will go).

— И оставишь её на целый день на площади перед вокзалом? Это несерьёзно. Если поставить её на платную охраняемую стоянку, то это выйдет слишком дорого. А если оставить просто так, то рано или поздно её _угонят_ ([they] will steal). Я понимаю твоё желание _переехать_ (to move) в отдельную квартиру, но ты должен понимать, что наши расходы могут оказаться неизмеримо больше, чем доходы.

Expanding Sentences with _будто_

The conjunction **будто (бы)** throws doubt on that which is being reported. Compare the following:

Сенатор Смит объявил, **что** он проголосует против натурализации беженцев.
Senator Smith announced that he would vote against the naturalization of refugees.

Сенатор Смит объявил, **будто** он проголосует против натурализации беженцев.
Senator Smith implied that he would vote against the naturalization of refugees.

Я слышала, **как** соседи разговаривали между собой на родном языке.
I heard the neighbors talking among themselves in their native language.

Я слышала, **будто** соседи разговаривали между собой на родном языке.
It seemed to me that I could hear the neighbors talking among themselves in their native language.

The expression **будто бы** does not require the past form of the verb.

Когда смотришь на лица американских прохожих, создаётся впечатление,
будто бы они не **знают**, что загнивают.
*When you look at the faces of American passersby, you get the impression that
they don't know that they're rotting away.*

The conjunctions **будто, как будто (бы)** and their synonym **словно** may also be used
to compare the principal clause to something unreal or unlikely (compare English *as
though*).

Глаза болят, **как будто** песку насыпали.
My eyes feel like someone sprinkled sand in them.

Когда я прилетел в Нью-Йорк, я думал, что все вокруг знают о моём
прилёте. Даже прохожие улыбались мне, **словно** меня только что показывали по американскому телевидению.
*When I arrived in New York, I thought that everyone all around knew about my
arrival. Even passersby would smile at me as though I had just appeared on
American television.*

8. Complete the sentences. Translate your sentences into English.

1. Средний американец думает, что _____ .
2. Средний американец думает, будто _____ .
3. Работодатель утверждает, что _____ .
4, Работодатель утверждает, будто _____ .
5. Вчера мне снилось, что _____ .
6. Вчера мне снилось, будто _____ .
7. Во сне я видела, как _____ .
8. Во сне я видела, будто _____ .

9. Combine the sentences using **будто**. Translate your sentences into English.

Образец: Лебедев ответил спокойно. Он не замечал злое настроение служащих.
*Лебедев ответил спокойно, будто он не замечал злое настроение
служащих.*
*Lebedev answered calmly as though he didn't notice the nasty mood of
the employees.*

1. Анна повернулась и села на табуретку. Она не слышала мой вопрос.
2. Человек на новом месте, у него новые заботы, а ты к нему лезешь со
своими проблемами. У него других дел нет.

3. Лицо у Лидии стало рассеянным. Она забыла, зачем здесь стоит.
4. Сотрудники страхового агентства отмечали, что Ваня стал задумчивым. Он пытался что-то вспомнить.
5. Люба разговаривает со своим мужем. Он пообещал ей к Рождеству новую шубу.
6. Эдик почти не удивился налоговой инспекции. Он был готов к неприятному разговору.

Expressing Conditional Relationships

Conditional clauses answer the question **при каком условии?** (*on what condition*). They show the condition necessary for the fulfillment of the action of the principal clause. Conditional clauses may express actual conditions, or they may express hypothetical conditions.

Actual Conditions

Actual conditions are most commonly expressed in clauses beginning with **если**. The verbs in both clauses of the sentence may be in the past, present, or future tenses. The principal clause of the sentence, depending on the tense of the verb, expresses an action that really did take place, really is taking place, or really will take place.

> **Если** Мария не сдала сочинение, у неё, наверное, была уважительная причина.
> *If Maria didn't turn in her composition, she probably had a valid reason.*

> Читатель ошибается, **если** представляет себе тайгу в виде рощи.
> *The reader is mistaken if he imagines the taiga as a grove of trees.*

> **Если** окажется, что база данных испорчена, придётся всё переделывать сначала.
> *It if turns out that the database is defective, it will be necessary to do everything all over again.*

When a conditional clause refers to a condition that will be true in the future, the verb in Russian is in the future tense. (English requires the present tense of the verb in this construction.)

> Если в этом году лето снова **окажется** жарким, мужчины **будут ходить** в лёгких майках.
> *If summer is hot again this year, men will be wearing light T-shirts.*

When a conditional clause refers to a constant relationship between events, the verbs in both clauses of the sentence are in the present tense. Generalizations of this type are characteristic of scientific and legal writing but may be found in more colloquial speech as well.

> Отрешение Президента от должности **происходит** в том случае, если Государственная Дума **выдвигает** в его адрес обвинение в государственной измене или в совершении иных тяжких преступлений.
> *Removal of the President from office occurs if the State Duma brings forward an accusation of treason or of the commission of other serious crimes.*

Conditional clauses formed with infinitives are used to express generalizations. They are similar in meaning to generalizations formed with the second-person singular form of the verb.

> Если **предположить**, что при нормальном режиме работы АЭС почти не имеют выбросов, нужно заключить, что атомная энергетика является наиболее экологически чистой отраслью топливо-энергетического комплекса.
> Если **предположишь**, что при нормальном режиме работы АЭС почти не имеют выбросов, нужно заключить, что атомная энергетика является наиболее экологически чистой отраслью топливо-энергетического комплекса.
> *If one assumes that a nuclear power plant working under normal conditions has virtually no emissions, one must conclude that nuclear energy is the most ecologically clean branch of the fuel and energy complex.*

When the main clause of a conditional sentence precedes the **если** clause, it may accent the condition by adding a phrase such as **в случае, в том случае, на тот случай, при условии, при том условии** (*in case, under the condition*). When the main clause follows the **если** clause, it may accent the result by adding **то, тогда, так, тут** (*then*).

> Я вам оставляю свой адрес **на случай**, если что-нибудь понадобится.
> *I am leaving you my address just in case you need anything.*

> Если же никого не было дома, **то** я оставался и ждал.
> *If no one was home, then I would stay and wait.*

10. For each pair of sentences, first decide which is the condition and which is the result. Then combine each pair of sentences into a single sentence using **если**. Translate your sentences into English.

1. Я буду проезжать мимо кулинарии. Я куплю кусок жареной рыбы.
2. На конкурсе литературных произведений твоя повесть никогда не займёт первое место. Ты плохой писатель.
3. Я соглашусь. Это тебе действительно надо.

4. Веня не перестанет заниматься глупостями. Его уволят с работы.

5. Я допущу вас к экзамену. Я получу письменное указание от деканата.

11. Complete the sentences with condition clauses. Translate your sentences into English.

1. Вы получите гражданство, если _____ .
2. Мы возобновим ваше разрешение на работу, если _____ .
3. Я боюсь, что нас будут дискриминировать, если _____ .
4. Тебя наймут на эту должность, если _____ .
5. Вас уволят, если _____ .
6. Вы удивитесь, если _____ .

12. Complete the sentences with result clauses. Translate your sentences into English.

1. Если ты заполнишь анкету, _____ .
2. Если община предоставит нам пособие, _____ .
3. Если наших родственников будут преследовать, _____ .
4. Если нас будут подвергать дискриминации, _____ .
5. Если ты устроишься на работу здесь, _____ .
6. Если ты позаботишься о страховке, _____ .

Hypothetical Conditions

Hypothetical conditions are most commonly expressed in sentences formed with a subordinate clause and a principal clause. Typically, the subordiate clause begins with **если бы** + past form of verb, and the principal clause contains **бы** + past form of verb.

> **Если бы** Россия **была** закрытой страной, убыль населения за шесть лет **превысила бы** четыре миллиона человек.
> *If Russia were a closed country, the loss of population within six years would exceed four million people.*

Because the verbs in these sentences are always past form, their meaning depends on context.

> На будущей неделе **будет** свадьба, но меня не пригласили. Я бы пошёл, если бы меня пригласили.
> *The wedding will be next week, but I haven't been invited. I would go if they invited me.*

> На прошлой неделе **была** свадьба, но меня не пригласили. Я бы пошёл, если бы меня пригласили.
> *The wedding was last week, but I wasn't invited. I would have gone if they had invited me.*

It is also possible to express a hypothetical condition by replacing **если бы** + past form of verb by an imperative singular verb.

> **Если бы** Аркадий **вернулся** раньше, он застал бы нас дома.
> **Вернись** Аркадий раньше, он застал бы нас дома.
> *Had Arkady returned earlier, he would have found us at home.*

Sometimes sentences of this type use an indicative verb in the main clause.

> **Случись** что-нибудь со мной, немедленно из Петербурга **прилетят** все мои родственники.
> *If something were to happen to me, all of my relatives would immediately fly in from Petersburg.*

13. Each pair of sentences expresses an actual cause and an effect. Explain how things might have hypothetically been different, as in the model. Translate your sentences into English.

> **Образец**: Я не знаю. Не могу вам сказать.
> *Если бы я знал, я сказал бы вам.*
> *If I knew, I would tell you.*

1. Лиза не окончила университет. Её не примут на эту должность.
2. Родя уехал из Советского Союза в 1975. В следующем году он познакомился со своей будущей женой в Чикаго.
3. Пётр Павлович обманул ожидания избирателей. Его не переизберут на второй срок.
4. Состояние подготовки учащихся средней школы России недостаточно для того, чтобы учащиеся могли поступить в университет. Родители нанимают репетиторов.
5. Этот завод выделяет токсичные вещества. Мы не можем предовратить экологический кризис.

14. Complete the sentences. Translate your sentences into English.

1. Я бы закончил работу сегодня вечером, если бы _____ .
2. Было бы странно, если бы _____ .
3. Мне бы не понравилось, если бы _____ .
4. Оксана могла бы стать блестящим учёным, если бы _____ .
5. Я бы никогда не был так счастлив, как сейчас, если бы _____ .

15. Complete the sentences. Translate your sentences into English.

1. Если бы мои родственники остались в России, _____ .

2. Если бы я знал, что всё так выйдет, то _____ .
3. Если бы меня тогда не обманули, _____ .
4. Если бы я вернулся в Москву, _____ .
5. Если бы ты начальника обидела, _____ .

16. Replace the imperative with **если бы** constructions. Translate the sentences into English.

Образец: Спроси Никиту в этот момент кто-нибудь, зачем он уезжает на запад, он не смог бы ответить.

Если бы кто-нибудь спросил Никиту в этот момент, зачем он уезжает на запад, он не смог бы ответить.

If someone were to ask Nikita at that moment why he was leaving for the West, he would not be able to answer.

If someone had asked Nikita at that moment why he was leaving for the West, he would not have been able to answer.

1. Боря не любил пиво, но скажи он об этом Коле — тот не понял бы.
2. Вернись Галина домой на десять минут раньше, она непременно столкнулась бы с отцом в прихожей.
3. Узнай родители, как обстоят дела на самом деле, они бы с ума сошли от ужаса.
4. Не случись этого несчастья с Аней, Пётр Сергеевич бы не уехал с родины.
5. Будь Роман поумнее, он оставил бы пятьсот рублей на карманные расходы.
6. Неожиданное открытие, которое могло бы сделать сестёр ещё ближе, заговори они об этом, не давало Люде уснуть.

"Would"

The word *would* presents particular translation problems for speakers of English because it occurs in English in a number of different constructions.

English speakers use the word *would* to speak of repeated actions in the past. This construction is rendered by an imperfective past-tense verb in Russian.

Каждый день Дарья **заходила** ко мне за книгами.
Every day Darya would drop by for some books.

English also uses the word *would* when reporting future-tense statements. This construction is rendered by a future tense in Russian.

Ника сказала, что она **зайдёт** ко мне завтра за книгами.
Nika said that she would drop by tomorrow for some books.

And *would* also occurs in hypothetical statements both about the present or future and about the past.

> **Я бы пошёл**, если бы меня пригласили.
> *I would go if they invited me.* [present or future]
> *I would have gone if they had invited me.* [past]

17. In this passage adapted from «**Мужские игры**» by **Александра Маринина**, the author mixes repeated past actions with reported speech. Translate the passage into English.

> Аня всегда удивляла подруг своей способностью быстро делать покупки. Подруги долго выбирали вещь, приценивались, потом шли искать её в другое место, опасаясь, что купят, а в следующем магазине найдут что-то лучшее или дешевле. Аня покупала сразу, брала первую же более или менее подходящую вещь и на этом успокаивалась.

Источники

The Russian Community

An important but sometimes difficult-to-access resource for students of Russian is the Russian-speaking community (**русскоязычная община**) in emigration. This community may comprise individuals from different ethnic groups, geographical areas, socio-economic levels, and religious affiliations. In emigration they are all regarded as "Russian." According to the Modern Language Association Data Center there are now over 706,000 heritage speakers of Russian living in the United States. They, together with all of the communications produced by and for them, are a rich source of linguistic and cultural information.

1. The Modern Language Association has posted an electronic language map on its Web site. Visit the site (**www.mla.org**) and view the map for the entire United States. Which areas seems to be most heavily populated by Russian speakers? Why would you imagine they choose to live in those particular areas?

2. Now zoom in on the MLA Language Map to determine how many Russian speakers live in your state. What can you learn about their background? Do they come from a particular region of the former Soviet Union? Do they represent a particular socio-economic group or a particular religion? What brought them to your state?

3. Compile an annotated list of Russian-language resources in your community. In addition to the predictable bookstores, newspapers, radio stations, and restaurants, consider including real estate agents, car dealerships, art galleries, and the like.

4. Recent immigrants now use Internet to share information, advice, and concerns with their compatriots throughout the world. Cities with large immigrant communities, such as Boston, Atlanta, Denver, San Francisco, Seattle, Portland, New York, and others, have special sites devoted to their interests. Locate at least three of these sites by searching for *Russian + Name of City* and spend some time exploring them. What kind of people do they seem to represent? What services do they offer? To what extent do they reflect common concerns?

Чтение

The first three texts in this section were all written during the late 1980s and early 1990s. During that period Russians from all walks of life were encountering America—often for the first time. As they "discovered" America, they often noticed things that others took for granted.

Текст 1. Первые впечатления

In this excerpt from **«Возвращение»** (1992), Soviet satirist **Михаил Задорнов** describes visiting the United States for the first time as a member of an official writers' delegation. The humor of the text depends on a shared awareness of the details of Soviet daily life. As you read, note the places where **Задорнов** seems to be quoting set phrases.

Перед чтением

Use a Russian encyclopedia to identify these references.

    И. В. Мичурин   Кукрыниксы

Первые впечатления

Когда я прилетел в Нью-Йорк, я подумал, что все вокруг знают о моём прилёте. Даже прохожие улыбались мне, словно меня только что показали по американскому телевидению. Откуда же мне было знать, что в Америке просто так принято — улыбаться друг другу. Что они ходят по улицам с радостным выражением лица, что они радостно живут! Когда смотришь на лица американских прохожих, создаётся впечатление, будто они не знают, что загнивают...

загнива́ть   *to rot away*

До конца поездки я так и не смог привыкнуть к этой бесконечной американской доброжелательности. Ну с чего они все тебе улыбаются? Что им от тебя надо? Поначалу, когда мне в самолёте улыбнулась стюардесса, я, честно говоря, подумал, что она со мной заигрывает. Когда же улыбнулись, глядя на меня, вторая, третья американки, я решил, что у меня что-то расстёгнуто. Доконал швейцар в гостинице. Он улыбнулся и раскрыл передо мной двери! Он был рад моему приезду! Вы видели когда-нибудь швейцара, радующегося вашему приезду! Ну почему во всех странах мира швейцары в гостиницах открывают двери и подносят вещи, а наши не пускают? Когда пожилой «бой» занёс мои вещи в номер и, бестактно улыбаясь, предложил мне помочь разложить их по полкам, я выгнал его из номера за его грязные намёки.

докона́ть   *to finish off*

Так что уже в первые дни гастролей я понял, насколько правы советские корреспонденты и телекомментаторы, утверждающие, что неприятно находиться в Америке. Действительно неприятно. Не знаешь, что делать в ответ. Тоже улыбаться? Я не могу улыбаться в течение суток. У нас — советских людей — развиты не те мышцы лица. Я пробовал. К вечеру улыбку заклинивает, лицо перекособочивает. Получается улыбка смертельно раненного человека.

гастро́ль   *tour*

закли́нивать   *to wedge in place*
перекособо́чивать   *to become crooked*

Не улыбаться нехорошо. Некультурно. Стоит зайти в магазин, к тебе подбегает продавец и с идеально отшлифованной улыбкой: «Что вам угодно? Чем могу быть полезен?». Ну как ему объяснить, чем он может быть полезен? Только тем, что изчезнет немедленно. И не будет мешать. Потому что я зашёл не купить, а посмотреть. Так как никогда не видел сто метров разной обуви сразу. Поэтому у меня сейчас экскурсия!

отшлифова́ть   *to polish*

Не дай бог возьмёшь с прилавка туфли и попытаешься их примерить. Он усадит в кресло, сам наденет тебе туфли на ноги, зашнурует их. Если окажутся не по размеру, будет приносить со склада все новые и новые пары. Пока ты, руководствуясь уже чувством вины перед ним, не купишь хотя бы... шнурки с тапочками. За каждую

зашнурова́ть   *to lace*
склад   *stockroom*

проданную вещь, оказывается, ему положена премия. Каждому по труду. Закон социализма! Поэтому они и ведут себя так, как должны вести себя в социально справедливом обществе. То есть ты чувствуешь себя виноватым, если ничего не купил. В отличие от наших продавцов, которые ведут себя по-другому. И ты чувствуешь себя виноватым оттого, что вообще зашёл в магазин.

К концу поездки я, правда, научился бороться с их улыбчивым сервисом. Он только ко мне: «Чем могу быть полезен?», а я ему тут же с улыбочкой от уха до уха: «Спасибо! Я из Советского Союза». Его тут же след простыл. Понял — зашёл просто посмотреть. Потому что во всём мире уже знают, что советскому человеку денег меняют ровно на посмотреть... Причём знают об этом не одни продавцы. Американские женщины относятся к советским мужчинам с жалостью, с которой относятся только к убогим. Интеллигентная американка не позволит советскому мужчине заплатить за неё в кафе, даже если она выпьет стаканчик диетической пепси-колы. От силы она позволит себе принять в подарок от русского набор открыток типа «Ромашки Нечерноземья» или «Козлы Алтая»... Чтобы эти открытки остались у неё навсегда ярким напоминанием о подарившем.

просты́ть *to grow cold*

убо́гий *beggar*

рома́шка *daisy*
козёл *goat*

Однако наиболее опытные продавцы в Америке не подбегают к тебе, когда ты входишь в магазин. Многие из них уже научились отличать советского человека. Не по одежде, нет... Через три дня после приезда в Америку любой советский одет точь-в-точь как американский безработный. Если, конечно, на безработного надеть отглаженные со стрелками джинсы и под них чёрные лаковые на каблуках туфли. Нет, нашего человека среди любой беспочвенно радостной западной толпы можно безошибочно угадать по выражению лица. На нём как бы навсегда застыла наша индустриализация! Осели этапы большого пути, прилипли шесть орденов комсомола, непаханная целина и непрекращающееся восстановление разрухи... При этом в глазах ежесекундная борьба озадаченности с озабоченностью.

отгла́дить *to iron*
стре́лка *crease*

засты́ть *to freeze*

целина́ *virgin land*
озада́ченность *puzzlement*
озабо́ченность *anxiety*

С другой стороны, какое ещё выражение может быть у нашего человека, если он заходит в продуктовый магазин и видит там 40 сортов сыра? Он же мучиться начинает! Какой сорт выбрать. В этом отношении наше общество гуманнее. У нас не надо мучиться, какой сыр выбрать. Потому что у нас один сорт сыра — сыр! Называется «Если завезли...».

В одном магазине я не поленился и насчитал... тридцать семь сортов маслин! Поскольку я не смог нафантазировать такое количество сортов того, о чём я вообще имею смутное понятие, я расспросил продавца, чем они все друг от друга отличаются. Оказывается, вместо косточек там внутри разные орешки. В одних — миндаль, в других — арахис... В третьих — такие, глядя на которые, Мичурин бы свалился с того, что сам вырастил. Удивительно! Как-то эти орешки попадают в эти маслины. И попадают туда без руководящей роли партии. Без участия министерств и ведомств. Никто не издаёт указ: «О всемирном высасывании косточек» и не вешает плакат: «Орешки — в жизнь!». Со всей продуктовой вакханалией справляется два–три процента фермеров в стране! В отличие от наших 40 процентов, занятых в сельском хозяйстве. Причём этим двум процентам фермеров не помогают высасывать косточки студенты Йельского университета и профессура Гарварда...

В одном супермаркете я насчитал 90 сортов кефира! Есть кефир с привкусом клубники, есть с привкусом земляники, черники. Есть с шоколадом, есть с орешками. Есть с орешками, шоколадом, клубникой, черникой и земляникой... Как я могу понять, что я хочу? Я всё хочу! Может быть, меня больше никогда за границу не выпустят после того, как я расскажу, сколько я видел кефиров. Может быть, вообще перестройка на днях закончится. Так что, я хочу все кефиры сразу! Здесь, немедленно! Я хочу принять ерша из этих кефиров! Именно это выражает моё «индустриализационное» лицо, когда я смотрю на эти кефиры, которые стоят на полках, как книги в Ленинской библиотеке.

Вы попробуйте прийти у нас в магазин и спросить у продавщицы: «Что из кефиров вы мне сегодня рекомендуете?». Продавщица вам тут же ответит: «Вчерашний, козёл!». Поскольку за семьдесят лет мы научились выпускать два сорта кефира: вчерашний и позавчерашний. Бывает еще двухнедельный, но это уже не высший сорт!

масли́на *olive*

ко́сточка *pit*

выса́сывание *extraction*

приня́ть ерша́ *to make a cocktail*

Когда в Америке заходишь в продуктовый магазин, невольно перекидывается грустный мостик на Родину. Даже наши эмигранты, прожившие по 20 лет в Америке, сознаются, что это происходит с ними до сих пор. И жалко становится наших женщин. Почему же женственные лица должны превращаться в «индустриализационные», а ноги в тромбофлебитные, если во всём мире уже слов таких нет, как «кошелка» и «авоська»?

Мужиков мне не жалко. Мужик у нас всегда в порядке. Принял стакан, и он в Америке. Принял ещё один — в Австралии! Наутро в канаве представил себя в Венеции!

В один супермаркет мне пришлось зайти с женщиной из Воронежа. Она приехала к сестре. Сестра Валя пятнадцать лет в Америке. Мать категорически не хотела отпускать свою дочь навсегда. Прокляла ее. Старая большевичка, мать Вали до последнего дня искренне верила нашему правительству и Кукрыниксам, что Америка — это небритый дядя Сэм с жирным мешком денег вместо туловища и носом, похожим на Гренландию.

Провожая дочь, несмотря на проклятие, она жёстко сказала: «Если будешь там голодать, напиши — консервов вышлем!».

— Жалко, мама не дожила до перестройки, — говорила Валя. — Не смогла к нам приехать. Мне так хотелось, чтобы она увидела, как я живу.

Вместо мамы приехала сестра с десятилетним сыном. Когда она вошла в супермаркет, она заплакала. В её глазах был только один вопрос: «За что?». Вопрос, который нам на Родине даже задать некому. Десятилетний сын тянет маму за рукав.
— Мама, что это?
— Это клубника, сыночек.
— Неправда, мама, такой клубники не бывает.

Валя уговаривает сестру не набирать так много. Взять только на вечер. При этом по привычке набирает сама. Но сестра не может поверить в то, что всё это будет здесь и завтра, и послезавтра.

переки́дываться *to be cast*

тромбофлеби́т *thrombophlebitis*

прокля́сть *to curse*

ту́ловище *torso*

— До завтра же всё испортится! — оправдывается она перед Валей.

Валя улыбается.

— Завтра завезут свежее.

— А это?! Куда они денут это?

— Сама не понимаю, куда всё уходит?

Вопрос — что американцы делают с непроданными продуктами — приходит на ум только советскому человеку. Сами американцы над этим никогда не задумываются. Каждый занят своим делом. Его не интересует дело другого. В отличие от нашего человека с его тревожным государственным умом, который должен всё знать, всё понимать и каждому указать из собственной нищеты, как должно быть.

— Дядя, — просит меня мальчик, — сфотографируйте меня на фоне этой клубники. А то в школе не поверят…

И снова горький мостик перекидывает меня на Родину.

За неделю до моей поездки в Америку у моего друга в Москве умерла мать. По этому случаю ему разрешили, после того как он принёс свидетельство о её смерти, закупить продукты для поминок в подвале гастронома. На двери небольшого помещения было написано: «Для спецконтингента!». Даже не для контингента, а для «спецконтингента». И радость приобщения к нему ты можешь испытать только в случае смерти кого-то из своих близких. И всё! И до новой смерти.

поми́нки *memorial dinner*

приобще́ние *access*

Ну что ж! Зато, как утверждали наши идеологи, мы живём в гуманном обществе, где человека не страшит его будущее. Где он спокоен за завтрашний день. У американцев в этом отношении, безусловно, общество значительно суровее. Американцы не знают, что ждёт их завтра: поездка на Багамы или в Италию? Покупка виллы или машины? У нас всё четко! Никакой тревоги за будущее. Через десять лет выслуги на одном месте — прибавка к зарплате на 15 рублей, к концу жизни — расширение жилплощади на 15 кв. см… А может быть, даже подойдёт очередь на спальный гарнитур, который тебе

страши́ть *cf.* страшный

в общем-то уже и не очень нужен, потому что ты остался один…

Вопросы к тексту

1. Какое впечатление производит на Задорнова американская привычка улыбаться незнакомым?
2. Какие подозрения возникают у Задорнова в гостинице?
3. В чём, по его мнению, заключается «закон социализма»?
4. Почему советский турист заходит в американский магазин только посмотреть?
5. По каким признакам можно узнать советского человека?
6. Почему Задорнов хочет всё попробовать немедленно?
7. Почему советских женщин жалко, а мужчин нет?
8. Как Кукрыниксы раньше изображали Америку?
9. Почему мать Вали не хотела, чтобы дочь уехала в Америку?
10. Согласны ли вы с тем, что Задорнов говорит об Америке?

Бонус

The full title of the work from which this excerpt is taken is **«Возвращение: путевые заметки якобы об Америке»**. What do you think the subtitle means?

Текст 2. Свидание со средней Америкой

In 1988, journalist **Сергей Вашурин** was a member of a Soviet delegation that traveled to America. He described the trip in this article from **«Литературная газета»**.

Свидание со средней Америкой

В Сан-Франциско есть Центр за советско-американские инициативы. Деятельность этой общественной организации направлена на развитие связей между гражданами Советского Союза и Соединённых Штатов. Совместно с Советским комитетом защиты мира центр разработал программы, в соответствии с которыми американцы живут в советских семьях, а советские граждане — в семьях так называемых средних американцев. В США эта программа так и называется: «Советские, встретьтесь со Средней Америкой!»

В одну из групп, в которую входили учитель, геолог, программист, рабочая, директор института, поэтесса и представители других профессий (всего девятнадцать человек) из многих республик нашей огромной страны, попал и я, ваш корреспондент.

По приезде в Америку нас разбили на группы по четыре человека, и каждая четвёрка отправилась по своему маршруту...

В американских самолётах командир первым начинает диалог экипажа с пассажирами. Вдруг включаются динамики, и мы слышим: «Привет, ребята, я ваш капитан. У меня всё в порядке, я просто хочу сказать, что мы уже здесь и помним о вас. Нам осталось доделать перед полётом кое-какие мелочи, так что, думаю, мы взлетим по расписанию. Прогноз на полёт, похоже, нормальный, по-моему, болтанки не должно быть. Ну, а если что-то всё-таки будет, я постараюсь вас предупредить заранее. Думаю полёт вам понравится. Привет.»

дина́мик *loudspeaker*

болта́нка *turbulence*

Пластичные стюардессы-негритянки и белый стюард прекратили работу и собрались возле наших кресел, хотя лишь на несколько минут:

— Как, вы обычные советские люди — и просто так путешествуете по Америке? Как же вам разрешили, неужели такое может быть?

Честно говоря, мы и сами не верили в то, что всё так просто: взял билет на рейс местной авиакомпании и полетел в...

Сан-Франциско

Мои хозяева в Сан-Франциско, как настоящие представители среднего класса, жили не в самом городе, а в пригороде — двадцать минут на машине в обычных условиях и час–полтора в часы пик.

В молодости Роуз путешествовала по Америке на мотоцикле вместе со своей собакой, а Джейсон боролся с трудностями сушествования. Было время, когда он, учась в университете и подрабатывая то там, то здесь, был вынужден жить на улице, в заброшенных автомобильных фургонах. Имел он неприятности и с правитель-

фурго́н *van*

ством, когда отказался идти на службу в армию. Тогда шла война во Вьетнаме.

Сейчас супруги близки к осуществлению своей мечты. У них два автомобиля — дорогой «олдсмобил» и не менее шикарный грузовик-фургон для поездок всей семьёй. Огромный телескоп на веранде. Так как Джейсон увлекается джазом и неплохо играет на многих музыкальных инструментах, в доме есть специальная комната средних (по американским маштабам) размеров, где вдоль стен стоит полный набор для музансамбля, включая рояль. Здесь Джейсон вместе с друзьями, женой и сыном нередко музицирует.

Каждый из супругов имеет права на управление самолётом. В одной из комнат висит фотография: Роуз стоит у крошечного самолётика с погнутым винтом — так закончился её первый самостоятельный полёт.

кро́шечный *tiny*
погну́ть *to bend*
винт *propellor*

У супругов своя адвокатская контора. На них постоянно работают человек десять–пятнадцать специалистов и технических работников; сами они, кажется, трудятся и день и ночь. Но другой жизни Роуз и Джейсон себе не представляют: «Мы любим свою работу. Иногда бывает очень тяжело, но преодолеваешь себя, и тогда испытываешь удовлетворение».

... Утренний кофе Роуз и Джейсон пьют обычно уже в машине. В их автомобилях есть специальные подставки для банок с кока-колой и чашек с кофе. Напитки не расплёскиваются, спокойно едешь и отхлёбываешь горячий кофе на светофорах и перекрёстках.

расплёскиваться *to splash*
отхлёбывать *to sip*

Джейсон взял меня с собой в суд. Он вёл очень простое дело: полицейский «поймал» в автомобиле пьяного водителя, но тот утверждал, что машиной управлял другой человек. Этот процесс проводился по всем правилам, с участием присяжных, речами защиты и обвинения. При этом присяжные почти откровенно зевали и скучающим взглядом изучали редкую публику, представленную в данном случае лишь мною.

прися́жный *juror*

Присяжные в Калифорнии, как мне объяснил Джейсон, выбираются по случайному признаку, чуть ли не методом «тыка» в телефонную книгу. В один прекрасный день человек получает извещение о том, что ему надлежит участвовать в судебном разбирательстве в качестве присяжного, и после этого только очень серьёзные обстоятельства — например сильнейшая болезнь — могут служить причиной для отказа. Кстати, несмотря на то, что присяжные на данном заседании просто изнывали от скуки, решение своё они принимали в комнате для совещаний в течение нескольких часов...

ме́тод «ты́ка» *random assignment*
извеще́ние *notification*

изныва́ть *to languish*

Атаскадеро

Мой хозяин в Атаскадеро практически всё свободное от работы и семьи время проводит в волнах: его хобби — серфинг. Это самое любимое занятие. Но и работу свою он очень любит.

Дэвид — главный психолог одной из крупнейших, если не самой крупной в Калифорнии психиатрических больниц. Это больница особого типа. В ней собрана тысяча человек — самых отъявленных преступников-насильников штата, 98 процентов из которых страдают отклонениями в психике. На протяжении многих лет врачи наблюдают их и подыскивают ключи к исправлению психических пороков, делающих людей опасными для общества.

отъя́вленный *incorrigible*
преступник-наси́льник *violent criminal*
отклоне́ние *deviation*

Больница, в которой работает Дэвид — практически целый город, многоэтажный, густонаселённый, со спортивными площадками и длиннейшими улицами-коридорами, для передвижения по которым используют электромобили. Что ещё есть в этой больнице? Столовые, обставленные, как рестораны, большие и малые библиотеки, учебные классы, лечебные лаборатории, комнаты для свидания с близкими...

Помните фильм «Полёт над гнездом кукушки»? Странное и страшное чувство переживаешь, наблюдая изображённую там психиатрическую больницу. Когда я увидел людей, сидящих на расставленных полукругом диванах и ведущих под наблюдением врачей странную для нормального человека дискуссию, я почувствовал себя так, будто вошёл в кадр «Кукушки». Поэтому мой вопрос был естественен. Я спросил Дэвида: применяют ли у них электрошок или хирургическое вмешательство в мозг пациента? Нет, в больнице категорически отказались от этих методов, хотя где-то всё это ещё применяется.

Вдруг в глаза бросается большой плакат: «Права пациентов с психическими заболеваниями»: «Днём вы можете принимать любого гостя по вашему выбору... посылать и получать почту, тайна которой гарантируется... Вы имеете абсолютное право обратиться в любое время к адвокату или поверенному... Вы имеете право отказаться от психохирургии, то есть от любой операции на вашем мозге; никто не может преступить через ваш отказ...»

Если пациент считает, что содержится в клинике незаконно, то он через адвоката или другое лицо может потребовать судебного разбирательства. Персонал больницы обязан способствовать этому.

«Вы имеете право днём пользоваться телефоном...» На стенах в больнице развешены аппараты. Любой пациент может в любое время позвонить любому человеку, хоть президенту США. Правда, он может сделать лишь «коллект кол», то есть такой звонок, когда платит тот, кому звонят.

Дэвид провёл меня по коридору и остановился у двери, на которой висела табличка: «Чарльз Бьюкенен, адвокат по правам пациентов. Приём по понедельникам и средам. Для назначения свидания звонить 461-2167»...

Шерман

На машину Джека Дрисколла, шерифа, огромный чёрный лимузин, никто не обращал внимания: внешне она ничем не отличалась от таких же дорогих автомобилей, на которых могут позволить себе разъезжать только очень состоятельные американцы. Однако изнутри она оборудована по специальной технологии — сверхмощный двигатель, повышенная устойчивость на дороге, новая рация стоимостью тридцать тысяч долларов, специальные световые и звуковые приборы, спрятанные под капотом и соединённые с пультом, напоминающим собой компьютер. Примерно так же оборудованы все полицейские машины. Всё это плюс многие другие

усто́йчивость *stability*
ра́ция *radio set*

капо́т *hood*
пульт *dashboard*

хитрости называется «полис пэккидж». Такую машину нельзя купить. Так что полицейский всегда имеет на дороге преимущество в скорости и связи.

За сиденьем шерифа приделана скорострельная винтовка, а под сиденьем он на всякий случай возит автомат — никто не знает, чем обернётся следующая встреча с преступниками.

винто́вка   *rifle*

Шериф пригласил меня в ночной патруль после того, как мы побывали днём в местной «джейл» — тюрьме предварительного заключения. «Джейл» — гордость шерифа. Чем он гордится? Тем, что создаёт для преступников в тюрьме человеческую обстановку. Ведь одно из условий перевоспитания тех, кто ещё может перевоспитаться, — это не топтать их личность. В «джейл» 36 камер, в каждой содержится по одному–два человека. Питание трёхразовое. Качество пищи превосходное, чистота на кухне и в складских помещениях неестественная, словно в операционной. Если кофе, то какой — с молоком, сахаром? Если вода — то со льдом или без?

топта́ть   *to trample*

Везде для наблюдения установлены телекамеры. На обслуживании тюрьмы работают заключённые, что приносит сто тысяч в год экономии, но делают они это добровольно и получают право работать вместе с правом свободно передвигаться по тюрьме. Таких «рилайэбл призонер» — заключённых, которым можно доверять, — вы отличите по белой форме. Остальные ходят в ярко-оранжевом.

Шериф сетовал на множество проверок — федеральных и от штата, на бесчисленное количество законов и положений, регулирующих взаимоотношения полицейских и заключённых. Приходится требовать их неукоснительного соблюдения.

се́товать   *to complain*

неукосни́тельный
undeviating

Мы проездили с шерифом практически всю ночь, и серьёзных происшествий, как всегда бывает, когда журналист выходит в ночной патруль, не произошло. Правда, шериф прекратил одну драку возле железнодорожной станции. Правда, мы нашли угнанный автомобиль, который стоял сбоку «хайвея», сиротливо уткнувшись передком в небольшую ямку. Правда, был инцидент в «чёр-

сиротли́во   *forlornly*
уткну́ться   *to bury self*

ном» квартале у ночного клуба, когда крепко «поддавшие» молодые ребята выкрикивали какие-то ругательства в нашу сторону и вели себя с нарастающей агрессивностью.

подда́вшие *under the influence*

нараста́ть *cf.* расти

— Слава богу, они не знают, что мы полицейские, — сказал шериф, нажимая на газ и поворачивая в противоположную сторону. — В этом случае стрельба или нож последовали бы без предупреждения...

В остальное время мы разговаривали о шерифской жизни. Шериф — примерно то же, что начальник гор- или райУВД, с той же лишь разницей, что должность эта выборная, срок полномочий четыре года. Как раз приближались новые выборы, и Дрисколл с удовольствием показывал мне свои предвыборные щиты, стоявшие в важных точках города: «Голосуйте за Джека Дрисколла! Он лучший кандидат на пост шерифа!»

Джек пояснял, высвечивая в ночи прожектором эти плакаты:

высве́чивать *to illuminate*

— Вот этот обходится мне в пятьсот долларов в месяц, этот ещё дороже... И так каждые четыре года уже больше десяти лет. Я ведь уже четвёртый срок шерифствую. Было бы обидно потерять эту работу, я ведь её так люблю.

— А где же вы берёте деньги на эту агитацию?

— Мои собственные, хотя, естественно, немного помогают друзья, немного — жители, которые хотят, чтобы я стал шерифом. А вот это плакат моего противника на выборах. — Шериф направил прожектор на огромный фотопортрет джентльмена в очках в классической оправе. — Мы с ним, кстати, неплохие приятели...

— А может, вам договориться с ним, чтобы избежать «кровопролития»?

кровопроли́тие *bloodshed*

— Это можно, но у меня сейчас в одной из камер сидит шериф, который заключал подобные договоры...

Шерман — «сухой» город. В том самом, алкогольном смысле. Продажа и реклама спиртных напитков здесь запрещены. Это обстоятельство нисколько не огорчает местных жителей, а лишь развлекает, придавая местному быту специфические оттенки, особый колорит. Ведь в любом соседнем городе — десять минут на машине —

огорча́ть *to distress*

вы можете купить бутылку с алкоголем в течение 24 часов в сутки. Так что и в Америке существуют свои «странности» в борьбе с пьянством и алкоголизмом.

Ну, а если серьёзно, то и с рекламой, и с потреблением алкоголя в Америке, несмотря на тенденцию к уменьшению, сегодня ситуация очень напряжённая.

Как известно, реклама продаёт не товары, а лишь отношение к ним, она вырабатывает положительную реакцию на предмет, создаёт необходимые ассоциации. Она заставляет считать, что вредное — это нормальное, приемлемое и даже полезное. Мы участвовали в обсуждении алкогольных проблем в одном из техасских колледжей. Выяснилось, что на рекламу спиртного в Америке ежегодно расходуется более миллиарда долларов. Телевидение показывает более 5000 сюжетов, рекламирующих только пиво и вино.

приéмлемый *acceptable*

расхóдоваться *to be spent*

Что же приносит американцам этот «праздник, который всегда с тобой» (как утверждает один из рекламных щитов)?

Алкоголизм, как говорили американцы, — проблема, может быть ещё более страшная, чем наркотики. Колоссальные потери трудовых ресурсов, большое количество самоубийств (треть их совершается в состоянии опьянения), более трёх миллионов тинэйджеров имеют проблемы на алкогольной почве, десять процентов всех смертей связаны также с алкоголем... При этом прибыли компаний, торгующих спиртным, достигают 65 миллиардов в год...

Олд Лайм

За время нашей поездки мы уже практически привыкли к тому, что американцы очень болезненно и ответственно относятся к вопросам сохранения окружающей среды, мы поняли, что борьба за чистый воздух и зелёные массивы стала составной частью жизни среднего американца. Однако то, что мы увидели в Коннектикуте, потрясло нас до глубины души.

составнóй *integral*

Вы можете представить себе современный город на берегу девственно чистой полноводной реки? Такие

дéвственный *pristinely*

города стоят сегодня на большой реке Коннектикут, которая пересекает одноимённый штат с севера на юг. Местные власти, различные официальные и общественные организации создают специальные советы по окружающей среде и коллегиально решают, каким быть коннектикутскому краю сегодня и завтра. Большинство земель вдоль реки — частные владения. И доходит до настоящего парадокса: эти приобретающие всё большее влияние организации уже наступают на права «проперти» — частной собственности, пытаясь противостоять ей, если она вступает в конфликт с окружающей средой.

Ещё один факт, поразивший нас в Новой Англии (Коннектикут), — атомная электростанция «Миллстоун», расположившаяся почти в центре города Ниантика, всего лишь в десятке километров от Нью-Лондона. Как нам сказали, атомная энергия переживает в США серьёзные трудности: на данный момент не планируется строить ни одной (!) новой АЭС. Граждане США всерьёз озабочены проблемой повышенного уровня радиации, надёжности электростанций этого типа, проблемой ядерных отходов. А вот население Новой Англии относится к «Миллстоун» если не доброжелательно, то, во всяком случае, и не враждебно. Чтобы убедиться в этом, я задавал вопросы не одному человеку.

Пока мы добирались до «Миллстоун», Грегори Уилсон, представитель Центра ядерной информации компании «Норт-ист ютилитиз» (ей принадлежит станция), рассказывал:

— Наша станция безопасна. Чтобы люди поверили в это, мы сделали её открытой для всех: вы можете практически в любое время по предварительной договорённости попасть на станцию, ознакомиться с тем, как она работает. Ежегодно мы выпускаем специальный доклад о состоянии систем АЭС, о её влиянии на окружающую среду. Этот доклад проверяется шестью независимыми организациями и комиссиями. Документация, касающаяся работы станции, открыта...

Мы подъехали к красивому современному зданию, построенному недалеко от собственно атомной станции. Оказалось, что в нём находятся точные копии всех трёх

VI Америка чужими глазами

залов управления энергоблоками, которые есть на станции. Группы операторов работают по шестинедельному графику. Одна неделя — обязательные тренировки в этих залах.

гра́фик *schedule*

Специальный компьютер точно воссоздаёт картину работы блоков, разницы с действиями в реальной обстановке операторов абсолютно никакой, если не считать, что инструкторы могут в любой момент ввести программу, включающую в себя даже катастрофу.

воссоздава́ть *to replicate*

Когда мы, получив каски, защитные очки и беруши, пройдя строжайший досмотр, вступили на территорию станции, мы словно попали в безмолвное, безлюдное царство. За всё время экскурсии мы не встретили ни одного человека! При этом всё вокруг, будь то в грохочущем турбинном зале или в компрессорной, сияло чистотой — не было заметно даже пыли на трубопроводах. Когда я попытался вынуть беруши из ушей, Уилсон остановил меня. На улице он объяснил:

ка́ска *helmet*
беру́ши *ear plug*

грохо́чущий *thunderous*

— У охраны везде есть телекамеры. Если они заметят, что у вас нет берушей, у меня будут крупные неприятности. Любое отступление от правил здесь карается очень строго...

кара́ть *to punish*

На прощание он подарил мне несколько информационных буклетов. В одном из них я прочитал: «Ещё одно отличие ядерных энергетических программ СССР и США заключается в степени внимания, которое уделяется возможным чрезвычайным ситуациям. «Норт-ист ютилитиз», местными властями и властями штата разработан специальный план действий в подобных обстоятельствах.

Мы должны предупредить местные власти в течение пятнадцати минут после возникновения серьёзной нештатной ситуации. Местное руководство же должно оповестить население, проживающее в радиусе 16 километров от АЭС, в течение 15 минут после того, как принято решение о необходимости принятия защитных мер. Для этой цели установлено 375 сирен в 29 общинах».

нешта́тный *irregular*
оповести́ть *to notify*

И ещё одно впечатление от «Миллстоун»: это было место, где у меня единственный раз за всё время пребывания в Америке потребовали документ, удостоверяющий личность. По здешним законам, достаточно было предъявить водительские права. Так как у меня их не оказалось, пришлось предъявить паспорт...

Нью-Иорк

Все наши группы вновь встретились лишь за день до отлёта в Москву в «Пента-отеле», затерявшемся среди небоскрёбов Манхэттена. Американцы часто жалуются на «Интурист». Позвольте и мне высказать своё отрицательное отношение к американскому гостиничному сервису.

Мы прибыли в «Пента-отель» в пол-одиннадцатого утра, и хотя номера были зарезервированы заранее, нам сказали, что поселить раньше трёх часов дня нас не смогут. Какие-то внутренние трудности с расчётным часом. А что же делать в течение почти пяти часов? Что хотите, то и делаете, был вежливый ответ с улыбкой, после чего представитель администрации скрылся за служебной дверью.

расчётный час *check-in time*

Пришлось расположиться табором в центре гостиничного холла и в течение пяти часов делиться впечатлениями от поездки.

та́бор *Gypsy camp*

Несмотря на их разнообразие, были некоторые вещи, о которых говорили все без исключения. Это удивившее, потрясшее нас доброе отношение американцев, их интерес к нам. Неподдельный интерес не только к политике, но и к мельчайшим бытовым, житейским подробностям. Американцы так же почти ничего не знают о нас, как и мы о них. Этот интерес проявляется хотя бы в том, что, как мы узнали, желающих принять советских людей было так много, что порой приходилось устраивать нечто вроде конкурса за право поселить гостя в своём доме. И ещё одно общее впечатление: гостеприимство наших хозяев. Порой оно было таким удивительным, что мы начинали сомневаться в традиционных воззрениях на этот вопрос: американцы словно состязались с нашим исконно русским и даже непревзойдённым грузинским гостеприимством.

неподде́льный *unfeigned*

состяза́ться *to compete*
иско́нно *from time immemorial*
непревзойдённый *matchless*

Сотни встреч. И во время каждой — сотни рукопожатий. Американцы порой становились в очередь, чтобы просто пожать кому-нибудь из нас руку. Было и неловко, и радостно, поэтому мы в каждое рукопожатие старались вложить ответное тепло.

Во время одной из таких встреч ко мне подошёл пожилой мужчина и сказал: «Когда была война, я работал в Москве. Тогда же вышел этот журнал. Я хочу подарить его вам. Он полностью посвящён Советскому Союзу». Мужчина протянул мне журнал «Лайф» от 29 марта 1943 года.

Вот цитата из редакционной статьи этого журнала: «Есть два пути, следуя которым, народы могут стать ближе друг другу: первый — через государственные департаменты, другой — через взаимную симпатию народов, взаимопонимание. Мы вряд ли сможем предпринять что-либо в отношении американского госдепа. Тем не менее мы можем помочь нашим читателям увидеть и понять советских людей. И нам бы хотелось думать, что, может быть, русские журналисты предпримут когда-нибудь нечто подобное в отношении Соединённых Штатов».

Этой цитатой я и хотел бы закончить свои заметки...

Вопросы к тексту

1. По каким штатам Америки путешествовал Вашурин?
2. Что привлекает его внимание в разных местах? Почему?
3. Хозяева Вашурина, по-вашему, представляют средних американцев?
4. Что Вашурин узнал о судебной системе в Америке?
5. Почему Вашурин обращает столько внимания на права пациентов и заключённых?
6. Вы бы голосовали за Джека Дрисколла? Почему?
7. Что пишет Вашурин об отношении американцев к вопросу защиты окружающей среды?
8. Почему его поражает атомная электростанция «Миллстоун»?
9. Чему удивились советские гости больше всего?
10. Почему Вашурин закончил свою статью цитатой из журнала «Лайф»?

Бонус

In the text **Вашурин** refers to the duties of the **начальник** of the **горУВД** and **райУВД**. Can you explain what those duties are? What do you think the abbreviations stand for?

Текст 3. Как лист, гонимый ветром, и существуешь...

Татьяна Толстая, one of Russia's best-known contemporary writers, is noted for her penetrating and nuanced prose and for her editorial pieces published both in Russia and abroad. In this interview, published in 1992 in the then Leningrad newspaper «**Смена**», **Толстая** reflects on the time that she has spent as a visiting professor in America.

Татьяна Толстая:
Как лист, гонимый ветром, и существуешь...

Идёт по улице грустный человек. Подходит к нему другой, спрашивает сочувственно: «Что случилось? Отчего такой печальный?». «Да вот, — объясняет первый, кивая на собственные башмаки, — видишь, один ботинок жёлтый, другой чёрный...» «Господи, стоит ли из-за такого пустяка расстраиваться! Ступай домой да переоденься!» «А что дома? Дома-то то же самое: один жёлтый, другой — чёрный...»

кива́ть *to nod*

Этот анекдот, пожалуй, чем-то похож на то, как живётся в последние годы писателю Татьяне Толстой — уезжающей на несколько месяцев работать в Америку и при первой же возможности возвращающейся в Россию. Только она вовсе не грустная — внешне. Она ведь сильная и талантливая, как всегда — ироничная и, несмотря ни на что, сохраняющая уверенность и достоинство. Кто из российских интеллигентов сегодня не поддаётся соблазну интерпретировать чеховское «В Москву! В Москву!..» на полное еще большей тоски, смутных надежд и отчаянья: «На Запад!». А потому не случайно «приоритетной» темой встречи с Татьяной Никитичной, прошедшей в Аничковом дворце на этой неделе, оказалась именно эта — о жизни и работе там и о творчестве, возможном только здесь.

собла́зн *temptation*

— Году в 88-м я впервые поехала в Америку — в составе какой-то очень странной и весьма дурацкой делегации — от Союза писателей, к которому я никакого отношения не имела. Я была просто автором одной книжки, а поскольку «меню» из приглашённых составляли американцы — методом «тыка», туда попала и я. Зачем мы туда ездили, я не понимаю, по-моему, это чисто американский феномен: приглашают людей на всякий случай, устанавливаются в высшей степени неформальные, заброшенные в будущее связи — а вдруг что-нибудь из этого когда-то выйдет. Так принято, многие дают на это деньги, кроме того, это развлекает скучающих богатых людей. Мы были как экзотические звери: они же ничего не знают о нас (сейчас, конечно, знают больше, но до 88-го года, клянусь, массовый американец не знал, кто такие русские). Приходилось выслушивать такие, например, вопросы: «А что вы носите зимой?» «Мы носим пальто.» «А, у вас есть пальто? Как интересно!» «А вы знаете, что такое сигареты?» Когда говоришь, что знаем очень хорошо, — удивляются. «Москва находится в Сибири?» — тоже нормальный вопрос. В кафе одна женщина, услышав, как я говорю по-русски, спросила: «На каком языке вы говорите? На русском? А, вы из Москвы? Знаю, знаю: Сибириан!» «Да нет же, Москва вовсе не в Сибири находится!» «Ну что вы, я же прекрасно знаю, что в Сибири!» «А вы, собственно, кто?» «Я? Профессор географии.»

Во время той поездки одна женщина — видимо, тоже наугад выбрав меня, — предложила в течение осеннего сезона попреподавать в одном университете современную русскую литературу. После этого предложения последовало ещё одно, затем ещё… Мне нравятся их студенты и нравится то, что они пришли учить именно русскую литературу, пришли ко мне и очень хотят выучиться. Но мозги у них забиты такой плотной чепухой, такими нелепыми установками, они настолько неподготовлены к тому, что я им скажу, что приходится буквально садиться на корточки и строить им «козу» и петь с ними песенки. Происходят порой совершенно комичные вещи. Как-то, когда я, придя в полное отчаянье, попыталась пожаловаться одному американскому профессору, он меня «утешил» таким рассказом: «Был у меня студент, которого я считал ну са-амым талантливым (потому что остальные — вообще мёртвая масса). Этот мой студент ходил на все занятия, сидел непременно в первом ряду, так внимательно слушал… И вот однажды подходит ко мне и спрашивает: «Профессор, вот вы всё говорите — вторая мировая война, вторая мировая… Я догадываюсь, что, может, была и первая?»

науга́д *at random*

заби́ть *to stuff*

стро́ить «козу́» *children's game*

Когда моего мужа (он филолог-классик) пригласили на два года преподавать, мы фактически уже как дома прожили два года подряд на одном месте. К американской жизни — комфортной и скучной — я привыкла, но вовсе её не полюбила, напротив, она стала меня очень раздражать. Познакомилась с людьми интересными, но гораздо больше — с неинтересными. Когда я жалуюсь, что мне в Америке неинтересно, спрашивают: а как же представители русского зарубежья, вы разве с ними не общаетесь? Во-первых, не существует такой вещи, как «русское зарубежье», так и его «представителей». Есть люди, которые приехали отсюда туда, но почему они должны кого-то там «представлять»? Если они умные, интересные, остроумные — мне с ними интересно. А если они как уехали плебеями, так и остались и, главное, хотят оставаться плебеями — мне с ними тошно. Такие вот типичные советские люди, которые дрожат перед каждым американцем, как перед начальством, боятся говорить про них плохо, потому что убеждены — раз американец их пустил сюда, он может их и выгнать.

то́шно *tedious*

Что буду делать на следующий год — я не знаю. Предлагают ещё несколько контрактов, отказаться от этого трудно — просто по чисто финансовым соображениям. Здесь у меня нет никакой работы и нет никакой возможности заработать, а «бизнесом» я заниматься не буду — лучше удавлюсь. В Америке же я могу, занимаясь профессией, в которой я себя уважаю, иметь достаточно приличные деньги, чтобы там существовать нормально и помогать здесь своим родственникам и порой знакомым тоже — потому что, когда я вижу, что здесь происходит, волосы дыбом встают на голове.

уда́виться *to hang oneself*

встава́ть ды́бом *to stand on end*

Но когда я работаю для души, а не для денег, я работаю «для здесь», а не «для там». К такому разрыву — между тем, где живёшь, и тем, с чем свою жизнь связываешь, с этой или той страной, — отношусь достаточно сложно. Когда я нахожусь там, мне постоянно, двадцать четыре часа в сутки, непрерывно хочется домой — мне там безумно, беспримерно скучно. Чтобы не было скучно, естественно, выход один — читай, пиши, работай. Ну хорошо, ты всё это делаешь, но, отрываясь, бросая взгляд в окно, видишь всё время один и тот же пейзаж, и вся твоя жизнь известна наперёд.

Когда я здесь, мне, конечно, скучно не бывает, но — постоянный физический дискомфорт, который всем вам прекрасно знаком. Я не знаю, что бы я выбрала, если бы мне сказали: вот, давай, навсегда решай — либо ты только тут, либо только там. Это очень трудный вопрос, который никак не решается или решается только в процессе проживания на этом свете. Надоедает до крика и тут и там, а когда имеешь возможность перемещаться — как лист, гонимый ветром, и существуешь.

Почему мне скучно с американцами? Потому что есть определённый стиль общения и отношений, который у них не принят, который почти начисто отсутствует. В основной своей массе, на девяносто девять процентов, люди, с которыми я пыталась общаться на темы литературы и — в более широком смысле — искусства (а это были люди, связанные с литературой «профессионально» — писатели, издатели, журналисты, преподаватели), в «свободном полёте», без заранее проложенных схем, они не реагируют — не разговаривают на темы, впрямую их не касающиеся. Например, двое, занимающиеся русской литературой, встретившись, не разговаривают о своём любимом писателе, они не вспоминают отрывков из его текстов, не вскрикивают: «А ты помнишь, как он это написал!» и не хохочут над этим. Таких разговоров не бывает, просто не может быть. Я пыталась, я много раз пыталась их «спровоцировать» — в американском смысле я возмутительный диссидент — я заманивала к себе в **зама́нивать** *to lure* гости людей во всех отношениях приятных (я-то у себя дома могу делать всё, что хочу, и говорить всё, что хочу!) и вела всякие застольные разговоры. Но, пытаясь вести беседу в своём русле, я не получала никакого отклика. **ру́сло** *channel* Если я говорю — пожалуйста, кивают головой (у них вообще не положено спорить, это запрещённый элемент в культуре). Если затеваю какой-то спор, то единственными **затева́ть** *to instigate* спорщиками оказываемся я и мой муж, или наш ребёнок — все остальные затихают. Спорить неприлично. Потому что один спорщик навязывает другому равноценному существу свою волю, а навязывать что-либо нехорошо, потому что все люди равны. Это вот такая степень идиотского понимания демократии. Демократия хороша, ну, при голосовании, например. Демократия в культуре невозможна в этом смысле, иначе прекращается жизнедеятельность, наступает полное «тепловое уравнивание». **ура́внивание** *meltdown*

Если, допустим, где-то в химчистке или в магазине ты раздражаешься и повышаешь голос, то американец просто теряется, не знает, что ответить — он в ужасе. Мой ребёнок, который, к сожалению, уже несколько «американизировался», меня учит: американцы не кричат друг на друга, накричавший будет испытывать чувство стыда — он уронил собственное достоинство. Поэтому если он и крикнет раз в сто лет, то уйдёт страшно расстроенным. И ребёнок мой уже настолько привык к этой тишине, что когда я вовсе и не кричу, а повышаю чуточку голос — просто у меня модуляции такие, — он сразу одёргивает: тише, тише, не кричи! Там, на том конце провода, просто перестанут соображать от испуга.

одёргивать *to shush*

про́вод *line*

А я так жить не буду, — ласково шелестя и здороваясь каждое утро с птичками. Я так жить не могу. Человеку запрещено иметь дурное настроение. Никого не касается, что там у тебя — настроение обязано быть хорошим. Принято каждое утро приветствовать друг друга неизменным: Добрый день, как вы сегодня себя чувствуете? Они ответят: спасибо, замечательно. А как вы? Это называется разговор. Наши эмигранты — из раздражённых — проверяли: если твой сосед, например, уже осточертел этим ежедневным «как вы?», ответь — «омерзительно». После этого он с тобой не разговаривает. Ты заразен. От тебя исходит несчастье. Он буквально воспринимает то, что ты сказал, или — как вариант — он считает тебя террористом, подрывником общества. После — всё, ты потерял соседа как соседа.

шелесте́ть *murmur*

осточерте́ть *to nauseate*

зара́зный *infectious*

подрывни́к *underminer*

Если ты себя плохо чувствуешь — ты несчастный, ты больной, ты социальный изгой, и вообще с несчастными не общаются. Совершенно нормально в американской ситуации такое залепить — женщина говорит: «Моя подруга заболела, она лежит в больнице. Я к ней не пойду — боюсь расстроиться». Это нормально. А то, что подруга расстроится или нет — не принимается во внимание. Главное — сохранить собственный душевный покой. Человек обязан быть счастливым. Это установка. Если ты себя чувствуешь несчастным, значит, с тобой что-то не в порядке, пойди к врачу — поэтому они без конца ходят к врачу и за большие деньги исповедуются своим психиатрам. Они всё время приходят в противоречие сами с собой. Ведь человек нормальный не может быть

изго́й *outcast*

испове́доваться *to confess sins*

счастливым постоянно — просто потому же, почему иногда хочется, чтобы снег выпал. Если солнце круглые сутки светит, как в Норильске — в бешенство можно прийти. Хорошо, когда есть день и ночь, хорошее настроение и плохое, и вообще хороши разницы. И ведь у человека всегда есть масса поводов для того, чтобы расстроиться. Так вот вместо того, чтобы пережить своё плохое настроение, вместо того, чтобы сесть поплакать и сквозь это чему-то научиться — вместо всего этого они стараются быть счастливыми. Они, в сущности сделаны из того же теста, что и мы — они не марсиане. Они и плачут, они и срываются на ближнего и всё такое но при этом чувствуют себя виноватыми, у них возникает невроз, им стыдно.

срыва́ться *to blow up*

Обсуждала я с ними это много раз. Большинство людей, с которыми я общалась, представляются совершенно одинаковыми, какими-то механическими, ни в чём не заинтересованными, в общем — занудами (ну буду я ещё тратить время на то, чтобы усиленно дружить с кем-то, если он сопротивляется и никак не поддаётся). Пригласишь на обед — поест, поговоришь — улыбнётся. Но ничего от них не исходит. И только с очень немногими — ведь методом проб и ошибок с людьми сходишься — из «настоящих американцев» в результате оказывается возможным дружить как с нормальными людьми. Хотя вся эта дружба имеет некую холодную подкладку. Ну не огорчаются американцы, когда их друзья от них уходят, уезжают, живут в каком-то другом месте, пропадают. Они не пишут друг другу писем в тоске и не мечтают, чтобы ты снова был рядом. Общество устроено в этом смысле удобно, сбалансированно, бесконфликтно — до какой-то степени. Ну, уехал один друг, приедет другой — они все, как кубики одного конструктора, взаимозаменяемы. И это ужасно. Когда у тебя настроение деловое, хорошее, ты просто занят чем-то и не обращаешь на других внимания — жить там очень удобно. Но в малейший момент, когда становится грустно и скушно и некому руку подать в минуту душевной невзгоды, то нет никого, просто ни-ко-го. То же самое идёт из их фильмов, которые мы пытаемся не смотреть, то же самое идёт из газет и, конечно, от протестантской религии, которая и не религия, а какой-то воскресный клуб, куда надо сходить, чтобы посидеть с постной миной. А самое

подкла́дка *lining*

взаимозаменя́емый *interchangeable*

по́стный *sanctimonious*
ми́на *expression*

страшное, это очень распространённый такой феномен — «религия» на стадионах. Самое поразительное, что эти проповедники собирают буквально миллионы людей при полном эстетическом кошмаре того, как они подают вот эти свои «религиозные откровения». Схема такая: Иисус Христос любит тебя лично. И Он хочет, чтобы ты лично был счастлив, сыт и богат. Когда со стороны смотришь на это, понимаешь, что такой набор приёмов может произвести впечатление только на абсолютно гладкий мозг, на котором ещё ничто борозды не провело. А этот действует сразу на сильные точки: «Он любит тебя!» (Меня? да, хорошо, понял, определил)… «Он хочет, чтобы у тебя все было о'кей!..». И вот зал уже в слезах умиления. «Он хочет, чтобы у тебя был «Мер-се-де-ес»! (а-а-а!!!). «Он хочет, чтобы ты выиграл в ло-тере-ю-ю!» (о-о-о!!!). Господи, думаешь, так сделал бы все билеты выигрышными! Но — нет, только для тебя, тебя лично! «Я, я каждый день с Ним разговариваю!» — и указывает куда-то туда, видимо, где он именно разговаривает. «У меня с Ним конта-а-кт!» И текст-то какой бюрократический! (По радио, например, часто рекламируют какую-то брошюру: «Изумительный план Иисуса Христа по вашему личному спасению!». Ага, то есть у Него план есть! Так вот и представляешь: вот у Него там контора, секретарша, компьютер и все идёт по плану). «И потому давайте мне — видимо, как посреднику — деньги!» «Всем поднять кредитные карточки!» Они послушно поднимают. И остаётся только провести ею по щели в спинке кресла, информация будет считана, пожертвования перечислены. Как можно позволить так легко отцыганивать от себя деньги под такие даже неостроумные разговоры — непонятно. Мне непонятен уровень этих людей — добро бы им показывали чудеса какие-нибудь, как ноги к безногим прирастают, например, или ещё что-то, так ведь не показывают! Поразительное легковерие. Периодически этих проповедников сажают в тюрьму — выясняется, что вот так просто изъяв кучу денег, они даже налогов не уплатили. Вот пусть и посидят, это как раз категория людей, которых мне совершенно не жалко. И вообще этот американский вариант христианства, который сводится к тому, что Бог желает тебе лично очень большого и обильного счастья на этой земле… Все наши страдания, испытания и прочие штучки — Боже упаси! Когда я им говорю у вас это не христианство,

проповéдник *preacher*

бороздá *furrow*

посрéдник *intermediary*

пожéртвование *donation*
отцыгáнивать *to swindle*

они недоумевают — как это? Но вы же на какие-то более сложные схемы, чем животные удовольствия, не отваживаетесь: о смирении, например, и речь у вас не идёт. «Конечно, не идёт, — отвечают они. — Чего это нам смиряться?» Это всё страшно примитивно и скучно, так что и эта сторона жизни полностью отпадает.

отва́живаться *to venture*
смире́ние *humility*

Из того, что роднит нас с американцами, — они не злые и не жадные. Эти два важных качества, по-видимому, и создают притягательность Америки.

притяга́тельность *attractiveness*

… Встреча эта, устроенная Фондом культуры, меньше всего походила на традиционно-занудный выход «писателя» в «народ» когда некто маститый пытается поучать всех и всё и с высот своего гения указывать единственно верный путь или рассуждать о «нравственном выборе». Татьяна Толстая убеждена: «Нравственность (в искусстве) — это дьявольский соблазн, который сбивает с толку художников. Потому что я считаю, что Бог, в которого я верю, но не так как теперь нас учат товарищи из КГБ в рясах, а как-то совсем иначе, так вот если Бог вложил в человека идею творчества, то это самое близкое к тому, что делает Бог. Бог — это прежде всего некто или нечто, кто совершил акт творчества. И если в нас эти божьи, творческие искры остались, то за это надо Его благодарить вечно — за то, что человек воссоединяется с Богом через акт творчества. А нравственность — это очень хитрая вещь, которая к творчеству не имеет никакого отношения. И тот, кто пытается ее внести, мгновенно помирает как художник».

масти́тый *venerable*

ря́са *cassock*

И этот неспешный разговор в Аничковом, без всякой там заданной темы и, Боже упаси, «сверхзадачи» или «цели», оказался во сто крат нужнее. Просто с ней было хорошо. И как-то само собой приходило понимание значимости деталей и, казалось бы, мелочей жизни. И было хорошо оттого, что в этом зале оказалось много лиц — человеческих, живых, самобытных. И от обращаемого к ней на прощанье — вполголоса — «храни Вас Господь, Татьяна Никитична».

самобы́тный *distinctive*

Татьяна ЛИХАНОВА

Вопросы к тексту

1. Объясните, как Толстая впервые попала в Америку. С какой целью её отправили сюда?
2. Как она относится к американской системе высшего образования?
3. Почему Толстой скучно в Америке? Что её особенно раздражает?
4. Как она воспринимает протестантскую религию?
5. Почему она продолжает жить в Америке?
6. Согласны ли вы со всеми её замечаниями?

Текст 4. Стиль жизни

This text has been adapted from «**Энциклопедия обо всём в Америке**» (2002). It differs from the preceding texts in that it does not attempt to interpret impressions about America to an audience in Russia. Rather, it was written to help recent immigrants understand and adapt to their new home.

Стиль жизни

Что типично для американцев? Наверное, оптимизм. Они не просто улыбаются всем, приветствуют незнакомых людей — они оптимистично настроены на все жизненные ситуации, при этом, американцы твёрдо уверены, что это чувство оптимизма помогло их предкам, завоёвывавшим этот континент в трудных условиях, это чувство помогает и им. Можно много говорить об их раскованности и непринуждённости, которые тоже берут своё начало в далёком иммигрантском прошлом. Американцы-первопроходцы, пытавшиеся строить бесклассовое общество, были счастливы, «что ни перед кем не снимают шляпы». Время показало, что построить полностью бесклассовое общество им не удалось, но у них получилось создать общество с «не столь выраженными социальными различиями». В первую очередь, это касалось того, что в Америке не сложилась наследственная аристократия. Иммиграция, революция и освоение Запада разрушили традиционные классовые барьеры, которые в других странах существовали довольно долго. Но в результате произошло то, что мы называем сегодня американской раскованностью. Вот когда были заложены корни раскованности этих людей как в обществе, так и в трудовой

завоёвывать *to conquer*

первопрохо́дец *trailblazer*

насле́дственный *hereditary*

деятельности — на протяжении двух столетий они были свободными от многих условий. Следовательно, времени у них было предостаточно, времени, которое сформировало их поведение в жизни.

Непринуждённость американцев в общении заслуживает особого разговора. Любой иностранец поражается лёгкости, с которой американцы вступают в разговор со случайно встреченными людьми. Но здесь существуют, на первый взгляд, незаметные, но очень важные условности. Так, к примеру, люди одного социального положения и возраста называют друг друга по именам и это очень часто воспринимается многими как разрешённый переход на «ты», вот здесь несведущий человек совершает ошибку. Недопустимая фамильярность американцами бывает вежливо, но холодно остановлена. Существует грань, которую переступать нельзя в любом обществе, и Америка не становится исключением. Кстати, существуют ещё и общепринятые правила, дополняющие американскую непринуждённость, которые необходимо соблюдать. Так в разговоре со знакомыми и незнакомыми людьми не принято говорить о доходе, религии, политике — вот темы абсолютно не допустимые для обсуждения в беседе.

усло́вность *convention*

несве́дущий *ignorant*

грань *limit*

допусти́мый *acceptable*

Достаточно часто можно услышать от иммигрантов, занятых своими проблемами: «Ну, чего они улыбаются, чего здороваются со всеми подряд?» А это очень просто объясняется всё той же историей, берущей начало от первых переселенцев, простых и незлобных в общении, встречающих новых незнакомых людей и интересующихся тем, откуда они, с чем пришли, о чём новом могут рассказать. И это приветствие, всегда дружелюбное к незнакомцам, когда-то звучало примерно так: «Привет, незнакомец! Не торопись, посиди с нами, отдохни, расскажи нам откуда ты, с чем пришёл к нам, что творится в твоих краях, откуда ты родом, что заставило тебя уйти оттуда». Вот откуда берётся это привычное и обычное приветствие, не всегда понятное европейцам, привыкшим здороваться только со знакомыми людьми. А принимать это надо просто, не относясь как к чему-то неестественному, тем более, как к чему-то показному — это результат исторически сложившейся культурной традиции.

незло́бный *mild-mannered*

твори́ться *to happen*

показно́й *for show*

Все, кто посещает Америку, уезжая, уносят с собой сильное впечатление доброжелательности и учтивости американцев. Ни в какой другой стране мира вы не услышите столько раз обращённое к вам вежливое «Извините, пожалуйста». И говорится это с искренностью, с готовностью непременно помочь. Но это совсем не значит, что в Америке вы не встретите грубого или безучастного чиновника, не столкнётесь с жестокостью. Но это не меняет общее впечатление, наверное, потому, что с вежливостью и готовностью помочь встречаешься чаще.

учти́вость *courtesy*

безуча́стный *indifferent*
столкну́ться *to run into*

В этой стране, как в любой другой, люди сталкиваются с системой культурных символов, условностей и правил, понимание которых, даже при владении языком, весьма затруднительно. К примеру, американец никогда не скажет о чём-то или о ком-то плохо, выбирая лучше промолчать, чем быть неодобрительным, отвергая при этом культуру других форм вежливости, основанных на принципах «говорить правду». Вот это американцы зачастую считают дурным тоном. Но при этом, живя в Америке, надо помнить, что при всей дружелюбности американцев, нужно уметь видеть и отличать вежливую условность от истинного интереса. Так среди американцев принято посылать письма, выражающие благодарность хозяину за гостеприимство, которые являются важным вежливым жестом. Но не надо в них искать глубокого смысла или особого отношения — это дань вежливости, один из культурных символов этой страны, которыми пронизано американское общество.

затрудни́тельный
трудный
неодобри́тельный
critical

дурно́й тон *bad manners*

дань *tribute*

прониза́ть *to permeate*

Символика в американском обществе занимает достаточно большое место и поэтому, если приезжие удивляются наличию развевающегося американского флага не только на государственных учреждениях, но и у магазинов, а то и на крышах домов частных владельцев, нужно понимать причину этого. Конечно, гордость американцев за свою страну не сильнее, чем у других народов, но она чаще демонстрируется, хотя патриотизм и национальная гордость присущи американцам, с большим уважением относящимся к своему звёздно-полосатому флагу. Кстати, его вывешивают и в случаях демонстрации протеста, подчёркивая этим, что протестовать-протестуют, но флаг неизменно уважают, делая его напоминанием и призывом к порядку. Надо отметить, что именно патриотизм

развева́ться *to wave*

прису́щий *characteristic*

американцев не что иное, как реакция на национальную историю и её идеалы. Во многих странах мира День Независимости — это государственный праздник, который отмечается пышными парадами военной техники, демонстрацией силы перед невидимым врагом. Во всём этом звучит невидимое «знай наших». Ничего подобного вы не увидите в Америке. День Независимости здесь не отмечается танками и другой бронетехникой, а то и грозными ракетами, с присутствием солдат, чеканящих шаг в строю. Может быть это связано с тем, что на протяжении истории в Америке была только одна демократическая форма правления и ей чуждо и непонятно тоталитарное правление со всеми его грозными и пышно-устрашающими атрибутами.

бронете́хника *armored vehicles*
чека́нить шаг *to march*

Американцы любят жить в собственных домах, и жизнь большинства из них сконцентрирована вокруг дома. Это имеет свои положительные и отрицательные стороны. Дом требует от владельцев заботы в ритме смены времён года, которым следует домашнее хояйство, и многие американцы делают это своими руками.

А сейчас поговорим о добрососедстве американцев. Говоря о добрососедстве, все понимают под этим умение ладить с соседом, помогать в различных мелочах. Присуще ли это американцам, если смотреть на это с позиций их особой истории поселений, которые требовали участия соседей и без которого становление было бы немыслимо? Так было, об этом рассказывают в каждой американской семье, с благодарностью хранят в памяти имена людей, которые помогали бабушкам и дедушкам строить дом, возводить хозяйство. Так было, так и сейчас происходит в сельской местности. А вот в городах, зачастую, живущие рядом соседи ничего не знают друг о друге. Многих американцев шокирует мысль, что сосед умрёт, и об этом узнают не скоро. Но всё таки дух добрососедства в американцах существует и силён, хотя суматошная жизнь «на бегу» заставляет быть в постоянном напряжении. Жизнь американцев довольно занятая и сложная. Они много и напряжённо работают, так как конкуренция давит, не давая возможности остановиться и передохнуть. Остановился — это значит отстал. В связи с этим постоянные разговоры о стрессах на работе, в школе.

ла́дить *to get along*

возводи́ть хозя́йство *to set up housekeeping*

сумато́шный *hectic*

Жизнь заставляет американцев хорошо учиться, поступать в университет, постоянно работать над собой,
следить за своим здоровьем для того, чтобы иметь высоко-
оплачиваемую профессию. У американцев нет времени
просто посидеть, ничего не делая. Всю неделю они на
ногах, в работе, и только праздник или уик-энд даёт
возможность отдохнуть и отвлечься. Кстати, в США
праздников и каникул меньше и они короче по сравнению с другими странами.

отвлéчься *to be diverted*

Тут надо отметить, что американцы стремятся сделать
свою жизнь более привлекательной и менее утомитель-
ной. От торговли по почтовым заказам к банковскому
обслуживанию, не выходя из автомобиля, от прочных
материалов для одежды до компьютерных услуг и гото-
вых ресторанных блюд на вынос — всё это для американцев, предпочитающих комфортабельный образ жизни.
Но при этом каждый из них понимает, что за всё нужно
платить. Одно из преимуществ американской экономики,
ориентированной на предоставление услуг, заключается
в том, что многие магазины, где продавцы работают
посменно, открыты допоздна или круглосуточно. В большинстве магазинов ваши покупки будут упакованы в
пакеты и отнесены в вашу машину, то есть соблюдается
максимальное удобство человека, пришедшего для того,
чтобы сделать покупки. В Америке никто не удивляется
тому, что почтальон забирает почту жильцов, освобож-
дая их от излишнего похода на почту или к ближайшему
почтовому ящику. Американцы не носят с собой налич-
ных денег, предпочитая им удобные пластиковые карточки. А вот в одежде американцы совершенно неприхотли-
вы, давно отбросив всякие условности, распространённые
в Европе и существующие в угоду всевозможным «при-
личиям». Что удобно, то и носится, а что именно — это
никого не касается. Давно общепринят принцип «не
нравится — не смотри».

прóчный *durable*

посмéнно *in shifts*

налúчные дéньги *cash*

неприхотлúвый *unpretentious*

Средства массовой информации в Соединённых
Штатах и за границей, естественно, сосредоточивают
основное внимание на тех или иных крайностях американской жизни. Репортажи о преступлениях и коррупции,
о трагическом и необычном гораздо интереснее, чем
описание повседневной жизни. Никому не будет инте-
ресна жизнь и заботы техасского фермера, обеспокоен-

ного кротами, подкапывающими лужайку у него во дворе. Поэтому большая часть информации, представляемой зарубежными обозревателями, формирует взгляды и понятия, которые основываются на сенсационном и экстраординарном, совершенно далёком от простой и обыденной жизни среднего американца, которая мало чем отличается от жизни среднего человека в любой другой стране.

крот *mole*
лужа́йка *pasture*
обозрева́тель *observer*

Вопрос воспитания детей в Америке вызывает споры. Родители озабочены и самой системой образования, и влиянием средств массовой информации на жизнь учащихся, и огромной информацией сети Интернета, потоком обрушивающейся на подрастающее поколение. Во многих американских семьях среднего достатка принято, чтобы дети подрабатывали, особенно когда становятся подростками. Около 75% учащихся старших классов работают во время обычной школьной недели. В большинстве случаев они делают это вовсе не потому, что их родители не могут обеспечить их всем необходимым. Смысл их труда в том, что такой опыт, как говорят в Америке, «полезен каждому». В результате дети в таких семьях не чураются и физического труда, который становится началом пути к завоеванию положения в обществе. Таким образом молодое поколение Америки приучают ценить труд и «вставать на собственные ноги». Большинство американцев знают, что их дети покинут родительский дом гораздо раньше, чем это принято в других странах. Может быть, поэтому, здесь распространена система, по которой, по достижении определённого возраста, они должны вносить свой вклад в семейный бюджет. Представление, что американские подростки «получают всё, что хотят» ошибочное, потому что подростков достаточно рано ставят перед жизненным фактом «если хочешь, должен заработать». Студенты высших учебных заведений имеют свои машины, но многие покупают их сами (выплачивая при этом обязательную страховку, которая очень высока для подростков), подрабатывая в свободное от учёбы время.

доста́ток доход

чура́ться *to avoid*

вклад *contribution*

Рассказывая очень коротко о стиле жизни американцев, мы, естественно, дали обобщённый взгляд на жизнь в Америке, в целом говоря о её среднем классе, с его повседневными заботами, весьма далёком от того типа, который создан кинематографистами. Если вы судите об американцах по этим телесериалам, то вы ничего не знаете об Америке и американцах. Конечно, она разная, это страна, омываемая двумя океанами, и разные люди населяют её. Одни богаты и не задумываются о хлебе насущном, другие бедны и получают жестокие жизненные уроки. Некоторые американцы презрительно относятся ко всякого рода демонстрациям, другие считают своей обязанностью принимать участие во всех общественных делах; одним абсолютно безразлично, кто живёт с ними рядом по соседству, другие обязательно поддерживают добрые отношения с соседями; одни не признают религию, для других религиозность — жизненная основа; одни подростки стремятся найти работу, для других это не имеет никакого значения; одни американцы любят работать, другие считают себя на работе «как в клетке»; одни считают себя удачными, другие ожесточаются, испытывая неудачи судьбы; одни любят праздники, другие их терпеть не могут; многие американцы равнодушны к патриотизму, считая размахивание флагами просто глупостью. Они разные, с разными надеждами, с разными стремлениями, но они такие же, как все те, которые населяют планету Земля, и в стиле их жизни нет ничего особенного, разве только что они — американцы, а их страна — Америка.

хлеб насу́щий   *daily bread*

ожесточа́ться   *to become embittered*

Вопросы к тексту

1. Какие черты характера считает автор наиболее характерными для американцев?
2. В чём автор видит влияние истории на развитие национального характера?
3. Какие примеры типичного поведения приводит автор?
4. Чем объясняется патриотизм американцев?
5. Как автор характеризует отношения между соседями в Америке?
6. Почему в Америке так много и тяжело работают?
7. Чем отличается одежда американцев от одежды европейцев? Почему?
8. Почему в Америке так принято, что подростки подрабатывают?
9. Согласны ли вы со всеми замечаниями автора статьи?

Аудирование

Студенты делятся впечатлениями

In 2003, a group of students of the Nizhny Novgorod Linguistics University agreed to give interviews to an American visitor. All of the students speak English, and most of them have visited the United States. Listen to the excerpts from the interviews and answer the questions that follow.

Слова к аудированию

In these interviews the students share their opinions of America with the interviewer and with each other. In addition to the voices of the students, you will hear the voice of the interviewer as well as other sounds that normally occur in a university, for example other students talking in the background as they change classes. Here, in the order in which you will hear them, are some words that may be unfamiliar to you. Before listening, review the words. What do you imagine the speakers will say using these particular words?

Excerpt 1. Катя А.

торго́вля *trade*
прояви́ть себя́ *to show one's worth*
восхища́ться *to admire*

Excerpt 2. Наташа и Катя К.

приёмный *host*
боле́ть *to root for*
олимпиа́да *olympics*

Excerpt 3. Лена и Таня

сто́йка *counter*
вы́мученный *forced*
приве́тливый *cordial*

за́мкнутый *reserved*
на аво́сь *just in case*
ула́диться *to work out OK*

Excerpt 4. Ольга и Александр

захолу́стье *the sticks*
безразли́чие *indifference*
че́рпать *to derive*

навя́зывание *imposition*
Ма́сленица *Shrovetide*
бытова́ть *to be current*

Вопросы к аудированию

Excerpt 1. Катя А.

Katya has never visited the United States so she is relying on the impressions of her friend.

1. What surprised Katya's friend most of all?
2. How does Katya respond to her friend's observation?
3. What does Katya think about the American system of education?

Excerpt 2. Наташа и Катя К.

Natasha and Katya have both spent time in the United States. In this excerpt Katya tells about her own experiences and responds to Natasha's earlier remark about American greetings.

1. Describe Katya's two visits to the United States.
2. What does Katya say about American greetings?
3. Natasha also mentions competition. How do Russians and Americans compare in this regard?
4. What does Katya say about American and Russian attitudes toward sports?

Excerpt 3. Лена и Таня

Lena has worked with Americans on a cruise ship (**теплоход**) in Russia, and Tanya has worked in the United States.

1. What example does Lena cite from her cruise ship experience?
2. What fundamental distinction does Tanya make between Americans and Russians?
3. What supporting example does Tanya provide from her own experience in the United States?
4. What understanding did Lena reach with the American tourists on the cruise?

Excerpt 4. Ольга и Александр

1. Describe Olga's experience in the United States.
2. What did Olga find most striking in the United States? What is her observation based on?
3. How does Aleksandr react to Olga's observations? What main point does he want to make about Americans?
4. What personal experience has Aleksandr had with Americans?
5. What conclusion do the students reach?

Сочинение

Your local historical association has received a major grant to document the lives of immigrant groups in your community. You and your colleagues have volunteered to work with immigrants from the former Soviet Union.

Working in small groups, generate a list of questions that you might use to interview a member of the Russian community. As you think of questions, consider some of the topics that we have covered in this course. Think also about how your respondents' lives would have been different if they had not emigrated.

Compare your questions to those of your classmates. Working together, group the questions by topic and arrange them in a logical order. Decide which questions to eliminate and which you might want to add. When you are finished, you will have an oral interview protocol.

Interview at least one member of the Russian community. Use the protocol that you developed in class as a starting point but feel free to adapt as needed. Assure your respondent that this information is to be used in an exercise only and that complete anonymity will be preserved.

At home, use the information from your interview to write an article. Your article will need to have a topic, a beginning, and an end. Use information from the interview to support the points that you want to make, but be restrained in your use of direct quotation. Do not use the real name of your respondent.

In class, discuss the first draft of your paper with your classmates. On the basis of their comments, revise your work.

Задания

1. Produce an introduction to your community for Russian-speaking newcomers.

2. Compare the opinions expressed by **Задорнов**, **Вашурин**, and **Толстая**. What aspects of American life attracted their attention? In what ways are their reactions similar and in what ways different?

3. These definitions from «**США: Лингвострановедческий словарь**» (1999) explain common English expressions and proper names. Beside each definition write the English expression or proper name that you think is being described. (Hint: All are from the A–B section of the dictionary.) When you have finished, compare your

answers to the original in Appendix B. Are there any items that you would have defined differently?

_____ деньги или товары, выдаваемые сотрудникам сверх заработной платы в виде вознаграждения за хорошую работу или компенсации за что–либо (напр., за опасную работу)

_____ закон, направленный на увеличение числа негров, женщин и других меньшинств среди сотрудников компаний, госучреждений и учащихся учебных заведений, в которых сложилось преобладание белых лиц мужского пола

_____ детское печенье в виде маленьких фигурок животных

_____ страшный снежный человек; чудовище, сделанное из снега — персонаж телевизионного фильма для детей

_____ натуралист и художник. Его лучшей работой считаются цветные иллюстрации к многотомному изданию «Птицы Америки».

_____ двое бандитов, девушка и парень, которые в 1930, после двух лет грабежей банков и убийств на юго-западе США попали в засаду и были убиты. В 1967 реж. А. Пенн снял фильм, сюжетом которого послужила подлинная история этих «благородных разбойников».

_____ приходящая няня; тот, кто ухаживает за детьми во время отсутствия родителей (за плату; обычно в этой роли выступают студентки и учащиеся старших классов)

_____ приходить на работу со своим завтраком (обычно уложенным с небольшой пакет из плотной бумаги коричневого цвета)

_____ яркий шёлковый платок, которым ковбои повязывают шею или голову (традиционно красного цвета с чёрным или белым рисунком)

_____ бюллетень для заочного голосования (для лиц, находящихся в момент выборов вне своего избирательного округа и голосующих по почте)

_____ киноактёр, танцор, ведущий телешоу. Исполнял танцевальные номера во многих музыкальных фильмах (часто с партнёршей Джинджер Роджерс); вызывал восхищение быстротой и грациозностью танца

_____ жёлто-оранжевого цвета, слабо-острый плавленый сыр, часто поступает в продажу нарезанным тонкими ломтиками, завёрнутый в целлофан

_____ морской курорт и место проведения съездов и конференций. Многих посетителей привлекают азартные игры, которые легализованы там с 1974. Вдоль променада на пляже, построенного ещё в конце XIX в., протянулись магазины и отели. Ежегодно в сентябре здесь проводится конкурс красоты на звание «Мисс Америка». Названия улиц использованы в игре «Монополия».

4. Here is a partial list of contents from the 1991 publication «**Американская мозаика**» by **Игорь Геевский** and **Николай Сетунский**. Why do you think these particular questions were interesting to Russians in 1991? Choose one of the questions and write a short essay explaining the things that you think would be of interest to a Russian audience today.

- Можно ли называть США «страной иммигрантов»? Существует ли американская нация?
- Какой этнический состав населения США?
- Распространены ли в США межрасовые браки?
- Может ли вестись обучение представителей этнических меньшинств и групп на родном языке?
- Какого вероисповедания придерживаются американцы?
- Сверхбогачи: кто они?
- Что такое бедность в условиях США?
- Социальные проблемы: где путь их решения?
- Кто противится равноправию американок?
- Американская семья: переживает ли она кризис?
- Есть ли в настоящее время в США ковбои?
- Атомная энергетика: близкий закат или звезда будущего?
- Имеют ли горожане садово-огородные участки?
- Занимаются ли американки шитьём или покупают готовую одежду?
- Все ли безработные получают пособия?
- Стресс на рабочем месте: в чём причины?
- Почему американцы критикуют сферу услуг?
- Приходится ли американцам стоять в очереди?
- Как пользуются кредитными карточками?
- Можно ли получать товары по почте?
- Американская мечта о собственном домике: насколько она реальна?
- Сколько автомобилей в личном пользовании американцев?
- Каждый ли американец может приобрести оружие?
- Много ли читают американцы?
- Есть ли неграмотные в Америке?
- Политика и нравственность: продолжается ли кризис доверия?
- Вьетнамские ветераны: какова их судьба?
- Преступность: насколько велика эта проблема?

5. Портфолио. Review your activities for the past year. Select items that reflect your interests and strengths. Consider including the following:

- an audio recording explaining what items are included and why you selected them
- your original goals for the year
- a page from your vocabulary record

- a journal entry regarding your use of Russian outside the classroom
- an annotated bibliography
- an annotated newspaper article
- a review of a Web site
- a revised composition (including drafts)
- a written summary of what you have accomplished this year and what your plans are for the future

Повторение

1. Fill in the blanks with the best translation of the words in parentheses.

1. Когда я _____ (*arrived*) в Нью-Йорк, я подумал, что все вокруг знают о моём прилёте.
2. Когда пожилой «бой» _____ (*carried in*) мои вещи в номер и, бестактно улыбаясь, предложил мне помочь разложить их по полкам, я _____ (*chased out*) его из номера за его грязные намёки.
3. Стоит _____ (*drop in*) в магазин, к тебе _____ (*runs up*) продавец и с идеально отшлифованной улыбкой: «Что вам угодно? Чем могу быть полезен?».
4. Если туфли окажутся не по размеру, продавец _____ (*will bring*) со склада все новые и новые пары.
5. Однако наиболее опытные продавцы в Америке не _____ (*run up*) к тебе, когда ты _____ (*go in*) в магазин.
6. В один супермаркет мне пришлось _____ (*drop in*) с женщиной из Воронежа. Она _____ (*had come*) к сестре.
7. Вместо мамы _____ (*had come*) сестра с десятилетним сыном. Когда она _____ (*entered*) в супермаркет, она заплакала.
8. По этому случаю ему разрешили, после того как он _____ (*had brought*) свидетельство о её смерти, закупить продукты для поминок в подвале гастронома.
9. (В самолёте): Думаю, мы _____ (*will take off*) по расписанию.
10. Честно говоря, мы и сами не верили в то, что всё так просто: взял билет на рейс местной авиакомпании и _____ (*set off*).
11. Когда я увидел людей, сидящих на расставленных полукругом диванах и ведущих под наблюдением врачей странную для нормального человека дискуссию, я почувствовал себя так, будто _____ (*[I] had entered*) в кадр «Кукушки».
12. Дэвид _____ (*led through*) меня по коридору и остановился у двери, на которой висела табличка: «Чарльз Бьюкенен, адвокат по правам пациентов».

13. За сиденьем машины шерифа приделана скорострельная винтовка, а под сиденьем он на всякий случай _____ (*carries*) автомат.
14. Мы проездили с шерифом практически всю ночь, и серьёзных происшествий, как всегда бывает, когда журналист _____ (*goes out*) в ночной патруль, не произошло.
15. Мы _____ (*drove up*) к красивому современному зданию, построенному недалеко от собственно атомной станции.
16. Во время одной из таких встреч ко мне _____ (*walked up*) пожилой мужчина и сказал: «Когда была война, я работал в Москве».

2. Listen again as **Катя А.** talks about her perceptions of America and fill in the blanks with the missing words.

Катя А.

Вы знаете, есть у меня одна _____ , с которой я в течение _____ лет снимала одну квартиру, и она два года назад _____ в штате Нью-Йорк и даже на _____ этаже одного из сбитых _____ сентября зданий Мировой Торговли. Поэтому она очень переживала _____ и искала своими глазами лиц _____ , на, на экране телевизора, с которыми она _____ .

И она, когда приехала, _____ , что её шокировало прежде всего то, что американцы — _____ простые люди. Они никогда _____ о каких-то глобальных проблемах. Они живут по-простому. Они _____ , что достаточно беспокоиться только о том, что ты _____ на данный момент. Насчёт будущего тоже _____ , но не настолько глубоко, как это _____ русские. Может быть в чём-то и _____ преимущество, потому что, действительно, есть такое _____ ... Я, я бы не хотела говорить, что я _____ абсолютно согласна, но очень _____ поддерживают эту _____ , что в России умные люди, но _____ система, а в Соединённых Штатах — _____ люди, но умнейшая _____ . Я не согласна с тем, что _____ нет умных людей. Они есть _____ . Я считаю, что люди _____ , они просто, они просто порой, _____ , не настолько могут найти _____ проявить себя, как человека, как _____ .

Например в России, мы прекрасно знаем, что _____ , допустим, то же, та же самая _____ не позволяет людям раскрыть свои _____ и получается, что мы глупые остаёмся _____ , что мы сами не можем себе позволить

_____ , мы сами не можем позволить себе _____ какой-нибудь путь для того, чтобы _____ образование. Либо причиной _____ деньги, либо желание человека. Ведь в России тоже _____ люди, которые совершенно ничего _____ , и я не хочу скрывать этого, потому что это _____ . Это... У меня самой есть очень _____ друзей, которые дальше седьмого _____ обычной школы, то есть семь классов вообще, _____ не пошли. И они себя _____ совершенно нормально. Они не _____ ни к чему более высокому, и это меня пугает.

Что же _____ американской системы образования, то я _____ и знаю, что есть штаты, _____ система образования поставлена даже _____ лучше, чем где бы то ни было. И, например, тот же самый Массачусетс, или я слышала _____ , что есть в штате Нью-Йорк и в штате Техас _____ «middle school», где люди _____ пяти–шести лет, как раз _____ , могут позволить себе, из достаточно бедных семей, _____ образование. И система налажена таким образом, что они _____ каждый, практически, день, _____ воскресенья, с семи до трёх–четырёх часов _____ и, плюс, ещё полтора–два часа делают _____ работу в стенах школы. Причём, ещё учатся они в течение месяца, первого _____ месяца июня. Разумеется, в условиях _____ системы и дисциплины можно вырастить _____ сильнейшее и интеллигентное и умнейшее _____ , что нужно просто захотеть. И я просто восхищаюсь теми _____ , которые взялись за то, чтобы поднять _____ образования в стране. И я поддерживаю.

Appendices

Appendix A: Aids to Grammar

Grammatical Terminology

(и́мя) существи́тельное
    (*р* существи́тельного) noun
(и́мя) прилага́тельное
    (*р* прилага́тельного) adjective
(имя) числи́тельное
    (*р* числи́тельного) numeral
  коли́чественное ~ cardinal numeral
  поря́дковое ~ ordinal numeral
местоиме́ние pronoun
глаго́л verb
  возвра́тный ~ reflexive verb
  (не)перехо́дный ~ (in)transitive
    verb
наре́чие adverb
предло́г preposition
сою́з conjunction
оконча́ние ending
управля́ть I *чем?* to govern

число́ number
  еди́нственное ~ singular
  мно́жественное ~ plural

род gender
  мужско́й ~ masculine
  сре́дний ~ neuter
  же́нский ~ feminine
паде́ж (*р* падежа́) case
  имени́тельный ~ nominative
  вини́тельный ~ accusative
  роди́тельный ~ genitive
  предло́жный ~ prepositional
  да́тельный ~ dative
  твори́тельный ~ instrumental

склоне́ние declension
склоня́ть I to decline; просклоня́ть I
несклоня́емое indeclinable
сте́пень *ж* degree
  сравни́тельная ~ comparative
  превосхо́дная ~ superlative

спряже́ние conjugation
спряга́ть I to conjugate;
    проспряга́ть I
лицо́ (*мн* ли́ца) person
  пе́рвое ~ first person
  второ́е ~ second person
  тре́тье ~ third person
вре́мя (*р* вре́мени; *мн* времена́,
    времён, времена́х) tense
  настоя́щее ~ present tense
  проше́дшее ~ past tense
  бу́дущее ~ future tense
инфинити́в infinitve
вид aspect
  соверше́нный ~ perfective aspect
  несоверше́нный ~ imperfective
    aspect
движе́ние motion
  определённое ~ determinate motion
  неопределённое ~ indeterminate
    motion

наклоне́ние mood
  изъяви́тельное ~ indicative mood
  побуди́тельное ~ imperative mood
  сослага́тельное ~ subjunctive mood
императи́в imperative

причáстие participle
  действи́тельное ~ active
  страдáтельное ~ passive
деепричáстие verbal adverb

подлежáщее (*p* подлежáщего) subject
сказýемое (*p* сказýемого) predicate
дополнéние object
  прямóе ~ direct object
  кóсвенное ~ indirect object
придáточное предложéние subordinate clause

произноси́ть (произношý,
  произнóсишь) to pronounce
произношéние pronunciation
ударéние stress
слог syllable
глáсный (*p* глáсного) vowel
соглáсный (*p* соглáсного) consonant
звóнкий voiced
глухóй voiceless

Alternate Prepositional Endings

Some, but not all, masculine nouns have an alternate prepostional ending (stressed **-у** or **-ю**), which is used when answering the question **где?** Some of them are:

аэропóрт	airport	**в аэропортý**
бал	ball (dance)	**на балý**
бéрег	bank (shore)	**на берегý**
быт	daily life	**в бытý**
Дон	Don	**на Донý**
Крым	Crimea	**в Крымý**
лёд	ice	**на льдý**
лес	forest	**в лесý**
лоб	forehead	**на лбý**
мост	bridge	**на мостý**
пол	floor	**на полý**
порт	port	**в портý**
рот	mouth	**во ртý**
ряд	row	**в рядý**
сад	orchard	**в садý**
снег	snow	**в снегý**
ýгол	corner	**в/на углý**

Formation of Past Passive Participles

Past passive participles are formed from perfective verbs only.

I. First Conjugation

A. For infinitives that end in **-ать** (and **-ять** if **-я-** does not drop in conjugated forms), replace the **-л** of the masculine past-tense form with **-нн-** and add appropriate adjectival endings. The stress falls on the syllable preceding **-анн-/-янн-**.

сде́лать	сде́лал	**сде́ланный**
рассказа́ть	рассказа́л	**расска́занный**
потеря́ть	потеря́л	**поте́рянный**

B. For infinitives that end in **-ти**, replace the first-person singular ending with **-ённ-** and add adjectival endings.

привести́	приведу́	**приведённый**
принести́	принесу́	**принесённый**

C. For remaining first-conjugation infinitives, replace the **-л** of the masculine past-tense form with **-т-** and add adjectival endings. The stress is generally that of the masculine past tense.

поня́ть	по́нял	**по́нятый**
забы́ть	забы́л	**забы́тый**
оде́ть	оде́л	**оде́тый**
вы́пить	вы́пил	**вы́питый**
нача́ть	на́чал	**на́чатый**

II. Second Conjugation

A. For infinitives ending with **-ить**, replace the first-person singular ending with **-ённ-** if the verb's stress always falls on the last syllable; otherwise replace the first-person singular ending with **-енн-**. Add appropriate adjectival endings.[1]

реши́ть	решу́, реши́шь	**решённый**
купи́ть	куплю́, ку́пишь	**ку́пленный**
встре́тить	встре́чу, встре́тишь	**встре́ченный**

---

[1] Some verbs with shifting stress also form participles with **-ённ-**: **измени́ть, изменю́, изме́нишь, изменённый**. These are exceptions and need to be memorized.

B. For all other second-conjugation infinitives, form as in I.A. above.

услы́шать	услы́шал	**услы́шанный**
уви́деть	уви́дел	**уви́денный**

Formation of Ordinal Numerals

All ordinal numerals except for **первый** and **второй** are derived from cardinal numerals: **третий, четвёртый, пятый**, etc. When forming ordinal numerals from cardinal numerals such as **пятьдесят, шестьдесят, семьдесят**, and **восемьдесят**, put the first element of the numeral into the genitive case: **пятидесятый, шестидесятый, семидесятый, восьмидесятый**. Apply the same principle (first element in the genitive case) when forming ordinal numerals for hundreds, thousands, and millions:

двести	**двухсотый**
триста	**трёхсотый**
четыреста	**четырёхсотый**
пятьсот	**пятисотый**
шестьсот	**шестисотый**
семьсот	**семисотый**
восемьсот	**восьмисотый**
девятьсот	**девятисотый**
две тысячи	**двухтысячный**
десять миллионнов	**десятимиллионный**

Remember that only the last element of a compound ordinal number declines.

Я поступила в университет в **двухтысячном** году.
I entered college in 2000.

Я окончила университет в **две тысячи четвёртом** году.
I graduated in 2004.

Appendix B: Original Texts ▰▰▰▰▰▰▰▰

Some passages included in this appendix have been adapted from longer original texts.

Chapter 1. Давайте начнём!

Exercise 18, p. 25

Наталья Ильина, «Дороги и судьбы» (Москва: Советская Россия, 1988).

На чём мы в тот день расстались, о чём договорились, тогда ли, позже ли узнала я о намерении Катерины Ивановны поставить с нами несколько одноактных пьесок — ничего не помню. Из пьесок запомнилась мне лишь та, в которой я сама играла. Это, впрочем, не пьеса была, а рассказ Теффи, состоявший почти сплошь из монолога. Монолог произносит бывшая петербургская дама, ставшая в эмиграции портнихой. К портнихе приходит заказчица, к ней-то обращён монолог, а заказчице едва удаётся прорваться с несколькими репликами.

Exercise 1, p. 27

1. «Словарь сокращений русского языка» (Москва: Государственное издательство иностранных и национальных словарей, 1963).
2. «Советский энциклопедический словарь» (Москва: Советская энциклопедия, 1981).
3. «Орфографический словарь русского языка» (Москва: Советская энциклопедия, 1971).
4. С. И. Ожегов, «Словарь русского языка» (Москва: Русский язык, 1983).
5. А. И. Смирницкий, ред., «Русско-английский словарь» (Москва: Русский язык, 1981).

Exercise 1, p. 34

1. Игорь Шляравский, «Дети в зоне радиации», *Литературная газета*, 20 июля 1989.
2. Ю. М. Лотман, «Учебник по русской литературе для средней школы» (Москва: Языки русской культуры, 2000).
3. Александра Маринина, «Седьмая жертва» (Москва: Эксмо, 1999).
4. Unpublished correspondence from the Soviet Ministry of Foreign Affairs, 1989.

Exercise 2, p. 36

1. Д. С. Лихачёв, «О русской интеллигенции», *Новый мир*, No. 2 (1993).
2. Булат Окуджава, «Девушка моей мечты» (Москва: Московский рабочий, 1988).

3. Михаил Задорнов, «Возвращение: Путевые заметки якобы об Америке» (Санкт-Петербург: Аврора, 1992).

Exercise 3, p. 37

1. Игорь Геевский и Николай Сетунский, «Американская мозаика» (Москва: Политиздат, 1991).

Кампания по выборам президента проходит в несколько этапов: сначала в штатах проводятся первичные выборы, съезды партийных организаций или закрытые совещания партийных руководителей, на которых выбирают делегатов в национальный конвент (съезд). Этот этап начинается в феврале и заканчивается в июне года выборов. Следующий этап — проведение национальных конвентов в июле и августе. На них каждая партия выбирает своих кандидатов на пост президента и вице-президента. После этого борьба развёртывается непосредственно между кандидатами за два важнейших поста в государстве. Этот заключительный решающий этап фактически завершается в день выборов.

2. Г. Шашарин, «Чернобыльская трагедия», *Новый мир*, No. 9 (1991).

С начала аварии направление ветра для Припяти было благоприятным. Радиоактивные продукты в основном относило за городскую черту, но когда высота подъёма факела из аварийного реактора из-за флуктуации ветра в приземном воздушном слое снизилась, радиоактивное облако захватило и территорию города. До 21 часа 26 апреля на отдельных улицах Припяти мощность дозы гамма-излучения, измеренная на высоте метра от земной поверхности, удерживалась в пределах 14–140 миллирентген/час. К 7.00 27 апреля радиационная обстановка начала ухудшаться. Мощность дозы составляла в это время 180–300 миллирентген/час, а на улице Курчатова к 28 апреля достигала даже 500 миллирентген. К 6 мая уровень радиации в Припяти снизился примерно в 3 раза. Ориентировоночные расчёты позволяют сделать следующее предположение. Доза внешнего гамма-излучения, исходя из возможного режима поведения жителей и показаний индивидуальных дозиметров работников служб радиационной безопасности, составила для населения от 1,5 до 5 рад по гамма-излучению и в 2–3 раза больше по бета-излучению на кожу. Оценки показывали, что возможные уровни доз внешнего облучения обитателей Припяти значительно ниже тех, которые оказывают влияние на здоровье человека.

Exercise 4, p. 38

1. Лидия Чуковская. «Софья Петровна» (Москва: Московский рабочий, 1988).

После смерти мужа Софья Петровна поступила на курсы машинописи. Надо было непременно приобрести профессию: ведь Коля ещё не скоро начнёт зарабатывать. Окончив школу, он должен во что бы то ни стало держать в институт. Фёдор Иванович не доспустил бы, чтобы сын остался без высшего образования... Машинка давалась Софье Петровне легко; к тому же она была грамотнее, чем эти современные барышни. Получив высшую квалификацию, она быстро нашла себе службу в одном из крупных ленинградских издательств.

2. Г. Шашарин. «Чернобыльская трагедия». *Новый мир*, No. 9 (1991).

Сообщение об аварии на Чернобыльской АЭС я получил, находясь в отпуске, в санатории около Ялты. Напоминаю: авария произошла 26 апреля в 1 час 23 минуты 40 секунд. Примерно в 4 часа утра 26 апреля в номере раздался телефонный звонок из Ялтинского управления КГБ. Дежурный передал мне сообщение из Москвы о том, что на Чернобыльской АЭС ЧП и что я назначен председателем комиссии. Мне необходимо связаться с Москвой и выехать на место. Это назначение меня не удивило: как правило, при инцидентах на АЭС я назначался председателем комиссии. Удивило и насторожило то, что время назначения (ночью) необычное и что звонили не из министерства. Была суббота, ночь, администрация санатория отсутствовала, и я не мог позвонить в Москву по спецсвязи. Раздумывая о возможности срочной связи и причинах вызова, я услышал второй звонок. Это был управляющий Крымэнерго из Симферополя, который сообщил, что ближайший самолёт в Киев отправляется примерно в 10.00.

3. Василий Аксёнов, «В поисках грустного беби» (New York: Liberty Publishing House, 1987).

Аризонская пустыня сменилась калифорнийской, которая в этих местах лежит ниже уровня моря. Горизонт ещё больше раздвинулся. Пески и кактусы по обе стороны прямого, как линейка, хайвея. «Омега» что-то сильно разошлась, обгоняла чуть ли не все попутные машины. При обгоне очередной я увидел рыжие усы патрульного офицера. Положив локоть на борт, он внимательно и серьёзно смотрел на меня. Потом привычным движением поставил себе на крышу пульсирующий красный фонарь. Несколько секунд я ещё делал вид, что не понимаю, что это значит, что ко мне это вроде не очень-то относится, потом пошёл к обочине. Патрульный «кар» встал сзади. Мы вылезли из машин — я и стройный офицер в униформе цвета хаки с пистолетом на боку.

Exercise 6, p. 44

Анатолий Рыбаков, «Дети Арбата» (Москва: Советский писатель, 1987).

Лена Булягина родилась за границей, в семье политэмигрантов. После революции она жила там с отцом-дипломатом и вернулась в Россию, нетвёрдо зная родной язык. А она не хотела отличаться от товарищей, тяготилась тем, что подчёркивало исключительность её положения, была болезненно чувствительна ко всему, что казалось ей истинно народным, русским.

Юрка Шарок, простой московский рабочий парень, независимый, самолюбивый и загадочный, сразу же привлёк её внимание. Она помогала Нине Ивановне его воспитывать, но сама понимала, что делает это не только из интереса общественного. И Юра это понимал. Однако в школе дела любовные третировались как недостойные настоящих комсомольцев. Дети революции, они искренне считали, что отвлечение на личное — это предательство общественного.

После школы Юра, не делая решительных шагов к сближению, искусно поддерживал их отношения на той грани, на которой они установились: иногда звонил, звал в кино или в ресторан, заходил, когда собиралась вся компания. Обняв Лену в коридоре, Юра перешёл эту грань. Неожиданно, грубо, но с той решительностью, которая покоряет такие натуры.

Несколько дней она ждала его звонка и, не дождавшись, позвонила сама, просто так, как они обычно звонили друг другу. У неё был ровный голос, она старалась чётко произносить окончания слов, обдумывая ударения, и говорила медленно, даже по телефону чувствовалась её застенчивая улыбка. Но Юра ждал звонка.

— Я сам собирался звонить тебе. У меня на шестое два билета в Деловой клуб. Будут танцы. Пойдём?

— Конечно.

Chapter 2. География

Exercise 5, p. 60

Александра Маринина, «Чужая маска» (Екатеринбург: АРД ЛТД, 1997).

Двадцать семь лет Параскевичи справляли Новый год торжественно, обязательно с ёлкой и подарками под ней, приглашали друзей и родственников. Потом, когда сын подрос, на Новый год приходили его друзья, потом и девушки. В доме этот праздник любили, готовились к нему загодя и отмечали шумно и весело.

Chapter 3. Образование

Exercise 18, p. 124

Александра Маринина, «Когда боги смеются» (Москва: Эксмо, 2000).

Женя подошла к высокому, в человеческий рост, зеркалу. Господи, как противно ей видеть своё отражение! Почему, почему она должна так выглядеть? Почему отец заставляет её одеваться и причёсываться именно так, словно ей тринадцать лет? Но она ничего не может с этим сделать, она от него полностью зависит, у неё нет собственных денег, чтобы покупать себе стильную современную одежду и выглядеть стильной современной девушкой. Она не может перечить отцу, она может только робко просить, получая в ответ, разумеется, категорические отказы.

Exercise 39, p. 151

Александра Маринина, «За всё надо платить» (Москва: Эксмо, 1997).

— Итак, вы утверждаете, что в день, когда произошло убийство, вы ездили за город. Когда точно это было?

— Это было... — Голубцов на мгновение задумался. — Это было в субботу, 7 октября.

— Поездка планировалась заранее?

— Не то чтобы заранее... — он пожал плечами. — Накануне, в пятницу, мне позвонил Дроздецкий и сказал, что готов поговорить со мной о покупке моей дачи. Он спросил, удобно ли мне будет съездить с ним на дачу в субботу. Я ответил, что пока не знаю, это будет ясно только в субботу ближе к обеду. На следующий день часов около двенадцати дня мне стало понятно, что вторая половина дня у меня свободна, и я сам позвонил Дроздецкому и сказал, что можно ехать. Мы договорились встретиться, я подъехал к площади Восстания, Дроздецкий меня уже ждал. Он пересел в мою машину, и мы поехали.

— В котором часу это было?

— Мы договорились встретиться в половине третьего. Насколько я помню, я приехал минут на пять раньше...

— В котором часу вы вернулись в Москву?

— По-моему, часов около девяти. Мы вместе доехали до площади Восстания, где Дроздецкий оставил свою машину. Попрощались, он пересел в свой автомобиль, и мы разъехались. Вот и всё.

Chapter 4. Политика

Exercise 5, p. 194

Александра Маринина, «Мужские игры» (Москва: Эксмо, 1997).

В аэропорту Настя встала в длинную очередь, закурила и с вялым интересом принялась разглядывать отъезжающих и тех, кто их провожал. По одежде, выражениям лиц и количеству вещей, а также по провожающим ей удалось разделить всех стоящих в очереди на несколько групп: тех, кто ехал в гости, тех, кто уезжал из гостей, а также тех, кто ехал в Штаты по делам или возвращался туда после деловой поездки. Она попыталась поставить себя на их место и с удивлением поняла, что никуда ехать ей не хочется.

Chapter 5. Экология

Exercise 13, p. 255

Александра Маринина, «Чужая маска» (Екатеринбург: АРД ЛТД, 1997).

Значит, я шёл по улице Веснина со стороны Старого Арбата, — начал он, — мимо меня проехал автомобиль и остановился метрах в ста впереди. Из машины вышел мужчина в куртке. Мужчина стал снимать «дворники» и зеркала, я за это время подошёл ближе, и мне уже было видно, что куртка такого среднего цвета, не светлая, но и не чёрная. Мужчина закурил и вошёл в подъезд.

Exercise 14, p. 255

Александра Маринина, «Смерть ради смерти» (Москва: Вече, 1998).

Они стояли на автобусной остановке и целовались. Пришёл автобус, сошедшие с него пассажиры аккуратно обошли их и разошлись по домам. Потом пришёл ещё один автобус. И ещё один.

— Пойдём, — он потянул Любу в сторону, подальше от остановки.

— Куда?

— Никуда. Просто погуляем. А хочешь, поедем куда-нибудь? У меня машина тут неподалеку стоит, возле твоей школы.

— А можно мы с тобой дойдём до метро, и ты купишь мне цветы? Много, много цветов. Можно?

— Конечно.

— Они шли обнявшись, периодически останавливаясь и начиная целоваться.

Exercise 15, p. 256

Александра Маринина, «За всё надо платить» (Москва: Эксмо, 1997).

Коротков вышел из машины и углубился в парк, окружающий клинику. Стараясь не бросаться в глаза, он обошёл все аллеи вблизи выхода. Решину он увидел внезапно всего в каких-нибудь трёх–четырёх метрах от себя. Коротков почему-то ожидал, что она выйдет из стеклянных дверей центрального корпуса, а она появилась откуда-то из глубины парка и подошла к выходу по аллее, перпендикулярной той, по которой разгуливал Юра.

Коротков пристроился «в хвост» Ольге и дошёл следом за ней до самого метро, когда впереди мелькнула Аськина ярко-голубая куртка. Он метнулся вперёд, расталкивая прохожих и бормоча извинения.

— Разворчивайся — и в метро, — тихо сказал он, обнимая Настю и изображая молодого человека, который опоздал на встречу со своей дамой.

Настя послушно повернулась, взяла его под руку, и они быстро пошли по подземному переходу. Однако вместо того, чтобы пройти турникеты и встать на эскалатор, Коротков вывел её через переход на противоположную сторону улицы.

Exercise 16, p. 256

Александра Маринина, «За всё надо платить» (Москва: Эксмо, 1998).

Саприн метнулся к телефону-автомату. Прямой телефон на работе не отвечал, сотовый тоже, а секретарь сообщила, что Михаил Владимирович на банкете. Саприн выругался про себя и пошёл искать свою очередь на регистрацию. Очередь выстроилась огромная, поэтому продвигалась очень медленно и Николай ещё несколько раз отходил позвонить. Наконец он подошёл к стойке и протянул билет и паспорт.

— Багаж?

— Без багажа.

— Проходите на посадку.

Он сделал ещё одну попытку дозвониться, но ему опять не повезло. Он вышел на улицу, закурил. По громкоговорителю уже второй раз объявили, что регистрация на его рейс заканчивается. Надо идти. Он отшвырнул недокуренную сигарету и быстро пошёл на посадку. Предъявив сумку для досмотра, сделал жалостное лицо и спросил у сотрудника службы безопасности:

— Слушай, командир, здесь нигде телефона нет? Очень нужно, честное слово. Ты видишь, я уж до последней минуты на посадку не проходил, всё к автомату бегал. А там занято и занято, прямо как назло.

Exercise 17, p. 257

Александра Маринина «Светлый лик смерти» (Екатеринбург: АРД ЛТД, 1998).

На следующий день был выходной, и Лариса с утра пораньше уже заняла свой пост неподалеку от подъезда, не выходя из машины. Она так и не придумала, как же ей познакомиться с Дербышевым, и решила сначала понаблюдать за ним. Дербышев вышел из дома около одиннадцати утра вместе с той дамой, с которой пришёл вчера, сел в свой «мерседес» и поехал в сторону центра. Лариса двинулась за ними.

Дама вышла из машины возле Белорусского вокзала, а Дербышев поехал дальше. Доехав до почтампта, он припарковал машину и прошёл в ту часть здания, где располагались абонентские ящики. Лариса поспешила за ним, но близко подходить не рискнула. Она видела, как Виктор открыл один из ящиков, забрал свою почту и направился к выходу. Она подождала, пока он не выйдет, и подошла к ячейкам.

Exercise 18, p. 257

Александра Маринина, «Не мешайте палачу» (Москва: Эксмо, 1998).

Вам не нужно возвращаться в офис. Я сейчас уйду, а вы отъедете куда-нибудь в тихое место, остановите машину и будете сидеть в ней до без десяти шесть. После этого вы должны выехать на Садовое кольцо, доехать до Сухаревской площади и свернуть на Сретенку. Проедете по Сретенке пятьсот метров, остановитесь и выйдете из машины. К вам подойдут и скажут, что нужно делать дальше.

Activity 1, p. 295

1. Кислород, которым мы дышим, выделяется растениями. **П**
2. Радиоактивное молоко можно обезвредить кипячением. **Н**
3. Лазер работает в результате фокусирования звуковых волн. **Н**
4. Солнечные лучи могут быть причиной рака. **П**
5. Электроны меньше, чем атом. **П**
6. Континенты медленно движутся по поверхности Земли. **П**
7. Дети культуристов (людей, наращивающих мускулы) унаследуют фигуры своих родителей. **Н**
8. Один из генов отца определяет, кто родится — мальчик или девочка. **П**
9. Антибиотики убивают как вирусы, так и бактерии. **Н**
10. Природные витамины лучше для человеческого организма, чем изготовленные в лаборатории. **Н**
11. Первые человеческие существа появились в то же время, что и динозавры. **Н**
12. Звук движется быстрее света. **Н**
13. Вся радиоактивность появилась искусственным путём в результате научных экспериментов. **Н**
14. Галактика больше, чем Солнечная система. **П**
15. Солнце вращается вокруг Земли. **Н**
16. Причина кислотных дождей — электростанции, работающие на угольном топливе. **Н**

Chapter 6. Америка чужими глазами

Exercise 7, p. 319

Александра Маринина, «Тот, кто знает. Перекрёсток» (Москва: Эксмо, 2004).

— Вадик, милый, как ты представляешь нашу жизнь на окраине и без телефона? Сейчас, когда мы живём в двух шагах от метро, я ухожу из дома в половине девятого и возвращаюсь не раньше десяти, а что будет, когда метро окажется в получасе езды на автобусе? А мне нужно будет ещё продукты покупать и готовить.

— Пожалуйста, бери машину.

— Ты прекрасно знаешь, что я не могу машину водить.

— Глупости! Найди хорошего инструктора, он тебя научит.

— Вадим, я не буду водить машину, это даже не обсуждается. Давай исходить из того, что есть. Сейчас мы живём рядом с Киевским вокзалом, с которого ты каждый день ездишь на работу. И даже при этом ты встаёшь в пять тридцать, а выходишь из дому в шесть утра. Ты готов вставать в четыре?

— Встану, коротко ответил Вадим. — Во сколько нужно, во столько и встану.

— И на чём ты будешь добираться до вокзала. Автобусы в четыре утра ещё не ходят, — заметила Наташа.

— На машине поеду.

— И оставишь её на целый день на площади перед вокзалом? Это несерьёзно. Если поставить её на платную охраняемую стоянку, то это выйдет слишком дорого. А если оставить просто так, то рано или поздно её угонят. Я понимаю твоё желание переехать в отдельную квартиру, но ты должен понимать, что издержки могут оказаться неизмеримо больше, чем выгоды.

Activity 3, p. 363

деньги или товары, выдаваемые сотрудникам сверх заработной платы в виде вознаграждения за хорошую работу или компенсации за что-либо (напр., за опасную работу) *bonus*

закон, направленный на увеличение числа негров, женщин и других меньшинств среди сотрудников компаний, госучреждений и учащихся учебных заведений, в которых сложилось преобладание белых лиц мужского пола *affirmative action*

детское печенье в виде маленьких фигурок животных *animal cracker*

страшный снежный человек; чудовище, сделанное из снега — персонаж телевизионного фильма для детей *abominable snowman*

натуралист и художник. Его лучшей работой считаются цветные иллюстрации к многотомному изданию «Птицы Америки» *John James Audubon*

двое бандитов, девушка и парень, которые в 1930, после двух лет грабежей банков и убийств на юго-западе США попали в засаду и были убиты. В 1967 реж. А. Пенн снял фильм, сюжетом которого послужила подлинная история этих «благородных разбойников» *Bonnie and Clyde*

приходящая няня; тот, кто ухаживает за детьми во время отсутствия родителей (за плату; обычно в этой роли выступают студентки и учащиеся старших классов) *babysitter*

приходить на работу со своим завтраком (обычно уложенным с небольшой пакет из плотной бумаги коричневого цвета) *brown bag*

яркий шёлковый платок, которым ковбои повязывают шею или голову (традиционно красного цвета с чёрным или белым рисунком) *bandanna*

бюллетень для заочного голосования (для лиц, находящихся в момент выборов вне своего избирательного округа и голосующих по почте) *absentee ballot*

киноактёр, танцор, ведущий телешоу. Исполнял танцевальные номера во многих музыкальных фильмах (часто с партнёршей Джинджер Роджерс); вызывал восхищение быстротой и грациозностью танца *Fred Astaire*

жёлто-оранжевого цвета, слабо-острый плавленый сыр, часто поступает в продажу нарезанным тонкими ломтиками, завёрнутый в целлофан *American cheese*

морской курорт и место проведения съездов и конференций. Многих посетителей привлекают азартные игры, которые легализованы там с 1974. Вдоль променада на пляже, построенного ещё в конце XIX в., протянулись магазины и отели. Ежегодно в сентябре здесь проводится конкурс красоты на звание «Мисс Америка». Названия улиц использованы в игре «Монополия» *Atlantic City*

Appendix C: Common Errors

Your instructor may ask you to rewrite your compositions using a correction key. This correction key lists the most common categories of grammatical error and an example of each kind of error, along with its correction.

1. **Число**: Я собираю книгу.[1] Я собираю книги.
2. **Род**: Моя[2] дедушка живёт там. Мой дедушка живёт там.
3. **Падеж**: Я вам[3] слушаю. Я вас слушаю.
4. **Лицо**: Они навещаем[4] родителей. Они навещают родителей.
5. **Время**: Вчера я читаю[5] газету. Вчера я читал газету.
6. **Вид**: Мы начали позавтракать.[6] Мы начали завтракать.
7. **Спряжение**: Они ходут[7] на занятия. Они ходят на занятия.
8. **Возвратный глагол**: Урок начинает[8] в восемь часов. Урок начинается в восемь часов.
9. **Часть речи**: Москва — хорошо[9] город. Москва — хороший город.
10. **Орфография**: Северня[10] он отдыхает. Сегодня он отдыхает.
11. **Пунктуация**: Я не знаю[11] где портфель. Я не знаю, где портфель.
12. **Порядок слов**: Это Ивана родители.[12] Это родители Ивана.
13. **Выбор слов**: Он работает в[13] заводе. Он работает на заводе.
14. **Синтаксис**: Я хочу вас ответить.[14] Я хочу, чтобы вы ответили.
15. **Англицизм**: У меня ничего сидеть на.[15] Мне некуда сесть.
16. **Смысл**: Я поступил в Киеве, котором тоже не работят.[16]
17. **Ещё одно слово**: Мой брат играет[17] шахматы. Мой брат играет в шахматы.

Glossaries

- Unpredictable noun patterns, including those with fill vowels and shifting stress, are provided in parentheses. Singular forms are labeled for case. Plural forms are cited in the order nominative, accusative, genitive, prepositional, dative, instrumental: **дочь** (*р* **до́чери**; *мн* **до́чери, дочере́й, дочеря́х, дочеря́м, дочерьми́**).

- Gender is indicated for all nouns ending in **-ь**: **степь** *ж,* **бюллете́нь** *м.*

- The genitive is provided for all nouns that are cited in the plural only: **вы́бросы** (*р* **вы́бросов**).

- The genitive is provided for adjectives that function as nouns: **бездо́мный** (*р* **бездо́много**).

- Adjectives whose short forms are commonly used in predicate position are cited together with the short form: **дово́льный** (**дово́лен, дово́льна**).

- Conjugation information for first-conjugation verbs like **чита́ть** and for second-conjugation verbs like **говори́ть** is indicated by Roman numerals: **чита́ть** I, **говори́ть** II.

- Conjugation information for other verb patterns is provided in parentheses: **лечь** (**ля́гу, ля́жешь, ля́гут; лёг, легла́, ляг**).

- Paired verbs are not labeled for aspect. The imperfective verb is listed first, followed by the perfective partner: **избега́ть** I   to avoid; **избежа́ть** (**избегу́, избежи́шь, избегу́т**).

- Unpaired imperfective verbs are not labeled for aspect: **быва́ть** I   to be. Unpaired perfective verbs are labeled for aspect: **побыва́ть** I *сов* to be.

- Indeterminate motion verbs are not labeled as such, but determinate motion verbs are: **по́лзать** I to crawl; *опред* **ползти́** (**ползу́, ползёшь; полз, ползла́**).

- The government of verbs is indicated by interrogatives: **избега́ть** I *кого, чего?*

- The symbol **~** is used in subentries to indicate that the main entry is to be repeated with no alteration: **кампа́ния** campaign; **предвы́борная ~** election campaign.

- Bracketed numbers following an entry refer to the chapter in which the words are introduced. If there is more than one number, the second number refers to the vocabulary notes. The entry **society** о́бщество; общи́на [6.5], for example, means that the words о́бщество and общи́на are both introduced in Chapter 6 and discussed in Vocabulary Note 5.

Сокращения

Abbreviations

безл	безличная форма	impersonal	*imps*
вн	винительный падеж	accusative	*a*
возвр	возвратный глагол	reflexive	*refl*
ж	женский род	feminine	*f*
инф	инфинитив	infinitive	*inf*
м	мужской род	masculine	*m*
мн	множественное число	plural	*pl*
нескл	несклоняемое	indeclinable	*indcl*
неопред	неопределённый	indeterminate	*ind*
нес	несовершенный	imperfective	*impf*
опред	определённый	determinate	*det*
р	родительный падеж	genitive	*g*
разг	разговорный	colloquial	*colloq*
с	средний род	neuter	*n*
сов	совершенный	perfective	*perf*
сокр	сокращение	abbreviation	*abbr*

Русско-английский словарь

абза́ц   paragraph [1]
абитурие́нт   applicant (to вуз) [3]
ава́рия   accident [5]
анке́та   questionnaire [6]
аркти́ческий   arctic [2]
а́томная электроста́нция (*сокр* АЭС)   nuclear power plant [5]
АЭС   *see* а́томная электроста́нция

балл   mark, point; **проходно́й ~** passing score [3.3]
баллоти́роваться (баллоти́руюсь, баллоти́руешься) *куда? на какую до́лжность?*   to run for office [4.1]
бе́дность *ж*   poverty [6]
бе́дствие   disaster [5]
бе́женец (*р* бе́женца)   refugee [6]
безала́берный   feckless [6]
бездо́мный (*р* бездо́много)   homeless person [6.11]
безрабо́тица   unemployment [6]
безрабо́тный (*р* безрабо́тного)   unemployed person [6]
бере́чь (берегу́, бережёшь, берегу́т; берёг, берегла́)   to save, protect, preserve; **сбере́чь (сберегу́, сбережёшь, сберегу́т; сберёг, сберегла́)** [5]
биле́т   card; **экзаменацио́нный ~** exam question [3]
блок   block (voting) [4]
боло́то   swamp [2]
большинство́   majority [4]
боро́ться (борю́сь, бо́решься) *с кем, против чего, за что?*   to struggle, fight [4]
борьба́   struggle, fight [4]
брак   marriage; **свиде́тельство о бра́ке** marriage certificate [6]
бу́ква   letter; **загла́вная ~** capital letter [1]
бу́ря (*р мн* бурь)   storm [2]
быва́ть I   to be [1]
быт (в быту́)   daily life [6]
быть (бу́ду, бу́дешь; был, была́)   to be [1]
бюллете́нь *м*   ballot [4]

введе́ние   introduction [1]
величина́   size [2]
ве́ра   faith, belief [6]
ве́рить II *кому, во что?*   to believe; **пове́рить** II [6]
вероиспове́дание   denomination, creed [6]
веротерпи́мость *ж*   religious tolerance [6]
ве́рующий (*р* ве́рующего)   believer [6]
Верхо́вный суд   Supreme Court [4]
ветвь *ж* (*мн* ве́тви, ветве́й)   branch [4]
ве́то *нескл* veto; **накла́дывать** I **~** *на что?* to veto; **наложи́ть (наложу́, нало́жишь) ~** [4]
ве́чная мерзлота́   permafrost [2]
вещество́   substance [5]
ви́це-президе́нт   vice-president [4]
владе́ть I *чем?*   to own, possess; to have control of [2]
вла́жный   humid, damp [2]
власть *ж*   power [4.4]
вне́шняя поли́тика   foreign policy [4]
вну́тренняя поли́тика   domestic policy [4]
води́тельские права́ (*р* прав)   driver's license [6]
возвыша́ться I   to tower [2]
возвы́шенность *ж* (на)   height [2]
возобнови́мый   renewable [5]
возобнови́ть   *see* возобновля́ть [6]
возобновля́ть I   to renew; **возобнови́ть (возобновлю́, возобнови́шь)** [6]
вопроси́тельный знак   question mark [1]
восклица́тельный знак   exclamation mark [1]
воспита́ние   education, upbringing [3.1]
воспи́танный   well-bred [3]
воспита́тельный   educational, instructive [3.1]
воспита́ть   *see* воспи́тывать [3.1]
воспи́тывать I   to rear, educate, train; to foster; **воспита́ть** I [3.1]
воспо́льзоваться   *see* по́льзоваться [5]
воспринима́ть I   to grasp, apprehend, interpret; **восприня́ть (восприму́, воспри́мешь; воспри́нял, восприняла́)** [6]

восприня́ть *see* **воспринима́ть** [6]
впечатле́ние impression [6]
вред hurt, harm, harmfulness [5.1]
вре́дный *кому, чему?* harmful [5]
всео́бщие вы́боры (*р* **вы́боров**) (**на**) *куда, на какую должность?* general election [4.1]
вспомина́ть I to remember, recall; **вспо́мнить** II [3.4]
вспо́мнить *see* **вспомина́ть** [3.4]
вступи́тельный экза́мен entrance examination [3]
вторсырьё recyclable materials [5.4]
вуз *see* **вы́сшее уче́бное заведе́ние** [3]
вулка́н volcano [2]
выбира́ть I to choose, select; **вы́брать** (**вы́беру, вы́берешь**) [1]
вы́бор choice [4]
вы́боры (*р* **вы́боров**) (**на**) *куда, на какую должность?* election; **перви́чные ~** primary election; **всео́бщие ~** general election [4.1]
вы́брать *see* **выбира́ть** [1]
вы́бросы (*р* **вы́бросов**) discharge, emissions [5]
вы́вод conclusion; **приходи́ть** (**прихожу́, прихо́дишь**) **к вы́воду** to reach a conclusion; **прийти́** (**приду́, придёшь; пришёл, пришла́**) **к вы́воду** [1.2]
вы́делить *see* **выделя́ть** [5]
выделя́ть I to emit; **вы́делить** II [5]
вы́звать *see* **вызыва́ть** [3]
вызыва́ть I to call on; **вы́звать** (**вы́зову, вы́зовешь**) [3]
вы́йти из употребле́ния *see* **выходи́ть из употребле́ния** [5]
выпускно́й экза́мен exit exam [3]
вы́растить *see* **выра́щивать** [2.8]
выра́щивать I to cultivate, grow; **вы́растить** (**вы́ращу, вы́растишь**) [2.8]
высокоме́рие arrogance [6]
высота́ (*мн* **высо́ты**) height, elevation, altitude [2.3]
вы́сшее образова́ние higher education [3]
вы́сшее уче́бное заведе́ние (*сокр* **вуз**) institution of higher education [3]

вы́учить *see* **учи́ть** [3]
выходи́ть (**выхожу́. выхо́дишь**) **из употребле́ния** to fall out of use; **вы́йти** (**вы́йду, вы́йдешь; вы́шел, вы́шла**) **из употребле́ния** [5]
вы́черкнуть *see* **вычёркивать** [1]
вычёркивать I to cross out; **вы́черкнуть** (**вы́черкну, вы́черкнешь**) [1]

геогра́фия geography [2]
географи́ческий geographic [2]
ги́дроэлектроста́нция (*сокр* **ГЭС**) hydroelectric power plant [5]
глоба́льное потепле́ние global warming [5]
глубина́ (*мн* **глуби́ны**) (**на**) depth [2.3]
гнать *see* **гоня́ть** [6]
го́лос (*мн* **голоса́**) voice, vote [4]
голосова́ние voting [4]
голосова́ть (**голосу́ю, голосу́ешь**) *за кого, за что? против кого, против чего?* to vote; **проголосова́ть** (**проголосу́ю, проголосу́ешь**) [4]
гоня́ть I to chase; *опред* **гнать** (**гоню́, го́нишь; гнал, гнала́**) [6]
гора́ (*вн* **го́ру; мн** **го́ры, гор, гора́х**) mountain [2]
го́рный mountain; **~ хребе́т** (*р* **хребта́**) mountain range; **го́рная промы́шленность** mining industry [2]
Госду́ма *see* **Госуда́рственная Ду́ма** [4]
гостеприи́мный hospitable [6]
Госуда́рственная Ду́ма (*сокр* **Госду́ма**) State Duma [4]
госуда́рственный government, state; public [4.3]; **~ де́ятель** statesman [4]
госуда́рство government, state [4.3]
граждани́н (*мн* **гра́ждане**) citizen [6]
гра́жда́нка (*р мн* **гра́жда́нок**) citizen [6]
гражда́нский civic, civil [6.2]
гражда́нство citizenship [6]
грани́чить II *с чем?* to border [2]
гра́фик graph, chart, diagram [1]
грози́ть (**грожу́, грози́шь**) *кому, чем?* to threaten [5.2]
губерна́тор governor [4]
ГЭС *see* **ги́дроэлектроста́нция** [5]

движе́ние   movement [4]

двоето́чие   colon [1]

дели́ть (делю́, де́лишь)   to separate, divide;
   раздели́ть (разделю́, разде́лишь)
   [2]

делово́й   practical, pragmatic, businesslike
   [6]

демократи́ческая па́ртия   Democratic
   Party [4]

депута́т   deputy [4]

держа́ть (держу́, де́ржишь) сло́во   to
   keep one's word [4]

дефи́с   hyphen [1]

де́ятель *м*   prominent figure;
   госуда́рственный ~   statesman;
   полити́ческий ~   political figure [4]

диске́та   disk [1]

дискримина́ция   discrimination [6]

дискримини́ровать (дискримини́рую,
   дискримини́руешь,
   дискримини́руют) *нес и сов*   to
   discriminate against [6]

длина́   length [2.3]

доброжела́тельный   kindly, benevolent [6]

добросо́вестный   conscientious [6]

добыва́ть I   to obtain, procure; to mine;
   добы́ть (добу́ду, добу́дешь) [2.7]

добы́ть   *see* добыва́ть [2.7]

дове́рие   trust [4]

дове́рить   *see* доверя́ть [4]

доверя́ть I *кому?*   to trust; дове́рить II [4]

доказа́тельство   proof [1]

доказа́ть   *see* дока́зывать [1]

дока́зывать I   to prove; доказа́ть
   (докажу́, дока́жешь) [1]

долгота́ (*мн* долго́ты) (на)   longitude [2.1]

до́лжность *ж*   position, post [4]

доли́на   valley [2]

дома́шнее зада́ние   homework [3]

дополни́тельный   supplementary [3]

досло́вный   literal (translation) [1]

достига́ть I *чего?*   to reach, attain; дости́чь
   (дости́гну, дости́гнешь; дости́г,
   дости́гла) [2.4]

дости́чь   *see* достига́ть

досто́йный (досто́ин) *чего?*   worthy (of) [5]

досту́пный   accessible [3]

дохо́д   income [6]

дошко́льное образова́ние   preschool education [3]

дружелю́бный   friendly [6]

ду́мец (*р* ду́мца) *разг*   member of State
   Duma [4]

есте́ственный   natural [5]

жёсткий диск   hard drive [1]

живопи́сный   picturesque [2]

животново́дство   animal husbandry [2]

живо́тное (*р* живо́тного)   animal [5]

жизнера́достный   vivacious [6]

жильё   housing [6]

жи́рный шрифт   boldface [1]

жи́тельство   residence; разреше́ние на ~
   residence permit [6]

забо́та   worry, concern [6]

забо́титься (забо́чусь, забо́тишься) *о чём?*
   to be worried, concerned;
   позабо́титься (позабо́чусь,
   позабо́тишься) [6]

заведе́ние   institution, establishment;
   вы́сшее уче́бное ~ (*сокр* вуз)   institution of higher education [3]

зави́сеть (зави́шу, зави́сишь) *от чего?*
   to depend (upon) [5.3]

зави́симость *ж*   dependence [5]

загла́вие   title [1]

загла́вная бу́ква   capital letter [1]

загружа́ть I   to load; загрузи́ть (загружу́,
   загру́зишь) [1]

загрузи́ть   *see* загружа́ть [1]

загрязне́ние   pollution [5]

загрязни́ть   *see* загрязня́ть [5]

загрязня́ть I   to pollute; загрязни́ть II [5]

задава́ть (задаю́, задаёшь)   to assign;
   зада́ть (зада́м, зада́шь, зада́ст,
   задади́м, задади́те, зададу́т;
   за́дал, задала́);   ~ вопро́с   to ask a
   question [3]

зада́ние   task, assignment; дома́шнее ~
   homework [3]

зада́ть   *see* задава́ть [3]

заинтересо́ванный (заинтересо́ван) *в
   чём?*   concerned [5.5]

заключа́ться I *в чём?*   to lie in [1]

заключе́ние conclusion; в ~ in conclusion [1.2]

зако́н law [4]

законода́тельный legislative [4]

законопрое́кт bill [4]

зали́в gulf, bay [2]

занима́ть I to occupy; **занима́ться** I *чем?* to occupy oneself [2]; to study [3]; **заня́ться (займу́сь, займёшься; заня́лся, заняла́сь)**

заня́ться *see* **занима́ться** [3]

запа́с supply, reserve [2]; ~ слов vocabulary [1]

запове́дник nature preserve [5]

запо́лнить *see* **заполня́ть** [6]

заполня́ть I to fill out; **запо́лнить** II [6]

запомина́ть I to remember, memorize; **запо́мнить** II [3.4]

запо́мнить *see* **запомина́ть** [3.4]

запята́я (*р* запято́й) comma [1]

за́работная пла́та (*сокр* зарпла́та) salary, wage [6]

зарпла́та *see* **за́работная пла́та** [6]

зарубе́жный foreign [6.4]

заслу́живать I *чего?* to deserve, be worthy (of) [5]

застрахова́ть *see* **страхова́ть** [6]

защи́та defense, protection [5]

защити́ть *see* **защища́ть** [5]

защища́ть I to defend, protect; **защити́ть (защищу́, защити́шь)** [5]

заявле́ние application [6]

здравоохране́ние health care [6]

знак препина́ния punctuation mark; **ста́вить (ста́влю, ста́вишь)** ~ to punctuate; **поста́вить (поста́влю, поста́вишь)** ~ [1]

зна́ние knowledge [3]

значе́ние meaning [1]

избега́ть I *кого, чего?* to avoid; **избежа́ть (избегу́, избежи́шь, избегу́т)** [5]

избежа́ть *see* **избега́ть** [5]

избира́тель *м* voter [4]

избира́тельный бюллете́нь *м* ballot [4]

избира́тельный о́круг (*мн* округа́) electoral district [4]

избира́ть I to elect; **избра́ть (изберу́, изберёшь; избра́л, избрала́)** [4]

избра́ть *see* **избира́ть** [4]

изоби́лие abundance [6]

изуча́ть I to study, learn; **изучи́ть (изучу́, изу́чишь)** [3]

изучи́ть *see* **изуча́ть** [3]

име́ть I to have [2]

иммигра́нт immigrant [6.1]

иммигра́нтка (*р мн* иммигра́нток) immigrant [6.1]

иммигра́ция immigration [6.1]

иммигри́ровать (иммигри́рую, иммигри́руешь) *нес и сов* to immigrate [6.1]

иностра́нный foreign [6.4]

и́скренний sincere [6]

иску́сственный artificial [5]

исполне́ние performance, execution (of duties) [4]

испо́лнить *see* **исполня́ть** [4]

исполня́ть I to perform, execute (duties); **испо́лнить** II [4]

испо́льзование utilization [5]

испо́льзовать (испо́льзую, испо́льзуешь) *нес и сов* to use, utilize [5]

исполни́тельный administrative [4]

испы́тывать I to experience [6]

иссле́дование research [3]

иссле́довать (иссле́дую, иссле́дуешь) *нес и сов* to research [3]

исто́чник source [1]

истоща́ть I to exhaust; **истощи́ть** II [5]

истощи́ть *see* **истоща́ть** [5]

ка́бельное телеви́дение cable television [5.6]

кавы́чки (*р* кавы́чек) quotation marks [1]

кампа́ния campaign; **предвы́борная** ~ election campaign [4]

кана́л channel [5.6]

кандида́т candidate [4.1]

канцероге́нный carcinogenic [5]

ка́чество quality; **в ка́честве** *чего?* in the capacity (of) [5]

кислоро́д oxygen [5]

кисло́тный дождь *м* acid rain [5]

клавиату́ра keyboard [1]

кла́виша key [1]

кли́мат climate [2]

кно́пка (*р мн* кно́пок) button [1]

коммунисти́ческая па́ртия Communist
  Party [4]

компью́тер computer [1]

компью́терный computer [1]

Конгре́сс Congress [4]

конгрессме́н congressional representative
  [4]

конкуре́нция competition [3.3]

ко́нкурс contest, competition; проходи́ть
  (прохожу́, прохо́дишь) по ко́нкурсу
  to pass a competition; пройти́
  (пройду́, пройдёшь; прошёл,
  прошла́) по ко́нкурсу [3.3]

континента́льный continental [2]

коренно́й native [6.3]

кра́йний extreme [6]

круто́й steep [2]

курси́в italics; курси́вом in italics [1]

ла́зить (ла́жу, ла́зишь) to climb; *опред*
  лезть (ле́зу, ле́зешь; лез, ле́зла) [6]

ландша́фт landscape [2]

ледни́к (ледника́) glacier [2]

лезть *see* ла́зить [6]

лес (в лесу́; *мн* леса́) forest [2]

лесопромы́шленность *ж* forest industry
  [2]

меньшинство́ minority [4]

ме́ра measure; принима́ть I ме́ры to
  take measures; приня́ть (приму́,
  при́мешь; при́нял, приняла́) ме́ры
  [5]

мете́ль *ж* blizzard [2]

мечта́ dream [6.10]

мечта́ть I *о чём?* to dream [6.10]

мигра́ция migration [2]

монито́р monitor [1]

мо́ре (*мн* моря́, море́й) sea [2]

морско́й maritime [2]

мо́щность *ж* might, power [6]

му́сор garbage, trash [5]

мэр mayor [4]

мя́гкий mild [2]

набро́сок (*р* набро́ска) draft, outline [1]

на́вык skill [3]

нагру́зка (*р мн* нагру́зок) load [3]

нажа́ть *see* нажима́ть [1]

нажима́ть I to press; нажа́ть (нажму́,
  нажмёшь) [1]

назнача́ть I to appoint; назна́чить II [4]

назна́чить *see* назнача́ть [4]

наизу́сть by memory [3.4]

накла́дывать I ве́то *на что?* to veto;
  наложи́ть (наложу́, нало́жишь)
  ве́то [4]

нали́чие presence, availability [5]

нало́г tax [4]

наложи́ть ве́то *see* накла́дывать ве́то [4]

нанима́ть I *куда?* to hire; наня́ть (найму́,
  наймёшь; на́нял, наняла́) [6]

наня́ть *see* нанима́ть [6]

напеча́тать *see* печа́тать [1]

населе́ние population [2]

натурализа́ция naturalization [6]

нау́ка science [3]

научи́ть *see* учи́ть [3]

научи́ться *see* учи́ться [3]

нау́чный scholarly, scientific [3]

национа́льность *ж* ethnic identity [2.10]

национа́льный ethnic [2]

нача́льное образова́ние elementary education [3]

неве́жество ignorance [6]

незави́симость *ж* independence [6]

непринуждённый uninhibited [6]

нетерпи́мость *ж* intolerance [6]

нефтепромы́шленность *ж* oil industry [2]

нефть *ж* oil [2]

ни́зменность *ж* lowland [2]

обеспе́чивать I *чем?* to furnish, provide;
  обеспе́чить II [3]

обеспе́чить *see* обеспе́чивать [3]

обеща́ние promise [4]

обеща́ть I *нес и сов* to promise [4]

облада́ть I *чем?* to have, possess [2]

о́бласть *ж* field (of study) [3]

обма́н deceit, deception [4]

обману́ть *see* обма́нывать [4.2]

обма́нывать I to disappoint, deceive;
  обману́ть (обману́, обма́нешь) [4.2]

обобща́ть I to generalize, summarize;

обобщи́ть II [1]

обобще́ние   generalization, general conclusion [1]

обобщи́ть   *see* обобща́ть [1]

обору́дование   equipment [3]

о́браз жи́зни   lifestyle [6]

образова́ние   education; дошко́льное ~ preschool education; нача́льное ~ elementary education; сре́днее ~ secondary education; вы́сшее ~ higher education [3.1]

образо́ванный   educated [3]

образова́тельный   educational [3.1]

обслу́живание   service [6.6]

обсуди́ть   *see* обсужда́ть [1]

обсужда́ть I   to discuss; обсуди́ть (обсужу́, обсу́дишь) [1]

обсужде́ние   discussion [1]

обуче́ние   instruction, training [3.1]

общеобразова́тельный   general education [3.1]

обще́ственный   social [6]

о́бщество   society [6.5]

общи́на   community, society [6.5]

объедине́ние   union, association [4]

обя́занность *ж перед кем?*   duty, responsibility [4]

обяза́тельный предме́т   requirement [3]

овладева́ть I *чем?*   to master; овладе́ть I [3]

овладе́ть   *see* овладева́ть [3]

одержа́ть побе́ду   *see* оде́рживать побе́ду [4]

оде́рживать побе́ду I *над кем?*   to win a victory; одержа́ть (одержу́, оде́ржишь) побе́ду [4]

одина́ковый   identical [3]

ожида́ние   expectation [4]

о́зеро (*мн* озёра)   lake [2]

озо́нный слой   ozone layer [5]

оказа́ться   *see* ока́зываться [1]

ока́зываться I *кем, чем?*   to prove to be; оказа́ться (ока́жусь, ока́жешься) [1]

океа́н   ocean [2]

о́круг (*мн* округа́)   district [4]

окружа́ть I   to surround [2]

окружа́ющая среда́   environment [5]

омыва́ть I   to wash, lap [2.6]

опеча́тка (*р мн* опеча́ток)   typographical error [1]

оправда́ть   *see* опра́вдывать [4]

опра́вдывать I   to justify, warrant; оправда́ть I [4]

определе́ние   definition [1]

определи́ть   *see* определя́ть [1]

определя́ть I   to determine, define; определи́ть II [1]

опроверга́ть I   to refute, overturn; опрове́ргнуть (опрове́ргну, опрове́ргнешь) [4]

опрове́ргнуть   *see* опроверга́ть [4]

о́пыт   experiment; проводи́ть (провожу́, прово́дишь) ~ to conduct an experiment; провести́ (проведу́, проведёшь; провёл, провела́) ~ [3]

орфографи́ческий   spelling; orthographical [1]

орфогра́фия   spelling; orthography [1]

остава́ться (остаю́сь, остаёшься)   to remain; оста́ться (оста́нусь, оста́нешься) [1]

оста́ться   *see* остава́ться [1]

осуществи́ть   *see* осуществля́ть [4]

осуществля́ть I   to implement; осуществи́ть (осуществлю́, осуществи́шь) [4]

отве́тить   *see* отвеча́ть [3]

отвеча́ть I *кому, на что?*   to answer; отве́тить (отве́чу, отве́тишь) [3]

открове́нный   open, candid [6]

отлича́ть *от чего?*   to distinguish (from); отличи́ть II [3]

отли́чие   difference, distinction; в ~ *от чего?* in contrast [3]

отличи́ть   *see* отлича́ть [3]

отопле́ние   heating [5]

о́трасль *ж*   branch (of industry) [2]

отредакти́ровать   *see* редакти́ровать [1]

отры́вок (*р* отры́вка)   excerpt [1]

отсу́тствие   absence, lack [5]

отхо́ды (*р* отхо́дов)   waste [5.4]

охра́на   protection, preservation [5]

охрани́ть   *see* охраня́ть [5]

охраня́ть I   to protect, preserve; охрани́ть II [5]

па́дать I   to decline, fall [2]

Пала́та представи́телей   House of Representatives [4]

па́мять *ж*   memory [3]

па́пка (*р мн* па́пок)   folder [1]

Парла́мент   Parliament [4]

парнико́вый эффе́кт   greenhouse effect [5]

па́ртия   party; демократи́ческая ~ Democratic Party; коммунисти́ческая ~ Communist Party; республика́нская ~ Republican Party; социалисти́ческая ~ Socialist Party [4]

перви́чные вы́боры (на) *куда, на какую должность?*   primary elections [4.1]

перевести́   *see* переводи́ть [1]

перево́д   translation, interpretation; у́стный ~   interpreting [1]

переводи́ть (перевожу́, перево́дишь)   to translate, interpret; перевести́ (переведу́, переведёшь; перевёл, перевела́) [1]

передава́ть (передаю́, передаёшь)   to broadcast; переда́ть (переда́м, переда́шь, переда́ст, передади́м, передади́те, передаду́т; переда́л, передала́) [5]

переда́ть   *see* передава́ть [5]

переда́ча   program [5]

переизбира́ть I   to reelect; переизбра́ть (переизберу́, переизберёшь; переизбра́л, переизбрала́); переизбира́ться I   to run for reelection [4]

переизбра́ть   *see* переизбира́ть [4]

перено́сный   figurative [1]

пе́репись *ж*   census; проводи́ть (провожу́, прово́дишь) ~   to take a census [2]

перераба́тывать I   to recycle; перерабо́тать I [5.4]

перерабо́тать   *see* перераба́тывать [5.4]

перерабо́тка   recycling; центр по перерабо́тке *чего?*   recycling center [5.4]

переселе́ние   migration, relocation [2]

пересели́ть   *see* переселя́ть [2]

переселя́ть I   to relocate, move; пересели́ть II [2]

печа́тать I   to type; to print, publish; напеча́тать I [1]

печа́ть *ж*   press; свобо́да печа́ти   freedom of press [6]

пита́ние   food [6]

плагиа́т   plagiarism [1]

плодоро́дный   fertile [2]

пло́ский   flat [2]

пло́щадь *ж* (*р мн* площаде́й)   area [2.3]

побе́да   victory; оде́рживать I побе́ду *над кем?*   to win a victory; одержа́ть (одержу́, оде́ржишь) побе́ду [4]

победи́тель *м*   victor [4]

победи́ть   *see* побежда́ть [4]

побежда́ть I   to be victorious, win; победи́ть (победи́шь) [4]

побере́жье (*р мн* побере́жий) (на)   coast [2]

побыва́ть I *сов*   to be [1]

побы́ть (побу́ду, побу́дешь; побы́л, побыла́) *сов*   to be [1]

пове́рить   *see* ве́рить [6]

пове́рхностный   superficial [6]

повреди́ть   *see* повружда́ть [5]

повружда́ть I   to harm; повреди́ть (поврежу́, повреди́шь) [5]

повседне́вный   everyday [6]

подверга́ть I *чему?*   to expose, subject (to); подве́ргнуть (подве́ргну, подве́ргнешь; подве́рг, подве́ргла) [6]

подве́ргнуть   *see* подверга́ть [6]

поддержа́ть   *see* подде́рживать [1]

подде́рживать I   to support; поддержа́ть (поддержу́, подде́ржишь) [1]

поднима́ться I   to rise [2]

подсказа́ть   *see* подска́зывать [3]

подска́зывать I   to whisper (cheat); подсказа́ть (подскажу́, подска́жешь) [3]

подчеркну́ть   *see* подчёркивать [1]

подчёркивать I   to underline, emphasize; подчеркну́ть (подчеркну́, подчеркнёшь) [1]

позабо́титься   *see* забо́титься [6]

по́лзать I   to crawl; *опред* ползти́ (ползу́, ползёшь; полз, ползла́) [6] ползти́ *see* по́лзать [6]

поли́тик politician [4]

поли́тика politics, policy; **вне́шняя ~** foreign policy; **вну́тренняя ~** domestic policy [4]

полити́ческий де́ятель political figure [4]

полномо́чие authority, power; **срок полномо́чий** term [4.4]

получа́ть I по́льзу *от чего?* to derive benefit (from); **получи́ть (получу́, полу́чишь) по́льзу** [5]

по́льза benefit; **получа́ть I по́льзу** *от чего?* to derive benefit (from); **получи́ть (получу́, полу́чишь) по́льзу** [5]

по́льзоваться (по́льзуюсь, по́льзуешься) *чем?* to use; **воспо́льзоваться (воспо́льзуюсь, воспо́льзуешься)** [5]

по́мнить II to remember [3.4]

по́мощь *ж* help; **при по́мощи** *кого, чего?* with the aid (of) [5]

попро́бовать *see* про́бовать [4]

попроси́ть *see* проси́ть [3]

попыта́ться *see* пыта́ться [4]

попы́тка (*р мн* попы́ток) attempt [4]

поража́ть I to astonish; **порази́ть (поражу́, порази́шь); поража́ться** I *чему?* to be astonished; **порази́ться (поражу́сь, порази́шься)** [6]

пораже́ние defeat; **терпе́ть (терплю́, те́рпишь) ~** *от кого?* to suffer defeat; **потерпе́ть (потерплю́, поте́рпишь) ~** [4]

порази́ть *see* поража́ть; **порази́ться** *see* поража́ться [6]

посвяти́ть (посвящу́, посвяти́шь) *see* **посвяща́ть** [1.1]

посвяща́ть *кому, чему?* to dedicate, devote; **посвяти́ть (посвящу́, посвяти́шь)** [1.1]

после́дствие consequence [5]

посо́бие aid; **~ по социа́льному обеспе́чению** Social Security [6]

поста́вить *see* ста́вить [1] [5]

постара́ться *see* стара́ться [4]

потерпе́ть пораже́ние *see* терпе́ть пораже́ние [4]

потре́бность *ж* в чём? need, demand [3.2]

потре́бовать *see* тре́бовать [3]

по́чва soil; **плодоро́дная ~** fertile soil [2]

по́черк handwriting [1]

прави́тельственный government [4.3]

прави́тельство government, administration [4.3]

пра́во (*мн* права́) на что? law, right [6.7]; **води́тельские права́ (*р* прав)** driver's license [6]

правописа́ние spelling, orthography [1]

предвы́борная кампа́ния election campaign [4]

предложе́ние sentence [1]

предме́т subject; **обяза́тельный ~** requirement; **факультати́вный ~** elective [3]

предоста́вить *see* предоставля́ть [6]

предоставля́ть I to provide, grant; **предоста́вить (предоста́влю, предоста́вишь)** [6]

предрассу́док (*р* предрассу́дка) prejudice [6]

представи́тель *м* representative [4]

предста́вить *see* представля́ть [4]

представля́ть I to represent; **предста́вить (предста́влю, предста́вишь)** [4]

представля́ть I собой to be [1]

президе́нт president [4]

преиму́щество advantage [6]

премье́р-мини́стр prime minister [4]

преодолева́ть I to overcome, surmount; **преодоле́ть I** [4]

преодоле́ть *see* преодолева́ть [4]

преподава́ть (преподаю́, преподаёшь) *кому?* to teach [3]

пресле́довать (пресле́дую, пресле́дуешь) *за что?* to persecute [6]

престу́пность *ж* crime [6.12]

преувели́чивать I to exaggerate; **преувели́чить II** [6]

преувели́чить *see* преувели́чивать [6]

прие́зжий (*р* прие́зжего) newcomer [6]

приложе́ние *к чему?* attachment [1]

примене́ние *к чему?* application [5]

примени́ть *see* применя́ть [5]

применя́ть I *к чему?* to apply (to); **примени́ть (применю́,** приме́нишь) [5]

принадлежа́ть II *кому? к чему?* to belong [2.11]

принима́ть I to accept, pass (bill or law); ~ ме́ры to take measures; приня́ть (приму́, при́мешь; при́нял, приняла́) ме́ры [5]

при́нтер printer [1]

приня́ть *see* принима́ть [4]

приобрести́ *see* приобрета́ть [3]

приобрета́ть I to acquire; приобрести́ (приобрету́, приобретёшь; приобрёл, приобрела́) [3]

приро́да nature [2]

приро́дный natural [2]

природоохра́нный conservation [5]

приро́ст growth [2]

причи́на cause, reason [5]

причини́ть *see* причиня́ть [5.1]

причиня́ть I *кому?* to cause; причини́ть II [5.1]

про́ба test, trial [4]

про́бовать (про́бую, про́буешь) to try; попро́бовать (попро́бую, попро́буешь) [4]

провести́ *see* проводи́ть [2] [3]

проводи́ть (провожу́, прово́дишь) to take, conduct; провести́ (проведу́, проведёшь; провёл, провела́); ~ пе́репись to take a census [2]; ~ о́пыт to conduct an experiment [3]

проголосова́ть *see* голосова́ть [4]

програ́мма program [1]

продлева́ть I to extend; продли́ть (продлю́, продли́шь) [6]

продли́ть *see* продлева́ть [6]

продолжи́тельность *ж* duration; ~ жи́зни life expectancy [2]

произвести́ *see* производи́ть [2]

производи́ть (произвожу́, произво́дишь) to manufacture, produce; произвести́ (произведу́, произведёшь; произвёл, произвела́) [2]

произво́дство manufacture, production [2]

происхожде́ние origin [6]

пройти́ по ко́нкурсу *see* проходи́ть по ко́нкурсу [3.3]

промы́шленность *ж* industry; го́рная ~

mining industry [2]

проси́ть (прошу́, про́сишь) *что, у кого? кого + инф* to request; попроси́ть (попрошу́, попро́сишь) [3]

простира́ться to stretch, range, sweep (across) [2.5]

простра́нство space [2]

проти́вник opponent [4]

противополо́жный opposite [2]

противоре́чие contradiction [1]

противоре́чить II *кому?* to contradict [1]

проходи́ть (прохожу́, прохо́дишь) по ко́нкурсу to pass a competition; пройти́ (пройду́, пройдёшь; прошёл, прошла́) по ко́нкурсу [3.3]

проходно́й балл passing score [3]

процити́ровать *see* цити́ровать [1]

прямо́й literal (meaning) [1]

пункт приёма *чего?* recycling center [5.4]

пунктуа́ция punctuation [1]

пусты́ня desert [2]

пыта́ться I to try; попыта́ться I [4]

рабо́тник worker, employee [6.8]

работода́тель *м* employer [6]

рабо́та work; разреше́ние на рабо́ту work permit [6]

рабо́чий (*р* рабо́чего) worker [6.8]

равни́на (на) plain [2]

радиоакти́вный radioactive [5]

развести́ *see* разводи́ть [2.8]

развива́ть I to develop; разви́ть (разовью́, разовьёшь; разви́л, развила́) [5]

разви́ть *see* развива́ть [5]

разводи́ть (развожу́, разво́дишь) to raise, breed; развести́ (разведу́, разведёшь; развёл, развела́) [2.8]

разделе́ние власте́й separation of powers [4]

раздели́ть *see* дели́ть [2]

различа́ть I to distinguish, tell apart; различи́ть II [3]

разли́чие difference, distinction [3]

различи́ть *see* различа́ть [3]

разли́чный different, distinct [3]

разме́р dimension [2.2]

ра́зница difference [3]

разнообра́зие variation, diversity [2]
разнообра́зный varied, diverse [2]
ра́зный different, diverse [3]
разреше́ние permit; ~ на жи́тельство
    residence permit; ~ на рабо́ту work
    permit [6]
раско́ванный uninhibited [6]
распа́д fall, dissolution, collapse [2.9]
распада́ться I to fall apart, break up, col-
    lapse; распа́сться (распа́лся) [2.9]
распа́сться see распада́ться [2.9]
распеча́тать see распеча́тывать [1]
распеча́тка (р мн распеча́ток) printout,
    hard copy [1]
распеча́тывать I to print out;
    расспеча́тать I [1]
располага́ть I to have (at one's disposal)
    [2]
расположи́ть (расположу́,
    распо́ложишь) сов to situate [2]
рассма́тривать I to examine;
    рассмотре́ть (рассмотрю́,
    рассмо́тришь) [1]
рассмотре́ть see рассма́тривать [1]
расстоя́ние (на) от чего? distance [2.3]
расте́ние plant [5]
расти́ (расту́, растёшь; рос, росла́) to
    grow [2]
расхо́д expense [6]
редакти́ровать (редакти́рую,
    редакти́руешь) to edit;
    отредакти́ровать (отредакти́рую,
    отредакти́руешь) [1]
реда́ктор editor; те́кстовый ~ word pro-
    cessor [1]
река́ (мн ре́ки) river [2]
республика́нская па́ртия Republican
    Party [4]
ресурсосберега́ющий energy-efficient [5]
ресу́рсы (р ресу́рсов) resources [2]
ро́дина (на) native country, country of ori-
    gin [6]
родно́й native [6.3]
рожда́емость ж birthrate [2]
рожде́ние birth; свиде́тельство о
    рожде́нии birth certificate [6]
росси́йский Russian (pertaining to Russia);
    Росси́йская Федера́ция Russian
Federation [2]
россия́нин (мн россия́не) citizen of Russia
    [2]
руда́ (мн ру́ды) ore [2]
ру́копись ж manuscript [1]
ру́сский Russian (ethnic) [2]
ручей (р ручья́) stream [2]
рыбопромы́шленность ж fishing industry
    [2]

сбере́чь see бере́чь [5]
сбра́сывать I to dump; сбро́сить
    (сбро́шу, сбро́сишь) [5]
сбро́сить see сбра́сывать [5]
сва́лка (р мн сва́лок) (на) dump [5]
свиде́тельство certificate; ~ о рожде́нии
    birth certificate; ~ о бра́ке marriage
    certificate; ~ о сме́рти death certifi-
    cate [6]
свобо́да freedom; ~ сло́ва freedom of
    speech; ~ печа́ти freedom of press;
    ~ со́вести freedom of conscience [6]
сдержа́ть обеща́ние see сде́рживать
    обеща́ние [4]
сде́рживать I обеща́ние to keep a promise;
    сдержа́ть (сдержу́, сде́ржишь)
    обеща́ние [4]
се́льское хозя́йство agriculture [2]
Сена́т Senate [4]
сена́тор senator [4]
ско́бки (р ско́бок) parentheses [1]
скотово́дство cattle ranching [2]
скуча́ть I to miss; ~ по до́му to be
    homesick [6.9]
сло́во word; держа́ть (держу́, де́ржишь)
    ~ to keep one's word [4]; свобо́да
    сло́ва freedom of speech [6]
слу́жащий (р слу́жащего) employee [6.8]
слу́чай case, instance; в слу́чае чего? in
    case; в том слу́чае in case; на тот ~
    in case [6.13]
смерть ж death; свиде́тельство о
    сме́рти death certificate [6]
сме́ртность ж mortality rate [2]
СМИ see сре́дства ма́ссовой
    информа́ции [5]
снабди́ть see снабжа́ть [3]
снабжа́ть I чем? to furnish, provide;

снабди́ть (снабжу́, снабди́шь) [3]

СНГ *see* Содру́жество Незави́симых Госуда́рств [2]

соверше́нствовать (соверше́нствую, соверше́нствуешь) to improve, perfect; усоверше́нствовать (усоверше́нствую, усоверше́нствуешь) [3]

со́весть *ж* conscience; свобо́да со́вести freedom of conscience [6]

Сове́т Федера́ции Federation Council [4]

содержа́ние contents [1]

Содру́жество Незави́симых Госуда́рств (*сокр* СНГ) Commonwealth of Independent States (*abbr* CIS) [2]

сократи́ть *see* сокраща́ть [1]; сократи́ться *see* сокраща́ться [2]

сокраща́ть I to abbreviate; сократи́ть (сокращу́, сократи́шь) [1]; сокраща́ться I to be reduced; сократи́ться (сокращу́сь, сократи́шься) [2]

сокраще́ние abbreviation [1]; reduction [2]

сосла́ться *see* ссыла́ться [1]

сосредото́чиваться I to be concentrated; сосредото́читься II [2]

сосредото́читься *see* сосредото́чиваться [2]

соста́вить *see* составля́ть [1]

составля́ть I to compile; соста́вить (соста́влю, соста́вишь) [1]

состоя́тельный well-to-do [6]

состоя́ть II *в чём?* to lie in; *из чего?* to consist of; состоя́ться II *сов* to take place [1]

сотру́дник worker, employee [6.8]

сохране́ние conservation, preservation [5]

сохрани́ть *see* сохраня́ть [1] [5]

сохраня́ть I to save [1]; to conserve, preserve [5]; сохрани́ть II

социалисти́ческая па́ртия Socialist Party [4]

сочине́ние essay, composition [1.1]

сочини́ть *see* сочиня́ть [1]

сочиня́ть to compose; сочини́ть II [1]

специализа́ция *по чему?* major [3]

специализи́роваться (специализи́руюсь, специализи́руешься) *по чему?*

to major [3]

списа́ть *see* спи́сывать [3]

спи́сок (*р* спи́ска) list [1]

спи́сывать I to copy (cheat); списа́ть (спишу́, спи́шешь) [3]

спра́шивать I *кого, о чём?* to question; спроси́ть (спрошу́, спро́сишь) [3]

спроси́ть *see* спра́шивать [3]

сре́дний average [6]; сре́днее образова́ние secondary education [3]

сре́дства ма́ссовой информа́ции (*р* сре́дств) (*сокр* СМИ) mass media [5]

срок полномо́чий term [4]

ссы́лка (*р мн* ссы́лок) reference [1]

ссыла́ться *на кого, на что?* to refer to, cite; сосла́ться (сошлю́сь, сошлёшься) [1]

ста́вить (ста́влю, ста́вишь) to place; поста́вить (поста́влю, поста́вишь); ~ знак препина́ния to punctuate [1]; ~ цель *кому?* to set a goal [5]

стара́ние effort [4]

стара́ться I to try; постара́ться I [4]

статья́ (*р мн* стате́й) article [1.1]

степь *ж* (*в степи́*) steppe [2]

стере́ть *see* стира́ть [1]

стира́ть I to erase; стере́ть (сотру́, сотрёшь; стёр, стёрла) [1]

стихи́йный elemental [5]

стихи́я forces of nature, elements [5]

столбе́ц (*р* столбца́) column [1]

сторона́ (*вн* сто́рону, *мн* сто́роны, сторо́н, сторона́м) side, direction [2]

страхова́ние insurance [6]

страхова́ть (страху́ю, страху́ешь) *от чего?* to insure; застрахова́ть (застраху́ю, застраху́ешь) [6]

страхо́вка insurance [6]

стреми́ться (стремлю́сь, стреми́шься) *к чему?* to aspire, strive [4]

стремле́ние *к чему?* aspiration, striving [4]

стро́чка (*р мн* стро́чек) line [1]

суд (*р* суда́; *мн* суды́) court; Верхо́вный ~ Supreme Court [4]

суде́бный judicial [4]

судья́ *м* (*мн* су́дьи, суде́й) judge [4]
суро́вый harsh [2]
сухо́й dry, arid [2]
схо́дный similar [3]
схо́дство similarity [3]
сырьё raw materials [2]
сюже́т subject, topic; plot [1]

табли́ца table [1]
тайга́ taiga [2]
таска́ть I to pull, drag; *опред* **тащи́ть**
(тащу́, та́щишь) [6]
тащи́ть *see* **таска́ть** [6]
тексто́вый реда́ктор word processor [1]
телеви́дение television; **ка́бельное ~**
cable television [5.6]
те́ма subject, topic [1]
теплова́я электроста́нция (*сокр* **ТЭС**)
thermal power plant [5]
терпе́ть (терплю́, те́рпишь) **пораже́ние**
от кого? to suffer defeat; **потерпе́ть**
(потерплю́, поте́рпишь) **пораже́ние**
[4]
течь (теку́, течёшь, теку́т; тёк, текла́)
to flow [2]
тире́ *нескл* dash [1]
токси́чный toxic [5]
толкова́ть (толку́ю, толку́ешь) to interpret (law) [4]
то́пливо fuel [5]
тоскова́ть (тоску́ю, тоску́ешь) *по чему?*
to be sad, long for, miss; **~ по до́му**
to be homesick [6]
то́чка (*р мн* то́чек) period; **~ с запято́й**
semicolon [1]
тре́бование *к кому?* demand [3.2]
тре́бовать (тре́бую, тре́буешь) *чего, от*
кого? to demand; **потре́бовать**
(потре́бую, потре́буешь) [3]
тропи́ческий tropical [2]
трудолюби́вый industrious [6]
трудя́щийся (*р* трудя́щегося) worker [6.8]
ту́ндра tundra [2]
ТЭС *see* **теплова́я электростанция** [5]
тяну́ться (тя́нется) to stretch, extend [2.5]

убежде́ние conviction [6]
убе́жище refuge, asylum [6]

увели́чиваться I to increase; **увели́читься**
II [2]
увели́читься *see* **увели́чиваться** [2]
уво́лить *see* **увольня́ть** [6]
увольня́ть I to fire; **уво́лить** II [6]
углеки́слый газ carbon dioxide [5]
углублённый in depth [3]
у́голь (*р* у́гля) coal [2]
угро́за threat [5]
удиви́ть *see* **удивля́ть**; **удиви́ться** *see*
удивля́ться [6]
удивля́ть I to surprise; **удиви́ть** (удивлю́,
удиви́шь); **удивля́ться** I *чему?* to
be surprised; **удиви́ться** (удивлю́сь,
удиви́шься) [6]
удостовере́ние ли́чности proof of identification (*abbr* ID) [6]
уме́ние ability [3]
уменьша́ться I to decrease; **уме́ньшиться**
II [2]
уменьше́ние decrease [2]
уме́ньшиться *see* **уменьша́ться** [2]
уме́ренный moderate [2]
уничтожа́ть I to destroy; **уничто́жить** II
[5]
уничтоже́ние destruction [5]
уничто́жить *see* **уничтожа́ть** [5]
упа́сть *see* **па́дать** [2]
уполномо́ченный (уполномо́чен) authorized, empowered [4]
употреби́ть *see* **употребля́ть** [5]
употребле́ние use, usage; **выходи́ть**
(выхожу́, выхо́дишь) **из**
употребле́ния to fall out of use;
вы́йти (вы́йду, вы́йдешь; вы́шел,
вы́шла) **из употребле́ния** [5]
употребля́ть I to use; **употреби́ть** II [5]
управля́ть I *чем?* to govern [4]
упражня́ться I *в чём?* to practice [3]
урожа́й crop, harvest [2]
усва́ивать I to master; **усво́ить** II [3]
усво́ить *see* **усва́ивать** [3]
усло́вие condition; **при усло́вии** on the
condition [6]
услу́га service [6.6]
усоверше́нствовать *see*
соверше́нствовать [3]
у́стный oral; **~ перево́д** interpreting,

interpretation [1]

устра́ивать I *куда?* to place; **устро́ить** II [6]

устро́ить *see* **устра́ивать** [6]

утверди́ть *see* **утвержда́ть** [1] [4]

утвержда́ть I to affirm, assert, claim [1]; to approve, ratify [4]; **утверди́ть** (**утвержу́, утверди́шь**)

утвержде́ние assertion, claim [1]

утверждённый (**утверждён**) approved, ratified [4]

уте́чка (*р мн* **уте́чек**) leak [5]

учёба studies [3.1]

учи́ть (**учу́, у́чишь**) to study, learn; **вы́учить** (**вы́учу, вы́учишь**) [3]

учи́ть (**учу́, у́чишь**) *чему?* to teach; **научи́ть** (**научу́, нау́чишь**) [3]; **учи́ться** (**учу́сь, у́чишься**) *чему?* to study, learn; **научи́ться** (**научу́сь, нау́чишься**) [3]

учрежде́ние institution, establishment [3]

файл file [1]

факультати́вный предме́т elective [3]

Федера́льное Собра́ние Federal Assembly [4]

хвата́ть I *чего? (безл)* to be sufficient [2]

хребе́т (*р* **хребта́**) mountain range [2]

цель *ж* goal, purpose; **ста́вить** (**ста́влю, ста́вишь**) ~ *кому?* to set a goal; **поста́вить** (**поста́влю, поста́вишь**) ~ [5]

цени́ть (**ценю́, це́нишь**) to value [6]

це́нности (*р* **це́нностей**) values [6]

центр по перерабо́тке *чего?* recycling center [5.4]

цита́та quotation [1]

цити́ровать (**цити́рую, цити́руешь**) to quote; **процити́ровать** (**процити́рую, процити́руешь**) [1]

чернови́к (*р* **черновика́**) rough draft [1]

чи́сленность *ж* quantity, size (in numbers); ~ **населе́ния** population size [2]

член member [4]

ЧП *see* **чрезвыча́йное положе́ние** [5]

чрезвыча́йное положе́ние (*сокр* **ЧП**) emergency [5]

чужо́й alien, foreign [6.4]

ширина́ width, breadth [2.3]

широта́ (*мн* **широ́ты**) (**на**) latitude [2.1]

шпарга́лка (*р мн* **шпарга́лок**) *разг* crib [3]

шрифт font [1]

штат state [4.3]

экза́мен examination; **вступи́тельный** ~ entrance exam; **выпускно́й** ~ exit exam [3]

экзаменацио́нный биле́т exam question [3]

эко́лог ecologist, environmentalist [5]

экологи́ческий ecological [5]

эколо́гия ecology [5]

экра́н screen [1]

электро́нная по́чта e-mail [1]

электроста́нция power plant; **а́томная** ~ (*сокр* **АЭС**) nuclear power plant; **теплова́я** ~ (*сокр* **ТЭС**) thermal power plant [5]

эне́ргия energy [5]

этни́ческий ethnic [2]

яви́ться *see* **явля́ться** [1]

явля́ться *кем, чем?* to be; **яви́ться** (**явлю́сь, я́вишься**) [1]

я́дерный nuclear [5]

Англо-русский словарь

abbreviate сокращать I; сократить (сокращу, сократишь) [1]

abbreviation сокращение [1]

ability умение [3]

absence отсутствие [5]

abundance изобилие [6]

accept принимать I; принять (приму, примешь; принял, приняла) [4]

accessible доступный [3]

accident авария [5]

acid rain кислотный дождь *m* [5]

acquire приобретать I; приобрести (приобрету, приобретёшь; приобрёл, приобрела) [3]

administration правительство [4.3]

administrative исполнительный [4]

advantage преимущество [6]

affirm утверждать I; утвердить (утвержу, утвердишь) [1]

agriculture сельское хозяйство [2]

aid пособие [6]; **with the ~ (of)** при помощи *кого, чего?* [5]

alien чужой [6.4]

altitude высота (*pl* высоты) [2.3]

animal животное (*g* животного) [5]; **~ husbandry** животноводство [2]

answer отвечать I *кому, на что?*; ответить (отвечу, ответишь) [3]

applicant (to college) абитуриент [3]

application применение [5]; заявление [6]

apply применять I *что, к чему?*; применить (применю, применишь) [5]

appoint назначать I; назначить II [4]

apprehend воспринимать I; воспринять (восприму, воспримешь; воспринял, восприняла) [6]

approve утверждать I; утвердить (утвержу, утвердишь) [4]

approved утверждённый (утверждён) [4]

arctic арктический [2]

area площадь *f* (*pl* площади, площадей) [2.3]

arid сухой [2]

arrogance высокомерие [6]

article статья (*g pl* статей) [1.1]

artificial искусственный [5]

ask a question задавать (задаю, задаёшь) вопрос *кому?*; задать (задам, задашь, задаст, зададим, зададите, зададут; задал, задала) вопрос [3]

aspiration стремление *к чему?* [4]

aspire стремиться (стремлюсь, стремишься) *к чему?* [4]

assert утверждать I; утвердить (утвержу, утвердишь) [1]

assertion утверждение [1]

assign задавать (задаю, задаёшь); задать (задам, задашь, задаст, зададим, зададите, зададут; задал, задала) [3]

assignment задание [3]

association объединение [4]

astonish поражать I; поразить (поражу, поразишь) [6]

astonished, to be поражаться I *чему?*; поразиться (поражусь, поразишься) [6]

asylum убежище [6]

attachment приложение *к чему?* [1]

attain достигать I *чего?*; достичь (достигну, достигнешь; достиг, достигла) [2.4]

attempt попытка (*g pl* попыток) [4]

authority полномочие [4.4]

authorized уполномоченный (уполномочен) [4]

availability наличие [5]

average средний [6]

avoid избегать I *кого, чего?*; избежать (избегу, избежишь, избегут) [5]

ballot избирательный бюллетень *m* [4]

bay залив [2]

be быть (буду, будешь; был, была); побыть (побуду, побудешь; побыл, побыла) *perf*; бывать I; побывать *perf*; являться I *кем, чем?*; явиться (явлюсь, явишься); представлять собой I [1]

belief вера [6]

believe ве́рить II *кому, во что?*; пове́рить II [6]

believer ве́рующий (*g* ве́рующего) [6]

belong принадлежа́ть II *кому? к чему?* [2.11]

benefit по́льза; **to derive ~ (from)** получа́ть I по́льзу *от кого, от чего?*; получи́ть (получу́, полу́чишь) по́льзу [5]

benevolent доброжела́тельный [6]

bill законопрое́кт [4]

birth certificate свиде́тельство о рожде́нии [6]

birthrate рожда́емость *f* [2]

blizzard мете́ль *f* [2]

block (voting) блок [4]

boldface жи́рный шрифт [1]

border грани́чить II *с чем?* [2]

branch ветвь *f* (*pl* ве́тви, ветве́й) [4]; **(of industry)** о́трасль *f* [2]

breadth ширина́ [2.3]

break up распада́ться I; распа́сться (распа́лся) [2.9]

breed разводи́ть (развожу́, разво́дишь); развести́ (разведу́, разведёшь; развёл, развела́) [2.8]

broadcast передава́ть (передаю́, передаёшь); переда́ть (переда́м, переда́шь, переда́ст, передади́м, передади́те, передаду́т; переда́л, передала́) [5]

businesslike делово́й [6]

button кно́пка (*g pl* кно́пок) [1]

cable television ка́бельное телеви́дение [5.6]

call on вызыва́ть I; вы́звать (вы́зову, вы́зовешь) [3]

campaign кампа́ния; **election ~** предвы́борная кампа́ния [4]

candid открове́нный [6]

candidate кандида́т [4.1]

capacity, in the ~ of в ка́честве [5]

capital letter загла́вная бу́ква [1]

carbon dioxide углеки́слый газ [5]

carcinogenic канцероге́нный [5]

card биле́т [3]

case слу́чай; **in ~** в слу́чае *чего?*; в том слу́чае; на тот слу́чай [6.13]

cattle ranching скотово́дство [2]

cause причи́на [5]; причиня́ть I; причини́ть II [5.1]

census пе́репись *f* населе́ния; **to take a ~** проводи́ть (провожу́, прово́дишь) пе́репись [2]

certificate свиде́тельство [6]

channel кана́л [5.6]

chart гра́фик [1]

chase гоня́ть I; *det* гнать (гоню́, го́нишь; гнал, гнала́) [6]

cheat (whisper) подска́зывать I; подсказа́ть (подскажу́, подска́жешь); **~ (copy)** спи́сывать I; списа́ть (спишу́, спи́шешь) [3]

choice вы́бор [4]

choose выбира́ть I; вы́брать (вы́беру, вы́берешь) [1]

CIS *see* **Commonwealth of Independent States**

cite ссыла́ться I *на кого, на что?*; сосла́ться (сошлю́сь, сошлёшься) [1]

citizen граждани́н (*pl* гра́ждане); гражда́нка (*g pl* гражда́нок) [6]; **~ of Russia** россия́нин (*pl* россия́не) [2]

citizenship гражда́нство [6]

civic гражда́нский [6.2]

civil гражда́нский [6.2]

claim утвержде́ние; утвержда́ть I; утверди́ть (утвержу́, утверди́шь) [1]

climate кли́мат [2]

climb ла́зить (ла́жу, ла́зишь); *det* лезть (ле́зу, ле́зешь; лез, ле́зла) [6]

coal у́голь (*g* у́гля) [2]

coast побере́жье (*g pl* побере́жий) (на) [2]

collapse распа́д; распада́ться I; распа́сться (распа́лся) [2.9]

colon двоето́чие [1]

column столбе́ц (*g* столбца́) [1]

comma запята́я (*g* запято́й) [1]

Commonwealth of Independent States (*abbr* CIS) Содру́жество Незави́симых Госуда́рств (*сокр* СНГ) [2]

Communist Party коммунисти́ческая па́ртия [4]

community общи́на [6.5]
competition ко́нкурс; конкуре́нция [3.3]
compile составля́ть I; соста́вить
(соста́влю, соста́вишь) [1]
compose сочиня́ть I; сочини́ть II [1]
composition сочине́ние [1.1]
computer компью́тер; компью́терный [1]
concentrated, to be сосредото́чиваться I;
сосредото́читься II [2]
concern забо́та [6]
concerned заинтересо́ванный
(заинтересо́ван) *в чём?* [5.5]; **to be ~**
забо́титься (забо́чусь, забо́тишься)
о чём?; позабо́титься (позабо́чусь,
позабо́тишься) [6]
conclusion вы́вод; заключе́ние [1.2];
general ~ обобще́ние [1]; **to reach
a ~** приходи́ть (прихожу́,
прихо́дишь) к вы́воду; прийти́
(приду́, придёшь; пришёл, пришла́)
к вы́воду; **in ~** в заключе́ние [1.2]
condition усло́вие; **on the ~** при усло́вии
[6]
conduct an experiment проводи́ть
(провожу́, прово́дишь) о́пыт;
провести́ (проведу́, проведёшь;
провёл, провела́) о́пыт [3]
Congress Конгре́сс [4]
congressional representative конгрессме́н
[4]
conscience со́весть *f*; **freedom of ~**
свобо́да со́вести [6]
conscientious добросо́вестный [6]
consequence после́дствие [5]
conservation сохране́ние [5];
природоохра́нный [5]
conserve сохраня́ть I; сохрани́ть II [5]
consist состоя́ть II *из чего?* [1]
contents содержа́ние [1]
contest ко́нкурс [3.3]
continental континента́льный [2]
contradict противоре́чить II *кому?* [1]
contradiction противоре́чие [1]
contrast отли́чие; **in ~** в отли́чие [3]
conviction убежде́ние [6]
copy (**cheat**) спи́сывать I; списа́ть (спишу́,
спи́шешь) [3]
country of origin ро́дина (на) [6]

court суд (*g* суда́; *pl* суды́) [4]
crawl по́лзать I; *det* ползти́ (ползу́,
ползёшь; полз, ползла́) [6]
creed вероиспове́дание [6]
crib шпарга́лка (*g pl* шпарга́лок) *colloq* [3]
crime престу́пность *f* [6.12]
crop урожа́й [2]
cross out вычёркивать I; вы́черкнуть
(вы́черкну, вы́черкнешь) [1]
cultivate выра́щивать I; вы́растить
(вы́ращу, вы́растишь) [2]

daily life быт (в быту́) [6]
damp вла́жный [2]
dash тире́ *indecl* [1]
death certificate свиде́тельство о сме́рти
[6]
deceit обма́н [4]
deceive обма́нывать I; обману́ть (обману́,
обма́нешь) [4.2]
deception обма́н [4]
decline па́дать I; упа́сть (упаду́, упадёшь;
упа́л, упа́ла) [2]
decrease уменьше́ние; уменьша́ться I;
уме́ньшиться II [2]
dedicate посвяща́ть I *кому, чему?*;
посвяти́ть (посвящу́, посвяти́шь)
[1.1]
defeat пораже́ние [4]
defend защища́ть I; защити́ть (защищу́,
защити́шь) [5]
defense защи́та [5]
define определя́ть I; определи́ть II [1]
definition определе́ние [1]
demand тре́бование *к кому?*; потре́бность *f*
в чём? [3.2]; тре́бовать (тре́бую,
тре́буешь) *чего, от кого?*;
потре́бовать (потре́бую,
потре́буешь) [3]
Democratic Party демократи́ческая
па́ртия [4]
denomination вероиспове́дание [6]
depend зави́сеть (зави́шу, зави́сишь) *от
чего?* [5.3]
dependence зави́симость *f* [5]
depth глубина́ (*pl* глуби́ны) (на) [2.3]; **in
~** углублённый [3]
deputy депута́т [4]

derive benefit получа́ть I по́льзу *от чего?*; получи́ть (получу́, полу́чишь) по́льзу [5]

desert пусты́ня [2]

deserve заслу́живать I *чего?* [5]

destroy уничтожа́ть I; уничто́жить II [5]

destruction уничтоже́ние [5]

determine определя́ть I; определи́ть II [1]

develop развива́ть I; разви́ть (разовью́, разовьёшь; разви́л, развила́) [5]

devote посвяща́ть I *кому, чему?*; посвяти́ть (посвящу́, посвяти́шь) [1.1]

diagram гра́фик [1]

difference ра́зница; разли́чие; отли́чие [3]

different ра́зный; разли́чный [3]

dimension разме́р [2.2]

direction сторона́ (*a* сто́рону; *pl* сто́роны, сторо́н, сторона́м) [2]

disappoint обма́нывать I; обману́ть (обману́, обма́нешь) [4.2]

disaster бе́дствие [5]

discharge вы́бросы (*g* вы́бросов) [5]

discriminate against дискримини́ровать (дискримини́рую, дискримини́руешь, дискримини́руют) *impf and perf* [6]

discrimination дискримина́ция [6]

discuss обсужда́ть I; обсуди́ть (обсужу́, обсу́дишь) [1]

discussion обсужде́ние [1]

disk диске́та [1]

dissolution распа́д [2.9]

distance расстоя́ние (на) *от чего?* [2.3]

distinct разли́чный [3]

distinction разли́чие; отли́чие [3]

distinguish различа́ть I; различи́ть II; отлича́ть I; отличи́ть II [3]

district о́круг (*pl* округа́) [4]

diverse разнообра́зный [2]; ра́зный [3]

diversity разнообра́зие [2]

divide дели́ть (делю́, де́лишь); раздели́ть (разделю́, разде́лишь) [2]

domestic policy вну́тренняя поли́тика [4]

draft набро́сок (*g* набро́ска) [1]

drag таска́ть I; *det* тащи́ть (тащу́, та́щишь) [6]

dream мечта́; мечта́ть I *о чём?* [6.10]

driver's license води́тельские права́ (*g* прав) [6]

dry сухо́й [2]

dump сва́лка (*g pl* сва́лок) (на); сбра́сывать I; сбро́сить (сбро́шу, сбро́сишь) [5]

duration продолжи́тельность *f* [2]

duty обя́занность *f перед кем?* [4]

e-mail электро́нная по́чта [1]

ecological экологи́ческий [5]

ecologist эко́лог [5]

ecology эколо́гия [5]

edit редакти́ровать (редакти́рую, редакти́руешь); отредакти́ровать (отредакти́рую, отредакти́руешь) [1]

editor реда́ктор [1]

educate воспи́тывать I; воспита́ть I [3.1]

educated образо́ванный [3]

education воспита́ние; образова́ние [3.1]

educational воспита́тельный; образова́тельный [3.1]

effort стара́ние [4]

elect избира́ть I; избра́ть (изберу́, изберёшь; избра́л, избрала́) [4]

election вы́боры (*g* вы́боров) (на) *куда, на какую должность?* [4.1]; **~ campaign** предвы́борная кампа́ния [4]

elective факультати́вный предме́т [3]

electoral district избира́тельный о́круг (*pl* округа́) [4]

elemental стихи́йный [5]

elementary education нача́льное образова́ние [3]

elements (forces of nature) стихи́я [5]

elevation высота́ (*pl* высо́ты) [2.3]

emergency чрезвыча́йное положе́ние (*abbr* ЧП) [5]

emissions вы́бросы (*g* вы́бросов) [5]

emit выделя́ть I; вы́делить II [5]

emphasize подчёркивать I; подчеркну́ть (подчеркну́, подчеркнёшь) [1]

employee рабо́тник; слу́жащий (*g* слу́жащего); сотру́дник [6.8]

employer работода́тель *m* [6]

empowered уполномо́ченный (уполномо́чен) [4]

energy энéргия [5]
energy-efficient ресурсосберегáющий [5]
entrance exam вступúтельный экзáмен [3]
environment окружáющая средá [5]
environmentalist экóлог [5]
equipment оборýдование [3]
erase стирáть I; стерéть (сотрý, сотрёшь; стёр, стёрла) [1]
essay сочинéние [1.1]
establishment учреждéние; заведéние [3]
ethnic национáльный; этнúческий [2]; ~ **identity** национáльность *f* [2.10]
everyday повседнéвный [6]
exaggerate преувелúчивать I; преувелúчить II [6]
examination экзáмен [3]
examine рассмáтривать; рассмотрéть (рассмотрю́, рассмóтришь) [1]
exam question экзаменациóнный билéт [3]
excerpt отры́вок (*g* отры́вка) [1]
exclamation mark восклицáтельный знак [1]
execute (duties) исполня́ть I; испóлнить II [4]
execution (of duties) исполнéние [4]
exhaust истощáть I; истощúть II [5]
exit exam выпускнóй экзáмен [3]
expectation ожидáние [4]
expense расхóд [6]
experience испы́тывать I [6]
experiment óпыт [3]
expose подвергáть I *чему?*; подвéргнуть (подвéргну, подвéргнешь; подвéрг, подвéргла) [6]
extend тяну́ться (тя́нется) [2.5]; продлевáть I; продлúть (продлю́, продлúшь) [6]
extreme крáйний [6]

faith вéра [6]
fall распáд [2.9]; пáдать I; упáсть (упаду́, упадёшь; упáл, упáла) [2]; ~ **apart** распадáться I; распáсться (распáлся) [2.9]; ~ **out of use** выходúть из употреблéния; вы́йти (вы́йду, вы́йдешь; вы́шел, вы́шла)

из употреблéния [5]
feckless безалáберный [6]
Federal Assembly Федерáльное Собрáние [4]
Federation Council Совéт Федерáции [4]
fertile плодорóдный [2]
field (of study) óбласть *f* [3]
fight борьбá; борóться (борю́сь, бóрешься) *с кем, против чего, за что?* [4]
figurative перенóсный [1]
file файл [1]
fill out заполня́ть I; запóлнить II [6]
fire увольня́ть I; увóлить II [6]
fishing industry рыбопромы́шленность *f* [2]
flat плóский [2]
flow течь (теку́, течёшь, теку́т; тёк, теклá) [2]
folder пáпка (*g pl* пáпок) [1]
font шрифт [1]
food питáние [6]
forces of nature стихúя [5]
foreign чужóй; инострáнный; зарубéжный [6.4]; ~ **policy** внéшняя полúтика [4]
forest лес (в лесу́; *pl* лесá); ~ **industry** лесопромы́шленность *f* [2]
foster воспúтывать I; воспитáть I [3.1]
freedom свобóда; ~ **of conscience** свобóда сóвести; ~ **of press** свобóда печáти; ~ **of speech** свобóда слóва [6]
friendly дружелю́бный [6]
fuel тóпливо [5]
furnish снабжáть I; снабдúть (снабжу́, снабдúшь) *чем?*; обеспéчивать I; обеспéчить II *чем?* [3]

garbage му́сор [5]
general education общеобразовáтельный [3.1]
general election всеóбщие вы́боры (*g* вы́боров) (на) *куда, на какую должность?* [4.1]
generalization обобщéние [1]
generalize обобщáть I; обобщúть II [1]
geographic географúческий [2]

geography геогра́фия [2]

glacier ледни́к (*g* ледника́) [2]

global warming глоба́льное потепле́ние [5]

goal цель *f*; **to set a ~** ста́вить (ста́влю, ста́вишь) цель *кому?*; поста́вить (поста́влю, поста́вишь) цель [5]

govern управля́ть I *чем?* [4]

government госуда́рство; прави́тельство; госуда́рственный; прави́тельственный [4.3]

governor губерна́тор [4]

grant предоставля́ть I *кому?*; предоста́вить (предоста́влю, предоста́вишь) [6]

graph гра́фик [1]

grasp воспринима́ть I; восприня́ть (восприму́, воспри́мешь; воспри́нял, восприняла́) [6]

greenhouse effect парнико́вый эффе́кт [5]

grow расти́ (расту́, растёшь; рос, росла́) [2]; выра́щивать I; вы́растить (вы́ращу, вы́растишь) [2.8]

growth приро́ст [2]

gulf зали́в [2]

handwriting по́черк [1]

hard copy распеча́тка (*g pl* распеча́ток) [1]

hard drive жёсткий диск [1]

harm вред [5.1]; повреждать I; повреди́ть (поврежу́, повреди́шь) [5]

harmful вре́дный *кому, чему?* [5]

harmfulness вред [5.1]

harsh суро́вый [2]

harvest урожа́й [2]

have име́ть I; облада́ть I *чем?*; располага́ть I *чем?*; владе́ть I *чем?* [2]

health care здравоохране́ние [6]

heating отопле́ние [5]

height высота́ (*мн* высо́ты) [2.3]; возвы́шенность *f* (на) [2]

help по́мощь *f*; **with the ~ (of)** при по́мощи *чего?* [5]

higher education вы́сшее образова́ние [3]

hire нанима́ть I; наня́ть (найму́, наймёшь; на́нял, наняла́) *куда?* [6]

homeless person бездо́мный (*g* бездо́много) [6.11]

homesick, to be скуча́ть I по до́му [6.9]; тоскова́ть (тоску́ю, тоску́ешь) по до́му [6]

homework дома́шнее зада́ние [3]

hospitable гостеприи́мный [6]

House of Representatives Пала́та представи́телей [4]

housing жильё [6]

humid вла́жный [2]

hurt вред [5.1]

hydroelectric power plant гидроэлектростанция (*abbr* ГЭС) [5]

hyphen дефи́с [1]

ID *see* **identification** [6]

identical одина́ковый [3]

identification (proof of) (*abbr* **ID**) удостовере́ние ли́чности [6]

ignorance неве́жество [6]

immigrant иммигра́нт; иммигра́нтка (*g pl* иммигра́нток) [6.1]

immigrate иммигри́ровать (иммигри́рую, иммигри́руешь) *impf and perf* [6.1]

immigration иммигра́ция [6.1]

implement осуществля́ть I; осуществи́ть (осуществлю́, осуществи́шь) [4]

impression впечатле́ние [6]

improve соверше́нствовать (соверше́нствую, соверше́нствуешь); усоверше́нствовать (усоверше́нствую, усоверше́нствуешь) [3]

income дохо́д [6]

increase увели́чиваться I; увели́читься II [2]

independence незави́симость *f* [6]

industrious трудолюби́вый [6]

industry промы́шленность *f* [2]

instance слу́чай [6.13]

institution учрежде́ние; заведе́ние; **~ of higher education** вы́сшее уче́бное заведе́ние (*abbr* вуз) [3]

instruction обуче́ние [3.1]

instructive воспита́тельный [3.1]

insurance страхова́ние; страхо́вка [6]

insure страхова́ть (страху́ю, страху́ешь)

от чего?; застрахова́ть (застраху́ю, застраху́ешь) [6]

interpret переводи́ть (перевожу́, перево́дишь); перевести́ (переведу́, переведёшь; перевёл, перевела́) [1]; воспринима́ть I; восприня́ть (восприму́, воспри́мешь; воспри́нял, восприняла́) [6]; ~ (**law**) толкова́ть (толку́ю, толку́ешь) [4]

interpretation у́стный перево́д [1]

interpreting у́стный перево́д [1]

intolerance нетерпи́мость *f* [6]

introduction введе́ние [1]

italics курси́в; **in ~** курси́вом [1]

judge судья́ *m* (*pl* су́дьи, суде́й) [4]

judicial суде́бный [4]

justify опра́вдывать I; оправда́ть I [4]

keep a promise сде́рживать I обеща́ние; сдержа́ть (сдержу́, сде́ржишь) обеща́ние; держа́ть (держу́, де́ржишь) сло́во [4]

key кла́виша [1]

keyboard клавиату́ра [1]

kindly доброжела́тельный [6]

knowledge зна́ние [3]

lack отсу́тствие [5]

lake о́зеро (*pl* озёра) [2]

landscape ландша́фт [2]

lap омыва́ть I [2.6]

latitude широта́ [2.1]

law зако́н [4]; пра́во (*pl* права́) [6.7]

leak уте́чка (*g pl* уте́чек) [5]

learn учи́ть (учу́, у́чишь); вы́учить II; учи́ться (учу́сь, у́чишься); научи́ться (научу́сь, нау́чишься); изуча́ть I; изучи́ть (изучу́, изу́чишь) [3]

legislative законода́тельный [4]

length длина́ (*pl* дли́ны) [2.3]

letter бу́ква [1]

lie in состоя́ть II *в чём?*; заключа́ться I *в чём?* [1]

life expectancy продолжи́тельность жи́зни [2]

lifestyle о́браз жи́зни [6]

line стро́чка (*g pl* стро́чек) [1]

list спи́сок (*g* спи́ска) [1]

literal (**translation**) досло́вный; ~ (**meaning**) прямо́й [1]

load нагру́зка (*g pl* нагру́зок) [3]; загружа́ть I; загрузи́ть (загружу́, загру́зишь) [1]

long for тоскова́ть (тоску́ю, тоску́ешь) *по чему?* [6]

longitude долгота́ (*pl* долго́ты) (на) [2.1]

lowland ни́зменность *f* [2]

major специализа́ция *по чему?*; специализи́роваться (специализи́руюсь, специализи́руешься) *по чему?* [3]

majority большинство́ [4]

manufacture произво́дство; производи́ть (произвожу́, произво́дишь); произвести́ (произведу́, произведёшь; произвёл, произвела́) [2]

manuscript ру́копись *f* [1]

maritime морско́й [2]

mark балл [3.3]

marriage certificate свиде́тельство о бра́ке [6]

mass media сре́дства ма́ссовой информа́ции (*g* сре́дств) (*abbr* СМИ) [5]

master усва́ивать I; усво́ить II; овладева́ть I *чем?*; овладе́ть I [3]

mayor мэр [4]

meaning значе́ние [1]

measure ме́ра [5]; **to take measures** принима́ть I ме́ры; приня́ть (приму́, при́мешь; при́нял, приняла́) ме́ры [5]

member член [4]; ~ **of State Duma** ду́мец (*g* ду́мца) *colloq* [4]

memorize запомина́ть I; запо́мнить II [3.4]

memory па́мять *f* [3]; **by ~** наизу́сть [3.4]

might мо́щность *f* [6]

migration мигра́ция; переселе́ние [2]

mild мя́гкий [2]

mine добыва́ть I; добы́ть (добу́ду, добу́дешь) [2.7]

mining industry го́рная промы́шленность *f* [2]

minority меньшинство́ [4]

miss скуча́ть I *по чему?* [6.9]; тоскова́ть (тоску́ю, тоску́ешь) *по чему?* [6]

moderate уме́ренный [2]

monitor монито́р [1]

mortality rate сме́ртность *f* [2]

mountain гора́ (*a* го́ру; *pl* го́ры, гор, гора́х); го́рный; **~ range** го́рный хребе́т (*g* хребта́) [2]

move переселя́ть I; пересели́ть II [2]

movement движе́ние [4]

native коренно́й; родно́й [6.3]; **~ country** ро́дина (на) [6]

natural приро́дный [2]; есте́ственный [5]

naturalization натурализа́ция [6]

nature приро́да [2]; **forces of ~** стихи́я; **~ preserve** запове́дник [5]

need потре́бность *f в чём?* [3.2]

newcomer прие́зжий (*g* прие́зжего) [6]

nuclear я́дерный; **~ power plant** а́томная электроста́нция (*abbr* АЭС) [5]

obtain добыва́ть I; добы́ть (добу́ду, добу́дешь) [2.7]

occupy занима́ть I; **~ oneself** занима́ться I *чем?* [2]

ocean океа́н [2]

oil нефть *f* [2]; **~ industry** нефтепромы́шленность *f* [2]

open открове́нный [6]

opponent проти́вник [4]

opposite противополо́жный [2]

oral у́стный [1]

ore руда́ (*pl* ру́ды) [2]

origin происхожде́ние [6]

orthographical орфографи́ческий [1]

orthography правописа́ние; орфогра́фия [1]

outline набро́сок (*g* набро́ска) [1]

overcome преодолева́ть I; преодоле́ть I [4]

overturn опроверга́ть I; опрове́ргнуть (опрове́ргну, опрове́ргнешь) [4]

own владе́ть I *чем?* [2]

oxygen кислоро́д [5]

ozone layer озо́нный слой [5]

paragraph абза́ц [1]

parenthenses ско́бки (*g* ско́бок) [1]

Parliament Парла́мент [4]

party па́ртия [4]

pass (a competition) проходи́ть (прохожу́, прохо́дишь) по ко́нкурсу; пройти́ (пройду́, пройдёшь; прошёл, прошла́) по ко́нкурсу [3.3]; **~ (a bill or law)** принима́ть I; приня́ть (приму́, при́мешь; при́нял, приняла́) [4]

passing score проходно́й балл [3]

perfect соверше́нствовать (соверше́нствую, соверше́нствуешь); усоверше́нствовать (усоверше́нствую, усоверше́нствуешь) [3]

perform (duties) исполня́ть I; испо́лнить II [4]

performance (of duties) исполне́ние [4]

period то́чка (*g pl* то́чек) [1]

permafrost ве́чная мерзлота́ [2]

permit разреше́ние [6]

persecute пресле́довать (пресле́дую, пресле́дуешь) *за что?* [6]

picturesque живопи́сный [2]

place устра́ивать I *куда?*; устро́ить II [6]

plagiarism плагиа́т [1]

plain равни́на (на) [2]

plant расте́ние [5]

plot сюже́т [1]

point балл [3.3]

policy поли́тика; **domestic ~** вну́тренняя поли́тика; **foreign ~** вне́шняя поли́тика [4]

political полити́ческий [4]; **~ figure** полити́ческий де́ятель [4]

politician поли́тик [4]

politics поли́тика [4]

pollute загрязня́ть I; загрязни́ть II [5]

pollution загрязне́ние [5]

population населе́ние; **~ size** чи́сленность *f* населе́ния [2]

position до́лжность *f* [4]

possess облада́ть I *чем?*; владе́ть I *чем?* [2]

post до́лжность *f* [4]

poverty бе́дность *f* [6]

power власть *f*; полномо́чие; мо́щность *f* [6]

power plant электростáнция [5]
practical деловóй [6]
practice упражня́ться I *в чём?* [3]
pragmatic деловóй [6]
prejudice предрассýдок (*g* предрассýдка) [6]
preschool education дошкóльное образовáние [3]
presence налúчие [5]
preservation охрáна; сохранéние [5]
preserve охраня́ть I; охранúть II; сохраня́ть I; сохранúть II; берéчь (берегý, бережёшь, берегýт; берёг, береглá); сберéчь (сберегý, сбережёшь, сберегýт; сберёг, сбереглá) [5]
president президéнт [4]
press печáть *f*; **freedom of ~** свобóда печáти [6]; нажимáть I; нажáть (нажмý, нажмёшь) [1]
primary elections первúчные вы́боры (*g* вы́боров) (на) *куда, на какую должность?* [4]
prime minister премьéр-минúстр [4]
print печáтать I; напечáтать; **~ out** распечáтывать I; распечáтать I [1]
printer прúнтер [1]
printout распечáтка (*g pl* распечáток) [1]
procure добывáть I; добы́ть (добýду, добýдешь) [2.7]
produce производúть (произвожý, произвóдишь); произвестú (произведý, произведёшь; произвёл, произвелá) [2]
production произвóдство [2]
program прогрáмма [1]; передáча [5]
prominent figure дéятель *m* [4]
promise обещáние; обещáть I *impf and perf*; **keep a ~** сдéрживать I обещáние; сдержáть (сдержý, сдéржишь) обещáние [4]
proof доказáтельство [1]
protect охраня́ть I; охранúть II; берéчь (берегý, бережёшь, берегýт; берёг, береглá); сберéчь (сберегý, сбережёшь, сберегýт; сберёг, сбереглá); защищáть I; защитúть (защищý, защитúшь) [5]

protection охрáна; защúта [5]
prove докáзывать I; доказáть (докажý, докáжешь); **~ to be** окáзываться I *кем, чем?*; оказáться (окажýсь, окáжешься) [1]
provide снабжáть I *чем?*; снабдúть (снабжý, снабдúшь); обеспéчивать I *чем?*; обеспéчить II [3]; предоставля́ть I *кому?*; предостáвить (предостáвлю, предостáвишь) [6]
public госудáрственный [4.3]
publish печáтать I; напечáтать I [1]
pull таскáть I; *det* тащúть (тащý, тáщишь) [6]
punctuation пунктуáция; **~ mark** знак препинáния [1]
punctuate стáвить (стáвлю, стáвишь) знак препинáния; постáвить (постáвлю, постáвишь) знак препинáния [1]
purpose цель *f* [5]

quality кáчество [5]
quantity чúсленность *f* [2]
question спрáшивать I *кого, о чём?* [3]; **~ mark** вопросúтельный знак [1]
questionnaire анкéта [6]
quotation цитáта; **~ marks** кавы́чки (*g* кавы́чек) [1]
quote цитúровать (цитúрую, цитúруешь); процитúровать (процитúрую, процитúруешь) [1]

radioactive радиоактúвный [5]
raise разводúть (развожý, развóдишь); развестú (разведý, разведёшь; развёл, развелá) [2.8]
range гóрный хребéт (*g* хребтá) [2]; простирáться I [2.5]
ratified утверждённый (утверждён) [4]
ratify утверждáть I; утвердúть (утвержý, утвердúшь) [4]
raw materials сырьё [2]
reach достигáть *чего?* I; достúчь (достúгну, достúгнешь; достúг, достúгла) [2.4]; **to ~ a conclusion** приходúть (прихожý, прихóдишь) к вы́воду; прийтú (придý, придёшь;

пришёл, пришла́) к вы́воду

rear воспи́тывать I; воспита́ть I [3.1]

reason причи́на [5]

recall вспомина́ть I; вспо́мнить II [3.4]

recyclable materials вторсырьё [5.4]

recycle перераба́тывать I; перерабо́тать I [5.4]

recycling перерабо́тка; **~ center** центр по перерабо́тке *чего?*; пункт приёма *чего?* [5.4]

reduced, to be сокраща́ться I; сократи́ться (сокращу́сь, сократи́шься) [2]

reduction сокраще́ние [2]

reelect переизбира́ть I; переизбра́ть (переизберу́, переизберёшь; переизбра́л, переизбрала́) [4]

refer ссыла́ться I *на кого, на что?*; сосла́ться (сошлю́сь, сошлёшься) [1]

reference ссы́лка (*g pl* ссы́лок) [1]

refuge убе́жище [6]

refugee бе́женец (*g* бе́женца) [6]

refute опроверга́ть I; опрове́ргнуть (опрове́ргну, опрове́ргнешь) [4]

relocate переселя́ть I; пересели́ть II [2]

relocation переселе́ние [2]

remain остава́ться (остаю́сь, остаёшься); оста́ться (оста́нусь, оста́нешься) [1]

remember по́мнить II; вспомина́ть I; вспо́мнить II; запомина́ть I; запо́мнить II [3.4]

renew возобновля́ть I; возобнови́ть (возобновлю́, возобнови́шь) [6]

renewable возобнови́мый [5]

represent представля́ть I; предста́вить (предста́влю, предста́вишь) [4]

representative представи́тель *m* [4]

Republican Party республика́нская па́ртия [4]

request проси́ть (прошу́, про́сишь) *что, у кого? кого + inf*; попроси́ть (попрошу́, попро́сишь) [3]

requirement обяза́тельный предме́т [3]

research иссле́дование; иссле́довать (иссле́дую, иссле́дуешь) *impf and perf* [3]

reserve запа́с [2]

residence permit разреше́ние на жи́тельство [6]

resources ресу́рсы (*g* ресу́рсов) [2]

responsibility обя́занность *f перед кем?* [4]

right пра́во (*pl* права́) *на что?* [6.7]

rise поднима́ться I [2]

river река́ (*pl* ре́ки) [2]

rough draft чернови́к (*g* черновика́) [1]

run (for office) баллоти́роваться (баллоти́руюсь, баллоти́руешься) *куда? на какую должность?* [4.1]; **~ (for reelection)** переизбира́ться I [4]

Russian (ethnic) ру́сский; **~ (pertaining to Russia)** росси́йский; **~ Federation** Росси́йская Федера́ция [2]

sad, to be тоскова́ть (тоску́ю, тоску́ешь) *по чему?* [6]

salary за́работная пла́та (*abbr* зарпла́та) [6]

save сохраня́ть I; сохрани́ть II [1]; бере́чь (берегу́, бережёшь, берегу́т; берёг, берегла́) I; сбере́чь (сберегу́, сбережёшь, сберегу́т; сберёг, сберегла́) [5]

scholarly нау́чный [3]

science нау́ка [3]

scientific нау́чный [3]

screen экра́н [1]

sea мо́ре (*pl* моря́, море́й) [2]

secondary education сре́днее образова́ние [3]

select выбира́ть I; вы́брать (вы́беру, вы́берешь) [1]

semicolon то́чка с запято́й (*g pl* то́чек) [1]

Senate Сена́т [4]

senator сена́тор [4]

sentence предложе́ние [1]

separate дели́ть (делю́, де́лишь); раздели́ть (разделю́, разде́лишь) [2]

separation of powers разделе́ние власте́й [4]

service обслу́живание; услу́га [6.6]

side сторона́ (*a* сто́рону, *pl* сто́роны, сторо́н, сторона́м) [2]

similar схо́дный [3]

similarity схо́дство [3]

sincere   и́скренний [6]

situate   расположи́ть (расположу́, расположжишь) *perf* [2]

size   величина́; ~ **(in numbers)** чи́сленность *f* [2]

skill   на́вык [3]

social   обще́ственный [6]

Social Security   посо́бие по социа́льному обеспече́нию [6]

Socialist Party   социалисти́ческая па́ртия [4]

society   о́бщество; общи́на [6.5]

soil   по́чва [2]

source   исто́чник [1]

space   простра́нство [2]

spelled, to be   писа́ться (пи́шется) [1.3]

spelling   правописа́ние; орфогра́фия; орфографи́ческий [1]

state   штат; госуда́рство; госуда́рственный [4.3]; ~ **Duma** Госуда́рственная Ду́ма (*abbr* Госду́ма) [4]

statesman   госуда́рственный де́ятель *m* [4]

steep   круто́й [2]

steppe   степь *f* (в степи́) [2]

storm   бу́ря (*g pl* бурь) [2]

stream   ручей́ (*g* ручья́) [2]

stretch   простира́ться I; тяну́ться (тя́нется) [2.5]

strive   стреми́ться (стремлю́сь, стреми́шься) *к чему?* [4]

striving   стремле́ние *к чему?* [4]

struggle   борьба́; боро́ться (борю́сь, бо́решься) *с кем, против чего, за что?* [4]

studies   учёба [3.1]

study   учи́ть (учу́, у́чишь); вы́учить II; учи́ться (учу́сь, у́чишься) *чему?*; научи́ться (научу́сь, нау́чишься); изуча́ть I; изучи́ть (изучу́, изу́чишь); занима́ться I; заня́ться (займу́сь, займёшься; занялся́, заняла́сь) *чем?* [3]

subject   те́ма; сюже́т [1]; предме́т [3]

subject (to)   подверга́ть I *чему?*; подве́ргнуть (подве́ргну, подве́ргнешь; подве́рг, подве́ргла) [6]

substance   вещество́ [5]

suffer defeat   терпе́ть (терплю́, те́рпишь) пораже́ние; потерпе́ть (потерплю́. поте́рпишь) пораже́ние [4]

sufficient, to be   хвата́ть I *чего? imps* [2]

summarize   обобща́ть I; обобщи́ть II [1]

superficial   пове́рхностный [6]

supplementary   дополни́тельный [3]

supply   запа́с [2]

support   подде́рживать I; поддержа́ть (поддержу́, подде́ржишь) [1]

Supreme Court   Верхо́вный суд [4]

surmount   преодолева́ть I; преодоле́ть I [4]

surprise   удивля́ть I; удиви́ть (удивлю́, удиви́шь) [6]

surprised, to be   удивля́ться I *чему?*; удиви́ться (удивлю́сь, удиви́шься) [6]

surround   окружа́ть I [2]

swamp   боло́то [2]

sweep across   простира́ться I [2.5]

table   табли́ца [1]

taiga   тайга́ [2]

take place   состоя́ться II *perf* [1]

task   зада́ние [3]

tax   нало́г [4]

teach   учи́ть (учу́, у́чишь) *чему?*; научи́ть (научу́, нау́чишь); преподава́ть (преподаю́, преподаёшь) *кому?* [3]

television   телеви́дение [5.6]

tell apart   различа́ть I; различи́ть II [3]

term   срок полномо́чий [4]

test   про́ба [4]

thermal power plant   теплова́я электроста́нция (*abbr* ТЭС) [5]

threat   угро́за [5]

threaten   грози́ть (грожу́, грози́шь) *кому, чем?* [5.2]

title   загла́вие [1]

tolerance   терпи́мость *f*; **religious** ~ веротерпи́мость *f* [6]

topic   те́ма; сюже́т [1]

tower   возвыша́ться I [2]

toxic   токси́чный [5]

train   воспи́тывать I; воспита́ть I [3.1]

training   обуче́ние [3.1]

translate   переводи́ть (перевожу́, перево́дишь); перевести́ (переведу́,

переведёшь; перевёл, перевела) [1]
translation перево́д [1]
trash му́сор [5]
trial про́ба [4]
tropical тропи́ческий [2]
trust дове́рие; доверя́ть I *кому?*; дове́рить II [4]
try стара́ться I; постара́ться I; пыта́ться I; попыта́ться I; про́бовать (про́бую, про́буешь); попро́бовать (попро́бую, попро́буешь) [4]
tundra ту́ндра [2]
type печа́тать I; напеча́тать I [1]
typographical error опеча́тка (*g pl* опеча́ток) [1]

underline подчёркивать I; подчеркну́ть (подчеркну́, подчеркнёшь) [1]
unemployed person безрабо́тный (*g* безрабо́тного) [6]
unemployment безрабо́тица [6]
uninhibited раско́ванный; непринуждённый [6]
union объедине́ние [4]
upbringing воспита́ние [3.1]
usage употребле́ние [5]
use употребле́ние; **to fall out of ~** выходи́ть из употребле́ния (выхожу́, выхо́дишь); вы́йти (вы́йду, вы́йдешь, вы́шел, вы́шла) из употребле́ния; по́льзоваться (по́льзуюсь, по́льзуешься) *чем?*; воспо́льзоваться (воспо́льзуюсь, воспо́льзуешься); испо́льзовать (испо́льзую, испо́льзуешь) *impf and perf*; употребля́ть I; употреби́ть II [5]
utilization испо́льзование [5]
utilize испо́льзовать (испо́льзую, испо́льзуешь) *impf and perf* [5]

valley доли́на [2]
value цени́ть (ценю́, це́нишь) [6]
values це́нности (це́нностей) [6]
variation разнообра́зие [2]
varied разнообра́зный [2]

veto ве́то; накла́дывать ве́то; наложи́ть (наложу́, нало́жишь) ве́то [4]
vice-president ви́це-президе́нт [4]
victor победи́тель *m* [4]
victorious, to be побежда́ть I; победи́ть (победи́т) [4]
victory побе́да [4]
vivacious жизнера́достный [6]
vocabulary запа́с слов [1]
voice го́лос (*pl* голоса́) [4]
volcano вулка́н [2]
vote го́лос (*pl* голоса́); голосова́ть (голосу́ю, голосу́ешь) *за кого, за что? против кого, против чего?*; проголосова́ть (проголосу́ю, проголосу́ешь) [4]
voter избира́тель *m* [4]
voting голосова́ние [4]

wage за́работная пла́та (*abbr* зарпла́та) [6]
warrant опра́вдывать I; оправда́ть I [4]
wash омыва́ть I [2.6]
waste отхо́ды (*g* отхо́дов) [5.4]
well-bred воспи́танный [3]
well-to-do состоя́тельный [6]
whisper (cheat) подска́зывать I; подсказа́ть (подскажу́, подска́жешь) [3]
width ширина́ [2.3]
win побежда́ть I; победи́ть (победи́т); оде́рживать I побе́ду *над кем?*; одержа́ть (одержу́, оде́ржишь) побе́ду [4]
word сло́во; **to keep one's ~** держа́ть (держу́, де́ржишь) сло́во [4]; **~ processor** те́кстовый реда́ктор [1]
work permit разреше́ние на рабо́ту [6]
worker рабо́тник; рабо́чий (*g* рабо́чего); трудя́щийся (*g* трудя́щегося); сотру́дник [6.8]
worried, to be забо́титься (забо́чусь, забо́тишься) *о чём?* [6]
worry забо́та [6]
worthy досто́йный (досто́ин) *чего?* [5]; **to be ~** заслу́живать I *чего?* [5]

Index

Credits

I. Давайте начнём!

p. 24   Александра Маринина, «Смерть ради смерти». Москва: Вече, 1998.

p. 25   Наталья Ильина, «Дороги и судьбы». Москва: Советская Россия, 1988.

p. 28   «Словарь сокращений русского языка». Москва: Государственное издательство иностранных и национальных словарей, 1963.

p. 29   «Советский энциклопедический словарь». Москва: Советская энциклопедия, 1981.

p. 30   «Орфографический словарь русского языка». Москва: Советская энциклопедия, 1971.

p. 31   С. И. Ожегов, «Словарь русского языка». Москва: Русский язык, 1983.

p. 32   А. И. Смирницкий, «Русско-английский словарь». Москва: Русский язык, 1981.

p. 33   Г. Шашарин, «Чернобыльская трагедия», *Новый мир*, No. 9 (1991).

p. 35   Игорь Шляравский, «Дети в зоне радиации», *Литературная газета,* 20 июля 1989.

p. 35   Ю. М. Лотман, «Учебник по русской литературе для средней школы». Москва: Языки русской культуры, 2000.

p. 35   Александра Маринина, «Седьмая жертва». Москва: Эксмо, 1999.

p. 35   Unpublished correspondence from the Soviet Ministry of Foreign Affairs, 1989.

p. 36   Д. С. Лихачёв, «О русской интеллигенции», *Новый мир*, No. 2 (1993).

p. 36   Булат Окуджава, «Девушка моей мечты». Москва: Московский рабочий, 1988.

p. 37   Михаил Задорнов, «Возвращение: Путевые заметки якобы об Америке». Санкт-Петербург: Аврора, 1992.

p. 37   Игорь Геевский и Николай Сетунский, «Американская мозаика». Москва: Политиздат, 1991.

p. 37   Г. Шашарин, «Чернобыльская трагедия», *Новый мир*, No. 9 (1991).

p. 38   Лидия Чуковская, «Софья Петровна». Москва: Московский рабочий, 1988.

p. 39   Г. Шашарин, «Чернобыльская трагедия», *Новый мир*, No. 9 (1991).

p. 39 Василий Аксёнов, «В поисках грустного беби». New York: Liberty Publishing House, 1987.

p. 44 Анатолий Рыбаков, «Дети Арбата». Москва: Советский писатель, 1987.

p. 46 С. Маршак, «Собрание сочинений в восьми томах». Москва: Художественная литература, 1968.

II. География

p. 60 Александра Маринина, «Чужая маска». Екатеринбург: АРД ЛТД, 1997.

p. 83 «Российская Федерация» in «Атлас мира» Москва: ОЛМА-ПРЕСС, 2001.

p. 85 Георгий Лаппо и Дмитрий Люри, «Где живут в России?» in «Россия: физическая и экологическая география». Москва: Аванта+, 1999.

p. 88 Е. М. Щербакова, «Сокращение численности населения» in «Население России 1998». Москва: Книжный дом «Университет», 1999.

p. 91 Ирина Романчева, «Россиян по осени считают», *Аргументы и факты*, № 32, 2002.

p. 95 Ольга Носова, «Географическое и ресурсное положение стран СНГ». Recorded at Portland State University, Portland, Oregon, May 7, 2004.

p. 98 Map by Joel Rice.

p. 99 Map by Joel Rice.

p. 100 Graphs by Joel Rice based on data from Институт Социально-Политических Исследований РАН, Госкомстат РФ, 1997.

III. Образование

p. 124 Александра Маринина, «Когда боги смеются». Москва: Эксмо, 2000.

p. 151 Александра Маринина, «За всё надо платить». Москва: Эксмо, 1997.

p. 155 Андрей Степанов, «Презренны любые Конституции», *Московский комсомолец*, 24 ноября 1993.

p. 156 Светлана Милославская, «Средняя общеобразовательная школа». Москва: Народное образование, 1980.

p. 159 В. П. Берков, А. В. Беркова, О. В. Беркова, «Как мы живём. Пособие по страноведению для изучающих русский язык», 2-е изд. Санкт-Петербург: Златоуст, 2003.

p. 163 Елена Любарская, «Лучшая в мире» станет ещё лучше». Online: Lenta.ru (http://lenta.ru), 13 февраля 2004.

p. 171 «Хрупкие плечи абитуриента». Online: Lenta.ru (http://lenta.ru), 15 июля 2004.

p. 176 А. Н. Кочетков, «Образование в Российской Федерации». Recorded at Portland State University, Portland, Oregon, June 23, 2001.

p. 180 «Книга о вкусной и здоровой пище». Москва: Пищевая промышленность, 1964.

p. 180 А. Н. Зубков, «Хатха-йога для начинающих». Москва: Медицина, 1991.

IV. Политика

p. 194 Александра Маринина, «Мужские игры». Москва: Эксмо, 1997.

p. 209 Игорь Геевский и Николай Сетунский, «В чём сущность разделения властей» in «Американская мозаика». Москва: Политиздат, 1991.

p. 214 Игорь Геевский и Николай Сетунский, «Как происходят выборы президента?» in «Американская мозаика». Москва: Политиздат, 1991.

p. 216 Алексей Монахов, «Государственное устройство России» in «Россия: физическая и экологическая география». Москва: Аванта+, 1999.

p. 221 Дмитрий Орешкин, «Политические партии и выборы» in «Россия: физическая и экологическая география». Москва: Аванта+, 1999.

p. 225 Жанна Зайончковская, «Политика в современной России». Recorded at Portland State University, Portland, Oregon, April 2, 1999.

V. Экология

p. 255 Александра Маринина, «Чужая маска». Екатеринбург: АРД ЛТД, 1997.

p. 255 Александра Маринина, «Смерть ради смерти». Москва: Вече, 1998.

p. 256 Александра Маринина, «За всё надо платить». Москва: Эксмо, 1997.

p. 256 Александра Маринина, «За всё надо платить». Москва: Эксмо, 1997.

p. 257 Александра Маринина, «Светлый лик смерти». Екатеринбург: АРД ЛТД, 1998.

p. 257 Александр Маринина, «Не мешайте палачу». Москва: Эксмо, 1998.

p. 276 Виктория Авербух, «Семьсот тысяч тонн отравы в Ладожском озере», *Известия*, 26 января 1999.

p. 277 Map by Joel Rice.

p. 279 Владимир Нескромный, «Наступающий Каспий», *Спутник*, февраль 1996.

p. 279   Map by Joel Rice adapted from *Energy Atlas of the USSR*. National Foreign Assessment Center, 1985.

p. 283   С. Г. Гильмиярова, Л. М. Матвеева, Г. А. Халиков, «Изучение физической экологии в средних учебных заведениях», Уфа: 1996.

p. 287   Ирина Волкова, «Радиационное загрязнение» in «Россия: физическая и экологическая география». Москва: Аванта+, 1999.

p. 291   «О проблемах экосистемы столичного мегаполиса». Online: Радио Маяк, 14 августа, 2003.

p. 293   Composition assignment adapted from С. Г. Гильмиярова, Л. М. Матвеева, Г. А. Халиков, «Изучение физической экологии в средних учебных заведениях». Уфа: 1996.

p. 294   Map by Joel Rice.

p. 296   Exercise adapted from С. Г. Гильмиярова, Л. М. Матвеева, Г. А. Халиков, «Изучение физической экологии в средних учебных заведениях». Уфа: 1996.

VI. Америка чужими глазами

p. 319   Александра Маринина, «Тот, кто знает. Перекрёсток». Москва: Эксмо, 2004.

p. 327   Александра Маринина, «Мужские игры». Москва: Эксмо, 1997.

p. 328   Михаил Задорнов, «Первые впечатления» in «Возвращение: Путевые заметки якобы об Америке». Санкт-Петербург: Аврора, 1992.

p. 334   Сергей Вашурин, «Свидание со средней Америкой», *Литературная газета,* 21 декабря 1988.

p. 346   Татьяня Лиханова, «Как лист, гонимый ветром, и существуешь...», *Смена*, 1992.

p. 354   «Стиль жизни» in «Энциколпедия обо всём в Америке». Seattle: International Cultural Foundation, 2002.

p. 361   Екатерина Александрова, Наталья Шерер, Екатерина Курицына, Елена Малькова, Татьяна Артоухина, Ольга Трофимова и Александр Шутов. Recorded at Nizhny Novgorod Linguistics University, Nizhny Novgorod, Russia, April, 2002.

p. 363   Г. Д. Томахин, «США: Лингвострановедческий словарь». Москва: Русский язык, 1999.

p. 365   Игорь Геевский и Николай Сетунский, «Американская мозаика». Москва: Политиздат, 1991.